国書がむすぶ外交

松方冬子 編

東京大学出版会

Correspondence between Crowns:
Diplomatic Practices in the China Seas, 1400-1850

MATSUKATA Fuyuko, Editor

University of Tokyo Press, 2019
ISBN 978-4-13-020308-1

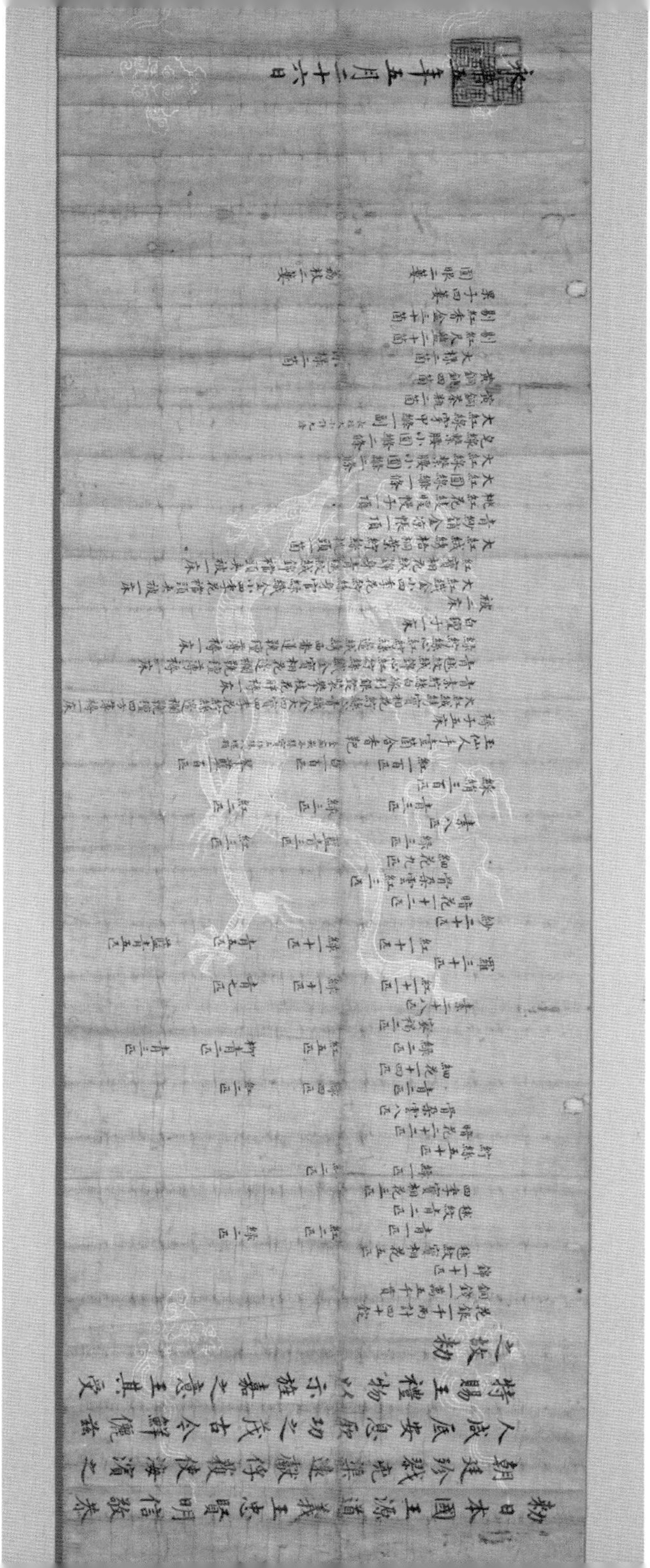

［口絵1］　成祖永楽帝勅書（徳川美術館所蔵、写真提供：徳川美術館イメージアーカイブ/DNPartcom）

Dom Euarte Visorrei da India.

Como quer que polla distancia das terras não ouue ate gora entre nos cõmunicação
todauia pollas cartas dos Padres que estaõ nesses reinos de V.A. soube agrandeza
desuas uitorias, e obras, e afama de nome, q̃ ainda nas partes, que estaõ mui longe
se ouue de Vossa Alteza e como sugeitou aseu imperio os mais snorẽs, e rei
nos das quatro partes de Iapaõ cousa q̃ nunca foi ouuida des dos antigos ate gora oque
sem duuida he admirauel o fauor do Ceo, e cousa de grande admiracaõ, de q̃ grandemẽte me
alegro. Soube tambẽ q̃ os Padres, q̃ estaõ nesses reinos recebẽ muitos fauores de V.A. e cõ oresplãdor
de seu fauor uaõ promulgãdo, pregando, e ensinãdo alei pera saluar aos homẽs, os quais saõ re
ligiosos destes reinos dignos de ueneração, q̃ cõforme aseu instituto passã a todas as partes do mũdo pe
ra ensinar o uerdadr.º caminho da saluacã e cõ saber delles os fauores q̃ V.A. lhes faz me tenho alegrado
muito. E por elles me pedirẽ q̃ escreuesse a Vossa alteza. e lhe mãdasse hũ ẽbaixador dandolhe as graças
disto, folguei de o fazer. E porq.to o Padre Visitador estes ãr os atras foi outra uez a esses reinos de V.A. e he ia conhe
cido nessa terra lhe ẽcarreguei esta embaixada, e peco a V.A. por esta carta q̃ daqui adiante mais, e mais o
queira fauorecer. E podendo destes reinos seruir a Vossa alteza em alguã cousa, folgarei muito de o fa
zer. Em sinal de amor mãdo a V.A. dous mõtantes; 2. corpos de armas; 2. caualos cõ seus arreos; 2. pis
toletes, e hũ tersado; 2. pares de guademecins dourados, e huã tenda pera campo. Feita nestes reinos
da India no mes de Abril do anno de 1588.

Viso Rei da India

［口絵２］　インド副王の豊臣秀吉宛ての国書（妙法院所蔵）

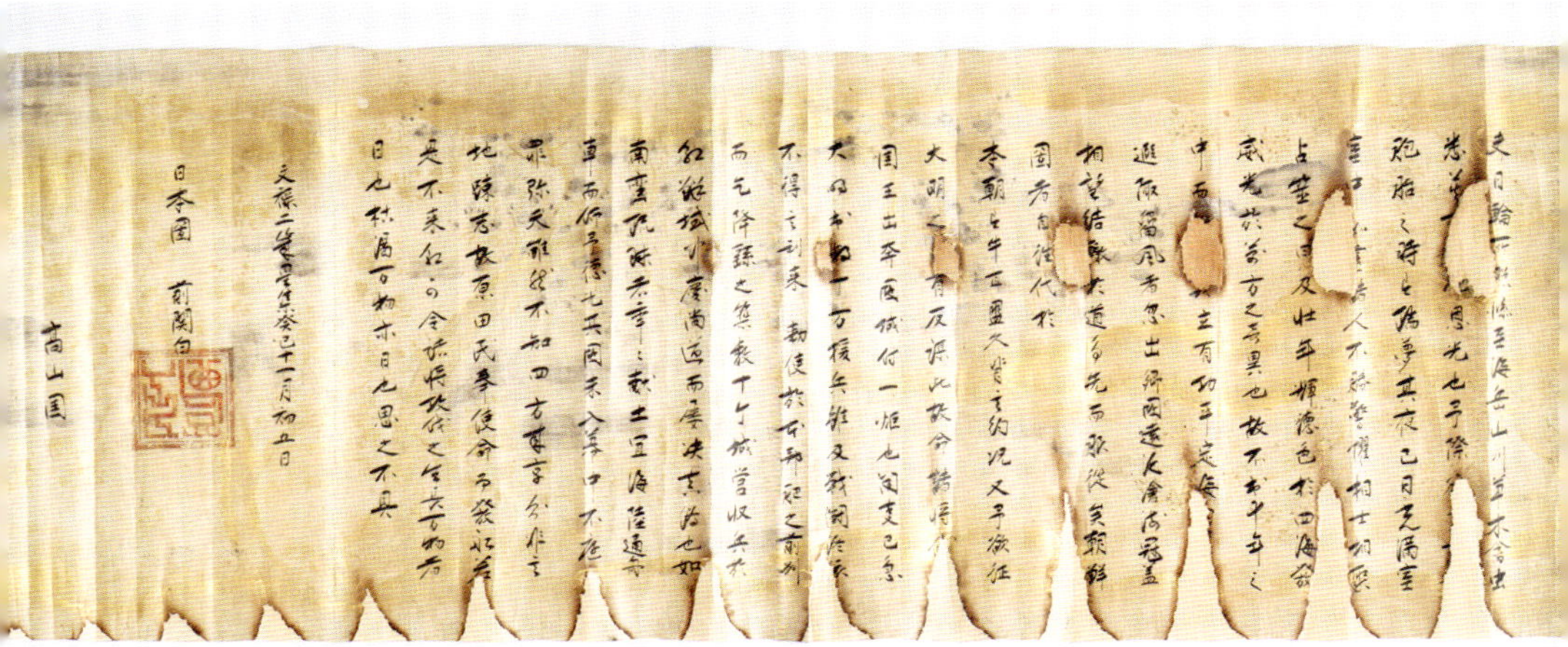

文禄二年癸巳十一月初五日

日本国　前関白

高山国

［口絵３］　豊臣秀吉の高山国宛ての国書（公益財団法人前田育徳会所蔵）

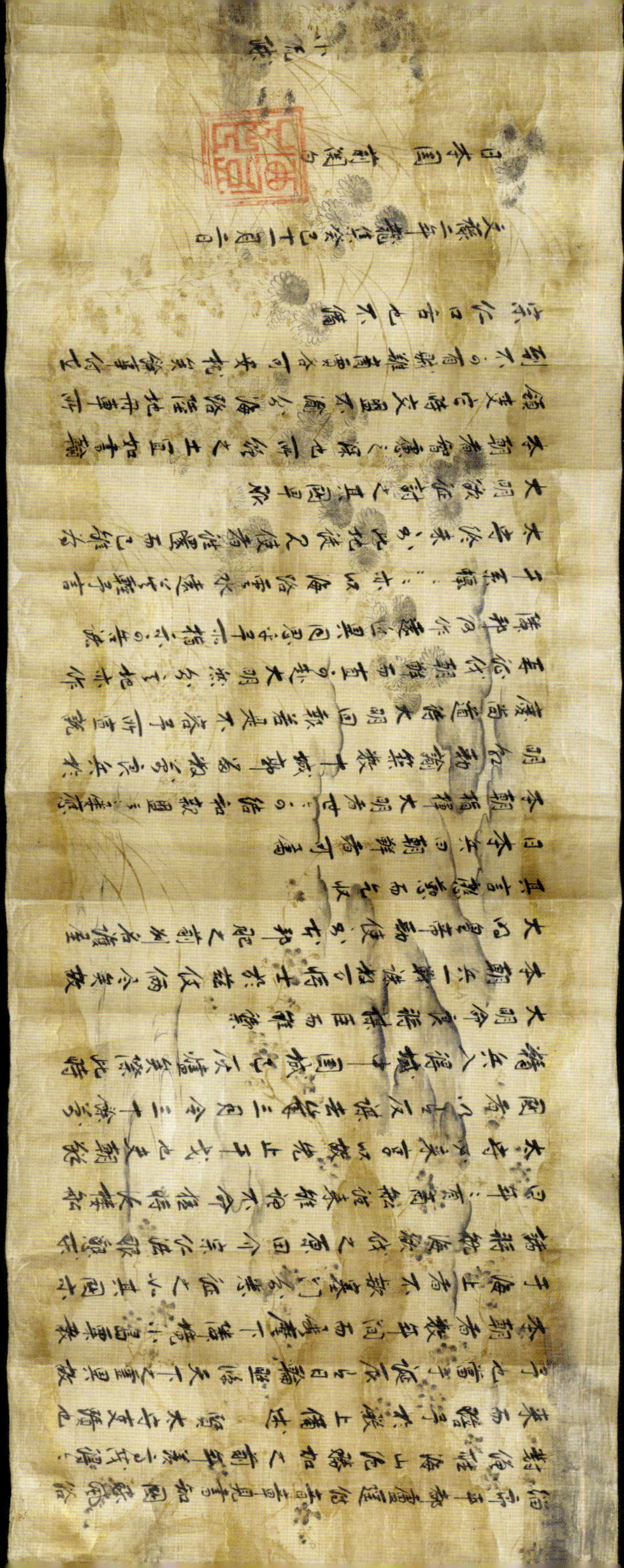

［口絵4］　豊臣秀吉のフィリピン総督宛ての国書（マルチャーナ国立図書館所蔵）

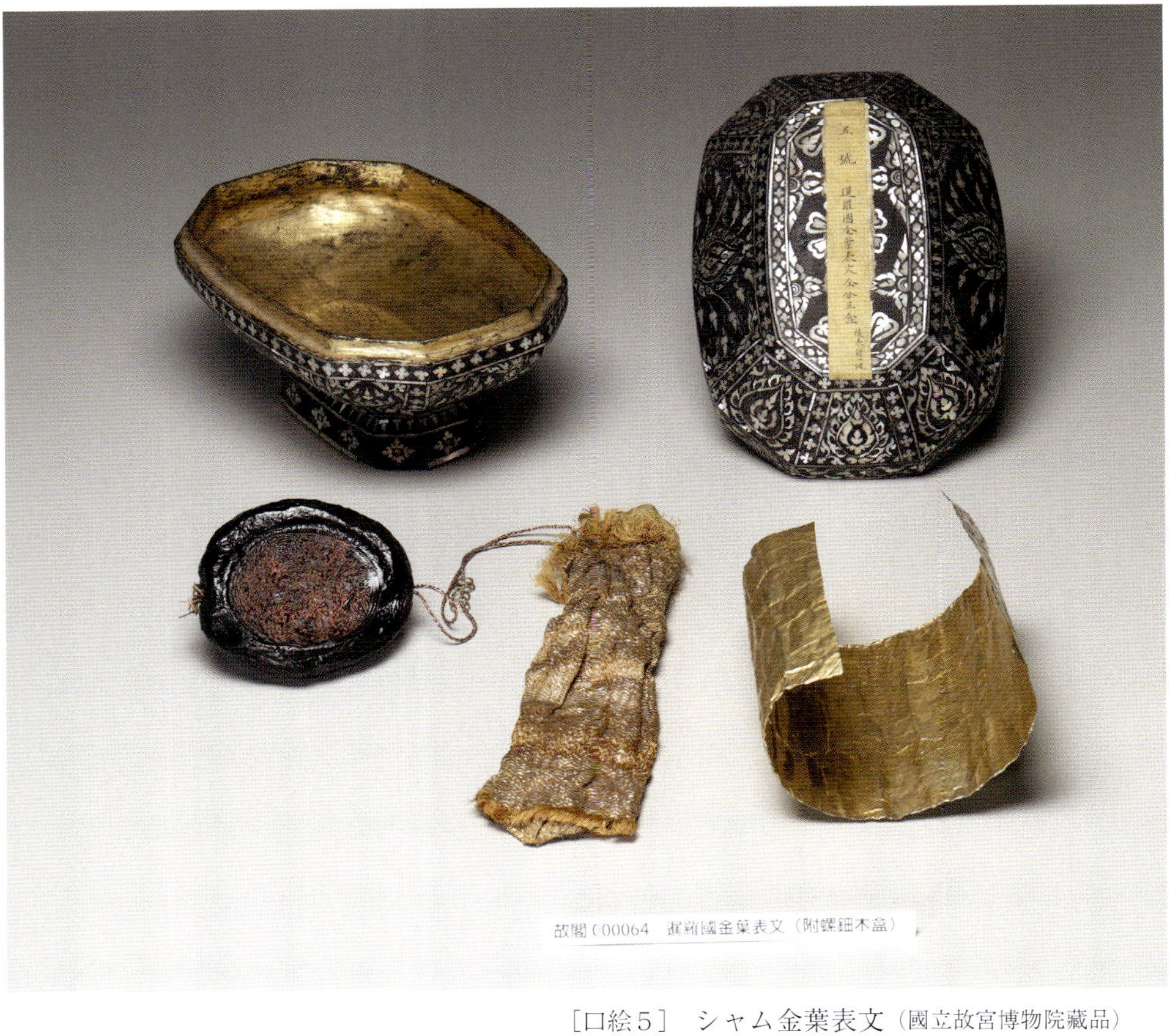

［口絵５］　シャム金葉表文（國立故宮博物院藏品）

目　次

第二部　国書の周辺としての通航証

凡　例

1　引用史料を除き、原則として常用漢字を用いた。

2　原則として、西暦を用い、必要に応じて（　）で元号表記を補った。太陰太陽暦年しかわからない場合は、その太陰太陽暦年とほぼ重なる西暦年を当てた。ただし、太陰太陽暦年に月日を併記する必要がある場合は、元号表記とし、（　）で西暦年を補った。

3　地名は、なるべく現地語をもとにした表記を優先的に用いた（「暹羅」ではなく「シャム」を用いた）が、「オランダ」（現地語では「ネーデルラント」）のように慣用表現を優先した場合もある。

4　引用史料は、できる限り、現代日本語訳によって示した。割注などもともと史料中に付されていた注記は、《　》、史料にヤブレなどの欠損があり語を補った場合は〔　〕、引用者による訳語の補足は、〔　〕、引用者による説明は（　）をもって示した。なお、中略、以下略などは、「……」をもって示した。

総論　国書がむすぶ外交

――一五―一九世紀南・東シナ海域の現場から和文脈の世界史をさぐる――

松方冬子

はじめに

1　緒　言

本書は、「国書」と通航証の二つを手がかりに、こんにち考えられている「外交」とはかなり違う、前近代の「外交」のあり方を、日本列島周辺の事例から考えていこうとするものである。その際、私たちは、欧文脈（ラテン語、ゲルマン語世界）の「外交」の枠組みあるいは漢文脈（漢語世界）の「外交」の枠組みからは、少しだけ距離をおいて、和文脈（日本語世界）[1]の「外交」（以下、煩瑣を避けるために、とくに言葉への注記を喚起する場合を除き、「　」を外して表記する）を探り出そうとする。和文脈と呼ぶゆえんは、おもに「国書」という日本語から出発することにある。

「国書」（以下、煩瑣を避けるために、とくに言葉への注記を喚起する場合を除き、「　」を外して表記する）という言葉は、前近代の日本外交史の語りにおいて主軸をなす。「日出る処の天子」[2]から、「大統領フィルモアの国書」[3]に至るまで、教科書でもたびたび使われてきた。[4]しかも、たとえば一四世紀に教皇庁がモンゴルのハーンに送った手紙が国書と呼ばれたりするように、⑤送った人物が当時どう思っていたかにかかわらず、日本語の語りのなかでは、世界のほかの地域にも国書があったことになっている。

国書という特別な文書があるのではない。我々はじつにさまざまな文書を国書として捉え、それが一部を構成する世界を見ている。言い換えると、国書は和文脈の世界観を形成する一つの駒をなす。結論から言うと、その見方は、学問的に見てもあながち間違っておらず、世界中の人々を説得できるような妥当性を持っていると考える。

しかしながら、本書は、正面から、世界観について論じるものではない。本書は、もっぱら外交が行われた現場でやりとりされていた文書や繰り返されていた慣習、行為を扱い、文書や慣習、行為のなかに、人々の最小限の合意を見出そうとする。外交は相手があるものであるから、相手との間に何らかの合意があるはずだと考え、差異よりは一致を探していく。私は国書外交を例外的なものとは捉えていない。むしろ、同時期のユーラシア大陸のかなりの部分において、国書がむすぶ外交が展開していたと考えている。

私たちは、一五―一九世紀の南・東シナ海域における外交の現場から出発し、それを素材に外交の世界史に向かおうとしている。もちろん、まだ目的地にはたどり着けてはいない。あくまで、途中の報告としてお読みいただければ幸いである。

まず初めに、本書成立の経緯をご紹介したい。

二〇一三年秋、東京大学史料編纂所において所蔵史料の展覧会が開催され、そこで一通のクメール語文書が展示された。これは、ハーティエン（現在のカンボジアとベトナムの国境沿海部に位置する港）を根拠地として地方政権を築いていた鄭天賜から一七四二年に徳川将軍に送られてきたものを、一七九五―一七九七年頃に長崎奉行手付出役として在勤中の近藤重蔵が書写したものである。この書簡の漢文版はこれまでにも知られていたが、クメール語版の「発見」は大きな話題となった。これは、世界で唯一現存する、紙に書かれた一八世紀のクメール語文書である。

併せて、同じく近藤重蔵が手写した一七世紀初めにカンボジア王と徳川政権が交わした国書のクメール語版も、読みにくいながら解読が試みられた。その結果、クメール語版と漢文版はほぼ同じ内容であるが、異同もあることがわかった。[6]

これらの国書を読んでいくと、次のようなことが見て取れる。(1)国書往復に先行して貿易が行われていたことを前提に、商人が国書を運ぶようになったと考えられること。[7] (2)国書には、カンボジア王でも徳川将軍でもなく、国書を運ぶ商人を利すると思われる内容が多く含まれる（ということは、商人が国書を起草した、あるいは頼んで書いてもらった、もしかすると偽造さえしたかもしれない）こと。[8] (3)徳川政権が異国渡海朱印状を持たない商人を拒絶することをカンボジア王に要求する、と書かれていること。[9] (4)カンボジア王も徳川政権に日本船の来航数制限や朱印状の発給を要請すると書かれていること（ただし、間に立つ商人がカンボジア王の意向を騙っている可能性もないではない）。[10] (5)カンボジア王が朱印状を携行していない船でも受け入れている例があること。[11] (6)カンボジア側でも朱印船と類似の制度を持っていたらしいこと。[12]

ここから、国書と（異国渡海朱印状、来航許可朱印状などの）通航証を軸に、外交史を見て行こうとする最初の構想が生まれた。

もう一つのきっかけは、拙稿「十七世紀中葉、ヨーロッパ勢力の日本遣使と「国書」」[13]である。そこでは、ポルトガル王およびオランダ・イギリス・フランスの東インド会社から徳川政権への国書を取り扱ったが、その際、国書という言葉に連なるものの見方が、私自身の世界観を大きく規定しているにもかかわらず、どのように規定しているのか考えていなかったことに思い至った。さらに、ポルトガル王や東インド会社だけを抜き出して考察することはできず、多角的な国書のやりとりを踏まえて論じる必要性を感じた。

そういうことを考える過程で、本書執筆者の一人である橋本雄の『偽りの外交使節』[14]に出会った。それによれば、室町時代に朝鮮に赴いた日本国王使の四人に一人は偽使だった。偽使と偽使でない人の境目は曖昧で、朝鮮と通交したい人が船と商品と正使（僧侶）を取り揃え、その上で室町将軍の国書を獲得することに成功すれば真正の使節、失敗して偽造すれば偽使、なのであって、実態はあまり変わらない。同書末尾の「偽使の比較史」「〝パスポートの世界史〟へ」という提言を読んで、すぐに橋本と連絡を取り、共同研究を約した。[15]

共同研究「朱印船のアジア史的研究」は、実質的には二〇一四年秋から始まり、研究費を得た二〇一五年四月から正式に発足した。本書の執筆者たちは、研究会や現地調査などの機会に討議を繰り返して、本書の構想を練り上げていった。したがって、本総論の瑕疵は私の責任に帰すべきものであるけれども、内容は私一人の実証や能力では到底及ばなかったであろうことにまで及んでいて、それはともに考えてくれた仲間たちのおかげである。

2　「国書」という言葉――「国」と「書」――

本書では、国書を（史料用語とは区別される）分析概念として用いる。当面は、「国主から国主への手紙」の意としておく。

以下、本総論では、言葉の吟味に大きな紙幅を費やす。現在使っている日本語は、欧文脈と漢文脈にまたがって存在している（たとえば「外交」は、diplomacy の訳語と『礼記』の「外交」の二つの意味を持つ、後述）。我々はなかば無意識にどちらかの文脈上の意味を選択して言葉を使っている。どちらの文脈、意味も捨てることができないし、捨てる必要もない。とはいえ、二つの文脈の存在には自覚的でありたい。加えて、今まで我々が使ってきた歴史学の用語は、近代歴史学の世界像（後述）のなかに我々を位置づけるために構築されてきたため、[16]新しい歴史を語ろうとすると、ときにそれが足かせになる。けれども、まったく新しい言葉を作り出せば、理解されないか、今以上の混乱を招くだろう。そのため、迂遠ではあるが、言葉の吟味をしながら一歩一歩進むので、お付き合いいただきたい。

「国書[17]」は一七世紀初頭の『日葡辞書』にはなく、[18]明治初年の『和英語林集成』にあるので、[19]日本では、江戸時代にもっぱら使われるようになった言葉だろうと想像できる。しかし、国書とは何か、学問的に検証されたことはほとんどない。[20]本書コラム1が「国書」という言葉について論じているが、問題提起にとどまっている。史料用語としても、研究史上も、いつどのように使われてきたのかについては、なお検討が必要である。

まず、「国」、「書」、それぞれに議論の余地がある。

現代日本語では、「国」と書いて「くに」と読む。つまり、嫌でも、漢語の「国」と大和言葉の「くに」の二つの意味合いを持っている。その上、英語やフランス語、ドイツ語の翻訳語の役割も果たす。ここは本格的に論ずる場ではないので、ごく簡単に英語を参考にすると、現代日本語の「国（くに）」は、country（土地）、nation（人々）、state（偉い人たち[21]）の少なくとも三つの意味内容を含む（ほかにも power〈権力〉、domein〈領地〉などがある）。

漢語の「国」（旧字「國」）[22]はもともと古代中国の都市国家を表す。都市国家というのは、周囲を城壁で囲んだ比較的大型の集落であり、そこには邑、県など小型の集落を束ねる王が住んでいる。あえて三つのうちのどれかと問われれば、「偉い人たち」になるだろう[23]。

翻って、『日本国語大辞典』で「くに（国・邦）」を見てみると、第一義は、「（天や海に対して）大地。土地。陸地。」（用例は「日本書紀」）、第二義は「一つのまとまりをなした世界の称。想像上の世界などにもいう。『夢の国』、『お伽の国』など。」（用例は万葉集）である。大和言葉の「くに」は、まずは「土地」を表すと言ってよいだろう。

加えて、一八世紀末頃には「国益」という言葉が登場する[24]。私見では、これこそ「土地」でも「偉い人たち」でもなく、日本列島に利害を共有する「人々」（nation）が誕生した瞬間ではないかと思うが、この問題はもはや本総論の射程を超える。

さて、国書の「国」は、大和言葉の「くに」ではなく、漢語の「国」、すなわち「偉い人たち」だろう。私は、今のところ、前近代の「偉い人たち」には、軍事力を核にした「強い人たち」、経済力を核にした「豊かな人たち」、宗教な力を核にした「聖なる人たち」の少なくとも三種があり、それぞれミカジメ料、借金返済（種もみの貸し付けに対する収穫納入など）または投資（用心棒をまとめて雇ってもらうほうが効率的、など）、お布施・お賽銭に由来する「税」をとっていたと考えたらどうかと思っている。現実には、どれも純粋に存在したとは想定しにくいが、徳川政権はほぼ純粋な軍事権力（オランダ共和国は経済権力、教皇庁は宗教権力）であったといえよう。[25] **Nation state**（国民国家）においては、**nation** が **state** をコントロールし、逆に **state** が **nation** に強く働きかけるが、本書が対象とする時期・地域においては **state** と **nation** はまったく別のものである。

さらに、たとえば徳川政権だけでなく、そのもとで独立性を持つ大名家（藩）も「国」であるともいえ、どのくらい大きければ「国」なのか、厳密な線引きは難しい。徳川将軍にとって、朝鮮国王、琉球国王、薩摩藩島津家はどれも「外」といえば「外」である。私はそれらをランク付けしたいとは思わない。本書はあえてそこを不問に付す。

「書」とは、漢文脈では、文書一般を指すこともあるが、「勅」など皇帝下達（王言）文書[26]や「表」「牒」など官文書とは区別される、書簡、手紙を意味することもある。「表」や「勅」が、皇帝と相手との君臣関係[27]を前提とするのに対し、「書」は、一般人同士でも（皇帝も叔父にあたる「王」などに送る時には）用いる。国書の「書」は、書簡、手紙の意味である。

「国書」という語は、古い時代から漢文脈に存在する。「書」は、外交文書として、たとえば、宋が契丹、西夏、金のような対抗勢力と非君臣的な外交関係を結ぶ際に使われた。[28] 一二六八年に、モンゴルのクビライが日本に服属を迫って送ったのも「蒙古国書」であった。[29] ところが、明朝、清朝では外交文書として「書」が使われることは次第になくなり、皇帝が発給する文書は、「詔」「勅」などに限られるようになった。

本書でいう国書は、「書」（手紙）に限らず、「詔」「勅」など、皇帝下達（王言）文書、および「表」「奏」（上行文書）などが外交に使われる場合も含める。なぜなら、そのような文書表現が表す上下関係は、形式的な側面が強く、相手が同じように解釈するとは限らないからである。

たとえば、シャム王が清に送った国書にはタイ語版と漢文版があり、前者は、文字を書くために用いられる薄い金の板（タイ語で「スパンナバット」、漢語で「金葉」）に書かれた。前者が君臣関係を前提としない表現を用いていたのに対し、漢文版は表文（君臣関係を前提とした文書）であった[30]。中国と東南アジア間での国書の往復は東南アジア側から見れば独自の慣習に基づいた行為であったということが可能である。いわゆる朝貢体制も、文書のやりとりにのみ着目するならば、国書外交の一形態だと考えたい（後述）。

なお、タイ語で国書に相当する言葉は、「プララーチャサーン」（プラ＝御、ラーチャ＝王、サーン＝書簡、すなわち「王の書簡」）である。一七世紀にカンボジア王と徳川政権の間でやりとりした国書は、カンボジア側で「王の書簡」（クメール語で「プレアリエチサー」、タイ語の「プララーチャサーン」に同じ）と呼ばれていた。一九世紀のシャム、カンボジア、ベトナム間では「王の書簡」がやりとりされていた[31]。

ちなみに、英語の研究史では、国書に相当する言葉として state letter[32] が使われている[33]。国書からの直訳語かと思われるが、定かではない。

3　「外交」とは何か

本書では、王朝でも、オランダ共和国のような共和政体でも、「国」（偉い人たち、政権）同士の関係（inter-state）の意味で「外交」を用いる。本書でいう外交は、いわば（近代語の）「外交」前史であり、近代以降に「外交」という言葉に回収される対外関係上のいくつかの要素を取り上げるものである。

現代語の「外交」は、diplomacy の訳語だと思われており、その言葉ができたのは明治に入ってからということになっている。[34] しかし、実際はもう少し複雑である。

『日本国語大辞典』では「外交」の第一義を「外国との交際。国際間の交渉。国家間の関係の処理」とし、初出用例として一八七二年の太政官職制を挙げる。だが、それと並んで『国語』「晋語八」も挙げている。『国語』は、春秋時代の中国を扱った歴史書で、成立については諸説あるが、紀元前の中国で書かれたことは間違いないようである。このことは、こんにちの「外交」という言葉が、単なる **diplomacy** の訳語でなく、江戸時代以前から慣れ親しんできた中国古典の「外交」という言葉の系譜も引いていることを意味している。「外交」という言葉にかかわって一番有名な中国古典の言葉は、『礼記』にある「人臣たる者外交なし」であろうが、[35] ここでは深入りを避ける。ともかく「外交」という漢語は二〇〇〇年以上前に登場し、さまざまな意味内容を伴って存在し続けてきた。現代日本語の「外交」の対義語は「内政」で、英語の **foreign relations** に近い意味も持っている。

かたや、英語の **diplomacy** の初出用例は、*Oxford English Dictionary*[36] によると、はるか下って一七九六年である。第一義は「交渉による国際的な関係の維持・把握。大使や使節によって行われ調整される国際関係上の手法。外交官の仕事や技能。国際的な融和や交渉を行う上での技能や手際。」で、フランス語源とされる。そこで一七九八年のフランス語辞書 *Le dictionnaire de l'académie française*[37] を見ると、**diplomatie** は「権力（英語の Power、「国」）と権力の間で利益を調整するための手法、技法」[38] を指す。先に引いた日本語の「外交」にはない、技能や手法というニュアンスが強いことを指摘したい。

英語の **diplomacy** の対義語を探すなら、**weapon**（武器、戦争）である。近年グローバル・ヒストリーの文脈で、**weapon or diplomacy**[39] という定義で外交を捉えようとする流れがある。ある目的を達成するのに、武力でなく交渉に訴えれば、外交と呼ぶ。この定義を用いることにより、主権国家のみならず、東インド会社の外交も、外交と呼ぶことが可能になる。[40] しかし、本書ではあえてその定義をとらない。外交使節が常に交渉することを期待されていたわけではないからである。広い意味で戦争を避ける方法ではあるが、関係を築きたい、維持したい、逆にかかわりたくないという場合もある。東インド会社はある目的を持って南・東シナ海域に来ている。そのため、自分たちの利益や要求を実現するために、武器なり外交なりに訴えねばならなかった。けれども、もともとそこにいた「偉い人たち」にとって外交はそれほど能動的なものであろうか。

前近代において、政権同士の関係は、政権が複数の政権の勢力圏（前近代には、勢力圏そのものが重なっていたり、間にスキマがあったりする）にまたがって活動する人々から富を吸い上げる方策、彼らを統制、管理、支援するための施策と必然的に連動する。簡単にいえば、政権同士の関係は政権から「またがって活動する」人々への働きかけを伴う。裏返せば、「またがって活動する」人々が、政権から支援・保護を得ようとして働きかける活動—ふつうの人々のdiplomacy（交渉術）—抜きに、外交はありえないだろう。むしろ、私の力点は「またがって活動する」人々が、政権同士の関係の前提となり、支え、規定する側面にある。「またがって活動する」人々として想定されるのは、おもに商人、宗教者であるが、実際には多様であったと考える（後述）。

ここで、「対外関係史」と「国際関係史」という言葉を使わない理由について、若干補足しておきたい。

「対外関係」という言葉は『日本国語大辞典』にも載っており、初出用例は島崎藤村『夜明け前』である。だが、前近代史について「対外関係（史）」という言葉が使われるようになったのは、さほど古くは遡らない。田中健夫『中世対外関係史』（東京大学出版会、一九七五年）などが古い例であろう。それ以前から「日欧交通」「日鮮関係」「日蘭交渉」のような二国間関係史は存在したが、田中健夫の仕事に代表される漢文脈の多角的な「対外関係史」が出現したことにより、二国間関係では不十分だというメッセージを込めて、「対外関係」という言葉が生まれたと考える。(41)ちょうどこの頃、「東アジア」という語がよく見られるようになった。(42)「東アジア」は、漢語が外交用語として使われる地域、すなわち漢文脈の世界として理解されてきたと思う。

「対外関係史」は、軍事、貿易、布教、婚姻・混血、情報など、さまざまな分野に及ぶ。また、「国家権力による対外関係の独占」[43]という言い方からわかるように、現状では、「薩摩の」とか「島津家の」ではなく、「日本の」が当然の前提とされる。したがって、「日本」とは何かが、まず問われなければならない。さらに「対外関係」という言葉は、どうしても一国中心の関係を表してしまい、多国間関係を表すことができない。

似たような文脈で、「国際関係」という言い方もある[44]。「国際関係」は一国中心の語感は弱く、多極的な関係を表すことができる。けれども、私の語感では、**international** を意味するかのように聞こえてしまう恨みがあり、前近代には使いにくい。

4　何を批判したいのか——treaty system vs. tributary system——

こんにちでも、ヨーロッパ以外の（つまりアジアの）前近代外交についての主要な語りは、ほぼ **tributary system**[45] に尽きると言ってよいように思う。

tributary system を、**treaty system** と対置させる考え方は[46]、一九六〇年代に発表されたジョン・フェアバンクの論文集[47]以来のものである。日本では、研究者の力点の置き方により、前者は、「冊封体制」「朝貢体制」「朝貢システム」「華夷秩序」「東アジア国際秩序」、後者は「条約体制」「主権国家体制」「ウェストファリア体制」「西洋国際秩序」などと訳されてきた。そして、その上でその学説をさまざまに発展させてきた。

フェアバンクの学説は、一九世紀後半の清朝とイギリスとの間で発生したさまざまの軋轢についての実証に基づいており、中国人とイギリス人の世界観の違いを捉えようとしたものである。その際、「動かしがたい前提としてあるのは、近代・「条約体制」のほうである」[48]。そのため、**treaty system** についてはさほど説明がされず、未知なるものとしての **tributary system** をいかに説明するか、が主眼になっている。

tributary systemという発想はアジアにも「秩序」や体制があったというアジア擁護の側面と、それでも、平等を重んじるヨーロッパと不平等のアジアの対比、あるいは交渉と契約に基づく近代的な関係と贈物と互酬性に基づくプリミティブな関係の対比というアジア蔑視の側面の、両方があるだろう。より大きい文脈を見るならば、もともとの近代歴史学の枠組みであるgeneral history[49]を批判して、比較文明史観[50]が生まれた。tributary systemは比較文明史観の中で東アジアを説明するために用いられていると考えられる。

tributary systemについては、中国史の研究者から、批判がなされている。坂野正高はすでに一九七三年に、「清朝の対外秩序は、このように「全体として一つのシステムをなしたものではなく」各々の情況・情勢に応じて「二国間の関係」を「別個」に結ぶことで成り立っていた」[51]ことを指摘している。岩井茂樹は、朝貢よりも互市に注目して、tributary system論を批判してきた[52]。最近でも、『東アジア近代史』が、「冊封・朝貢」特集を組んだほか[53]、岡本隆司の一連の業績が、tributary system論が生まれた背景にまで遡って研究史を整理、分析するとともに、「互市」が、「朝貢」を前提とする恩恵としての概念から、条約に基づく通商を表す概念に変化したことを跡づけている[54]。岡本は、from tributary system to treaty systemというテーゼは、互市（通商）の現場を説明する限りにおいては、正しいとし、tributary systemを前近代の対外関係一般を説明する概念として使おうとしたことに無理があったとする[55]。この岡本の批判は、フェアバンクのテーゼを限定的に理解しようとするものであり、明快かつ説得的である。

しかし、これらの批判にもかかわらず、さらに、フェアバンクのtributary systemは清朝の対外関係を示した語であるにもかかわらず、曖昧かつ便利で、代替物がないゆえに、比較的簡単に他国の事例に援用されているように思う。この点には大きな疑問を感じる。tributary systemの覆う範囲は論者の都合により「中国」「東アジア」「アジア」と伸び縮みし、しかもその内容は非対等（＝ヨーロッパとは違う）ことに留まりがちである。

日本史分野では、長崎貿易研究の偏重に対する批判として一九八〇年代に「四つの口」論や海禁・日本型華夷秩序論（意識的かどうかは別として、tributary system 論を下敷きにする）が生まれた。近代史分野で、東アジア国際秩序から西洋国際秩序への移行という枠組みを便利に利用する議論は多々ある。[56]

結局、かなり広い範囲で tributary system という図式は便利に使われ続けている、と言えるだろう。そして、それに対する研究者の批判も、「そんなに単純なものではない」となりがちで、ヨーロッパとアジアを対置させる考え方は管見の限り崩されておらず、外交史をめぐる論点は上下や対等／非対等しかないかのようである。それでは、対等外交をもって「ヨーロッパ」を作り上げようとした一九世紀の外交史のくびきから抜けられないだろう。欧米でも多くの研究が、世界観の違いをテーマとして扱い、ヨーロッパ中心主義を脱しようと苦闘しているが、なかなかうまくいかない。

私は、上下や対等／非対等以外に外交史の論点はないのか、と疑問に思う。そして、from tributary system to treaty system が、互市を説明するものにすぎないならば、前近代の外交の全貌を説明しようとして積み重ねてきた努力はどこに帰結するのか。

ここで、まずは、「対等」という言葉を吟味しなくてはならない。

ヨーロッパ外交については、現在見直しが進められている。私の力量の及ぶ範囲で、簡単に紹介しておきたい。長らく、相互の形式的な対等を前提とするヨーロッパの国家間関係は、一六四八年に締結されたウェストファリア条約によって成立したと考えられてきた。それに対し、近年、ヨーロッパ外交における対等原則が成立したのは、一八一三年のウィーン会議以降であるという説[57]が主流となりつつあるようである。[58]とはいえ、一八世紀までのヨーロッパ諸国間の外交についての実証研究の蓄積は、まだ厚くないと見られる。

最近、『一四一〇—一八〇〇年頃、近世世界の外交実践[59]』という論文集が刊行された。同書は、学術用語の再検討の必要性、ヨーロッパ中心主義批判、実証を重視する立場などを掲げ[60]、本書の視角とも重なる。同書では、一六四三

―一六四八年のウェストファリア会議において大使の席次や儀礼的な扱いの高低をめぐって議論や紛争が絶えなかったことが実証的に示されている。一国の大使は一人とは限らず、聖職者であったり王族であったりした。しかも、彼が誰の名代かだけでなく、彼が個人の出自、つまりヨーロッパ貴族社会における地位も、呼びかけの称号や天蓋の有無など儀礼を左右した。それを認めるか否かについても、参加者により意見が異なり、会議を紛糾させた[61]。

ちなみに、一五―一八世紀には、教皇と神聖ローマ皇帝という二大権威があり、どちらも世襲ではなく、前者が後者を戴冠（したりしなかったり）した。さらに、大勢の「王」のうち、神聖ローマ皇帝の下にいる（ことになっている）人もいれば、そうでない人もいた。「王」の下のランクとして、「公（prince）」「大公（grand duke）」などがおり、さらに自治都市や共和国もあった。一言で言えば、複雑に入り組む多角的な諸関係があった。

一九世紀になると、ヨーロッパで、大使は君主の「名代（representative）」ではなく国家の「代表（representative）」だと明確に位置づけられるようになる[62]。ちなみに、本総論でいう「外交官」は diplomat の訳語である。ある時期までは官僚とは限らない。

同じ頃、国家間の対等も、多角的、積極的に確認された。これはあくまで推測であるが、相互の形式的な対等を確認することこそが、その対等な関係に参加する国々を確定し、他を視野の外に置くことに繋がったのではないだろうか。

本書がおもに扱う時代と地域の外交史研究でも、「対等」という言葉が使われる。だが、前近代の「東アジア」については、実際には舅甥関係、対等な関係もあったことが紹介されつつも、君臣関係を理念型（論理的な典型）として研究が進められてきた[64]。この場合の「君臣」「舅甥」「対等」というような関係は、おもに国書の文面上で表現され、そこでいう「対等」は「敵礼」という意味であった。「敵」は自分と「釣り合う」という意で、「敵礼」は、手紙の書き手と受け手の相互の格を揃える文面が選ばれることを言う。ある「国」の君主が、他「国」の君主に宛てた文書が

「敵礼」であれば、両「国」が対等であると解釈される。多角的に対等な関係を設定するというものではなく、二国間で、さまざまな関係性の可能性があるなかから選択される「対等」である。そして、このような、「君臣」「舅甥」「対等」など多様な関係が併存する（相互の解釈が違う場合もある）実態を表現する言葉も、説明する論理も、今まで示されてきたようには思えない。

それぞれに研究は進みつつも、ヨーロッパと東アジアを扱う研究者間で「対等」という概念のすり合わせはなされておらず、結果として、積極的な対等ではないが君臣関係でもない三つ目のカテゴリが見落とされがちである。しかも、そうであることにあまり注意が払われていない。

実際には、ウィーン会議後のヨーロッパにおいてさえ、複数の国が、大使を派遣する相手と公使しか派遣しない相手を区別した。かたや、江戸時代の日朝関係などでは、国書の文面などにより積極的に対等性を演出しようとした。(65)したがって、世界観はいざ知らず、現場から前近代の外交を見る限り、必ずしもヨーロッパ型とアジア型が明確な対照をなすわけではない。むしろ三つ目のカテゴリが一般的だともいえ、その両端のやや特別な例として積極的対等と君臣関係が存在したと考えたい。

本書は、対等／非対等という論点を超えて、ヨーロッパとアジアを対置せずに外交を論ずるための手がかりとして、国書を提案する。国書そのものは、やり方、手段であって、世界観と直結しない。君臣関係を表す場合も、表さない場合もある。本書は、アジアとヨーロッパの区別をできる限り前提とすることなく、ユーラシアに幅広く存在したと考えられる国書を送るという慣行から、外交を成り立たせた最低限の合意を見つけ出そうとする。

すでに一九九〇年代に、レオナルト・ブリュッセイがマレー世界を素材に、アジア外交においては書簡が重要だったと指摘している。(66)しかし、ブリュッセイは、ヨーロッパの「水平的な」（「対等」と言わないところが、配慮のあらわれであろう）外交関係とアジアの「垂直的」な外交関係を対比しており、この点について私は批判的である。

現在のところ、treaty system だと思われているものは、下記の六要素のうちの特定の組み合わせ―②外交官外交（信任状を持つ駐在外交官）＋④（国家間の）条約＋⑤関税―を指しているのではないか、という見通しを持っている。

① 婚姻関係や（擬制的）親族関係の有無
② 国書（＋贈物）か、信任状を持つ外交官か
③ 人の往来に対し、通航（通行）管理のあるなし
④ 外国人や国際取引を律するものは、条約か、約条＋契約か
⑤ 貿易からの収奪は、関税か、礼物か
⑥ 居留民の長（領事と呼ばれることもある）は、誰のためにいるのか。居留民自身のためか、送り出した国のためか、それとも、滞在国のためか

それに対し、tributary system と言われているものには、多様な組み合わせがあるのではないだろうか。換言すれば、多様な組み合わせの中のある特定の組み合わせだけを treaty system として抜き出し、それ以外はおしなべて tributary system だと考えているのが現状ではないかと思う。そして、treaty system は⑤の要素を重視するにもかかわらず、tributary system は②の要素を重視する点で矛盾している。

本書では、国書にまず着目する。私の意見では、tributary system と従来呼ばれてきたものの多くは、私の用語でいう「国書外交」を指している。見落とされがちなのは、外交の現場では tributary system という言葉が想像させる tribute（貢物、贈物）よりも手紙の方が重要視されたということである。国書外交は、のちに述べるように、必ずしも、手紙の送り手と受け手両者の世界観をすり合わせないのが特徴である。

国書には贈物が付き物だったとしても、それは君主間の贈答であって、理念上は商人の貿易とは関係ない。ところが、商人の往来が外交使節との同行を義務づけられたり、貿易が君主間の贈答と結びついて行われたりする場合、両

者が混同される可能性も出てくる。したがって、国書について検討する際には、国書のやりとりと、商人の往来がどの程度連動し、どの程度分離しているかという問題も視野に入れる必要があり、そのために③通航管理への興味とつながっている。

明の朝貢体制は、②国書外交と③通航証の存在（対日本、東南アジア）、⑤広く浅く関税をとるのではなく貿易の独占を認めてそこから利益を吸い上げること、の組み合わせではないだろうか。明の皇帝が足利将軍（から勘合を与えられた者）に日明貿易を独占させれば、貿易の利益は（少なくとも列島の側では）足利将軍のもとに集中する。その将軍との貿易を、明の皇帝は一部の国内商人に独占させて、そこから利益を吸い上げる。地域や時代によっては、②国書外交が⑤関税と結びつく例もあったのではないかと想像されるが、そのあたりは実証研究の成果に学ぶしかない。

小括

本書では、外交という言葉を、戦争を除く「政権同士の関係」の意味で用い、「華夷秩序」といった歴史学上の概念をいったん忘れて、外交の現場で行われた実務や取り交された文書――国書と通航証――から見ていく。その際、外交のやり方を、文明や国民の性格ではなく、人々が置かれた条件や立場から導き出される行動様式として捉える。曖昧な言い方になるが、近代にあるような意味での秩序や体制は、前近代にはなかったのではないかと思う。あったのは、ある種の緩やかな合意や慣習であり、それによって外交が営まれていた。

現段階での見通しでは、戦争や「偉い人たち」同士の結婚、国書の往来以外の局面では、政権が相手国に直接働きかけることはほとんどなく、商人や宗教者など、双方の「国」に「またがって活動する」人々を統制、管理、支援することによって間接的に働きかける。そして、相手国もそうでありながら、その連鎖が、結果として、あたかも政権同士の関係、すなわち外交があったかのように見える。

その連鎖のなかで、真に「政権同士の関係」と言える数少ない実態が、国書の往来である。それとて、「またがって活動する」人々が、国書を運ぶ途中で、都合が悪くなれば偽造、改竄などを行うことがあった。政権が、商人、宗教者などから独立して相互に関係を結ぶことは、ある時期までできなかったと言ってよいのではないだろうか。換言すれば、国書がむすぶ外交の主導権は、往々にして「またがって活動する」人々が握っていた。ただ、以上の知見は、あくまで南・東シナ海域からの発想である。海路と陸路で、若干ニュアンスの違いがあったのではないかと思う[67]。

複数の政権の勢力圏に「またがって活動する」人々を、政権が統制、管理、支援しようとしてとる方策、施策は、「外」との関係であると同時に、自らが統治する領域の内部の案件であるし、そもそも本質的に「内」と「外」とを区別する必要があったとは思えない。「国」内にも多様な人間集団が存在し、それに対する統治の延長線上で外国人も管理したからである。ただ、政権と集団の間に対立が生じ、その対立にほかの政権が介入してくる可能性があれば、自分の領域内で完結する集団とは区別する必要があったはずである。

一　国書の世界

1　国書外交と外交官外交

本総論では、「国主から国主への手紙」のなかでも、信任状（credential, letter of credence）ではないものを、分析概念としての「国書」と設定して、論を進める[68]。信任状は手紙の運び手を「外交官として認識してほしい」という紹介状の役割を果たし、ふつう返書は書かれない。かたや、信任状でない国書は、通常の手紙なので、返書を持って帰る必要がある。国書の運び手である使節は、まずは単なる運び手であって、必ずしも君主の名代とは限らず、さまざまな場合がある。

とはいえ、このような国書と信任状の違いは理念的なもの、言い換えれば多様な実態に対する切り口を示そうとするものである。実際には、これから述べる国書外交の文脈で使節紹介の（つまり信任状の）機能を果たす手紙が送られることもあった。外交官外交の現場でも、信任状でない元首の親書が送られることがある。以下に述べる国書外交と外交官外交の対比も、あくまで理念的なものであり、二者択一ではなく截然と分けられない。むしろ本総論では、信任状のある外交官外交を基準とし、それを前提とする語彙だけを用いて国書の世界を論ずることは難しいということを指摘しようとする。

古代ギリシアの外交で手紙が重視されたことは、ニコルソン『外交』[69]ですでに指摘されている。古代メソポタミアでも、同様であったらしい[70]。一五世紀イタリアで、外交官が、「生きている書簡」と呼ばれたことは[71]、それ以前、外交において手紙が果たしていた役割が、人によって代替されたことを示唆する。国書による外交は、おそらく外交関係の始源において、簡便な方法として一般的だったのではないか。そして、始源は古代にのみあるのではなく、革命や戦争や独立によって新しい政権、「国」ができたり、新しい通交路が生まれたりすると、新しい外交が誕生する。

国書のやりとりに伴う最大の障害は、手紙の改竄[72]、偽造[73]、である。このような事例は、実証的に多数報告されており、そういう問題が長い間にまったく起きない二国間関係の方が珍しいと言ってよいくらいである。これは、手紙を運ぶ使者、使節の悪意によるとは限らない。長い道のりを旅する間に、諸般の事情は大きく変化するのが普通であり、目的地の事情に合わせて内容を変更する必要が生じることもままあるのである[74]。

このような操作を防ぐためもあって、王が信頼できる人間を送って、目的地の事情に合わせて適宜交渉してもらう、という方法が、ある時期、ある人々によって採用された。そのようなやり方を外交官外交と呼ぼう。外交官外交は、日常的な外交官常駐と、特別な案件がある際の特別大使派遣によって担われた。駐在外交官は、一五世紀のイタリアで誕生したと言われている[75]。そして、イタリア諸国から、フランス、スペイン、イングランドへ、やがてオランダやドイツへ、ポーランドやロシアへ、と広がっていくという[76]。本書第四章に見るように、駐在外交官は情報収集や関係の維持をおもな仕事とし、現地の人間を雇う場合もあるのに対し、特別に派遣される外交官は高位の人間を派遣することが多い。

かたや、国書を送るという方法も、依然として広い範囲で続けられていた。このやり方を国書外交と呼ぼう。相互の国の関係が地理的にも文化的にも遠い場合、派遣先国の社会に人脈をめぐらせるほど派遣先国と関係の深い人物が、派遣元の国との関係を維持しつづけることは至難である。また、派遣先での安全を確保できなければ、高位の人間を送ることはできない。そのため、外交官外交における駐在外交官と特別大使の両方の役割を、国書とそれを運ぶ使節が担う。一七―一九世紀前半の朝鮮通信使のように関係を維持するためだけの使節もある。本書第三章では（おそらく使節に案件についての交渉をさせないために）必要なことは国書に書き、高位の人物は使節として送らないように、相手国に通達する事例が紹介されている。国書外交においては、その場の状況や案件により、使節が表立って交渉する場合も、水面下で交渉する場合も、交渉しない場合もある。

国書外交が長く続けば、「国」の側で、国書に厳重な封を施したりして、改竄などの操作を避けるための工夫をさまざまに施すようになった。それでも、その可能性を完全には排除できなかった（外交官外交であっても、外交官が個人の利益のために行動しないという保証はない）。結果的に見るならば、そのような操作があったからこそ、送り手・受け手双方の慣習や世界観を両立させつつ関係を維持することが可能であった。

国書は、相手国の言語に翻訳される際、意図的な改変が加えられることもあった[77]。とくに両国の上下関係などを表す表現が、翻訳される際に弱められたり、違う表現に置き換えられたりして、意味合いが改変される事例が報告されている[78]。

外交官外交を一部採用した「国」でも、相手によっては国書外交を続けていた[79]。たとえば、フランスのルイ一四世は、オランダやスウェーデンには外交官を常駐させていたが、アユタヤーや徳川政権や清朝に国書を送った[80]。一七世紀のオランダ共和国は、イングランドなどに大使を常駐させていたが、一方で、マカッサルやシャムから国書を受け取っていた[81]。

オスマン朝はやや微妙な立ち位置にあった。オランダ共和国からオスマンへは時期にもよるが大使が派遣された。一六一二—一六三九年にイスタンブルに滞在した大使ハーガはオスマン朝からオランダへの国書をたずさえた使節を要請し実現させるが、共和国は高額の接待費用を理由に二度と送らないよう、指示した[82]。いわば、片道は外交官外交で、片道は国書外交（しかも不安定）であった。

国書が国書であるために重要なことは、国書の送り手である。川口洋史の研究によれば、ラタナコーシン朝シャムでは、王が手紙を書く相手は外国の王だけであるという[83]。徳川政権は、国書の送り手（オランダ東インド総督）が独立していない（誰かに従属している）のではないかと考え、受け取りを拒否した[84]。

臣下が君主に代わって手紙を書く、ということも、行われていた。「はじめに」で述べたカンボジア＝徳川政権間の国書も、やりとりが重なると書き手はカンボジア王＝徳川将軍から、カンボジア高官＝長崎奉行というように、お互いにランクを下げた（文書の送り手と受け手の立場の対等性を保って「敵礼」にする）。君主の意を受けて臣下が書く手紙（たとえば、将軍の代わりに老中や長崎奉行が書く手紙）を日本史では「奉書」という。このような慣習がない人々にはわかりにくかったはずで、さらに実際には意を受けて出す奉書と、意を受けないで臣下が出す文書は、境目が曖昧であり、その場その場の事情に合わせてどのような文書が出すかが選択された。

国書外交は、二国間関係の束である。国書の内容や形式は、たいてい第三国にはわからず、そのため、ゆるやかな合意はあっても、多角的な関係が確固なものとして定まることはない。それに対し、駐在外交官が多く採用された地域では各国の首都に外交団コミュニティ[85]が形成された。外交官外交は、複数国による国際会議を可能とし、国際社会の形成を促した。それは国書外交より優れていたのではなく、政治的には分断されていても、相手の「国」との地理的文化的距離が近く、大使と本国との間の書簡のやりとりが可能であったからである。似たようなことが、江戸の大名社会では実現していた[86]。

本書が扱う地域でいえば、中朝、中琉、中越関係は地理的に近く、お付き合いの経験も長くて深く、書き言葉としての漢文を共有しており、外交使節の頻度も高かった。上下か対等か、という観点からのみ外交を見る限り、ヨーロッパの対極的な例のように思われるけれども、「近さ」という意味ではむしろヨーロッパに似た事例だとも考えられる。朝鮮から高位の人物が朝貢使として北京に赴き、その陰で随行の役人が現地で多角的な人間関係を形成したり、明朝、清朝の比較的高位の役人が使節として朝鮮の視察をしたりする場合もあった[87]。お互いの意思が直接伝わるため軋轢が大きかった一方、実質的な交渉をも行ったようである[88]。

さて、国書には何が書かれているのか。端的に説明した例として、一六三九年に徳川政権の年寄（のちの大老）酒井忠勝が、平戸藩主松浦鎮信を通じてオランダ東インド会社職員に伝えた、あるべき国書の内容として挙げられているのは、軍事的な援助を求める、または援助を申し出る、である[89]。ほかに徳川政権の例を見ると、相手の即位を祝う、自分の即位を伝える、などがある。やりとりする贈物について言及することはあり得るし、使節そのものの位置づけや漂流民などについての言及もあった[90]。逆に言えば、間に立つ商人の利益になるようなことが国書に書かれていれば、その商人が仕立てた偽書、偽使である確率が高くなる。他方、貿易利益の促進に使えないのであれば、オランダ東インド会社が徳川政権に遣使する理由はないと言ってよかった。これは、「国」とは何か、「国」と商人との関係がどのようなものかについての認識が、徳川政権とオランダ東インド会社との間で異なっていたことを示す。

外交官外交と国書外交を、ヨーロッパ型対アジア型と整理するつもりはない。この二つは、おもに「遠方との外交」と「近場の外交」の違いであり、二「国」の間で、あるいは仲介者の活動次第で、選択可能な方法であった。喧嘩するかもしれないが深くお付き合いしたければ（せざるをえなければ）対面の関係を、あまり深くお付き合いはしたくないが最低限の回路を構築、維持したければ（せざるをえなければ）書面だけの関係を、「偉い人たち」はお互いに選び取ってきたのではないだろうか。

大筋で言えば、かつて一般的だった国書外交はだんだんに外交官外交に塗り変わっていった（首脳同士による直接の会談、電話や電子メール交換が可能な二一世紀には、外交官外交も時代遅れになりつつあるのかもしれない）。そして、外交官外交が支える国際社会がある程度以上大きくなると、そこに参加することそれ自体に大きな意義が見出されるようになる。外交官外交の発達は、交通・通信手段の発達により世界が「小さく」なっていくこと—にもかかわらず、（少なくとも見かけ上は）複数の「国」の政治的な独立性が保たれていること—の一つの表現である。そして、その塗り替わりの過程で、外交官外交によりまさに顕在化してしまう両国の関係を、端的に具現する外交官の席次は、長い間紛争のもとだった。それを避けるために、先任順というルールが生まれたとされる。[91] そして、清朝が国際社会に参加した際の深刻な軋轢については、すでに豊富な研究史がある。[92]

2　仲介者のイニシャティブ

国書外交の実像を見てみよう。

「はじめに」で紹介した橋本『偽りの外交使節』では、偽使がいくたりも日朝間を往来し、真正の使節と実態があまり違わなかったことが紹介されている。拙稿「十七世紀中葉、ヨーロッパ勢力の日本遣使と「国書」」で示した諸事例では、国王から特許を得て成立した、イギリス東インド会社が国王署名のある手紙を調達することができたのに対し、オランダ東インド会社は、（当初、総督オラニエ公が「オランダ王」名義で喜望峰以東の諸国との手紙のやりとりをしていたにもかかわらず）喜望峰以東での外交を一任されて、東インド総督からの手紙しか持って来られなかった。[93]

このように、国書外交においては、むしろ国書を運ぶ使節、じつは多くの場合、商人が大きなイニシャティブをとり、政権はそれに乗って手紙を書き与えているだけという見方も可能なのではないだろうかとの仮説を立ててみた。その上で、研究史を見てみると、それを立証する事例は数多く紹介されている。

壬辰戦争（豊臣秀吉の朝鮮出兵）の際、シャムが明に援軍を申し出る、という話があったが、じつはシャム王権のあずかり知らないところで、シャムとの関係を管轄する明の役人がでっち上げた話であった。[94]

徳川家康が中国に送った強圧的な手紙は、仲介者の判断で配達されなかったとされる。[95]

一六六三年にフランス王の国書を携えた使節フランソワ・カロン宛ての訓令には「日本の建物内では履物を脱ぐように」という指示が見られる。[96]けれども、訓令の発給者であるジャン・バティスト・コルベールが日本の慣習を知っていたとは思えない。日本経験が豊富なカロンが訓令を自分で書いたと考えるのが自然である。この訓令の内容には、一六四九年に来日したオランダ東インド会社の使節ペトルス・ブロックホヴィウス宛ての訓令[97]と類似する内容が多い。後者の使節派遣は、当時オランダ東インド総督の傍らにあったカロンが企画したものとされている。後者の訓令もカロンが書いたとすれば、整合性が高い。

一七九二―一七九三年にジョージ・マカートニーが清朝の乾隆帝にイギリス王ジョージ三世の書簡（清朝の理解では表文、マカートニーが起草した。[98]）を持って行き、上諭を受け取った。[99]マカートニーは、政府の自分宛て訓令を起草している。彼はアイルランド生まれのスコットランド人であり、使節団派遣を決めたスコットランド人の内務大臣ヘンリー・ダンダスの意向をうけて、当時力を付けつつあったスコットランド工業の利益を代弁し、東インド会社が独占する中国貿易に割り込もうとしたという側面がある。[100]

また、比較的近い政権同士の間にも、仲介者が介在し大きな影響力を持った例が見られる。たとえば一八世紀から一九世紀後半まで、雲南から偽使節、偽の皇帝書簡が来て、これに返答する形でビルマ（ミャンマー）王が使者を清に送った。偽使節を送ったのは、両国関係の安定を必要とする雲南の在地勢力であった[101]。一九世紀初頭に阮朝の地方大官、嘉定城総鎮であった黎文悦は、サイゴンに商業的な勢力を築き、阮朝の対外関係の窓口として機能していた。一八二〇年のシャム使節や一八二二年のイギリス・インド総督派遣使節ジョン・クロフォードはまずサイゴンに滞在し、黎文悦によって阮朝皇帝への文書が礼式に叶っているかを検閲されている。また彼は阮朝朝廷の許可なくビルマに使者を派遣し、それに応じて一八二三年ビルマは阮朝に使節と国書を送っている[102]。

国書外交において、外交の、言い換えれば二つの政権間に安定的な関係が構築され、維持されていることの、最大の受益者は、二つの領域に「またがって活動」する商人や宗教者であり、彼らが王に手紙を書くことを願い、あるいは勧め、手紙を携行し、ときに偽造、改竄し、意図的な翻訳をして別の王に届けた。王と王との関係は、じつは仮想的なものとしてしか存在せず、したがって、外交における緊張は、政権同士ではなく、政権の支配する領域を「またがって活動する」商人、宗教者と政権との間に存在したのではないだろうか。そして、最も熾烈な対抗関係は、政権の庇護を獲得しようと競争する商人同士、「またがって活動する」ふつうの人々同士の間にこそ存在した。そもそも、なぜ商人や宗教者が政権に働きかけて、国書を運ぶ使節団を仕立てさせるのか。ふつうの人々が、自分の生存をかけて、あるいは成功のために、他者を蹴落とそうとするからである。勝ち残ったものが、政権の認可、勅許、特許を得、望むらくは関係を独占し、巨利を得たのである。権力が対外関係を独占しようとしたというよりも[103]、対外関係を実際に担う者（の一部）が権力を利用して対外関係を独占しようとした、と理解する方がしっくりくる。

このように仲介者が主導権を握り、政権がコントロールできないようなところで、政権中枢が常に確固たる意志を持って、自分の領域を超えたところにいる相手「国」に臨んでいるとは想定しにくい。戦時は別として、この状態で近代的な意味での外交政策を論じることは難しく、ときとして無意味でさえあるのではないだろうか。使節の態度が積極的か消極的か、平和的か侵略的かは、使節が行った先での状況次第で変わっていくものであり、流動的かつ相対的である。仲介者のイニシャティブですべては説明できないとしても、たとえば、徳川家康政権期の外交関係の拡大と言われるものも、政権の積極的な外交姿勢ではなく、この時期に政権に働きかけた商人たちの活動に原因を求める再評価も可能である。

仲介者のありようには地形や距離により、いろいろな偏差がありえた。移動が簡単なら、仲介者の幅広さ（または仲介者不要）とお付き合いの長さを生む。書き言葉が共有される可能性が高い。そこでは、政権が「またがって活動する」人々から外交を回収し、商人ではなく役人が国書を持って移動できるだろう。そういう状況下で、国力の差が圧倒的であるならば、国書も国内文書に近くなるだろう。このように見てみるならば、中朝・中琉・中越関係などに見られるような朝貢・冊封も、国書外交のなかの一事例と考えられる。

そして、以下に見るように、前近代には外交官外交に近い例でも、それとはレベルが異なるとはいえ、仲介者（外交官自身）に何らかのイニシャティブは認められる。

オランダ共和国がオスマン朝の首都イスタンブルに大使を送るようになったきっかけも商人主導である。オスマン貿易に携わるヴェネツィア商人のなかに（もと南部ネーデルラントにいたという）オランダ語話者のグループがあり、彼らが、スペイン＝ハプスブルク家と結ぶナポリの商人団との対抗上、スペインと戦争中のオランダ共和国に働きかけて、オスマンへの大使派遣を実現する。(104) 大使ハーガは、イスタンブルに三〇年近く常駐した。(105) オランダ共和国にとってスペインとの戦争の重要性が失われると、本国政府からの給与が途絶え、ハーガは親族からの送金や私貿易で食いつなぐ。(106) もともと、この人物は、私貿易のためにイスタンブルにいたとさせ言えるのではないか。

さらに、前近代には、外交官外交の場合でも、政権と外交官の間に距離がある。(107) 一七世紀にイングランドがオランダ共和国のハーグに常駐させた大使ジョージ・ダウニングは、イングランドからの亡命勢力の監視をおもな仕事としていた。ダウニングは当初クロムウェル政権の命をうけて亡命王党派の監視をする。ところが、革命が起こり、王党派が政権を握っても、同じダウニングが、今度はピューリタンの監視を行う[108]。つまり、イングランドとオランダのような近い距離、似たような文化の場所であっても、人選において彼が持つオランダ人とのネットワークが、政権との距離関係や政治的立場よりも重視されている。

小括

まだまだ練れていないが、国書という概念を検討することにより、今まで知られていた個別の事例にまた違う側面から光を当てることが可能になる。そして、現時点では、日本周辺と東南アジアの事例しか集められていないが、国書外交はユーラシアのかなり広範囲に見出すことができるという見通しである[109]。

さりとて、国書外交は、いつでもどこでも成り立つわけではない。

国書の前提の一つは、相手を「偉い人たち」であると認識できることである。列島周辺の例では三山統一以前の琉球やヌルハチ以前の女真（現在の中国東北部からロシア沿海州）、アイヌ（蝦夷地）や台湾などにまとまった「国」はなく、そこに国書はない。アイヌ、台湾先住民のように集権的な政体を持たない人々が、かりに交易のためにどこかに出かけても、手紙を書いてくれる主体はない。逆に、周囲の政体にとって（徳川政権にとってアイヌが軍事的）脅威にはなることはなく、相手側からも国書は要求されなかったと思われる[110]。

翻って、巨大な「国」の内部にも国書は存在しない。本書の扱う時期のユーラシア大陸には、明朝、清朝だけでなく、オスマン朝、サファヴィー朝、ムガル朝のような巨大な「国」が存在した。その領域内に国書外交はありえず、表、奏、請願書（request, petition）などや勅書、勅令（と訳される mandate, edict, フェルマーン〈ファルマーン〉など）があればよい。このような巨大な「国」は、周辺の相対的に自立した「国」に対しても、あたかも「国」の内部であるかのように、上下関係の明確な文書のやりとりを要求したこともある。相手側がそれに応じた例もあるが、応じなかったり、応じても違う解釈をしたりした場合もある。

国書は、巨大な「国」相互、その周辺に存在した小「国」と巨大な「国」、小「国」同士を繋ぐ方法として存在したと考えられる。巨大な「国」がなく、小国がひしめき合っていたユーラシアの西の端では、一五世紀に外交官外交が生まれ、長らくローカル・ルールであったが、だんだんと東漸していった。

国書の世界は、まんべんなく地球を覆っていたというよりも、偏差が大きく、多様な姿をしていたと考えられる。そして、新しい「国」（偉い人たち、政権）が形成される時、その形態に合わせて、国書もまたその動きを変える。言い換えれば、国書外交は、歴史性と多様性を備えている。

全体として見るならば、国書外交では、「またがって活動する」人々が務める仲介者のイニシャティブが強く、政権は受動的であったと考えられる。逆に言えば、政権が主導できないからこそ、それは外との関係として内政と区別されるとも言える（ただし、仲介者のイニシャティブは、両者の関係により強弱があった）。このような状況下で、政権の外交政策を論じる意味がどの程度あるのかは疑問である。積極的か消極的か、平和的か侵略的かは、実際には外交の現場の様相に応じて変わらざるを得ない。近代的な外交の評価基準だけで、前近代の国書外交を評価することに、さほどの意味があるようには思えない。一方で、国際社会の制約を受けない分、近代に比べると政権が取りうる施策の幅は広かったとも言える。通航管理を例に見て行こう。

二　国書の周辺としての通航証

1　通航証の文書論

本総論が提案する外交の六要素のうち、双方の「国」（政権）が直接かかわるのは、婚姻と国書の往来で、関税、通航管理などは内政とも言える。けれども、国書を携行する使節と同行しなければ相手国に入国を許されないような場合は、国書と通航管理は互いに深くかかわる。たとえばいわゆる勘合貿易は、国書のやりとりを伴わない貿易を認めないという明朝の方針に従っていた。本書では、そのようなあり方を含みつつ、なおかつ外交と貿易が分離したあり方にも対応できるような枠組みを考え出そうとして、通航管理の問題を扱う。

旅行者の安全な通航、通行のために携行する文書には、大きく分けて二種類がある。仮に、「紹介状」と「通航証」（陸路なら「通行証」、総称するならば「パス」）と呼ぼう。

紹介状は、文書受給者（文書の形式的な名宛人）と文書の内容的な読み手が一致する例。この場合、発給主体Aは、B宛ての手紙（紹介状）に、この手紙の携行者Cの通航・通行を保護してほしい、と書く（本書コラム6参照）。紹介状の効力は、発給者Aと読み手Bとの個別の人間関係（親族、友人など）を前提としているため、旅行者Cは相手先Bによって書き分けられた何通もの紹介状を持って旅行しなければならない。同時に、同じ書簡で書かれる内容（提示される条件など）によって発給者Aと読み手Bの間に特殊な関係を作り出すことも可能であり、Aが巨大な権力でなくても発給可能である。信任状は紹介状の一種だともいえ、信任状の場合Cは商人ではなく外交官である。

それに対し、通航証は、文書受給者（文書の形式的な名宛人。文書携行者）Cと文書の実質的な受け手＝読み手（文書検認者）Bが異なる例である。通航証は、Aの支配地域から出ていく時、（戻って）来た時のための出入国許可証であり、発給者Aと検認者Bとの明白な上下関係を前提とするのが普通である[111]。機能は紹介状と似ているが、通航証は不特定、少なくとも複数の検認者Bのもとで機能することが期待されている。すなわち、通航証という文書の成立には、不特定のBに影響を与えうるA、すなわちかなり広域的で圧倒的な権力が前提となる。巨大な「国」のなかでは通航証が大いに力を発揮する。

一五―一九世紀の南・東シナ海域では、勘合[112]、朝鮮王朝発給の文引・牙符[113]、カルタス[114]、来航許可朱印状[115]、信牌[116]など、多様な通航証が使われていた[117]。以下に簡単に整理しておく。

［日明（本字）勘合］　A：明朝　B：寧波（の布政司）　C：日本国王（名義の船）
［朝鮮王朝発給の文引・牙符］　A：朝鮮王朝　B：釜山　C：日本国王、対馬島主
［カルタス］　A：インド政庁　B：ポルトガルの要塞　C：ポルトガル人以外の船
［来航許可朱印状］　A：徳川政権　B：日本列島の港　C：オランダ人、スペイン人
［信牌］　A：長崎訳司（実務は書物改役、実質は徳川政権）　B：長崎　C：唐船の商人

ただし、このような紹介状と通航証の区別はあくまでも理念的なものであり、両者の中間に位置するような宛先を得しない紹介状も存在した（本書コラム6参照）。

ところで、私の持っているパスポートは、発給者Aは日本国外務省、受給者Cは私（松方）、検認者Bは外国当局である。検認者Bに読んでほしい文面には英語が併記されている。日本国外務省A発行のパスポートが外国の空港Bで効力を持つ。つまり発行した政権（日本国）の領域外で十全に機能する。このような制度が実現するためには、日本国Aと諸外国Bとの間の密接で安定的な関係が必要である。一言で表すなら、国際社会の誕生を待たねばならない。今日のようなパスポート制度が確立するのが二〇世紀であることは、本書コラム7を読んでいただければわかるであろう。

2　異国渡海朱印状の登場

前項で説明したような通航証とは異なり、国際社会の成立以前であるにもかかわらず、明確な上下関係のない外国（人）に権威を認めさせようとしたもの[118]が、琉球渡海朱印状[119]、異国渡海朱印状[120]である。これらは、Aの領域内の港など地域権力ではなく、Aの領域外の相手をBとして想定し、効力を期待している。その意味で、これらは、今日のパスポートの先駆とも言える斬新な試みだったと言えるだろう。

琉球渡海朱印状の発給者Aは、薩摩の島津氏であり、受給者Cは船頭、検認者Bとして想定するのは琉球国王のもとにある那覇港である。この文書を持っていれば保護される、言い換えれば文書が権利の証となるため、その利益を受け取るCが島津氏Aに対価を払って発給してもらう[121]。この朱印状が十全に機能したとするならば、琉球侵攻前の島津氏と琉球国王との特殊な関係が存在したことになろう。

異国渡海朱印状は文章が短いが漢文調で、来航許可朱印状が純正の和文で書かれているのとは大きな対照をなす。当時、カンボジアやオランダなどに宛てられた国書が漢文で書かれていたので、外国（人）向けの正式文書は漢文で書かれたと考えてよいだろう。Aは徳川政権、Cはいわゆる朱印船貿易家であって、B検認者として想定する様式上の相手は、外国（人）と考えられる。最大の疑問点は、宛所Cの記載がないことである。そのため、琉球渡海朱印状と違い、受給者から強い要請をうけて発給されたとは思えない。二つ目の疑問として、はたして将軍の権威は外国君主、外国人に認められたのであろうか。

朱印状が効力を発揮した具体的な例については、アダム・クルロウの研究がある。一六一五年サン・アントニオ号事件（オランダ東インド会社によるポルトガル船攻撃。朱印状を持っていなかったとわかると徳川政権は保護しない）[122]。一六一八年オランダ東インド会社のマニラ封鎖を破って日本からの船が入港したこと[123]、一六二五年のコーチシナの例では、朱印状を持っていなかったのでオランダ東インド会社に積荷を奪われた[124]。すべて、安全保障面での効力（携行者が安全に通航できる）である。朱印状を携行したにもかかわらず襲われた例は、三〇〇通以上のうち三通しかない、とクルロウは言う[125]。一回目は、一六〇八年マカオでポルトガル人が有馬晴信の朱印船を攻撃したマカオ事件、二回目は、一六二八年スペイン船がチャオプラヤー川の河口で朱印船を襲撃したアユタヤー事件[126]、三回目は、台湾でオランダ人が起こしたタイオワン事件である[127]。徳川政権は朱印状への侵犯に厳格に対処した。

異国渡海朱印状の効力が実証的に確認できる例は、管見の限りオランダ人に対するもののみである。オランダ東インド会社は、朱印船の時代には、東シナ海域での基盤が弱く、その存在そのものが日本にかなり依存していた。そのため、列島内の港で人質ならぬモノ質を取られる（または列島からの追放を仄めかされる）と従わざるをえなかった。逆に、当時の東シナ海域で一番怖いのはオランダ東インド会社船からの攻撃であり、それを防止できたのであれば、十分効力を発揮したと言えるだろう。しかし、スペイン人を列島から追放するとスペイン人に対するモノ質がなくなり、スペイン人に対する効力を失った。それは一六二八年のアユタヤー事件で立証され、朱印船廃止の一因となった[128]。

では、東南アジアの王権は異国渡海朱印状をどのように見ていたのか。「はじめに」で紹介したカンボジア王と徳川将軍の往復国書を見ると、カンボジア王は朱印状の存在を認識していたことが窺われるものの、朱印状の権威を認めていたとは思えない。朱印状の有無が受け入れを左右したようには見えないし、ましてや今日のパスポートのようにカンボジア王の領内での安全を保障しえたようには見えない[129]。

従来、日本史でいう中世から近世にかけて、日本が中国中心の世界秩序から脱した、というような論が多々見られる。このような考え方の背景には、中世に明の制度に従い勘合貿易を行っていた（日朝貿易でも、朝鮮から下賜された図書・牙符などによって貿易は統制されていた）日本の政権が、自ら朱印状や信牌を発給するようになったという事実があると考えられる。だが、この違いに決定的な影響を与えているのは、中国と日本の力関係ではなく、どちらの商人が相手国の領域に赴いて取引をしたのか、実際に取引が行われたのが寧波か長崎か、ではないだろうか。受入れ側の政権の通航証を持っていないと港に入れてもらえない、あるいは受け入れ側の政権の決めた規則に従わないと取引が許されない、という単純なことなのではないかと思う[130]。どちらの商人がどちらに行くかは、さまざまな状況によって規定され、国力の強弱とは必ずしも連動しない。外交史、対外関係史において積極的であることを評価することが多いが、逆説的ながら、積極的な能動貿易（相手の港に出かけていって行う貿易）であればこそ相手の発行する通航証や約条に従わなくてはならなかった。

詳しくは今後の課題だが、漢文脈の範囲内（東アジア）では、国書に用いる言語（漢文）が送り手と受け手で共有され、また、国書外交が通航管理と密接に結びついて運用されてきた結果、「華夷秩序」が強固にあるように見えていた、との見通しを得ている。

小　括

本来、通航証は、勘合であれ、信牌であれ、受動貿易（相手の商人を自分の港に迎え入れての貿易）だからこそ発行して意味をなすものであった。能動貿易で通航証を発行するにはポルトガル人がインド洋でやったような軍事的な荒業[131]が必要だった。異国渡海朱印状は、能動貿易で、かつ海外で発動できる実力を伴わずに渡航証を実現しようとした稀有な実験だった。しかしながら、朱印状は列島の港にモノ質があってこそ機能するのであり、キリシタン禁令と両立できずに撤回したのではないか。

貿易に使う通航証は、国内で移動する場合の通行証の延長線上にあったと考えられる。紹介状と区別される通航証は、ある程度以上の集権的で広域的な権力でなければ発給できない。巨大な「国」が発給する通航証は、絶大な力を持ったはずである。一方で、巨大な「国」のなかでは、国書は存在しないのであるから、国書と通航証の同居は、大きすぎず小さすぎないある特定の規模の「国」「偉い人たち」の存在を前提としている。

おわりに

1　本書の構成

以上、長い前書きは、なぜ以下に紹介する各章が必要であるかを説明するためのものである。本書の各章は、すべて一次史料を用いた、オリジナルな実証論文である。相互に関連する内容やテーマを扱っているものもある。ぜひ通読していただきたい。

第一部「国書の世界」は、私たちが国書外交としてどういうものを想定しているのか、その幅を示すとともに、外交官外交のありようも提示している。第一章橋本雄論文は、今まで国書に付随する「別幅」だと思われていた「永楽帝勅書」が国書そのものであると指摘し、国書には「別幅」がつきものという認識は、日朝関係から外交を見てきた日本人の誤解だとする。外交史に携わってきた橋本ならではの、国書論の根幹に触れる論考である。第二章清水有子論文は、豊臣秀吉政権期にゴアのインド副王、マニラのフィリピン総督に対して出された国書について論ずる。個々の国書は従来も知られていたが、第二章はそれらを通覧し、南欧語史料をふんだんに用いつつ、国書の料紙やそれを入れる箱や袋にどのような意味が込められていたのかを考察する。国書の外見は、第三章、第七章とも通底する論点である。前著『近世日本とルソン』以来の清水の実証研究は本総論の着想の支えの一つとなっている。第三章川口洋史論文は、一八世紀末から一九世紀前半のラタナコーシン朝シャムが、清朝および阮朝ベトナムと交わした国書を扱う。シャムでは、清朝からの勅諭など多様な文書を「プララーチャサーン」（国書）と呼んでいた。さらに、同章は文書作成過程などにも立ち入り、内容豊かである。なお残念ながら、一八世紀半ばまでのタイ語文書はほとんど残っておらず、一七世紀のシャムを対象に国書表現や前後の状況などを研究することはできない。そのため、ほかの章とは異なり、一九世紀を分析の対象にしている。

東南アジアに限らず、南・西アジア、アフリカ、アメリカ大陸、オセアニアでも、現地語の史料はごく限られている。史料残存状況の不均等は、前近代の世界史構築に立ちはだかる大きな壁である。どう乗り越えていくか、知恵を出し合うしかない。

第四章原田亜希子論文は、国書を発展させるのではなく、別の珍しい道を歩んだ事例を提示する。イタリアでは小国が分立し文化的にも地理的にも近い国同士が駐在外交官制度によって結ばれていた。南・東シナ海域とは違う政治的環境が、違う外交のあり方を生み出した。外交史の本場ともいえるイタリアについて、日本語で読める堅実な実証研究は貴重である。

コラム1（木村可奈子執筆）は、国書という言葉の成り立ちと歴史を漢語圏で検討した貴重な成果である。本総論では、国書に「勅」「表」などを含めて考え、信任状を区別して論じたが、コラム1は、現代中国語で「国書」といえば信任状を指し、日本の外務省も「国書」に信任状を含めていることを紹介している。コラム2（岡本真執筆）は、スペイン領フィリピン総督宛てに出された秀吉書翰四通のうち、今までヨーロッパ言語に翻訳されたものでしか知られていなかった一五九二（天正二〇）年国書の漢文版写しの紹介である。今後の研究に資するところ大であろう。コラム3（古川祐貴執筆）は、朝鮮通信使に託された徳川将軍からの返翰の印鑑に着目する画期的な研究である。通信使一行の正使、人数、経路などについては今まで多くの一覧表が作成されてきたが、なぜか国書そのものを通覧するような研究はなかった。今後の展開が楽しみである。コラム4（増田えりか執筆）は、もと二〇〇八年にタイ語で発表された論文に、新しい知見を加筆されたものである。増田の金葉に関する一連の業績は、清朝との君臣関係を表す金葉表文だと思われていたものが、タイ側では対等なプララーチャサーンであったことを示した、世界的にも画期的なものである。本書第三章、第七章にとっての不可欠な先行研究でもある。

第二部「国書の周辺としての通航証」は、国書外交に付随して使われていた通航証について具体的に明らかにする。各章を読んでいただければ、一五―一九世紀の南・東シナ海域で通航証という論点が、国書と深いかかわりを持つことがわかるだろう。第五章岡本真論文は、豊かな研究蓄積を着実に踏まえつつ、日明勘合制度がじつはかなり柔軟に運用されていたことを指摘する。第七章の論旨とも通底するが、勘合は固定的な制度だとは考えない方がよいことがわかる。第六章彭浩論文は、明朝後期の出海貿易の管理に導入された「文引」制を検討する。明政府が、海禁緩和後に渡海証明書という性格の「文引」を中国商人に発給したことは、この分野ではよく知られているが、詳しいことはわかっていなかった。第六章では、中国側の史料もふんだんに利用しながら、研究史の空白に迫る。第七章木村可奈子論文は、シャムと明との間における勘合制度について論ずる。勘合制度は日明間のものが有名だが、じつはシャムなど東南アジア諸王権との間にも用いられており、他方琉球、朝鮮、ベトナムには適用されていなかった。シャムから明への国書は、スパンナバットに書かれたタイ語が正本であり、勘合にはその漢訳を書き込んでいたらしい。その国書がどのような袋や入れ物に入れられていたのかなど、豊富な情報を含む論文である。第八章蓮田隆志論文は、朱印船の時代のベトナムにあった二つの政権（ともに名目上は黎朝のもとにあるが、黎朝皇帝をいただく東京鄭氏と、鄭氏に反発する広南阮氏）と日本との関係を論ずる。ベトナムの政権やその関係者は、有力な朱印船貿易家を義子（擬制的な養子）として受け入れていた。このような個別的な関係も、ある種の通航管理だと考えられる。ベトナムで朱印状が効力を持ったかどうかは不明で、ベトナムで受け入れられるかどうかを決めるのは、ベトナムの政権・有力者との個人的関係であって、朱印状を持っているか否かではなかったらしい。古来、互いに顔みしりであること（いわゆる顔パス）は、ある意味でもっとも確実な通航管理として通用してきた方法だろう。ＡＩによる生体認証・顔認証などにより、そのような人間関係の基本が脅かされている現在、味読の価値ある論文である。国書外交の実態に迫ってもいるので、第一部の補完ともなっている。

第二部には、コラム三編を付した。

コラム5（橋本雄執筆）は、これまで存在が推測されているに過ぎなかった勘合底簿を、本共同研究で行った台湾での史料調査に基づき紹介したものである。橋本はすでに勘合の復元研究を行ってきたが、底簿の発見によりさらに豊かになった。コラム6（山本文彦執筆）は、一五―一八世紀のドイツを素材に、通行証的な機能を持つ紹介状や、通関券など、さまざまな通行証を持って旅する旅人の姿が紹介される。行く先々に関所のあるドイツは、一六〇〇年以前の日本列島の光景とよく似ている。職人遍歴の際の歌による身元証明は、俠客のいう「手前生国と発しまするは」というセリフを想起させる。コラム7（吉田信執筆）は、オランダ領東インドを素材にした、近代のパスポートについての最先端の研究である。吉田によれば、現在使っているパスポートは、じつは第一次世界大戦頃に出来上がったもので、それ以前は多様な通航証が存在し、運用も柔軟であったという。前近代を専門にする研究者は「近代ヨーロッパ外交」という実態や内実があると錯覚するところから出発しがちであるが、その常識も疑ってかかる必要がある。とくに植民地政庁の行政についての精緻な実証研究は意外と少ない。植民地支配を肯定するのではなく、そこに生きた住民たちのことを考えて、進展が望まれる分野である。

2　まとめと課題

国書の概念化においてはまだ熟考の余地があるが、本書各章により、一五―一九世紀の南・東シナ海域における外交のあり方として国書がむすぶ外交が想定できることが示せるのではないかと思う。それは、現在の外交のあり方からは遠い、二国間関係の束であり、しばしばお互いの世界観の違いを吸収できるようなものとして存在した。

国書外交の世界では、往々にして二つの政権の領域の間を行き来する人々によって企画され、維持された。そのような場合には、通航者と両方の政権との間に緊張感が生じていた。国書外交を行っている限り、国際社会、国際秩序といったものは成熟しなかったが、それでいて平和裡にお互いが共存することが可能であった。

一部の地域では、駐在外交官がいて、任地で外交官同士のコミュニティを形成し、他国の代表が参加する国際会議のある外交を始めていたが、それは例外的であった。一六世紀以降、イタリアで生まれた外交官外交が、やがて、広がっていくと言われている。交通・通信手段の発展により、世界が「小さく」なり、にもかかわらず政治体制は個々バラバラである時、緊密な政体間の外交が必要となる。

一方、通航証についても、まだ考えるべきことが多いが、発行と検認が同一の政体内で行われることが普通であり、異なる政体に属する者に通航証の権威を認めさせることは例外的であったことは指摘できるだろう。現在、携行するパスポートが海外の港や空港で有効なのは、背景に国際社会というものが成立しているからである。

繰り返しになるが、私たちは、国際秩序や体制ではなく、外交の現場を支えていた合意や慣習を考察する。そして国書外交と外交官外交を優劣ではなく、自由に選び取ることができるものとして、文明の高低ではなく、「遠方との外交」と「近場の外交」の差として理解しようとしている。このような考え方は、ヨーロッパ（と日本）にだけ歴史があるという考え方や、比較文明史観、さらには、国民国家の枠組みから自由になるための過程の一つである。本書は、不十分ながら、もともと違う文化が出会うというような観点ではなく、そこにいる人が、立場や目的に応じて選び取る歴史を再構成しようとしている。

現在、おもにヨーロッパ大陸部での歴史学界で、外交史が一九世紀とは違う形で復権しつつあり、「新しい外交史」と呼ばれているが[132]、本書の視角はそれを模倣して生まれたのではなく、別の研究土壌から同時発生的に生まれた。同じ時代をともにするからであろう。

比較して、本書の最大の特徴は、国書という、古くからあり、今も使われている日本語に注目することにより、一九世紀の欧文脈語彙の呪縛から逃れようとしている点である。我々がものを考える際、拠って立つことができる足場は、自分が使う言葉である。どんな言葉にも、それに託された世界観があるはずで、私であれば、日本語である。日本語のなかの欧文脈と漢文脈の併存と、その狭間にひそむ和文脈は、日本語でものを考え、意見を交わす際の混乱のもとであり、桎梏でもあるが、新たな見方の枠組みを作ろうとする際に手がかりを与えてくれるかもしれない。さりとて、思いつきから説得的な論を作るためには、言葉の吟味と一次史料に基づく堅実な実証を積み重ねていかねばならず、正直なところ、どこまでできるかわからない。一つ一つでつまずきながら、前に進むしかない。

和文脈で生まれた「国書」という言葉を切り口に、本書が描く外交の世界は、意外なことかもしれないが、日本中心の像を結ぶわけではない。それは、「国」の大きさが比較的近しい朝鮮や東南アジア諸国とのゆるい関係性のなかに自らを見出し、その似姿として世界のほかの「国」を見る、列島に暮らした先人たちの、とりかえのきかない経験から生まれた歴史像である。中国の各王朝も同じような「国」として見ようとしてきたことにはやや無理があったかもしれないけれども、そのように見たいという気持ちこそが日本語としての「国書」を生み出し育んだと考えられ、その無理も含めて和文脈なのである。そして、現実にそれを可能にしていたのが国書外交であった。日朝関係の経験が我々の世界に対する見方を形作る基礎の一つらしいことは、本書第一章やコラム1を参照されたい。国書が前提とするのは、良くも悪くも、小さな持ち分を守り、相互にあまり干渉することなく、無事に共存する国のあつまりとしての世界とでも言おうか(133)。

さらに、結果として見えてきた「国書がむすぶ外交」は、ユーラシアの多くの地域で見られるものであったと考えられる。国書を運ぶ仲介者と「国」との多様な関係性や、通航証、関税などほかの諸要素との組み合わせによって、国書外交にはいろいろな形や運用の仕方があったし、その解釈は国や人によってさまざまであった。また、国書を運ぶ仲介者の動き、新しい「国」の誕生、外交官外交の選択など、いくつもの動因によって、国書の世界は常に動いていた。

「国書がむすぶ外交」は、「ヨーロッパ」と「中国」をそのなかに包摂しつつ、ユーラシア大陸からアフリカ北部の各地をゆるやかに結びつけていた。そして、それを支えていたのは、自分の頭で考え自分の足で歩む、ふつうの人々なのである。

課題として三つ挙げたい。

第一に、本総論で提示した論点を、日本列島周辺でもう少し詰めて考えることである。国書が成り立つには、相手に「国」がある（「偉い人たち」のまとまりが形成されている）必要があるが、じつは列島周辺にも蝦夷地、台湾など、「国」が形成されていないところはあった。では、どのように関係が取り結ばれていたのか。そして、「またがって活動する」人々への統制は、一つの政権の領域内でのみ活動する人々への統制のやり方と連動している。Nation state成立以前には、「偉い人たち」と「ふつうの人々」との関係を、必要以上に短く想定しなくてよい。前近代史 before nation の研究は、将来やってくるかもしれない after nation を想像するためのかけがえのない、よすがである。

第二に、前近代の「外交の世界史」に少しずつでも内実を与えていくこと。国書、通航証に続いて、条約の前史としての約条・契約、領事の前史としての居留民の長について検討したい。将来的には、できれば、ユーラシア全域（あるいは世界）での例を並べて考えてみたい（もちろん、一人ではできませんし、本書の執筆者だけでも無理です。一緒にやってくださる方はいないでしょうか。世界中のどこがフィールドでも、時代はいつでも、議論は日本語でも英語でもかまいません。ぜひ、一緒にやりましょう）。

第三に、本総論でも多くの字数を費やした、翻訳の問題である。近代日本の人文学は、漢語、漢語に翻訳された英語、フランス語、ドイツ語、ときに大和言葉、の上に成り立っている。一つ一つに、漢文脈と欧文脈の、熾烈で、ひそやかなせめぎ合いが存在して、議論がかみ合わない原因の一つになっている。なぜ、どのようになっていて、どうすれば良いのか。その狭間にある、あるいはそれを縫合する和文脈はどこへ行くのか。学問における権威の問題とも絡み合い、この状況を作り出した最初の一歩が蘭学にあったことはほぼ確実なので、個人的には、それも課題としたい。

本書が、少しでも新しいものの見方を提示し、新しい議論を呼び起こし、新しい問題群を発掘することに寄与するならば幸いである。

（1）本総論では、（史料にせよ研究史にせよ）日本語世界を指す言葉として用いる。それにより、日本語の可能性や限界のなかにあること、同時にそれが日本人に独占されないものとして存在していること（欧文脈も、漢文脈も同様であること）を含意している。用語としては、齋藤希史『漢文脈の近代――幕末＝明治の文学圏――』名古屋大学出版会、二〇〇五年。

（2）「大業三年、其の王多利思比孤、使を遣わして朝貢す。（中略）其の国書に曰く、「日出ずる処の天子、書を日没する処の天子に致す。恙なきや、云々」と。（後略）」和田清・石原道博編訳『魏志倭人伝・後漢書倭伝・宋書倭国伝・隋書倭国伝』岩波文庫、一九五一年、七四頁。なお、「其の国の書」と訓読することも可能である。

（3）東京大学史料編纂所編『大日本古文書　幕末外国関係文書一』東京大学出版会、一九七二年（旧版は一九一〇年）一九、一五、二二、二八、五四、七一、七七、七四三頁を見る限り、マシュウ・C・ペリー来航当初の関係役人らの用語では「国王の書簡」である。『大日本古文書　幕末外国関係文書二』（東京大学出版会、一九七二年、旧版は一九一〇年）七四頁「嘉永六年八月一〇日近江国彦根城主井伊掃部頭直弼上書」が「此度亜墨利加合衆国より国書を呈候ニ付（以下略）」と「国書」を用いているのが早い例であろう。

（4）「この時（六〇七年）の隋への国書は倭の五王時代とは異なり、中国皇帝に臣属しない形式をとり、煬帝から無礼とされた」「フィルモア大統領の国書を提出して日本の開国を求めた」（笹山晴生ほか『詳説日本史　日本史B』山川出版社、二〇一三年、三六、二五一頁）。

（5）たとえば、「（前略、一二八八年、サウマーが教皇庁に至ると）国書と進物の献呈後、（中略）フレグ・ウルスに帰国したサウマーたちは、教皇と各国の王から託された、国書・文書・進物をアルグンに捧呈し、（後略）」（杉山正明『モンゴル帝国と長いその後』講談社、二〇〇八年、二六三―二六四頁）。
（6）北川香子・岡本真「一七世紀初頭カンボジア＝日本往復書簡について」『東南アジア―歴史と文化』四四、二〇一五年、北川香子「一八世紀クメール語書簡の発見―近藤重蔵関係資料『外国関係書簡』から―」『東京大学史料編纂所附属画像史料解析センター通信』六四、二〇一四年。史料はすべて、東京大学史料編纂所所蔵近藤重蔵関係資料四―四〇二『外国関係書簡』所収。東京大学史料編纂所『東アジアと日本　世界と日本』（非売品）一六―一七、四一―四二頁、参照。
（7）北川・岡本「一七世紀初頭カンボジア＝日本往復書簡について」、たとえば3A書簡（一六〇五年）。
（8）たとえば、同右、3A漢文・クメール語書簡、5A漢文書簡（一六〇五年）。
（9）同右、1B漢文書簡（一六〇三年）。
（10）同右、3A漢文・クメール語書簡、4A漢文・クメール語書簡（一六〇五年）。
（11）同右、5A漢文・クメール語書簡（一六〇五年）。
（12）同右、5A漢文書簡、7B漢文書簡（一六〇六年）。
（13）拙稿「一七世紀中葉、ヨーロッパ勢力の日本遣使と「国書」」松方冬子編『日蘭関係史をよみとく』上（臨川書店、二〇一五年）。
（14）橋本雄『偽りの外交使節―室町時代の日朝関係―』吉川弘文館、二〇一二年、一八一―一九一頁。
（15）貿易許可書（通航証の機能の一つ）の比較研究について、彭浩『近世日清通商関係史』（東京大学出版会、二〇一五年）二九七頁にも提言があり、彭浩氏にも共同研究への参加を依頼した。
（16）羽田正『新しい世界史へ―地球市民のための構想―』岩波新書、二〇一一年、一七頁など。
（17）諸橋轍次『大漢和辞典』（大修館書店、一九五六年）によれば、第一義は、「国と国との間に贈答する文書。」である。『日本国語大辞典』（小学館、一九七四年）によれば、(1)国家の間で交換する文書。用例は、「中右記」元永元年二月二九日「大宋国商客陳次明申、給二本朝返牒一可レ帰レ唐事、人人一同被レ申云、本自無レ牒、日本国書付二商客一申調遣二返牒一事忽不レ可レ有也」。(2)国の元首がその国の名で発する外交文書。批准書や条約に関する全権委任状など。用例は、新井白石「折たく柴の記」中「近例彼使進見の時、その国書をば、上々官といふものしてまいらせたりき」である。『日本国語大辞典』の(1)と(2)の区別がわかりにくい。(2)の初出用例「折たく柴の記」は、(1)とはどう違うのだろうか。本書コラム1も参照のこと。
（18）土井忠生ほか編訳『邦訳　日葡辞書』岩波書店、一九八〇年。

(19) J・C・ヘボン『和英語林集成』講談社学術文庫、一九八〇年。ヘボンは「国書」を信任状（credential）と理解している。拙稿「一七世紀中葉、ヨーロッパ勢力の日本遣使と「国書」」では、英語圏に「国書」という習慣がないため、誤解したものであろうという解釈を示したが、本書コラム1に見るように、明治以降の用法では「国書」は信任状を指す。

(20) 「国書」について扱った研究には、田代和生『書き替えられた国書—徳川・朝鮮外交の舞台裏—』（中公新書、一九八三年）、永積洋子『近世初期の外交』（創文社、一九九〇年）、近藤剛「古代の対外関係と文書」『日本の対外関係3　通交・通商圏の拡大』（吉川弘文館、二〇一〇年）などがあるが、「国書」とは何かには立ち入っていない。

(21) *Oxford English Dictionary* 電子版第二版によれば、第一義「状態、地位」から出発して、「高い地位」、「高い地位にある人（偉い人）」、「国家」の意味になる。

(22) 『大漢和辞典』によれば、第一義は「小国。邦に対する語。」、第二義は「諸侯の国。」、第三義は「都邑。みやこ。」である。「国」より大型のものを、「邦」という。

(23) 岡本隆司の簡潔な説明「（前略）「国」とは王朝・政府を指すが、さらに引き伸ばして、その構成員で表現すれば、「官」あるいは「士」と言い換えることもできる。」（岡本隆司『近代中国史』ちくま新書、二〇一三年）六六頁を参考にした。

(24) さしあたり、落合功『国益思想の源流』同成社、二〇一六年、など。

(25) この問題は、本総論の射程を大きく超える。宗教権力をほかの二つとは異質な力と見なし、「公的」「政治的」な場から締め出そうとしたのが「近代」ではないかと思う。三つの力を並列的かつ前近代の社会構造の核として捉える立場については、日本中世史の権門体制論（たとえば黒田俊雄『寺社勢力—もう一つの中世社会—』岩波新書、一九八〇年）、二つの国家論（さしあたり手軽に手に取れるものとして近藤成一『シリーズ日本中世史②　鎌倉幕府と朝廷』岩波新書、二〇一六年）、日本近世都市史の分節構造論（吉田伸之『巨大城下町江戸の分節構造』山川出版社、二〇〇〇年）などを参考にした。

(26) 中村裕一『隋唐王言の研究』汲古書院、二〇〇三年。君主が出す書簡以外の勅書、勅令（edict）などの文書、逆に臣民から出す文書としての請願書（request）などは、世界各地にある。世界史的に語るためには、日本語で「勅書」「請願書」と訳される諸文書の比較研究が必要であろう。

(27) 「冊封体制」を構成する、中国の諸王朝と周辺諸「国」との個々の関係を表すものとしての「君臣関係」という表現は、とりあえず廣瀬憲雄『古代日本外交史—東部ユーラシアの視点から読み直す—』（講談社選書メチエ、二〇一四年）から借用した。

(28) たとえば、廣瀬『古代日本外交史』五六—六五頁。本書コラム1も参照。

(29) 村井章介『北条時宗と蒙古襲来—時代・世界・個人を読む—』日本放送出版協会、二〇〇一年、六四—六六頁。本書コラム1も参照。

(30) 増田えりか「ラーマ一世の対清外交」『東南アジア—歴史と文化』二四号、一九九五年、本書第七章。

(31) 小泉順子「ラタナコーシン朝一世王期シャムの対外関係—広域地域像の検討にむけた予備的考察—」『東洋文化研究所紀要』一五四号、二〇〇八年。本書第三章。

(32) *Oxford English Dictionary*（後掲注（36）参照）によれば、"state letter" は、"An official letter concerning some State or government matter; especially one written by a secretary of state." とある。初出用例としては、T. Bell *Anat. Popish Tyrannie*, "A state letter which I receiued this weeke from you" (1603). これが国書と同じものかは要検討。

(33) Ronald Toby, *State and Diplomacy in Early Modern Japan*, (New Jersey: Princeton University Press, 1984), pp. 178–183; Bhawan Ruangsilp, introduction of "Letter from the Phrakhlang on behalf of the King of Siam Narai (r. 1656–1688) to the Suprine Government in Batavia, 27 January 1683 and a reply from Batavia, 11 May 1683," Haruta Karun: Treasures from the 17th and 18th VOC archive, Sejarah Nusantara, Arsip Nasional Republik Indonesia (https://sejarah-nusantara.anri.go.id/hartakarun/item/18/) など。なお、VOC はオランダ東インド会社を指す。

(34) 森田吉彦「Diplomacy から外交へ—明治日本の『外交』観—」岡本隆司編『宗主権の世界史—東西アジアの近代と翻訳概念—』名古屋大学出版会、二〇一四年。

(35) 「為人臣者、無外交。不敢貳君也。」通釈として「人臣たる者に、私の外交がないのは、君に二心を持ってはならないからである。」全釈漢文大系刊行会編、市原亮吉ほか『全釈漢文大系一三　礼記中』集英社、一九七七年、一〇五—一〇六頁。

(36) *Oxford English Dictionary.* 第二版オンライン版。本総論での同辞書の利用はすべて同版による。

(37) https://artflsrv03.uchicago.edu/philologic4/publicdicos/navigate/10/11897/. なお、フランス語の語義と辞書については、世川祐多氏の手を煩わせた。記して謝意を表する。

(38) フランス国立文法語彙リソース研究センターが提供しているオンラインの辞書（http://www.cnrtl.fr/definition/diplomatie）によると、初出は、一七九〇年である。

(39) Leonard Blussé, "Amongst Feigned Friends and Declared Enemies," in Sogner, Sølvi (ed.), *Making sense of Global History: The 19th*

International Congress of The Historical Sciences, Oslo 2000, commemorative volume (Universitetsforlaget, 2001). Adam Clulow, *The Company and the Shogun: The Dutch Encounter with Tokugawa Japan* (New York: Columbia University Press, 2014) p. 13.

（40）オランダ東インド会社の外交を扱ったものとして、たとえば、Guido van Meersbergen, “The Dutch Merchant-Diplomat in Comparative Perspective: Embassies to the Court of Aurangzeb, 1600–1666,” in Tracey A. Sowerby and Jan Hennings (eds.), *Practices of Diplomacy in the Early Modern World c. 1410–1800* (London/New York: Routledge, 2017).

（41）「対外関係」を冠した本は東京大学図書館蔵書検索によるとほぼ日本史分野に限られる。

（42）村上衛「「東アジア」を超えて――近世海域アジア史研究と「近代」――」『歴史学研究』九〇六号、二〇一三年、岡本隆司「「東アジア」と「ユーラシア」」『歴史評論』七九九号、二〇一六年。日本中世、近世史分野では、荒野泰典『近世日本と東アジア』（東京大学出版会、一九八八年）あたりが画期であろう。

（43）加藤榮一『幕藩制国家の形成と外国貿易』校倉書房、一九九三年、二五八頁。

（44）中村質編『鎖国と国際関係』吉川弘文館、一九九七年、橋本雄『中世日本の国際関係』吉川弘文館、二〇〇五年、荒野泰典編『近世日本の国際関係と言説』溪水社、二〇一七年、など。

（45）tributeは「貢物」を、tributaryは「貢物を納める国。属国。」を意味する。フェアバンクはtribute systemを用いているが、現在はtributary systemという表現が多用されている（以下、tributary systemを使う）。なお、*Oxford English Dictionary*によれば、属国を表す“tributary”の初出用例は一五世紀で、ローマ帝国の属国を指していた。

（46）岡本隆司『中国の誕生――東アジアの近代外交と国家形成――』（名古屋大学出版会、二〇一七年）序章に、研究史整理がある。岡本「「東アジア」と「ユーラシア」」も参照。

（47）**John K. Fairbank** (ed.), *The Chinese World Order: Traditional China's Foreign Relations* (Cambridge: Harvard University Press, 1968).

（48）岡本『中国の誕生』七頁。

（49）当面、歴史を作る主体はヨーロッパにのみ存在し、それ以外の場所は観察される対象でしかないという前提のもと、歴史を古代、中世、近代と分けて考える語りを指すと理解しておく（羽田『新しい世界史へ』（二四―二五、七七頁などを参照のこと）。

（50）当面、世界を、ヨーロッパ（キリスト教）世界、東アジア（大乗仏教・儒教）世界、イスラーム世界、などいくつかのかたまりに分け、それぞれに独自の論理と歴史があるとみる考え方を指すと理解しておく。現在の日本の中等教育の世界史教科書なども、この枠組みのなかにあると考えられる。羽田『新しい世界史へ』（一九―二三頁など）を参照。各かたまりの呼び方は「文化圏」「文明」「地域世界」など、さまざまである。

(51) 岡本『中国の誕生』四一四頁から引用した。坂野正高『近代中国政治外交史』東京大学出版会、一九七三年、七八頁。

(52) 岩井茂樹「帝国と互市――一六―一八世紀東アジアの通交」籠谷直人ほか編『帝国のなかのアジア・ネットワーク――長期の一九世紀アジア――』世界思想社、二〇〇九年、岩井「「華夷変態」後の国際関係」『日本の対外関係6　近世的世界の成熟』吉川弘文館、二〇一〇年、など。

(53) 『東アジア近代史』二〇号《特集》「「冊封・朝貢」体制再考――近代東アジアの国際秩序をめぐる外交と言説――」二〇一六年六月。とくに、青山治世、茂木敏夫、岡本隆司の論文。

(54) 最新のものとして岡本『中国の誕生』。とくに、序章、第一章（第一章の初出は「朝貢と互市と会典」『京都府立大学学術報告（人文）』六二号、二〇一〇年）。なお、以下述べる国書論とも整合性が高い。政権間に国書のやりとりすらできない距離感があるなど、特殊な場合には、管理された貿易だけを行うような施策（通商之国、互市）がとられたと考える。

(55) 岡本によれば、このテーゼは、一九世紀の中国沿岸で活動していたイギリス人たちの実感と、彼らが残した史料に基づく実証研究を基礎にしている。いわば、一九世紀のイギリス人の生活実感が、いまだに我々の学問を縛っているということである。似たようなことが「鎖国」についても言える（拙稿「二つの「鎖国」」『洋学』二四号、二〇一七年）。

(56) 明治維新史学会編『講座明治維新6　明治維新と外交』（有志舎、二〇一七年）には、「東アジア世界における国際関係の伝統的システムであった『華夷秩序』に対置される西洋国際システム」（「総論」三頁）とある。

(57) 一六四八年のウェストファリア条約は、神聖ローマ帝国の対フランス、対スウェーデン条約を基軸とする。同条約によって近代的な外交関係の始まったとする「ウェストファリア神話」に対する批判としては、とりあえず君塚直隆『近代ヨーロッパ国際政治史』有斐閣、二〇一〇年、七八―八三頁、明石欣司『ウェストファリア条約――その実像と神話』慶應義塾大学出版会、二〇〇九年。Niels F. May, "Staged Sovereignty or Aristocratic Values?: Diplomatic ceremonial at the Westphalian Peace Negotiations（1643-1648）," in Sowerby and Hennings（eds.）, *Practices of Diplomacy.*

(58) 佐野真由子『幕末外交儀礼の研究――欧米外交官たちの将軍拝謁――』思文閣出版、二〇一六年、八六頁。さらに細かい外交慣習が国際的な規範として明文化されるのは、一九六一年採択の「外交関係に関するウィーン条約」によってである（同書、八五頁）。

(59) Sowerby and Hennings (eds.), *Practices of Diplomacy*.

(60) Jan Hennings and Tracy A. Sowerby, "Introduction: Practices of Diplomacy," in Sowerby and Hennings (eds.), *Practices of Diplomacy*.

(61) 詳細は、Niels F. May, "Staged Sovereignty or Aristocratic Values?"

(62) *Oxford English Dictionary* には、「一般的な意味」として「誰か別の人や人間集団のために（の代わりに）行動したり話したりする人」とあり、そのうちの特別なものとして"a person appointed to represent a sovereign or government abroad"が示されている。「名代」というと、一人の君主の「名代」が想起されるが、ヨーロッパでは共和制の「国」を代表する「名代」もいた。

(63) 佐野『幕末外交儀礼の研究』八七頁。

(64) この文脈における「対等」の論点をわかりやすく提示したものとして、橋本雄『中華幻想――唐物と外交の室町時代史――』勉誠出版、二〇一一年、一四―一五頁。

(65) 徳川政権末期の役人の日朝関係理解は、「御待遇匹敵之御取扱」（佐野『幕末外交儀礼の研究』三七頁、東京大学史料編纂所『大日本古文書　幕末外国関係文書』五二、四〇八―四〇九頁からの引用）である。ただし、直接応接にかかわる人間同士が「対等」のつもりでも、直接携わらない人間が漠然と相手を見下すこともありうる（日朝関係については、ロナルド・トビ『鎖国という外交』小学館、二〇〇八年、一八三頁以下など）。

(66) Blussé, "Amongst Feigned Friends and Declared Enemies."

(67) 前近代、一般に海路は陸路よりはるかに多くの物資を安価に運びうる。一方、陸路は海路よりも、大勢の人間が移動しやすい。前近代には陸の境界は曖昧で幅広かった。海を隔てた関係は通商重視になりがちで、政権に対する商人の主導権も強かった一方、陸続きであれば戦争を含めて、政権側にイニシャティブがあることが多かったと考えられる。

(68) 本書コラム1参照。

(69) ハロルド・ニコルソン（斉藤真・深谷満雄訳）『外交』東京大学出版会、一九六八年。

(70) 辻田明子氏のご教示による。

(71) 本書第四章参照。

(72) 田代『書き替えられた国書』など。

(73) 橋本『偽りの外交使節』。荒木和憲「対馬宗氏の日朝外交戦術」荒野泰典ほか編『日本の対外関係5　地球的世界の成立』吉川弘文館、二〇一三年。壬辰戦争の講和交渉で講和の使者が出先の将軍によって仕立てられ、国書が偽造された件については、北島万次『豊臣秀吉の朝鮮侵略』吉川弘文館、一九九五年、佐島顕子「文禄役講和の裏側」山本博文ほか編『偽りの秀吉像を打ち壊す』柏書房、二〇一三年、米谷均「豊臣秀吉の「日本国王」冊封の意義」山本博文ほか編『豊臣政権の正体』柏書房、二〇一四年、など。

(74) 一六五三年、一六七六―七七年に、琉球使節が明（南明政権、三藩）宛てと清宛ての二種類の国書を持って行き、相手の国情によって適当な方を提出した例もある（渡辺美季『近世琉球と中日関係』吉川弘文館、二〇一二年、一〇六、一一〇―一一一頁）。

(75) イタリアにおける外交官外交については、本書第四章、Isabella Lazzarini, *Communication & Conflict: Italian Diplomacy in the Early Renaissance, 1350–1520* (Oxford: Oxford University Press, 2015) を参照のこと。

(76) M. S. Anderson, *The Rise of Modern Diplomacy, 1450–1919* (London and New York, Longman 1993) pp. 9, 27. 一七世紀のオランダ共和国の外交については、Dr. J. Heringa, *De Eer en Hoogheid van de Staat: Over de plaats der Verenigde Nederlanden in het Diplomatieke Leven van de Zeventiende Eeuw* (Groningen: J. B. Wolters, 1961) 参照。

(77) 高瀬弘一郎「インド副王ドゥアルテ・デ・メネゼスが豊臣秀吉に送った親書―日本側からの考察―」『流通経済大学論集』三二―三、一九九八年（のち『キリシタン時代の貿易と外交』に収録）、清水有子『近世日本とルソン―「鎖国」形成史再考―』東京堂出版、二〇一二年、本書第二章など。

(78) 増田「ラーマ一世の対清外交」、三王昌代「清代中期におけるスールー（蘇禄）と中国のあいだの文書往来―ジャウィ文書と漢文史料から―」『東洋学報』九一―一号、二〇〇九年、など。

(79) 拙稿「一七世紀中葉、ヨーロッパ勢力の日本遣使と「国書」」。

(80) Bhawan Rulansilp, *Dutch East India Company Merchants at the Court of Ayutthaya: Dutch Perceptions of the Thai Kingdom, c. 1604–1765* (Leiden/Boston: Brill, 2007) pp. 122–140. 幸田成友「フランソア・カロンの生涯」フランソア・カロン（幸田成友訳）『日本大王国史』東洋文庫九〇、平凡社、一九六七年。

(81) Rita Wassing-Visser, Koninklijke Geschenken uit Indonesië: Historische banden met het Huis Oranje-Nassau (1600–1938) (Den

Haag: Stichting Historische verzamelingen van het Huis Ornje-Nassau, Zwolle: Waanders Uitgevers, 1995) pp. 27-32. Henk C. M. & Huibert Jan Zuidervaart, eds., Embassies of the King of Siam sent to his excellency Prince Maurits, arrived in The Hague on 10 September 1608: an early 17th century newsletter, reporting both the visit of the first Siamese diplomatic mission to Europe and the first documented demonstration of a telescope worldwide（Wassenaar: Louwman Collection of Historic Telescopes, 2008）.

(82) A. H. De Groot, "The Ottoman Empire and the Dutch Republic: A History of the earliest Diplomatic Relations 1610-1630" 博士論文、一九七八年（二〇一二年に刊行されたが、本総論ではタイプ版を参照した）一二七―一二九頁。ハーガについては後述。

(83) 川口洋史『文書史料が語る近世末期タイ―ラタナコーシン朝前期の行政文書と政治―』風響社、二〇一三年、三七―三九頁。

(84) 拙稿「一七世紀中葉、ヨーロッパ勢力の日本遣使と「国書」」。

(85) 当面、高橋展子『デンマーク日記―女性大使の覚え書―』東京書籍、一九八五年。

(86) 拙稿「近世中・後期大名社会の構造」宮崎勝美・吉田伸之編『武家屋敷―空間と社会―』山川出版社、一九九四年、拙稿「「不通」と「通路」―大名の交際に関する一考察―」『日本歴史』五五八号、一九九四年、拙稿「浅野家と伊達家の和睦の試みとその失敗―正徳期における近世大名社会の一断面―」『日本歴史』六一七号、一九九九年。

(87) 朝鮮から明清に送られた燕行使は、北京で清朝の役人たちだけでなく、琉球やベトナム後期黎朝の使臣などとも交流していた。漢詩の応酬や学術交流だけでなく、互いの政情や制度について情報収集をしていた記録も残されている。ただし、交流の活発な側面だけを指摘するのでは不十分である。清水太郎「北京におけるベトナム使節と朝鮮使節の交流――一五世紀から一八世紀を中心に―」『東南アジア研究』四八―三、二〇一〇年、夫馬進『朝鮮燕行使と朝鮮通信使』名古屋大学出版会、二〇一五年、一二〇―一二六、三二八―三三八、五五七―五五九頁、など。

(88) たとえば、木村可奈子「日本のキリスト教禁制による不審船転送要請と朝鮮の対清・対日関係―イエズス会宣教師日本潜入事件とその余波―」（『史学雑誌』一二四―一、二〇一五年）は、朝鮮と清との交渉の実態や緊張関係を明らかにする。

(89) 東京大学史料編纂所編『日本関係海外史料　オランダ商館長日記　訳文編之四（上）』東京大学出版会、一九八三年、一六三九年五月二五日条、七四頁。

(90) 国書の内容は儀礼的なものだと思われてきたせいか、国書に何が書かれているかについての研究は少ないように思われる。現代語に訳されているものとして、遣唐使が持ち帰った国書を紹介した、石見清裕『唐代の国際関係』（山川出版社世界史リブレット、二〇〇九年、六八頁）。北川・岡本「一七世紀初頭カンボジア＝日本往復書簡について」も参照。

（91）君塚直隆『近代ヨーロッパ国際政治史』（有斐閣、二〇一〇年）八〇―八一頁。席次が先任順と決まってからも、ローマ教皇大使は別格扱いされた。

（92）たとえば、岡本隆司『属国と自主のあいだ——近代清韓関係と東アジアの命運——』名古屋大学出版会、二〇〇四年。

（93）Wassing-Visser, *Koninklijke Geschenken uit Indonesië*, pp. 27-32. Clulow *The Company and the Shogun*, pp. 70, 98.

（94）木村可奈子「明の対外政策と冊封国暹羅——万暦朝鮮役における借暹羅兵論を手掛かりに——」『東洋学報』九二―三、二〇一〇年。

（95）渡辺美季「鳥原宗安の明人送還——徳川家康による対明「初」交渉の実態——」『ヒストリア』二〇二号、二〇〇六年。

（96）*Le Puissant Royaume du Japon: La description de Francois Caron*（*1636*）（Paris: Chandeigne, 2003）. 附録 "Memoire pour l'etablissement du commerce au Japon, desse suivant l'ordre de Monseigneur Colbert par Mr Caron," pp. 231-240. 当該史料の読解には、世川祐多氏、嶋中博章氏のご助力を得た。

（97）東京大学史料編纂所編『日本関係海外史料　オランダ商館長日記　訳文編之一二』東京大学出版会、二〇一五年、附録、三〇四頁。日本の建物内では靴を脱ぐので足袋を買うようにと指示している。

（98）**H. B. Morse,** ***The Chronicles of the East India Company Trading to China 1635-1834*** （Taipei: Ch'eng-wen, 1966） II, pp. 244-246.

（99）坂野正高「解説」マカートニー（坂野正高訳注）『中国訪問使節日記　東洋文庫二七七』平凡社、一九七五年、三〇八、三二六―三三〇頁。なお、坂野は、マカートニーが持参した書簡を「信任状」とするが、マカートニーをはじめとする使節団の紹介（信任状機能）だけでなく、要求項目を連ねた国書機能をも持つものだとも言えよう。

（100）坂野「解説」三〇一―三〇四、三一一―三一四頁。

（101）U Thaw Kaung, "Palm-leaf Manuscript Record of a Mission Sent by the Myanmar King to the Chinese Emperor in the Mid-Eighteenth Century," in *SOAS Bulletin of Burma Research*, vol. 6, part 1-2, 2008. 石川和雅「一九世紀後半の清緬関係——「友邦—朝貢」関係の検討——」『駿台史学』一五九号、二〇一七年。

（102）嶋尾稔「明命期（一八二〇—一八四〇）ベトナムの南圻地方統治に関する一考察」『慶応義塾大学言語文化研究所紀要』二三号、一九九一年。

（103）荒野泰典は、「国際関係には、常に、外交（国家間ネットワーク）と地域間交流（民間レヴェルのネットワーク）の対抗関係が孕まれている」「国家は、成立以来常に、領域外との関係（国際関係）を統括する権限は国家にあると主張し、東アジアにおいてはそれを伝統的に、「外交権」は国王にあり、『人臣』（臣下）にはないと表現してきた」とする（荒野「江戸幕府と東アジア」荒野編『日本の時代史一四　江戸幕府と東アジア』吉川弘文館、二〇〇三年、一八頁）。だが、前近代において外交が地域間交流を土台とせずに存在することは考えにくい。地域間交流の一部が政権を利用して荒野の言う「国際関係」を独占しようとする動きと、政権が独占させた見返りを得ようとする動きの連動こそが外交ではないだろうか。

(104) De Groot, "The Ottoman Empire and the Dutch Republic," pp. 94–114.

(105) De Groot, "The Ottoman Empire and the Dutch Republic," pp. 127–129.

(106) De Groot, "The Ottoman Empire and the Dutch Republic," pp. 198–199, 206.

(107) Niels F. May, "Staged Sovereignty or Aristocratic Values?" でも指摘されている。

(108) Roger Downing & Gijs Anthonius Rommelse. *A Fearful Gentleman: Sir George Downing in The Hague, 1658–1672* (Hilversum: Verloren, 2011).

(109) ロシア・中央・南・西アジアの実態に関心がないわけではなく、むしろ興味津々だが、完全に私の力不足で実証を揃えることができず、研究史も十分に追えなかった。今後の課題としたい。手掛かりになる研究として、守川知子「サファヴィー朝の対シャム使節とインド洋――「スレイマーンの船」の世界――」『史朋』四六号、二〇一三年。

(110) 外交は、言語が通じない場所で行われることが多いので、一般に贈答、建築など非言語コミュニケーションが重きをなすが、国書が登場しない場では、さらに重要になる。

(111) 羽田正『冒険商人シャルダン』講談社学術文庫、二〇一〇年（旧版は『勲爵士シャルダンの生涯――一七世紀のヨーロッパとイスラーム世界』中央公論新社、一九九九年）四三―四四、六八―六九頁なども参照のこと。

(112) 本書第五章、第七章などを参照。

(113) 橋本『偽りの外交使節』などを参照。

(114) 高瀬弘一郎『モンスーン文書と日本――一七世紀ポルトガル公文書集――』八木書店、二〇〇六年、三〇六―三〇八頁。羽田正『東インド会社とアジアの海』講談社、二〇〇七年、六二―六五頁。

(115) まとめて分析した研究は多くない（中田易直『近世対外関係史の研究』吉川弘文館、一九八四年、一六四―一九五頁）。個別の来航許可朱印状については、村川堅固訳、岩生成一校訂『セーリス日本渡航記』雄松堂書店、一九七〇年、金井圓

『日蘭交渉史の研究』思文閣出版、一九八六年、三二―三三頁、三六六頁、パブロ・パステルス（松田毅一訳）『一六―一七世紀　日本・スペイン交渉史』大修館書店、一九九四年、一八八―一九八頁など。

(116) 彭『近世日清通商関係史』二七―九五頁などを参照。

(117) オランダ東インド会社も通航証を発行していた。たとえば、深瀬公一郎「屏風に描かれたオランダ東インド会社の活動」『東インド会社とアジアの海賊』勉誠出版、二〇一五年。

(118) 異国渡海朱印状が具体的に何を目的として発給されたのかを直接示す史料はなく、諸説あるものの、推測の域を出ない。本総論の趣旨から離れるので深くは追究しない。

(119) 黒嶋敏「琉球渡海朱印状を読む―原本調査の所見から―」黒嶋敏・屋良健一郎編『琉球史料学の船出―いま、歴史情報の海へ―』勉誠出版、二〇一七年。以下、琉球渡海朱印状については同論文に依拠する。

(120) 岩生成一『新版朱印船貿易史の研究』吉川弘文館、一九八五年（旧版は弘文堂、一九五八年）、永積洋子『朱印船』吉川弘文館、二〇〇一年。

(121) 黒嶋「琉球渡海朱印状を読む」。

(122) Clulow, *The Company and the Shogun*, pp. 152–161.

(123) Clulow, *The Company and the Shogun*, p. 146.

(124) Clulow, *The Company and the Shogun*, pp. 284–285.

(125) Clulow, *The Company and the Shogun*, p. 144.

(126) Clulow, *The Company and the Shogun*, pp. 143–146. アユタヤー事件については、岩生成一「松倉重政の呂宋島遠征計画」『史学雑誌』四五―九、一九三四年、平山篤子「シャムにおけるイスパニア人による『朱印船ジャンク焼き討ち事件（一六二八年）（1）』」『帝塚山経済・経営論集』一〇、二〇〇〇年、永積『朱印船』一二一―一二三頁。Clulow, *The Company and the Shogun*, pp. 143–146. 岡美穂子「一七世紀前半東アジア海域におけるスペイン・ポルトガル勢力の紛争と外交―マカオ事件（一六〇八）とアユタヤ事件（一六二八）をめぐって―」東洋史研究会大会報告レジュメ、二〇一五年一一月三日（岡氏からレジュメのご提供を受けた）。

(127) Clulow, *The Company and the Shogun*, pp. 227–228. タイオワン事件については、永積洋子『平戸オランダ商館日記―近世外交の確立―』（講談社学術文庫、二〇〇〇年）六八―六九頁なども参照のこと。

(128) 永積『朱印船』八二―八六頁。
(129) 北川・岡本「一七世紀初頭カンボジア=日本往復書簡について」3Aクメール語書簡、5A漢文書簡。
(130) オスマン帝国とヴェネチアの関係においても同じ（堀井優「一六世紀オスマン帝国の条約体制の規範構造」『東洋文化』九一号、二〇一一年）。
(131) 羽田『東インド会社とアジアの海』三〇―七二頁。
(132) 本書第四章、佐野『幕末外交儀礼の研究』一二―一三頁。二〇一六年一二月に東京大学東洋文化研究所で開催されたBirgit Tremml-WernerとLisa Hellman企画のワークショップ"Towards a Trans-Cultural History of Diplomacy"などで紹介されたa cultural history of diplomacyという視角（なお、Tremml-Werner氏より、ワークショップのイントロダクションの原稿閲読を許された。謝意を表する）。
(133) 裏返せば、「全体の構図の中に日本という国家の歴史が一本の筒のように組み込まれている」（羽田『新しい世界史へ』五四頁）世界史観にもつながるだろう。

第一部　国書の世界

第一章　別幅と誤解された勅書
――日明関係における皇帝文書をめぐって――

橋本　雄

はじめに

室町時代の日本において、「国書」は、いったいどのような枠組みで捉えられていたのか。本章では、その実態および分類概念のさまざまについて論じていく。室町時代に外交権を握っていたのは室町殿であった。したがって、さしあたり室町殿名義の外交文書を「国書」として取り上げることとなる①。

室町期外交に用いられた文書の様式は、実に多様であった。たとえば、明に対しては表文（皇帝向け）や咨文《しぶん》・別幅（礼部〈外務省兼文部省〉向け、もっぱら勘合に記された）、朝鮮に対しては書契（書翰）と別幅、琉球に対しては御内書、といった具合である。どれを「国書」と認定するのか、それは単体か複数か、後者の場合、どういった組み合わせを「国書」として認めるか、といった問題については、実際のところ、正面から議論されたことすらないであろう。

また当然のことながら、室町政権が交渉した相手国の外交文書についても注意が必要である。相手国からの「国書」を、まずは相手国側の論理で理解しなければならない。そしてその上で、受け手はどのような態勢でその国書を受け取ったのか、冷静に見定めることが肝要であろう。外交とは当事者のみならず、相手があって成り立つものだからである。少なくとも、相手国側の思惑や事情を把握しなければ、外交史を立体的に描き出すことなど叶うまい。

そこで本章では、そうした「国書」論のための予察として、日明間を行き交った外交文書のうち、従来、「別幅」と呼ばれてきた明皇帝文書の再検討を行いたい。最初の切り口となる素材を、最近筆者が精査する機会を得た徳川美術館所蔵の日本国王源道義（足利義満）宛て永楽帝勅書に求めよう。それは、「別幅」と名付けられた同文書が、「日本国王」冊封後の足利義満に与えられた現物史料として貴重であり、様式・機能・名称などに関する抜本的な分析が改めて必要だと考えるからである。[2] 本論でも述べるように、受給側たる日本側の外交文書の分類方法と、発給側たる中国側の行政文書の範疇化とのあいだには、無視し得ぬズレが存在していた。とくにこうした点に注意しつつ、室町日本に送られてきた皇帝文書を的確に理解する途を探っていきたい。

一　『大明別幅幷両国勘合』と『善隣国宝記』とのあいだ

明朝第三代皇帝の成祖（太宗）永楽帝は、即位後まもない一四〇四（応永一一）年に、辞令書の一種である「奉天誥《ほうてんこう》命《めい》」（以下、誥命）を足利義満（「日本国王源道義」）に送った。それ以前に義満は、恵帝建文帝により事実上の詔封を受けていたが、ここにようやく正式に「日本国王（源道義）」と任命されたわけである。[3] この結果、いわゆる日明勘合貿易が安定して展開する。義満の時代においては、五—六回程度の遣明使の派遣・往来に際して、明使の来日が頻繁に見られた。おそらくそのいずれにおいても、明皇帝から外交文書が付託され、日本に到達したと見られる。[4]

そのうち、「日本国王」冊封時の文書原本そのものは現存しないが、成祖永楽帝およびその後の宣宗宣徳帝の勅・勅諭の現物史料が、下記の通り遺存している（文書名は筆者の付けたもの）[5]。

A　一四〇七(永楽五)年五月二五日　成祖永楽帝勅書（遣明使堅中圭密・中立宛て、相国寺蔵）
B　一四〇七(永楽五)年五月二六日　成祖永楽帝勅書（日本国王源道義宛て、徳川美術館蔵）
C　一四三三(宣徳八)年六月六日　宣宗宣徳帝勅諭（遣明使龍室道淵宛て、藤井有鄰館蔵）

また、参考史料として、次の琉球国中山王宛て明皇帝勅諭二点も挙げておきたい。

D　一四五四(景泰五)年三月二七日　代宗景泰帝勅諭（琉球国中山王弟尚泰久宛て、個人蔵）(6)
E　一四八七(成化二三)年一二月二五日　孝宗弘治帝勅諭（琉球国中山王尚真宛て、沖縄県立博物館蔵）

本章が主たる対象とするのは、冒頭にも述べた通り、徳川美術館所蔵「成祖永楽帝勅書」（上記B）である。(7)現状で縦五三・三cm、横一八六・六cm、壮麗な黄色の蠟紙（一枚紙、継ぎ目なし）を料紙に用いている（本書口絵1参照）。膨大な数の回賜品をリストアップした「贈品リスト」が紙面の大部分を占め、その数量も含めて、見る者を圧倒する。(8)

この永楽帝文書は現在「別幅」として一般に知られているが、この名称はおそらく当該文書を収める白木箱の蓋裏書（金泥）に由来するものと思われる。

記

明成祖武皇帝勅諭足利将軍家鹿苑院殿別幅　紙　黄紙　縦　壹尺七寸六分　横　六尺貳寸参分　係軸貳寸四分

文字無慮五百四十九

璽　篆文　廣運之寶

宝暦二年壬申春二月装潢

「宝暦二年壬申」、つまり一七五二年に、この文書は一度装潢され、この白木箱に納められたことがわかる。ここに、「別幅」と明記されており、前述の通り本文書の名称の由来と目される。ただし問題は、さらにその淵源がどこにあ

表1　大明別幅并両国勘合（妙智院文書）

番号	日　付	西暦	書き出し・様式	備　考
1	永楽元年閏11月11日	1403	頒賜／日本国王妃礼物	『善隣』なし
2	永楽4年正月16日	1406	勅日本国王源道義	『善隣』なし／参考1と同日
3	永楽4年正月16日	1406	皇帝頒賜日本国王源道義	『善隣』なし／参考1と同日
4	永楽5年5月26日	1407	勅日本国王源道義	『善隣』なし／徳川美術館蔵文書に同じ／参考3と同日
5	永楽5年5月26日	1407	皇帝頒賜日本国王	『善隣』なし／参考3と同日
6	宣徳8年6月11日	1433	皇帝頒賜日本国王	『善隣』巻下1号／参考5と同日
7	宣徳8年6月11日	1433	皇帝特賜日本国王并王妃	『善隣』巻下2号／参考5と同日
8	宣徳9年8月23日	1434	日本国今塡本字壱号勘合（咨文）	『善隣』巻下3号
9	正統元年2月初4日	1436	皇帝頒賜／日本国王	『善隣』巻下4号
10	景泰2年8月　日	1451	日本国今塡本字漆号勘合一道（咨文）	『善隣』巻下5号
11	景泰5年正月9日	1454	皇帝給賜日本国王	『善隣』巻下6号
12	景泰5年2月18日	1454	大明礼部為公務事（咨文）	『善隣』巻下7号
13	天順8年8月13日	1464	宣徳日字号勘合底簿一扇……（咨文）	『善隣』巻下8号
14	年月日不詳	—	別幅（1430年日本国王使宗金・道性帰国時）	『朝鮮世宗実録』12年2月丙戌条
15	年月日不詳	—	別幅（1424年日本国回礼使朴安臣・李藝に付託ヵ）	『朝鮮世宗実録』2年7月癸丑条ヵ
16	年月日不詳	—	別幅（1425年日本国王使中兊・梵齢帰国時）	『朝鮮世宗実録』3年11月庚辰条
17	年月日不詳	—	別幅（1459年日本国通信使宋処倹・李従実に付託ヵ）	『朝鮮世祖実録』5年8月壬申条ヵ

参考1）永楽4年正月16日　皇帝勅諭日本国王源道義……　『善隣』巻中7号
参考2）永楽5年5月25日　勅日本国正使圭密・副使中立……　『善隣』なし／相国寺蔵文書
参考3）永楽5年5月26日　皇帝勅諭日本国王源道義……　『善隣』巻中8号
参考4）宣徳8年6月6日　皇帝勅諭日本国使道淵……　『善隣』巻中22号／藤井有鄰館蔵文書
参考5）宣徳8年6月11日　皇帝勅諭日本国王源義教……　『善隣』巻中23号

るか、である。いかなる情報に基づいて本文書は「別幅」と題記されたのだろうか。

そこで、本文書の書面をおそらく初めて著録した史料、『大明別幅并両国勘合』（表1、妙智院《みょうちいん》文書）[9]に注目してみたい。本史料は、その伝来からも、遣明使を二度務めた妙智院僧策彦周良《さくげんしゅうりょう》[10]ないしその周辺が編纂したものと推察される。したがって、室町期の日明関係文書が列挙されているわけだが、しかし、日明関係にかかる文書すべてが収録されているわけではない。表題の通り、「別幅」や「勘合」と彼らが認識した文書を主に集め、末尾には四例の朝鮮王朝からの別幅（贈品リスト）を収める、という特徴を持つ（この点については後段にて再論する）。

興味深いことに、室町期の外交文書

を編集した著作として有名な瑞渓周鳳《ずいけいしゅうほう》（生没年、一三九一―一四七三）の『善隣国宝記』に、いま問題としている徳川美術館所蔵永楽帝文書は収録されていない。そして、これとは対照的に、同じ日付だけれども、贈品の記載がまったく存在しない永楽帝勅諭の方は『善隣国宝記』に収載されている（巻中8号文書、「応永十四年　大明書」）。こちらの『善隣国宝記』巻中8号文書には、対馬・壱岐などの海寇を「日本国王」が討伐したことを賞賛し、その意を「諭」するのみならず、「加うるに寵錫《ちょうしゃく》（手厚い賜り物）を以てす」とのみ記述し、先述の通り、贈品のリストそのものは付記されないのである。

ところで、現代の研究者がしばしば参照し、田中健夫・石井正敏の編集・解説した訳注本の底本である明暦版『善隣国宝記』（以下、明暦版本と呼ぶ）は、上・中・下の三巻構成をとる（本章での引用ならびに文書番号は、田中健夫編『〈訳注日本史料〉善隣国宝記・新訂続善隣国宝記』（集英社、一九九五年）による。以下、本書による限り出典は省略）。しかしながら、ともに絶海中津の作になる巻上の最後の文書（明徳三年条にかける）と巻中冒頭文書（巻中1号）とを分載してしまうなど、巻上と巻中との分け目が適切ではないことがすでに指摘済みである[11]。田中健夫の解説によれば、他の写本では両文書は巻上の末尾に二通続けて採録されており、明暦版本の構成は明らかに不自然だという[12]。

また、この二通の文書はともに高麗・朝鮮関係の外交文書であり、本来であれば連続して巻上の末尾に並べるべきものであった。換言すれば、明暦版本以前の『善隣国宝記』の巻中は、有名な「日本准三后某、書を大明皇帝陛下に上る《たてまつ》」で書き出され、祖阿・肥富を使者として遣わす旨を記す足利義満の建文帝宛て書簡（一四〇一〔応永八〕年）から始まっていた可能性が高い。つまり、日明関係の開始点というべきこの応永八年義満書簡が外交史の分水嶺に選ばれた、ということなのであろう。

次に問題となるのが、明暦版本（訳注本の底本）の巻下の生成過程である。『善隣国宝記』巻下には、明らかに目録然とした文書が集中的に載せられているわけだが、そもそも、瑞渓周鳳は、こうした目録群を自ら蒐集・編纂しようとしていたのか？　巻下の少なくともある部分は、瑞渓よりも後の時代の人間が勝手に付け足したものではないのか？　――さまざまな蓋然性が思い浮かぶ。

筆者がこうした疑問を抱くのは、瑞渓の死没より前から、文書の記載方法が変わると考えるからである。現在見られる『善隣国宝記』において、瑞渓没（一四七三年）後の外交文書が巻中に三通、巻下に三通、つまり合計六通、存在する点はつとに知られている。だが、不自然な点はそれにとどまらない。瑞渓死没の直前にあたる、現状の巻中末尾付近の37号文書（一四七二(文明四)年一〇月三日付、遣朝鮮国書（横川景三《おうせんけいさん》作））から、突然、贈品リストの別幅が付記・採録され始め、別幅中心の下巻に連なっていくのである。

また、その37号文書には、それまで記載されてこなかった、遣朝鮮国書の封をした状態を描いた挿絵などが描き込まれ、「高麗書に可漏子《かろす》（封筒のこと）無し」云々という説明すら付記される。こうした文書の形状や外見に関する饒舌な記載は、近世初頭の金地院崇伝『異国日記』から『続善隣国宝記』を経て、近藤重蔵『外蕃通書』などに至るまでの、江戸時代の外交文書集の特徴である。果たして室町期段階でここまで行き届いた記載がなされるものか、はなはだ疑問に思われよう[13]。どんなに早くとも、慶長年間頃までに現状のように整えられたと見るのが妥当ではないか。

そこで、『大明別幅幷両国勘合』を整理した表1を改めて参照してほしい。すると、明暦版本『善隣国宝記』巻下所収の文書は重複して採録される一方、巻中の文書（巻上は冊封以前の一三九二(明徳三)年まで）は、一切、重複掲載されていないという事実に気がつく。このことが示唆するのは、おそらく、『大明別幅幷両国勘合』が瑞渓原撰本『善隣国宝記』にないものを蒐集した可能性、逆に言えば、『大明別幅幷両国勘合』が編集された時点――おそらく一五三〇―四〇年代――と比べ、『善隣国宝記』はいわゆる《別幅》の蒐集が不徹底であった、という事実であろう[14]。

つまり、瑞渓周鳳は、『善隣国宝記』を編む際に、外交文書の本体ないし本幅と言うべき《書》を熱心に編纂し、《別幅》についてはさほど徹底的に蒐集しなかったと考えられるわけである。『善隣国宝記』は、あくまでも、善隣外交における《書》の編纂物として作られたのである。

果たして、瑞渓は『善隣国宝記』の序文において、古代から「乃至近時往返の書を録し、号して『善隣国宝記』と曰う」と記していた。彼の外交文書編纂の眼目は、やはり、《書》の事例蒐集にあったと見るべきであろう。[15]

なお、本章ではこれまで特段の説明もなく、彼我のあいだの意志疎通を主とする書面の文書を端的に《書》と表記し、贈品リストが主体のそれを《別幅》と呼んでいるが、それは以下のような理由に基づいている。第一に、中国や朝鮮からの外交文書を、様式の如何にかかわらず、「大明書」「朝鮮（国）書」などとインデクスを付けるのが瑞渓の著録方針[16]であった。これに鑑みれば、当時の外交僧たちは、外交文書の本体（伝達・連絡書面を有する文書）を「書」と認識していた可能性が高い。第二に、本文後段にも触れる『続善隣国宝記』五号文書には、注記に「疏《しょ》」と記す。この「疏」の語は、室町期以来、禅林の世界で遣朝鮮書が音通で「高麗疏」などと書かれたように、実態としては「書」のことを意味する。したがって、「書」という認識の枠組みが存在していた傍証と考えうる。第三に、たとえば『通航一覧』巻三〇―朝鮮国之部六には、「本書」と「同封進物別幅」というように区別して記載されている。この「本書」は、明らかに「書」に近しい言葉であり、「書」という認識方法から派生した成語として見て大過ないのではないか。――以上である。

さて翻って、みたび、『大明別幅幷両国勘合』である。紙幅の都合上、逐一原文を掲げられないのが残念だが、この史料には、前述の通り、文書様式の相違にもかかわらず、勘合や別幅（と当時考えられていたもの）が一括してまとめられ、明・朝鮮から送られた回賜品、回礼品、あるいは求請品のリストが掲げられている。つまり、この史料は、一義的には、明や朝鮮といかなるモノをやりとりしたかの記録なのである。

そして、本史料の性格を考える上では、その末尾部分に集められた、日朝関係における別幅がとりわけ重要と思われる。[17]何となれば、この編纂の方針自体が、タイトルからして日明関係の書であるにもかかわらず、日朝間の《別幅》の存在を無視しえなかったこと、つまり、日朝関係文書こそが、彼らの国際文書認識の枠組みを規定していた蓋然性を示唆するからである。

たしかに室町期以降の日本（とくに五山禅林）においては、日朝関係の文書のやりとりの方が、頻度の点で圧倒的に多かった。それゆえ、彼らの外交文書認識のフレイムワークは、基本的には《書》と《別幅》とが一対一で揃う日朝関係が基礎になっていたと考えられる。要するに、外交実務を担当した五山僧たちが、日朝関係の文書のありようを日明関係に素朴に当てはめてしまったために、日明間で交わされた勘合も咨文も、そして一部の贈品リスト主体の勅書や勅諭すら、いわゆる「別幅」と同じ範疇で括られ、本史料に著録されるに至ったわけである。五山僧たちの認識はあまりに日朝外交寄りであり、日明外交を考察する上では、遺憾ながら不正確・不十分というほかない。

そして幸運なことに（?）、江戸時代に外交文書を取り交わした国は、朝鮮と琉球とに限られていた（いわゆる「通信の国」）。したがって、室町—江戸時代の日本人は、《書　別幅》の組み合わせで外交文書を整理すれば十分であった。わざわざ、明朝の文書体系を詳細に検討する必要に迫られなかったわけである[18]。

ただもちろん、徳川美術館所蔵の永楽帝文書が江戸時代に「別幅」と名付けられた根拠が、この『大明別幅并両国勘合』そのものにある、という保障はない。しかしながら、常識的に、本文書が五山禅林から流出した可能性が高い以上[19]、五山僧たちの常識であったとおぼしき「別幅」という概念がそのまま引き継がれ、現在に至った、と見るのが自然であろう。

とはいえ、日明関係外交文書の分類に関して、室町—江戸時代の五山僧たちは《書》と《別幅》との区別を彼らなりに行っていたことになる。では、その弁別の根拠はどこにあったのだろうか。そして、その区別は日明関係のありように鑑みて果たして妥当と言えるのか。節を改め、考察を進めていこう。

二　『善隣国宝記』に見る《書》と《別幅》との違い

本節では、『善隣国宝記』のなかで《別幅》と《書》とが併記されている箇所に注目し、両者の弁別の基準がどのあたりにあったのかについて探ってみたい。

前節の考察結果によれば、ほんらい、『善隣国宝記』の原作者である瑞渓周鳳は、《書》の蒐集・編纂に主眼を置いており、《別幅》にさほど頓着する姿勢を持っていなかった、と考えられる。そうだとすれば、同日付で発給されながら、『善隣国宝記』と『大明別幅幷両国勘合』とのあいだに分載されてしまった次の文書群の区別が自ずと問題になってこよう。

＊セット[α]……いずれも一四〇六（永楽四）年正月一六日付文書

・「皇帝勅諭日本国王源道義、〔本文省略〕、故諭、永楽四年正月十六日」（『善隣国宝記』巻中7号—「同〔応永〕十三年　大明書」、表1欄外の参考1）

・「勅日本国王源道義、〔本文省略〕、故勅、〔以下、贈品リスト〕、永楽四年正月十六日」（『大明別幅幷両国勘合』、表1No.2）

・「皇帝頒賜日本国王源道義、〔本文無し、贈品リストのみ〕、永楽四年正月十六日」（『大明別幅幷両国勘合』、表1No.3）

＊セット[β]……いずれも一四〇七（永楽五）年五月二六日付文書

・「皇帝勅諭日本国王源道義、〔本文省略〕、故諭、永楽五年五月二十六日」（『善隣国宝記』巻中8号――「同〔応永〕十四年　大明書」、表1欄外の参考3）
・「勅日本国王源道義、〔本文省略〕、故勅、〔以下、贈品リスト〕、永楽五年五月二十六日」（『大明別幅幷両国勘合』、表1No.4。徳川美術館所蔵永楽帝文書に相当）
・「皇帝頒賜日本国王源道義、〔本文無し、贈品リストのみ〕、永楽五年五月二十六日」（『大明別幅幷両国勘合』、表1No.5）

＊セット[γ]……いずれも一四三三（宣徳八）年六月一一日付文書
・「皇帝勅諭日本国王源義教、〔本文省略〕、故諭、宣徳八年六月十一日」（『善隣国宝記』巻中23号――「同〔永享五〕年大明書」、表1欄外の参考5）
・「皇帝頒賜日本国王、〔本文無し、贈品リストのみ〕、宣徳八年六月十一日」（『大明別幅幷両国勘合』、表1No.6）
・「皇帝特賜日本国王幷王妃、〔本文無し、贈品リストのみ〕、宣徳八年六月十一日」（『大明別幅幷両国勘合』、表1No.7）

セット[α]・[β]は、勅諭・勅・頒賜リストの組み合わせだが、[γ]は単なる勅書がなく、勅諭・頒賜リスト・特賜リストの組み合わせである。

それでも、以上を見渡せば、おおよその傾向が看て取れるだろう。すなわち、「皇帝勅諭日本国王源道義〔皇帝、日本国王源道義〔足利義満〕に勅諭す〕」と書き出され、「故諭〔故に諭す〕」という書止文言で終わる文書は《書》の扱いであるが、贈品リストさえ付いていれば、たとえ本文が付いていても〔「勅日本国王源道義〔日本国王源道義に勅す〕」で始まり「故勅（故に勅す）」で終わるものも）、それは《別幅》として遇される、という具合である。別言すれば、「勅」や頒賜・特賜のリストはほぼ無条件で《別幅》の扱いであったということになろう。

ところが、『善隣国宝記』には、同じ時期の事例であるにもかかわらず、これと異なる基準で採録された皇帝文書が一通存在する。それが、足利義満の訃を承けて弔問のために足利義持に送られた次の文書である。

［史料1］『善隣国宝記』巻中11号（「同〔応永一五〕年」条）

勅日本国世子源義持、近国王源道義薨逝、訃音来聞、朕深慟悼、茲特遣使賜賻、想世子父子至親、益難為懐、幷賜勅慰問、世子節哀順変、勉力襄事、以副国人之望、故勅、

絹五百匹、

麻布五百匹、

永楽六年十二月廿一日、

ここには明らかに、数量僅少とはいえ、絹・麻布の贈品が列挙されている（波線部）。

ところが、瑞渓はこの文書を『善隣国宝記』に著録しているのである。「勅日本国某」で始まり「故勅」で締めくくられる点（傍線部参照）に注意したから収載した、というわけではないだろう。それでは他の勅書が《別幅》とされる理由が説明できない。義満の死没に関わる文書だからか、あるいは他に義持期の皇帝文書が入手できなかったためか。その理由は判然としないが、単純に考えて、贈品リストというほどの数量が記載されていなかったからではないか[20]。

つまり、誰が見ても明白に贈品リストだと言える文面がない限り、勅書と勅諭との様式上の違いすらも度外視して、瑞渓は《書》として概括・認知していた、と考えたい。逆に言えば、上記の例により、明瞭な贈品リストを記載する文書は、なべて《別幅》と見なす、という瑞渓の判断基準が仄見えてくるだろう。おそらくこれが――きわめて曖昧

と言うほかないが――、室町時代の五山僧たちに通有の、《書》と《別幅》との弁別基準であったと考えられる。

とはいえ、文書の書面（テキスト）のありようをよく観察すると、素朴な疑問が浮かんで来ないだろうか。「勅日本国某」で始まり「故勅」で終わるような勅書を、「皇帝頒賜日本国王」で書き起こされる事務的な贈品リストと同類視してしまってよいのか、という疑念である。贈品を記載するという点では確かに同じ範疇に属しようが、様式があまりに懸け離れているのではないか。それに、少なくとも「勅」の場合は、能書きとも言うべき主文が（たとえ短くとも）存在する以上、意味や機能も異なっていたのではなかろうか。そして敢えて言うならば、「皇帝頒賜（特賜／給賜）日本国王」で書き出されるような目録こそ、「別幅」と概念化するのにふさわしいと思われる。

こうした疑問を念頭に置きつつ、次には江戸時代に編纂された『続善隣国宝記』の考察に向かうこととしよう。

三　『続善隣国宝記』に見る《書》と《別幅》との違い

江戸時代、日朝通交をつかさどる対馬藩に派遣された以酊庵輪番僧たちは、日朝外交関係に関与するに際し、文書の作成や管掌の故事に習熟する必要に迫られた。そのため、写しや草案などを得るに従って外交文書を集積し、「原続善隣国宝記」とでも言うべき書物を作った。それがさらに随時に増補訂正され、『続善隣国宝記』に結実した――。これが田中健夫による『続善隣国宝記』成立過程の推測（訳注本解説）である。いまや通説と言って良いだろう。そうした作成状況を窺わせるかのように、『続善隣国宝記』には、さまざまな様式の文書が、折り畳み方や紙質、印影形状等の情報も含めて、丁寧かつ周到に記載されている。

本節では、前節の考察に引き続き、『続善隣国宝記』のなかで《別幅》と《書》とが併記されている箇所に注目していこう。関係する記事を、ここに掲げておく。

［史料２―１］　一四七八（成化一四）年二月九日　皇帝勅諭（給賜品一覧無し。特賜銅銭のみ記載あり）（『続善隣国宝記』４号）

皇帝勅諭日本国王源義政、得奏、本国経乱、公庫索然、要照永楽年間事例、給賜銅銭賑施等因、事下礼部査、無給賜之例、而使臣妙茂〔竺芳妙茂〕等、復懇辞具奏、茲不違王意、特賜銅銭五万文、付妙茂等領回、至可収用、故諭、

成化十四年二月初九日

この文書には、以下の注記がある。

［史料２―２］

この文書は、縦約五〇cm、横四一cm程度であり、黄色の蠟紙である。端には上下に雲が（一つずつ）置かれ、奥も同様の仕様である。中央には龍が描かれ、龍の前には光焔宝珠がある。（文書料紙の）ウラ面には金銀が散らされ、折らずに巻かれている。その上で文書はまず黄色の薄様紙《うすようし》で裹まれ、さらにそれを薄絹で裹み、箱に収納している。（原漢文）

［史料３―１］　一四七八（成化一四）年二月九日　皇帝勅諭（給賜品一覧あり）（『続善隣国宝記』５号）

皇帝勅諭日本国王源義政、

　朕恭承

天命、嗣守鴻図、以主宰華夷、惟王賢達、敬

天事大、特遣正使妙茂等、賚捧表文幷馬匹・方物来貢、具見王之謹誠、良可嘉尚、茲因使回、特令賚勅諭王、幷

賜王及妃銀両・綵幣、王其体朕至懐、故諭、

給賜

国王
　銀二百両
　錦　〔以下二四行分省略〕
王妃
　銀一百両
　錦　〔以下一九行分省略〕
成化十四年二月初九日

この文書の注記は以下の通りである。

[史料3―2]

この文書は、黄色の蠟紙に記され、縦約六四cm、横一三三cm程度を測る。画中には金泥で龍の紋が描かれ、年号の上下に雲行きがあり、端の上下には雲が（一つずつ）置かれ、（文書料紙の）裏には金銀散らしが施され、〔折らずに〕巻いてある。疏（書）も別幅も同様である。句点（句号）は唐（明朝）の側で区切って寄越してきたものだ。書と別幅との二通を一つの箱に納めている。箱の大きさは、長さ約六八cm、広さ（幅）約一〇・六cm、高さ約七・六cm。蓋があり、鑰や緒などは存在しない。（原漢文）

上掲の史料3―2に明らかな如く、「疏」と「別幅」とは明確に区別された上で、同じように折らずに巻くことが説明されている（傍線部参照）。ここではもちろん、《書》と《別幅》とを異なる文書と見なすという、彼らの認識方法にこそ注意したい。

それでは、いったいどの文書が「疏」＝《書》で、どれが「別幅」＝《別幅》なのであろうか？　素直に考えれば、史料2と史料3の日付はともに成化一四年（一四七八）二月九日であり、明らかに一具（セット）の文書と見なされる。

そして、『続善隣国宝記』に掲載される順序からすれば、史料2—1（同4号文書）が主たる《書》として、史料3—1（同5号文書）が副次的な《別幅》として捉えられていた蓋然性が高いだろう。

もちろん、ここに記載されない第三の文書（勅諭または勅書または皇帝給賜目録など）があった可能性も想定されようが、これは『蔭凉軒日録』の記事（一四八六（文明一八）年五月二九日条）により否定される。「大唐返表幷別幅、裏黄紙、又裏黄絹、入檜箱、小而薄赤漆也、年号成化十四年二月初九日」（明からの返書と別幅とは黄色い紙に裹まれ、その上を黄色の絹布に裹まれ、小さくて薄い赤漆で塗られた檜の箱に収められていた）とあって、このときに明から送られた文書は二通のみであったことがわかるからである。

ここで「大唐返表」（上行文書）と呼ばれているものこそ、間違いなく、史料2—1の勅諭（実際には下行文書）であろう。すると、史料3—2に「疏・別幅廿二〔共ニカ〕、一箱納之、」（原文）と書かれているのは、史料2—1＝「疏」および史料3—1＝「別幅」が同じ箱に収められていた、と解すれば良いことになる。一つの箱に二通の文書が収まって運ばれてきた以上（史料3—2の二重傍線部）、いずれかが「疏」（＝《書》）で、いずれかが「別幅」、と見ることは、それなりに常識的であるとは言えよう[21]。

ところが、この二通の文書の配列と主副の比重とに異を唱えた研究者がいた。明治—戦前期に活躍した考証学者、中島竦《しょう》（生没年、一八六一—一九四〇）である[22]。中島は、その編著『新訂善隣国宝記』（文求堂、一九三二年）において、銅銭五万文を特賜する内容の成化一四（一四七八）年勅諭（田中訳注本4号文書）に関し、「続善隣国宝記ニ此文〔4号文書＝史料2—1—橋本注〕ヲ前ニ置キタルハ非ナリ、此ハ奏討ニ対スル特賜ニシテ別幅ナリ」と述べて疑義を呈する（同書補遺二四頁頭注）。要するに、比較的通例に近い銀や錦、紵絲などの回賜品を、くだんの4号文書は記載せず、「銅銭五万文を特賜す」とあるように、明瞭に特殊かつ付随的な「別幅」だと、中島は考えたのであった。

なおかつ中島は、同日に発給された、まさしく通例に近い給賜品（回賜品）を列挙する成化一四（一四七八）年憲宗成化帝勅諭（田中訳注本5号文書＝史料3―1）について、次のような注記を施していた。――「続善隣国宝記ニ別幅トシタレトモ別幅ニ非ス、賜物ノ正文ナリ」（同書補遺一九頁）、と。つまり、中島は、この5号文書の方を「正文」――敢えて言えば本章の《書》に近い範疇の概念だろう――だと考え、江戸時代に編まれた『続善隣国宝記』の如く「別幅」と見なすことには否定的態度をとったわけである。

以上を要するに、中島は、5号文書を外交文書の本体＝「賜物ノ正文」と見なし、4号文書を別幅だと解釈した。おそらくここに言う「正文」とは、「別幅」ではない以上、《書（疏）》のこととほぼ同義と見なされよう。また同時にこれは、掲載順序の入れ替えの提案でもあった。そして、彼は実際にその順序で――5号、4号の順に入れ替えて――『新訂善隣国宝記』補遺を編み上梓したのである。[23]

そして、この中島の論法に従えば、文書の主文に「特賜」と明記して膨大な下賜品を書き上げる徳川美術館蔵永楽帝勅書は、いかにも特例的・副次的なものと見なされる。「別幅」と位置づけても、無理ないどころか妥当なようにさえ思えてくる。現在の箱書きに記される「別幅」なる呼称は江戸時代のものだが、それが従来改められてこなかった背景には、この中島説が影響していた可能性を考えるべきかもしれない。

しかし、瑞渓周鳳の『善隣国宝記』と妙智院文書中の『大明別幅并両国勘合』とを突き合わせた結果、我々は前節で次のような結論に達している。すなわち、誰が見ても明瞭な贈品リストを有する文書を、五山僧たちは《別幅》だと認識していたという理解である。こうした文書の様式や外見に注目した仮説からすれば、「特賜」とあるから副次的な「別幅」に違いないとする中島竦説に、容易には従いがたい。

むしろ、漢学者の中島竦ですら――いや漢学者だからと言うべきか――、「疏（書）・別幅」という分類法を採らねばならない、と思い込んでいた点に注意すべきだろう。外交文書は《書》と《別幅》とに分けられる、いや分けるべきだという信念、と言い換えても良い。それほど、《書》―《別幅》を対にして考える発想法には根強いものがあったわけである。

とはいえ、「勅諭」という点では同じ様式の文書の一方を《書》、もう一方を《別幅》と呼び分けることには、やはり無理があるように思われる。にもかかわらず、こうした《書》—《別幅》一対の発想は、無批判に、江戸時代、そして近代へ引き継がれてしまった。さればこそ、前述の『続善隣国宝記』4号文書（ないし5号文書）や徳川美術館所蔵永楽帝文書を「別幅」と呼ぶことに、多くの先人たちも、さほどの違和感を覚えなかったのではないか（これは自省を込めた評言である）。

中島竦も、もちろんこの例に漏れない。中島説の新味と言えば、《一般—特殊》という彼独自の分類法に、《書》—《別幅》の区別を当てはめた、という点に尽きる。『続善隣国宝記』4号文書は、「銅銭五万文」という特別な給賜が明記されているから副次的な《別幅》なのだ、という理解である。だがこれも、《書》—《別幅》の二分法の軛を脱し切れていない。

しかし、中島説にも学ぶところはある。それは、《書》と《別幅》との区別は実に曖昧模糊としており、多分に再考の余地がある、という可能性の開示である。我々はさらに、この発想をラディカルに推し進めるべきではなかろうか。つまり、《書》か《別幅》か、という区別を付けることが極めて難しいという事態を直視し、まずはそれぞれをそれとして素直に理解すべきだ、ということである。

そうだとすれば、徳川美術館所蔵成祖永楽帝文書が、「日本国王源道義に勅す」と書き出される文章の書面である点に、改めて注目したい。書止文言も、定型的な「故に勅す」である。単なる付属的な贈品リスト（目録類）などではなく、単行文書として位置づけるのが、もっとも妥当なのではないか。

やはり、明代の勅書・勅諭類（たとえば徳川美術館蔵永楽帝文書）について、これを「別幅」と呼ぶことには疑問を覚える。こうした《書》—《別幅》を区別する見方は、日朝関係史の枠組みを日明関係に当てはめ、日明間の往来文書に無理やり「名付け」をしているに過ぎない。[24] 勅書は勅書、勅諭は勅諭として素直に命名し、まずは分類していくべきだろう。明代皇帝文書や公文書の体系化のためにも、その方が建設的だとも考えるからだ。

そして、形式的にはあくまでフラットを装う「書」ではなく、勅（書）や勅諭という皇帝命令文書をもって外交を行うのは、明朝の華夷意識の現れと看て取るべきであろう。もちろん、ここに明代中国国際関係史の最大の特徴を見いだすことも可能と思われる。[25]

おわりに

本章の考察を進めるなかで、著名な外交文書集、『善隣国宝記』（瑞渓周鳳撰）の生成過程にまで論が及んでしまった。最後に、適宜、補足を加えながら本章の考察結果をまとめ、今後の課題を付記して稿を閉じることとしたい。

① 徳川美術館蔵成祖永楽帝文書は、これまで別幅と考えられてきたが、単純に、勅書と名付けるべきだと考える。従来、これを別幅と認定してきたのは、「国書」の本体たる書契に別幅が必ず付随する、日朝外交文書のありように引きずられたためであろう。

② そうした認識の枠組みを如実に示すのが、天文期（一五三〇―四〇年代）に遣明使を二度つとめた策彦周良（天龍寺塔頭《たっちゅう》妙智院の僧）周辺で作られた、『大明別幅并両国勘合』（妙智院文書）である。同史料の末尾には、ほんらい日明関係とは関係のない日朝関係文書の別幅が四通載せられている（表1参看）。このこと自体が、日明関係に比べて著しく頻度の高い日朝関係の影響力の大きさを物語る（加えて先行する『善隣国宝記』原撰本が国ごとに類纂されていた可能性をも示唆する）。なお、同史料に掲載される他の勅書についても、徳川美術館蔵永楽帝勅書と事情はまったく同じであろう。「勅日本国王、……、故勅、〔年月日〕」という様式の書面をもつ類型的文書は、そのまま素直に勅書として

認識したい。

③もし仮に、「別幅」という研究概念を日明関係文書に当てはめるとすれば、「皇帝頒賜〔特賜〕日本国王」で書き出される贈品リスト（目録）こそが、その最有力候補となろう（『大明別幅并両国勘合』、表1№1・3・5・6・7・9・11）。ただし、明代中国において右の如き書面を「別幅」とか「別録」「別楮」などと呼んだ事例は聞知したことがない。この点、留保を要するが、常識的に見ても、この種の文書（目録）は、唐宋代などに見られる伝統的な「別幅」・「別録」の姿・形[26]に適合的だと思われる。

④『大明別幅并両国勘合』には、室町・戦国期の五山僧が《別幅》と見なす文書が集められたわけだが、同じ時期の外交文書群を収める明暦版本『善隣国宝記』巻中所収文書とのあいだに、重複はまったく見られない。また、『善隣国宝記』明暦版本では確認できない明初の永楽年間の《別幅》が、『大明別幅并両国勘合』には著録されている。これはすなわち、『善隣国宝記』原撰者の瑞渓周鳳よりも、別幅や勘合に関する情報を策彦周良らが熱心に蒐集した証とまずは考えられよう。そしてその理由は、大内氏のもとにあって、彼らがほぼ自前ないし独力で別幅勘合を書き上げねばならなかったという事情にあったと思われる（そうだとすれば、『大明別幅并両国勘合』は、「国書」本体の遣明表すら山口で準備した、天文一六（一五四七）年度遣明船に際して編まれた可能性が高い）。

⑤『善隣国宝記』原撰本を右のように推測できたとすると、撰者の瑞渓周鳳は、「皇帝勅諭日本国王」文書（＝贈品リスト無しの勅諭）を外交文書の本体（＝《書》）と考え、原撰本『善隣国宝記』巻中に収録した、ということになるだろう。だが、明暦版本『善隣国宝記』巻下や『大明別幅并両国勘合』に収められた勅書類も、たしかに贈品リストを伴うとはいえ、「勅日本国王……、……故勅、〔年月日〕」という主文を有する点で、単なる目録とは見なしがたい。上記①・②にも述べた通り、これらの文書は素直に勅書と認めるべきではないか。かつての五山僧たちが《別幅》と判断していたにせよ、現代の我々がそれに囚われる必要はない。《別幅》と認識されていたという事実は、それとし

表2　書と別幅との分類に関する比較

	五山僧の基本的認識	筆者（橋本）の分類仮説
勅諭	《書》	勅諭
勅（書）		勅書
皇帝頒賜〔特賜／給賜〕日本国王……	《別幅》	「別幅」（仮称）

て押さえておけば良い。明代皇帝文書・外交文書の体系的理解のためにも、勅書は勅書として明確に位置づけるべきだと考える（書や別幅の分類については表2参照）。

⑥　本書の主題である「国書」論に改めて引きつければ、制誥《せいこう》詔勅などの皇帝下達文書――古めかしく言えば中国の「王言《おうげん》」文書――を、室町人たちが「大明書」と呼んだり（『善隣国宝記』）、「大唐返表」と嘯いてみたり（『蔭涼軒日録』（第三節前掲））、要するに適宜都合にあわせて類型化したことがまず重要であろう。当時の日本人が、自分たちの世界観に則って、まさしく和文脈で外交文書（「国書」）を捉えていたことがここには窺える。皇帝の発する文書ですら「国書」として受容できる、相手国側に露見しなければ文書の高下を逆転ないし平準化させても問題ない、外交の現場での裁量が第一、という如き発想は、東アジアに通有の中華意識そのものである。[27] ここに、《書》を本質とする「国書」概念を持ち出せる根拠があるだろう。[28] もっとも、日朝関係に範を取り、《別幅》の存在を絶対視する室町人にとっては、おそらく、「国書＝《書》＋《別幅》」であった。この命題がどの程度普遍たりうるか、今後の検討が必要となってこよう。

⑦　本章の考察により惹起された課題としては、口火を切る素材として取り上げた明皇帝勅書のほか、これと密接に関連する勅諭・詔書・詔諭などの様式論・機能論・伝来論的検討が必須と思われる。[29] また、中・近世日本の外交文書認識の枠組みを示す『大明別幅并両国勘合』に関する分析を、改めて披瀝しておく必要があるだろう（とくに日朝関係の別幅の年次比定は、結論のみを表1に示したにとどまる）。そして、『善隣国宝記』明暦版本の巻下に収録される《別幅》類は、せいぜい宣徳期・義教期の一四三三年までしか遡らない。『大明別幅并両国勘合』に掲載された永楽期・義満期（一四〇〇年代）の《別幅》類は、なぜ『善隣国宝記』に著録されなかったのだろうか？　先に仮説

(④)として提示した、瑞渓の蒐集の不徹底さや策彦の熱意の問題などではなく、瑞渓の編纂方針ゆえの結果という可能性はないのか？　いずれについても、別の機会を期することとしたい。

（1）少なくとも室町時代の日本における「王」は基本的に天皇であったから（拙著『中華幻想―唐物と外交の室町時代史―』〈勉誠出版、二〇一一年〉第Ⅴ章など参看）、外交向きの代表とはズレる点、注意が必要である。また、このことと関連して、外交文書と密接に関わる使節や儀礼のありようも併せ考えていく必要がある。たとえば、室町期日本の明・朝鮮向け使節は僧侶（もっぱら禅僧）であり、なおかつ「節」（正使に与えられた生殺与奪権の象徴）すら携えなかった。これは中国・朝鮮の官人たちが外交使節となった東アジア文化圏では珍しい事態であり、誰が外交使節となるのかという問題と深く関わるものと思われる。

（2）本章に述べる当該文書に関する知見は、筆者によるものばかりではない。小島浩之・高島晶彦・本多俊彦の諸氏と行った料紙に関する共同研究によって知り得たもの、および、明代行政制度に詳しい大野晃嗣氏からの御教示に多くを拠っている。また、共同調査は以下の通り、二度にわたって実施し、参加の各位からも種々のコメントを頂戴した（［第一次調査、二〇一六年三月］伊藤幸司・岡本真・黒嶋敏・小島浩之・須田牧子・高島・橋本・藤田励夫・本多・松方冬子・矢野正隆、［第二次調査、二〇一七年一月］大野晃嗣・小島・高島・橋本・藤田（いずれも五〇音順、敬称略））。とりわけ、文化財学的な見地については、所蔵機関の四辻秀紀氏・吉川美穂氏ならびに上記高島氏らの御示唆によるところが大きい。なお、本章は、調査報告の色彩の強い前稿「徳川美術館所蔵「成祖永楽帝勅書」の基礎的考察」小島浩之編『東アジア古文書学の構築―現状と課題―』（東京大学経済学部経済資料室、二〇一八年）（以下、「前稿」と呼ぶ）をもとに、その後知り得た新たな知見を加え、論稿化したものである。

（3）檀上寛『明代海禁＝朝貢システムと華夷秩序』京都大学学術出版会、二〇一三年、第二部、参看。なお、右の檀上説に批判的な、村井章介「明代「冊封」の古文書学的検討」（『史学雑誌』一二七―二、二〇一八年）も併せて参照されたい。

（4）ただし、礼部から外交文たる咨文がつねに出されたか否かは判然としない。この点は、いわゆる朝貢勘合に礼部が咨文類を必ず記したか否かに密接に関わるため、今後、さらに検討していく必要を痛感している。

（5）このほかにも浅野家文書のなかに足利義持宛て勅書があったが、現在行方不明である。浅野長武「明成祖より足利義持に贈れる勅書に就て」『史学雑誌』二九―一一、一九一八年、参照。

(6) 最近、沖縄において初めて公開・展示されたものである。沖縄県立博物館・美術館編『開館十周年記念　海の沖縄』展覧会図録、二〇一七年。尚泰久がまだ冊封される前に与えられた勅諭。

(7) 遺憾ながら、本作品が尾張徳川家の収蔵に帰した経緯は不明であり、引き続き今後の検討を要する。

(8) 本作品の現状は巻子装であり、牙軸を付す。表紙の裂は縹地桐宝尽文金襴で、五七桐紋をあらわす。足利義満宛ての明皇帝の文書なので、足利家にちなむ五七桐紋を選んだのであろう（近代の修理は、少なくともこの江戸時代の表具の元遣いか）。これが、桐の二重箱に収められている。白木箱は内箱にあたる。本紙は、紙継ぎ無しの一枚紙で構成され、料紙の種類は、髙島晶彦氏のデジタル顕微鏡（一〇〇倍）による調査・検討や、類似作品（相国寺蔵成祖永楽帝勅書および沖縄県立博物館蔵孝宗弘治帝勅諭）の紙質に関する情報により、楮および三椏（あるいは沈丁花科の植物）の混合紙ということがわかった（髙島晶彦「明代皇帝勅書の料紙について」（注(2)前掲小島編書所収））。中国の高級紙と言えば、画仙紙や竹紙などがまず想起されるが、明代中国の皇帝文書（勅書・勅諭）の料紙がそれと異なるものであったことは実に興味深い（この点、小島浩之「何に記録を残すのか」豊田浩志編『モノとヒトの新史料学―古代地中海世界と前近代メディア―』勉誠出版、二〇一六年、四〇頁以下、参照）。しかも、本紙の料紙は、皇帝の文書ではあるが、極端に細かい目というわけでもない。けれども、紙面の表面全体に白色顔料（胡粉ヵ）・黄色染料（黄檗ヵ）を塗布していることが、髙島氏によるデジタル顕微鏡調査で初めて判明した。表面はきわめて平滑になっており、照り輝くほどの美しさを呈している。このコーティングは、かなり分厚く、現在の多数の折り目や経年変化などにより、剝落したり割れたりしている箇所があちこちに確認できる。逆に言えば、それほど目の細かい料紙を必要としない理由のひとつが、このコーティング仕様にあると言えよう。これは明らかに、筆墨・朱印がにじむのを回避するための措置である。

(9) 翻刻史料としては、牧田諦亮『策彦入明記の研究』（上巻、仏教文化研究所、一九五五年。のち『牧田諦亮著作集5　策彦入明記の研究』（臨川書店、二〇一六年）第一部に再録）がある。なお、本史料を分析して前稿に掲載した表には誤りが少なくなく、本章のそれを以て訂正させて戴きたい。

(10) 策彦周良については、その評伝として、須田牧子「策彦周良」村井章介ほか編『日明関係史研究入門―アジアのなかの遣明船―』（勉誠出版、二〇一五年）を参看されたい。

(11) 「此れより以下の二書は絶海（五山僧絶海中津）撰す」とある外交文書二通が、巻上の末尾と巻中の劈頭とに分割して掲載されてしまっている。

(12) したがって、田中健夫による最新の訳注本は、現在の『善隣国宝記』巻中1号文書を本来あるべき巻上の末尾にかけるべきであったのではないか。

(13) とはいえ、『善隣国宝記』巻中37号文書の本文部分は瑞渓が著録し、その後の人間が（江戸時代に?）挿し図を描き込んだという可能性は否定しきれない。瑞渓原撰本で《書》を収める部分の最後の文書が巻中36号文書（巻中35号とともに綿谷周瓞の作）までなのか、巻中37号文書（横川景三の作）までなのか、厳密にいえば確証はない。なお、石井正敏も、巻中37号（および巻中38号）文書が「遣朝鮮国書」と題記されることを以て、編纂方針の変化を指摘し、本文書以降の記事は瑞渓没後の附載だと見なした（「善隣国宝記　諸本解説」、田中訳注本、六五三頁、参看）。けだし卓見と言えよう。

(14) 石井正敏が比較的古い写本と見なす天理図書館本や東京大学史料編纂所本など（石井の分類ではB類諸本）は、現行本の巻下を欠く。これらは、別幅の類纂に関心がない人間が編んだものから派生したという可能性のほか、現行本の巻下では別幅の蒐集に不足があるとわかっていたからかもしれない。

(15) 書面の主文が命令・伝達・連絡事項であっても、付随的に本文にぶらさがるかのように贈品が書き込まれる場合もある。そうした例外として、『善隣国宝記』巻中11号文書（世子源義持宛て永楽帝勅書）が挙げられる。本文後述。なお、『善隣国宝記』の原撰本が一巻であったか、二巻に分かたれていたかは現段階では判然としない。ただし、もし二巻（仮に甲乙）構成であれば、『善隣国宝記』諸写本の示す通り、甲巻は現行本の巻中1号文書までを収め、乙巻は同じく巻中2号文書（建文帝宛て源道義書簡）から始まる、という可能性が想定されるだろう。本文にも先述した通り、この建文帝宛て源道義書簡は、日明関係が本格的に始動する分水嶺の位置を占めるからである。だが、そうなると、甲巻の方が明らかに分厚くなってしまい、乙巻とのバランスが悪くなる。もちろんそうした編纂史料の事例がないわけではないが、ここは石井正敏の推測した通り、瑞渓原撰本は一巻編成であって、なおかつ編年ではなく類纂の形式を採っていた、と見るのが妥当であると思われる（「善隣国宝記　諸本解説」、田中訳注本、六五二—六五四頁参看）。なお、岡本真「石井正敏の史料学」荒野泰典ほか編『前近代の日本と東アジア——石井正敏の歴史学——』（勉誠出版、二〇一七年）も参看。

(16) 中国明朝から日本に来た文書には、勅書・勅諭・咨文のほかに、詔諭や誥命（辞令書）などがあった。だが、たとえば、『善隣国宝記』巻中5号文書の奉天誥命は単に「同〔応永〕十年／大明書」と呼ばれ、同巻中6号文書（勅諭）が「大明書」と名指されている点に注意したい。

(17) どうやら京都五山に到達するまでに、一部の回礼品が（使僧や海商その他によって?）抜き取られ、別幅の書面が書き換えられたとおぼしきものもある。詳細については別稿を期したい。
(18) この点で、新井白石などの仕事を洗い直す必要を痛感するが、時間的に果たせなかった。後考を期したい。
(19) 現在、相国寺に所蔵される遣明使堅中圭密・中立宛て勅書（本章冒頭に言う文書A）は、遅くとも一七一二（正徳二）年まで鹿苑寺に伝来していた（藤田励夫「まぼろしの「異国書翰屏風」について」『Museum』六七一号、二〇一七年、四四―四五頁）。北山第（足利義満邸）の遺産として鹿苑寺に引き継がれたものであろう。右文書は、徳川美術館所蔵の義満宛て永楽帝文書の前日を発日とし、また宛所（名宛人）が異なるとはいえ、同使行に関連する一連の文書と見なすべきこと、明らかである。
(20) 『善隣国宝記』巻中2号・8号文書のように、文中に贈品を書き上げるパターンもある。
(21) たとえば、唐代の論事勅書においても、別録（別幅）と本幅（本書）とは同じ函に納められていたらしい（楊鋸撰『翰林学士院旧記』「答蕃書幷使紙及寶函等事例」（唐末頃成立）参看）。
(22) 中島竦は、小説家中島敦の叔父である。『中島撫山―没後一〇〇年展―』久喜市立郷土資料館、二〇一一年、参照。この件につき、荒木日呂子氏より種々御教示にあずかった。また、増井経夫「中島竦さんとペンペン草」増井『線香の火』（研文出版、一九八七年）も参看。
(23) 田中訳注本、五八二頁（『新訂続善隣国宝記』4号文書の補注）参看。
(24) 以上、紙幅の制限ゆえ、詳細は前稿（注(2)参照）に譲る。
(25) もちろん、唐代の論事勅書（注(21)参照）や清代の詔勅類との比較衡量は必要である。
(26) いちいち挙例しないが、楊鋸撰『翰林学士院旧記』（注(21)参照）、無名氏撰『大金弔伐録』などに「書幷別幅（別録）」といった用例が見える。
(27) 茂木敏夫『変容する近代東アジアの国際秩序』（世界史リブレット、山川出版社、一九九七年）六頁、岩井茂樹「明代中国の礼制覇権主義と東アジアの秩序」（『東洋文化』八五号、二〇〇五年）一四七―一四八頁、注(1)前掲拙著第一章「はじめに」など参照。
(28) ここでは、「国書」という成句が室町期の日本で確認できない点を意識して本文のように記した。史料用語と研究概念との相違として、銘記すべきと考えたからである。たとえば、室町日本の発した「遣朝鮮国書」は、『善隣国宝記』や五山僧の文集類を繰れば明らかな通り、「遣朝鮮書」という表記と並び載せられている。つまり、「朝鮮に遣わす国書」ではなく、「朝鮮国に遣わす書」と訓じなくてはならない（拙稿「第六部　総説」（注(10)前掲村井ほか編書、四四五頁参照））。なお、大きく下って一八世紀朝鮮の外交マニュアル『春官志』（一七四四年初出、一七八一年増補）などには、「書契」と並んで「国書」の語が見え、その並び順から明らかに、「国書」は「書契」よりも一段高い地位を与えられていたようである。おそらく、「国書」とは、《国王のみが出せる書》、という位置づけなのだろう。これよりさき、室町期日本・朝鮮王朝前期段階において、朝鮮側は「日本国王書契」「琉球国王書契」という呼称を用いていたが、「朝鮮国王書契」なる熟語は一切使っていない。自国王の書簡のみを敢えて「国書」と呼んだとすれば、それは朝鮮国側の外交姿勢（中華意識）のあらわれと見るべきであろう。なお、木村可奈子の御教示により、一五世紀中葉成立の『高麗史』において「国書」の成語が相当数確認できた。この点も含め、「国書」の語や概念をめぐっては、本書所収のコラム1を参照されたい。

(29)　徳川美術館蔵・相国寺蔵の永楽帝勅書に捺された宝璽（『廣運之寶』）が、通常のそれよりも小さいことをいかに評価するか、という問題が最大の焦点となる。この点については、《原本》・《正本》・《謄本》などの区別を持ち込んで分析すべきだという見通しを前稿に若干述べたが、現在、さらにこれを修訂増補した別稿を準備中である。

第二章　豊臣期南蛮宛て国書の料紙・封式試論

清水有子

はじめに

本章は、豊臣秀吉政権が発給した南蛮（インド副王、フィリピン総督、高山国）宛て国書を取り上げ、文書の料紙と封式の特徴、およびその意味を解明することを目的としている。

豊臣政権は表1で示すように対外膨張政策を掲げて朝鮮国に侵略し、その過程でイベリア両勢力（ポルトガル、スペインとそれぞれの植民地を指す）および周辺諸国との外交に着手した。このため国書を交換する対象国は中世段階と比較して各段に増えたばかりではなく、多様になったといえる。

しかし徳川政権の段階では二代将軍秀忠の統治期に通交国を縮減し、確立しつつあった将軍権威を維持するために最も適合的な外交体制を構築する動きを見せるようになった。その過程で、授受する国書の礼式（書札礼）が適切なものであるか否か、政権内でしばしば問題にしていたことが指摘されている[1]。近世の日本において書札礼は国内政治と同様、外交の世界においても一定の意味を持っていたことが想定される。

表1　豊臣期の外交と国書の発給状況

天正18（1590）年

2月28日　これより先，豊臣秀吉，島津義弘に命じ，琉球国王尚寧を来聘させる．これにより尚寧の使者，来朝し国書を呈す．この日，秀吉，これに答書を与える．

11月7日　秀吉，朝鮮正使黄允吉，副使金誠一，従事官許筬等を聚楽第に引見し，国書を受ける．次いでこれに答書を与える．

天正19（1591）年

閏1月8日　これより先，大友府蘭（宗麟），大村理専（純忠），有馬鎮貴（晴信），ローマ法皇グレゴリオ13世に使節を派遣す．イエズス会宣教師アレッサンドロ・ヴァリニヤーノ，使節と同行して来朝し，この日，ともに秀吉に聚楽第に謁し，インド副王の書を呈す．

5月29日　西笑承兌，インド副王に，秀吉の天下統一を誇示し，日本は神国であり，貿易は許可するがキリシタンの布教は禁止する旨の外交文書を起草す．

7月25日　秀吉，インド副王に返書し，キリスト教の布教を禁止する旨を伝え，貿易を求む（表2①）．

8月6日　秀吉，承兌（西笑）らを東福寺に招き，明国出兵の意を告げ，供奉を命ず．23日，関白職を秀次に譲って来年3月に征明出兵する意志を固め，黒田長政・小西行長・加藤清正らに肥前国名護屋築城普請を命ず．

9月15日　秀吉，原田孫七郎を遣して，フィリピン（ルソン）の来貢を促す（表2③）．

文禄元（1592）年

4月21日　秀吉，筑前名島に着く．次いで，鍋島直茂の，小西行長，宗義智らの（朝鮮における）勝利を報ずるに応え，百姓らを還住せしむべき旨を命ず．

4（または5）月　ヴァリニャーノ，名護屋在陣の秀吉のもとにイルマン，ジョアン・ロドリゲスとカピタン・モールを派遣す．

6月15日　フィリピン総督使節のドミニコ会士フアン・コボ，薩摩国久志に到着．7月頃，名護屋城で秀吉に拝謁し総督書簡を呈す．

7月21日　秀吉より，フィリピン総督宛て国書（表2④）．みずからを「日輪の子」と称し，天下統一は天命であるとして，服属と入貢を強要す．

7月25日　秀吉より，インド副王宛て国書を送る（表2②）．キリスト教布教禁止の旨を伝え，かつ貿易を求める．

9月4日，ヴァリニャーノ，ルイス・フロイスらを伴いローケ・デ・メーロの船で長崎を出帆しマカオに去る．

10月　フィリピン総督使節コボ，薩摩国久志を出帆しマニラに向かったが，台湾海峡で遭難死．翌年4月23日，コボの紹介状を持った原田喜右衛門がマニラに到着し，秀吉書簡の内容を伝える．

文禄2（1593）年

4月18日，日本軍，漢城を撤退．

5月23日　秀吉，明の遊撃沈惟敬に和議の延引を報じ，この日，謝用梓・徐一貫および惟敬を引見し，厚くこれを饗す．6月28日，これより先，秀吉，秀次をして明との和議7か条を奏させ，この日，これを明使謝用梓・徐一貫に示す．

6（または7）月　この頃，フィリピン総督使節のフランシスコ会士ペドロ・バウティスタ，名護屋城で秀吉に拝謁し，総督の書簡を呈す．

11月2日　秀吉より，フィリピン総督宛て国書（表2⑤）．重ねて入貢を勧告す．

11月5日　秀吉，原田孫七郎を高山国に遣し，その入貢を督促させる（表2⑥）．

文禄3（1594）年

7月12日　フィリピン総督使節のフランシスコ会士アウグスティン・ロドリゲス，ヘロニモ・デ・ヘスースらを伴い平戸に到着．8月，フランシスコ会士バウティスタら，伏見で秀吉に謁しフィリピン総督書簡および贈り物を呈す．

慶長元（1596）年

9月1日　秀吉，明の冊封日本正使楊方亨・副使沈惟敬を大坂城に引見し，誥命・勅諭・金印・冠服を受ける．明日，秀吉，冊封使を饗し，相国寺承兌（西笑）をして，誥勅を読ませる．日明講和交渉は破綻し，秀吉，朝鮮再派兵を決す．

9月6日　これより先，スペイン船サン・フェリペ号，土佐浦戸に漂著す．秀吉，貨物を大坂に輸漕させる．この日，浦戸の長宗我部元親の子同盛親，これを命ず．次いで，秀吉の奉行増田長盛，阿波・淡路・紀伊などの諸浦に命じ，輸漕船を造る人夫たちを供給させる．

12月19日　フランシスコ会のペドロ・バウティスタら修道士・キリシタン26名，秀吉の命により長崎西坂で磔刑に処せられる．

慶長2（1597）年

2月21日，秀吉，朝鮮再派兵の陣立を定める．

7月24日，フィリピン総督フランシスコ・テリョ・デ・グスマン派遣の使節ルイス・デ・ナバレテ・ファハルド，大坂城で秀吉に謁し，銀器・黒像などを贈る．

7月27日　秀吉，伏見城で能を催しフィリピン総督使節ファハルドらを饗応．秀吉，フィリピン総督宛国書（表2⑦）をファハルドに託す．

8月4日　パタニ（太泥）国，秀吉に物を贈る．

慶長3（1598）年

8月18日　秀吉，伏見に死す．

出典）『史料綜覧』12，13巻，東京大学出版会．『対外関係史総合年表』吉川弘文館．

すると多様な外交の展開を見た近世初頭の豊臣期は、国書の書札礼上にも新たな規範の創出を見た転換期であったことが推定される。しかしながら、朝鮮関係文書を除くと意外にもこの問題に関する先行研究は少ない。古文書概論の類書においても国書は事例が紹介されるにとどまっている。②個別研究では漢文国書の書止め、差出書、宛書の書き方など、書札礼の「書札」に関する考察はあるが、いま一つの「故実」、すなわち封式、料紙、墨色、字体などの文書の外形、形態に関する礼式の厚薄の研究は、③管見の限りほとんどなされていない。

その理由として、対外関係史研究においては伝統的に「文字による交流」④が重視され、国書の外形が外交上どのような意味を持っていたかなどは問題にされてこなかった、ということが考えられる。そこで本章では、まずは基礎的作業として現物や関連史料をたよりに、右の故実のうち、豊臣政権が発給したいわゆる南蛮（インド副王、フィリピン総督、高山国）宛て国書の料紙と封式の一端を明らかにしたい。⑤

秀吉は冒頭で述べたように朝鮮に侵略する過程で南蛮諸国を含む複数の国に服属を呼びかけ国書をやりとりしたが、このうち南蛮宛て（表2参照）に関しては、特徴的な外観を呈したことが知られる。以下では文書の作成・修正過程と背景にある外交経緯を踏まえ、その特徴的外形の由来と、さらにその意味するところを考察していこう。

表2　南蛮諸国との往復国書一覧

1588 年 4 月付，豊臣秀吉宛て，インド副王ドゥアルテ・デ・メネゼス（京都妙法院）
①天正 19（1591）年 7 月 25 日付，「印地阿毘曽霊」宛て，秀吉（天理大学天理図書館）
②天正 20（1592）年 7 月 25 日付，インド副王宛て，秀吉（イエズス会文書館）
③天正 19（1591）年 9 月 15 日付，「小琉球」宛て，秀吉（堀正意『朝鮮征伐記』）
1592 年 6 月 11 日付，秀吉宛て，フィリピン総督ゴメス・ペレス・ダスマリニャス（インディアス総合古文書館／天理大学天理図書館所蔵「富岡文書」）
④天正 20（1592）年 7 月 21 日付，「小琉球」宛て，秀吉（国立公文書館内閣文庫所蔵「南禅旧記」／訳文：ビットリオ・エンマヌエレ図書館）
1593 年 5 月付，秀吉宛て，フィリピン総督ゴメス・ペレス・ダスマリニャス
⑤文禄 2（1593）年 11 月 2 日付，「小琉球」宛て，秀吉（マルチャーナ国立図書館）
⑥文禄 2（1593）年 11 月 5 日付，「高山国」宛て，秀吉（尊経閣文庫）
1597 年 5 月 27 日付，秀吉宛て，フィリピン総督フランシスコ・テリョ・デ・グスマン（インディアス総合古文書館）
⑦慶長 2（1597）年 7 月 27 日付，「呂宋国主」宛て，秀吉（イエズス会文書館）
1598 年 6 月 17 日付，秀吉宛て，フィリピン総督フランシスコ・テリョ（インディアス総合古文書館）

注）国書の日付，宛名，発給者（写本・原本所蔵者あるいは所収本名）．

一　インド副王宛て国書

ここではポルトガル領インドのゴアに政庁をおいたインド副王に宛てた、秀吉の国書を検討する。国書の外形を論じる前に、同上国書の修正問題を取り上げ、国書本体と国書に添付された訳文の機能を考察しておきたい。国書本体の料紙にこめられた意味がいっそう明らかになると考えるからである。

1　国書は修正されたか

天正一九(一五九一)年閏一月八日、豊臣秀吉は聚楽第でインド副王使のアレッサンドロ・ヴァリニャーノおよびヨーロッパから帰国したいわゆる天正遣欧使節ら一行を謁見し、同日副王ドゥアルテ・デ・メネゼスからの国書(本書口絵2参照)を受領した。このインド副王使節の本来の使命は、それまでの秀吉の宣教保護に感謝し一層の親交を結ぶことにあったが、来日する途上で天正一五(一五八七)年に伴天連追放令が発令されたことを知り、追放令の緩和へと目的を切り替えていた。

インド副王の国書に対する秀吉の復書は最終的に帰国する使節

に渡されたが、現在は行方不明であり、次の二点の関連文書のみが知られている。

一点目は、天正一九(一五九一)年七月二五日付の返書下書(以下①)である。[6] 内容は天下統一をなし遂げた秀吉には征明の意欲があり、遠征時にはインド副王領にも便路で赴けること、日本は神国であり神儒仏を正法としていること、キリスト教は邪法でありバテレンが日本で宣教すれば処刑すること。ただし貿易は許可すること、などとなっている。

二点目は、イエズス会士によるカスティーリャ語およびポルトガル語の国書翻訳文(②)である。[7] 日付は①のちょうど一年後の天正二〇(一五九二)年七月二五日付となっている。内容は①にあった「キリスト教は邪法」云々の文言が削除され、追放令は出したが通交関係は望む、といったより穏やかな文章になっている。イエズス会史料には、①の強硬的内容を知ったイエズス会側が秀吉政権に返書の書き直しを求め、これに応じた秀吉が①を起草した仏僧に命じ②を作成させたとあり、先行研究もこれを事実として認めている。[8] しかし後述するように、いったん清書された国書の修正がこのように簡単になしえたのか疑問である。最も問題であるのは、修正された国書の日付がちょうど一年後であり、不自然に思われる点である。

そこではじめに国書の修正時期を確認しておこう。『鹿苑日録』[9]の天正一九年五月二九日(一五九一年七月一九日)条には、同晩、聖護院門跡道澄、菊亭晴季、西笑承兌、惟杏永哲、有節瑞保、里村紹巴が前田玄以の邸に呼び出され、「南蛮返書之儀」を評議の上、承兌が執筆したとある。また数日後の六月三日、秀吉の御前で里村昌叱(連歌師)を加えた上記メンバーがこの返書案を再評議したとある。[10] するとやや間は空いてしまうが、この日の評議をもとに、七月二五日に①の下書きが作成されたと考えられる。

その後①は清書された。後年の記録となるが、一五九二年一〇月一日付のルイス・フロイス執筆「一五九二年度日本年報」に、①の内容を知ったヴァリニャーノが京都所司代前田玄以に書きかえを打診するよう在京のオルガンティーノに指示したが、この要請に対して玄以はできるだけのことをしてみよう。だが（関白殿）の書状はすでに出来上がり、捺印もされているので、その（内容）を取り換えることはきわめて困難だと思う。ことにそれは関白がわざわざ招集した数人の仏僧によって執筆されたものであり、（関白）の意向を特に反映するよう執筆されているからだ[11]。

と述べたとあり、この段階で清書がなされていたことが確認できる。

一五九一年一〇月九日付、長崎発、ヴァリニャーノの書簡には次の情報がある。秀吉は都に流れた噂の真相を確かめるため、イエズス会士のロドリゲスを召喚し、インド副王使節は偽使節ではないかと詰問した。しかしロドリゲスが即妙に返答したため、秀吉は誤解を解き、布教をしない条件でパードレ（神父）の日本滞在を許可することにし、前田玄以に国書の書きかえを命じるにいたった。そして「（玄以は）それ（①）をイルマン（ロドリゲス）の前で翻訳させ、削除すべき部分について彼と一緒に調べてみました[12]」とある。その時期は、書簡中の情報から西暦の九月五日から二三日の間であったことがわかる[13]。なお秀吉が書きかえに応じた理由は、ただロドリゲスの返答に満足したからではない。高瀬弘一郎は、国書①の起草後に惹起した、秀吉の奉行人によるポルトガル船積載金の押し買い事件の影響を指摘している[14]。この事件でポルトガル商人はイエズス会士の介在を求め秀吉に愁訴したため、貿易に関し細心の注意を払っていた秀吉はこの要請に応じ、国書を修正させたうえ、パードレ一〇名が人質名目で日本に滞在することを許可した。ここにきて秀吉は彼らに対する従来の強硬的な態度をあらため、譲歩せざるをえなかったのである。

一五九一年一〇月二七日付でヴァリニャーノは、修正版国書はいまだ長崎の自分のもとに届けられていないと述べている[15]。しかし一五九二年二月二五日付、長崎発書簡では「（秀吉は）すでに作成され、封印されていた副王宛ての返書を書き直した[16]」と報じた。同年三月一三日付長崎発書簡には、京都から長崎に到着していたオルガンティーノとロドリゲスを通して関白の贈り物と神父らの滞在を認める決定を受領した、とある[17]。

以上から、国書の修正期間は遅くとも一五九一年九月下旬から一五九二年二月上旬頃まで、すなわち天正一九年七月末から同年年末まで、と比定することができる。しかし既述の通り、②の日付は①のちょうど一年後の天正二〇年七月二五日（一五九二年九月一日）であり、大きく外れている。この点は先行研究も注目し、修正時に①の日付をそのまま生かして年のみを修正したためにこのようになったと説明している。しかしいったん清書した国書を反故とし再調製をしたのならば、古い日付に固執する必要はなく、修正したその日付を書き入れるのではないだろうか。

ではなぜ②はこの日付になったのか。筆者は、①の内容を持つ国書本体が修正されなかったために、おそらく玄以あたりの指示で、イエズス会士は訳文中に①の一年後の日付を入れるしかなかったのではないかと考える。つまり秀吉は訳文の修正は許したが、国書本体に関しては何の指示も与えなかったのではないか。そもそも国書本体の修正があったならば、特筆の出来事のはずであるが、起草担当者の記録『鹿苑日録』に該当する記事がない。このような史料状況も、積極的ではないが、国書本体には修正がなかったことを暗示していよう。

国書本体と内容の異なる訳文を添えるなどということは現代の常識では考えられないが、後年のフィリピン総督宛て国書の場合も服属を勧告する威嚇的文言が使節原田の訳文で改変され、結果として友好的外交が展開したということがあった（後述）[18]。このような改変が現実にまかり通ってしまうのが近世初頭の国書外交の実態であり、同様の可能性はインド副王宛て国書にも想定することができると考える。

しかしこのように仮定すると、秀吉はなぜ国書本体を修正させなかったのかが問題となる。それは、修正自体が自己の体面に関わる問題であったためではないだろうか。秀吉はロドリゲスに返書を渡す際に何度も「おまえの同僚に対しては、日本で教えを広めないという条件でその滞在を見逃しているのであって、もしそれに反することが行われているのがわかれば、目にものみせてやる」[19]と述べ、追放令を緩和する意志はないことを念押ししていた。このような態度からして、秀吉が国書の修正を望んでいなかったことは明らかである。

さらには国書本体の修正を起草者に命じれば、イエズス会士の意見を容れて伴天連追放令を緩和したと政権内外で受け取られかねず、自らの権威低下は避けられない。そこで秀吉は国書本体には手を付けず、内々に玄以を通じてイエズス会士に訳文のみを修正させ、さらに宣教師の残留を人質名目で許可することで、内外への体面を同時に保ったと考えられる。

それでは、イエズス会士があたかも国書本体の修正があったかのように報告したのはなぜであろうか。この問題についてはイエズス会側の単純な事実誤認と、意図的に事実を隠ぺいした可能性を指摘しておこう。後者について補足すると、天正遣欧使節を敢行し自らの日本宣教の成果をヨーロッパで宣伝することに成功したイエズス会にとって、日本に帰国する直前に発令された秀吉の伴天連追放令は、これまでの成果をすべて無にしかねない大誤算であった。それゆえにこのたびのインド副王使節は、同会にとり日本宣教の挽回をはかる絶好の機会であり、きわめて重要な意味を持っていた⑳。フロイスは『日本史』の中で、副王使節の結果、追放令以前の旧状復帰こそ叶わなかったものの迫害強化は抑制されたなど、諸々の「利益」を強調したが、これもまた上記イエズス会側の心理状態を反映していよう㉑。このような状況で、国書の訳文は修正できたが国書本体は実は無修正であったと彼らが知っていたとしても、その事実を書けたとは到底考えられない。

以上から、フィリピン総督宛て国書と同様、インド副王宛て国書においても秀吉の外交上のことば（文字）は国書本体ではなく訳文に集約されていた、すなわち、南蛮宛て国書本体と添付の訳文とでは、文書上の機能が分化していたと指摘しうるのではないだろうか。そこで次に国書本体に視点を戻し、文字以外の要素の料紙と封式の特徴をおさえ、その機能がどのようなものであったかを考えてみたい。

2　インド副王宛て国書の料紙と封式

最初に実際に国書を目撃したフロイスの記録を確認しよう。まず料紙については「副王が書簡に常に用いた羊皮紙の体裁に似通わせようとして、（関白殿）が特に入念に作らせた」「内側は金をもって花の模様を付し」ていたとあり、特製の装飾料紙であったことがわかる。

これはフロイスが述べるように、秀吉が使節から受領した、多彩で華やかなインド副王国書を意識したからであろう。この国書についてフロイスは、「高価な羊皮紙に周囲は彩飾風にしたためられ、黄金の印璽が（それから）垂れ[23]」ていた、と表現している。実際に本紙の周囲には七つの丘や双子と狼、イルカなどのローマのシンボル[24]が施されている。戦勝を象徴する象、武具、豊臣家の桐紋もまた描かれており、本文の「関白殿」「殿下」には黄金文字を使用するなど、秀吉の天下統一の軍事的な威光を称賛する意匠となっている。秀吉はこの華麗な国書に劣らぬよう、公文書に通常使用される無地の大高檀紙ではなく、歌集や絵巻、経文に使用される装飾料紙を意図的に採用したのであろう。その料紙のサイズは「長さ八パルモ（約一七六cm）、幅四パルモ（約八八cm[25]）」とあり、この通りだとすれば、インド副王国書の横約七五cm、縦約五七cmを大幅に上回っていたこととなる。

秀吉国書の封式に関しては、次のように描写されている。

書状は巻かれ、金銀で様々な模様が描かれた、書状と同じ長さの深紅の袋に入れられた。そのうえさらに、日本では書状だけに用いる箱のようなものに入れられていた。あまりに贅沢で驚くべき作品なので、ヨーロッパ中どこでもその繊細さと精巧さを賞賛するであろう。なぜならそれはすべて、中も外も、日本でウルシと呼ばれる上薬のようなもので覆われ、大変高価な砂のような金粉で加味され、金銀の薄い板の花や薔薇で細工されている。（中略）両側には黄金の薔薇と環が銅の七宝細工と一緒についており、その中に（一語不明）紐が通り、箱が閉じられる。既述の花はたいへん高価にちがいなく、きわめて巧みな作品である。（中略）この箱は別の非常に柔らかい絹の袋で覆われており、日本風に作られた珍しい錠付きの、よくつくられた別の箱に入れられた。（中略）その箱には書状に似た別の文書もまた入っていた。そこには贈られる作品の名が記され、同時に武器を作成した仕官や師匠の名を記したものもまたあった(26)。

国書は書状に近い順に《袋→文箱（漆器）→袋→錠付き箱》の四層の封が施され、その一点一点の芸術性はフロイスを感嘆させたことがわかる。一方、インド副王国書の封式は

その書状は縦四パルモ（約八八cm）、横半分、高さ同上の櫃に納められていた。内側は金地と絹で裏打ちされ、外側はすべて緑のビロードで覆われ、黄金の飾り紐と銀の多くの薔薇がついていた。……（書状は）金襴の立派な袋に包んであった(27)。

とあるように、《袋→箱》であり、国書本体と同様、華麗な装飾が施されていたことがわかる。このようにインド副王と秀吉の間でやりとりされた国書は、見た目の華麗さを最大の特徴とした。

3　国書の外形の意味

ここで天正一八（一五九〇）年に朝鮮国王李昖に宛てた秀吉国書と比較してみよう。同書は万暦一八（一五九〇）年三月日付、李昖の日本国王宛て国書に対する返書であり、その料紙は江戸時代の老中奉書に使用される「大高檀紙」であった（『江雲随筆』）。これを秀吉が使用したのは、彼が受け取った李昖の国書の料紙に外観が似ていたからであろう。筆者は宮内庁書陵部でこの李昖の国書と添付の別幅を閲覧したが、料紙は竹紙の間に雁皮紙を四枚貼り合せた厚みのあるもので、寸法は縦五八・一cm、横一一四・九cmと大型であった(28)。印章は表に二ヵ所、裏に一ヵ所認められた。料紙表面は白地でやや毛羽立ちがあり、見た目には「厚手の大高檀紙」という印象であった。つまり秀吉は朝鮮国の書札礼にふさわしい料紙を採用したといえる。

しかしインド副王宛て国書は装飾料紙であり、この点が最も大きな違いである。この料紙について宣教師らの反応をヨーロッパで出版された『イエズス会書簡集』で確認すると、「これによって関白殿が、いかに大いなる敬意を払

って副王を重んじようとしたかが理解される」[29]とある。

しかしながら、秀吉国書の威嚇的文言や使節を謁見する儀礼の様子からは、そのような意味が華麗な装飾料紙に込められていたとは思われない。例えば聚楽第内でインド副王からの贈り物の披露に続いて行われた国書の奉呈儀式は、次のようであった。

巡察師〔ヴァリニャーノ〕はその席から立ち上がり、関白殿のところに進み出て拝礼した。これは日本風に（言うと）礼を為す（fazer rei）と称する。まず一人のポルトガル人が（インド）副王の書状を関白の前へ運んだ。〔中略、国書の封式に関する説明〕書状はそのようにして捧呈された。なぜなら日本人は他のあらゆる国民にも増して儀礼や外面の装飾のことに（心を）用い、このようにして贈られる書状をすこぶる尊重する習わしがあるからである。[30]

このように秀吉に拝礼をして国書を奉呈するヴァリニャーノは、秀吉がまさにフィリピン総督に要求していた、服属の意を示す「聘礼」の使者である。だがフロイスはこのような儀礼は日本の習わしであるとのみ説明しており、その意味に気が付いていなかったように読める。しかしながら日本の世人は「南蛮人、殿下（筆者注：秀吉）へ御礼申し入る」[31]と見ていたし、後年ルソンに渡航した使節原田孫七郎もまたスペイン人に対して、秀吉のもとには服属した琉球、朝鮮、「東インド」からも使者が送られて来た、と伝えていた[32]。

このようにインド副王使節は、日本ではあくまで秀吉政権に臣礼の意を表す使節として成立していた。その使節が奉呈した国書の華麗さ・荘厳さに相応する国書を秀吉が創出した意味は、相手に敬意を払うためではなく、逆に臣礼を受けるにふさわしい自己の権威を相手国および国内に効果的に理解させるためであったと考えられる。そしてその権威表現は聘礼を要求した各国の文書礼法から学んだものであったために、豊臣期の国書の外形は結果として画一的ではなくなった、と考えることができる。

二　フィリピン総督宛て国書

ここではスペイン（イベリア半島中部カスティーリャを中核とする）の統治下にあった、フィリピン諸島ルソン島の総督（政庁はマニラ）に宛てた秀吉の国書四通を検討する。

1　天正一九（一五九一）年九月一五日付「小琉球」宛て国書

前記したインド副王使節宛て返書案を検討する間、秀吉は明征服を決意して前進基地となる名護屋城の普請を命じ、翌月にフィリピン総督に対して「聘礼」、すなわち服属を威嚇的に要求する国書を発した（前掲表1・表2③参照）。同書をルソンに携行した使節は、マニラをたびたび訪れていた貿易商人の原田孫七郎であった[33]。国書は現存しないため、まずは国書の外形を伝える、総督ゴメス・ペレス・ダスマリニャスが一五九二年六月一一日付でスペインの国王に宛てた報告書[34]を検討する。

それは白色に塗った一ヴァラ半（約一・五m半）の長さの木箱に入れられて来た。中には更に同じ大きさの箱があり、これは光沢のある黒色で美しく塗ってあり、金色の環と赤色の太い絹の紐が付いていた。その中に、黄褐色と黄金で斑に塗られた別の箱があり、これも環及び白と紫の紐が付いていて、二つの箱にはいずれも緞子の裏地が貼ってあった。この第三番目の箱の中に、きめの粗い黄金色の大きい紙に包まれて書状が送られて来た。それは光沢があり黄金色のきめの粗い華美な紙に、中国の文字を以て日本語で書いた大型の書状で、教皇の大勅書より大きい程であった。文書には赤く塗られ押印された印が二つ押されていた。

秀吉国書の料紙は「光沢があり黄金色のきめの粗い華美な紙」であり、サイズは「大型の書状で、教皇の大勅書より大きい程」であった。これだけの情報では心もとないが、少なくとも朝鮮国向けの大高檀紙ではなかったことは確かである。作製時期がインド副王宛て国書と重なっていること、数種類ある教皇勅書のなかでも大型の「大勅書」（las bulas）の語を使用していること、さらにそれより大きいとしていることから、インド副王宛て国書と同様の大型装飾料紙を使用したと見てよいであろう。朱印は二ヵ所に押されたようである。

はじめて国書を送るフィリピン総督に対してインド副王宛て国書と同様の料紙を使用した理由は、ルソンに実際に赴いた原田孫七郎の情報から同地がインド副王領と同様「南蛮」にあると判断したためであろう。また一五九四年、宣教師リバデネイラは「日本人はすべてのヨーロッパ人を南蛮（Namban）という」と記録しており、[35]ルソンにいたスペイン人はポルトガル人と同じ「南蛮人」と認識されたと考えられる。

次に封式の問題を検討しよう。封のための各アイテムは国書に近い順から《包紙→箱→箱（漆器か）→木箱》となっており、既述したインド副王国書とは違っている。しかし記録者が同一人物ではないから、両者の封式が異なっていたとも言い切れない。国書の豪華さを強調するフロイスが地味な木箱については記録を省略した、といった可能性がいくらでも考えられるからである。

いずれにせよ総督ダスマリニャスは秀吉宛ての返書の中で受領した国書に言及し、「その形式と権威において、また荘重さや文体という見地から、それは極めて偉大な君主の料紙であり文書と思われる[36]」と評価しており、秀吉のルソン宛て国書の外形は、スペイン人に君主秀吉の権威を感得させるものであったことがわかる。

2　天正二〇（一五九二）年七月二一日付「小琉球」宛て国書

秀吉の国書を受け取ったルソンでは一五九二年六月一一日付返書を調製し、対日使節として漢文に通じていたドミニコ会士のファン・コボを選出、派遣した。コボは肥前名護屋城で秀吉に謁見し、贈呈品の剣および短剣と右の総督ゴメス・ペレス・ダスマリニャスの返書（漢文）[37]を手渡した。ここで検討するのは、このとき正使コボに渡された、二通目となる秀吉のフィリピン総督宛て国書（表2④）である。

この国書も現物は使節船がマニラに帰還する途中難破したために失われてしまったが、原文の写し（本書コラム2参照）とイエズス会士の入手したスペイン語訳文が残っている。趣旨は服属・進貢を本国カスティーリャ（干系蠟）へ要求するというものであり、この段階ではルソンと本国との支配関係が正確に把握されていたことがわかる。これは秀吉が謁見の場でコボから地球儀を使った説明を受けたためと考えられる。[38]宛名は「呂宋（ルソン）」ではなく「小琉球」のままであったが、これは琉球よりもルソンの格付けを下位に置いた秀吉の対外観[39]を反映させたものであっただろう。

なおこの国書に関して、使節船とは別の船で無事ルソンに到着した原田喜右衛門（孫七郎の主人）が、コボが遭難したために現物のないのをよいことに、自分は秀吉が派遣した友好使節であり秀吉は相互に戦時に協力しあう同盟的関係を望んでいる、と国書にはない内容をフィリピン総督に伝えた。[40]このためルソン側では実際の国書の内容を把握してはいたが、喜右衛門の口上を採用し、第二次使節を派遣することとなった。

さて当該国書の外観に関しては、コボに同行したファン・デ・ソリスの証言に、「（秀吉の総督宛て）書状は緞子のような黄金色の大きな一枚の紙で、金箔の上に文字が書かれており、本証人はそれら（文字）を見て、手に取り、何回も読んでもらった[41]」とある。①の国書と同様に大型で黄金色、しかも「緞子のような」（adamascado）とあるから、厚みと光沢のある金箔入り装飾料紙であったことが看取される。封式に関しては不明である。

3　文禄二（一五九三）年一一月二日付「小琉球」宛て国書

本国書はルソンからの第二次使節ペドロ・バウティスタ一行に対して、秀吉が京都で発給したものである（表2⑤）。

ルソン宛てでは唯一現存する大変貴重な国書であり（本書口絵4、マルチャーナ国立図書館 Biblioteca Nazionale Marciana 所蔵）、フィリピン総督の来日すなわち秀吉政権への服属・進貢を要求する内容となっている。この国書を携行した使節は商人の原田孫七郎であり、彼が総督に提出したカスティーリャ語訳文を見ると、服属要求の文言は削除され、秀吉は友好を求めるのみとあり、内容が一部改変されている。この訳文は、自らの貿易を維持するために、交渉決裂を恐れていた原田喜右衛門がおそらく日本で作成させたものである[42]。

訳文の最後には、使節とともに来日した者（ペロ・ゴンサレス・デ・カルバハル）をカスティーリャ王のもとに派遣し、本国からの使節来日を交渉させよとの、本文にない指示が加えられている。実際にスペインに渡ったカルバハルが国王に提出した文書を見ると、秀吉はフィリピン総督ではなく国王からの使節派遣を望むとの友好的な別の国書を作成し、カルバハルに託したことがわかる[43]。

一方で一五九四年六月二二日付、総督ルイス・ペレス・ダスマリニャスの国王宛て書簡には、カルバハルが秀吉のフィリピン総督宛て国書と訳文を本国に持参するとの一節が見える[44]。するとカルバハルはフィリピン総督宛てと国王宛ての二通の秀吉国書本体を本国へもたらしたはずである。しかしペッザーリは、総督宛て国書をゴンサレスがスペインに持って行った確証はなく、イエズス会士かその関係者が一六世紀末か一七世紀初頭にヴェネツィアのウミルタ教会（イエズス会が運営した教会）に同書をもたらしたのではないかと推定している[45]。結局のところいつだれが総督宛て国書をヴェネチアにもたらしたのかは現段階で不明といわざるをえない。

筆者はマルチャーナ国立図書館で当該国書を実見した。先行研究では、料紙は「厚手の鳥の子紙[46]」とされていたが、無地と切箔の二種類の料紙（いずれも鳥の子紙か）を貼り合せたため厚くなったと見られる。法量は縦五二cm×一五三cm[47]と大型であり、約九・五cm間隔で縦の折幅が全体に認められた。経年劣化の影響であろう、料紙全体が退色しているのと、下絵の一部が薄墨で描かれているために一見地味な印象であったが、料紙全面に施された金泥の草花が光に反射すると、同書は黄金色に輝いて見えた。

先行研究によれば墨書は西笑承兌のものである。朱印は押印されたというよりも手で描いたようであり一見不自然であったが、後述の高山国宛て国書や、尊経閣文庫が所蔵する徳川家康異国渡海朱印状にも同様の印影が認められた[48]。封式は、一五九四年二月四日付、都《ミヤコ》発、ペドロ・バウティスタの書状に「国王（豊臣秀吉）の書状は二つか三つの小箱に納められ、その一つに金箔が貼られている[49]」とあり、最初の天正一九（一五九一）年国書と同様であったと考えられる。

以上のように、大型で黄金色の装飾料紙を使用し朱印を押した本国書は、封式も含めてこれまで検討した国書の記録と共通する点がたいへん多いといえる。

4　慶長二（一五九七）年七月二七日付「呂宋国主」宛て国書

スペインからの国王返書を待つ間に、一五九六年八月にサン・フェリペ号事件、続いて年末に二六聖人殉教事件が起こると、一五九七年フィリピン総督フランシスコ・テリョは使節ルイス・デ・ナバレテに秀吉宛て国書（表2参照）と贈り物を託して来日させ、秀吉は返書を認めた（表2⑦）。この国書は使節船が帰路台湾島沿岸で遭難したために失われたが、イエズス会が入手した清書控えからの写し（漢文）とカスティーリャ語の訳文が残っており、内容と書式を知ることができる[50]。

しかし当該秀吉国書の外形に関する記録は見出せず、周辺の情報から手掛かりをつかむしかない。使節謁見の様子については『鹿苑日録』の慶長二（一五九七）年七月二七日条に「金銀膳華麗驚目」とあり、金銀の膳を用い贅を尽くした様子がうかがえる。この点は国書の外形を考える手掛かりになりそうである。また翌八月四日に秀吉は、マレー半島東岸中部にあった女王国のパタニ（太泥）国[51]使節を謁見したが、「去月当月異国両度進貢、大徳の至り也[52]」とあり、秀吉政権としては双方ともに「進貢」すなわち秀吉に貢物を進上する使節と認識していたことがわかる。しかしそれは、ルソン側が一貫して拒絶していたことである。それまで総督が日本に派遣した使節はあくまで秀吉の送った使節が本物であるかを確認する、あるいは友好協定を締結する使命であると総督の国書には明記されていたし、秀吉への贈り物も誤解を避けるためであろう、インド副王使節と比較して簡素であった[53]。

そこでまずルソン側が、このたび日本に派遣した使節をどのように認識していたのかを確認しておこう。総督テリョは一五九七年五月一九日付、マニラ発の国王宛て書簡で次のように報告している。

日本の皇帝（秀吉）は、サン・フェリペ号の財貨を没収し、秘密裏に許可証であるチャパ（Chapa）を彼の諸国に発給した。大勢の人々を招集して強力な艦隊に載せ、本年一〇月頃にこちらに（一語不明）ためである。それ（目標）はエルモサ（台湾）島かカガヤン（ルソン島北部）の二ヵ所のうち一つとされる。（中略）日本で言われていることについて、日本に使節を派遣することはよいと考えられるか軍事諮問会議に提案したところ、協議がなされた。彼らは私に諾と返事をし、日本でなされている妨害について我らが理解していると見なさないように、日本に行く人は用心深く、あちらの意図をたくみに器用に見抜くことのできる人物がよいとし、十分な贈り物を持っていくことにした[54]。

秀吉がルソン方面に侵攻するという不穏な情報を得て、偵察の使節を派遣することにしたと述べている。またこのとき使節に任命されたナバレテは、総督テリョの秀吉宛て国書を携行したが、そこには今回は親交の意を伝える大使を送り、両国の親交に基づきサン・フェリペ号の積荷とフランシスコ会士の遺骸の返還を要求する、と述べられていた[55]。サン・フェリペ号は周知の通り土佐沖に漂着したスペインのナウ船であり、秀吉は同船の積荷を没収し、またその直後にルソン使節として入国したのち京都で宣教活動をしていたフランシスコ会士バウティスタらを処刑していた。

このように、このたびの使節の本来の使命は、秀吉の侵攻に備え日本を偵察することにあったが、表向きはサン・

フェリペ号および二六聖人殉教事件の事後処理をめぐる交渉のための親交の使節として派遣されていた。このときフィリピン総督の準備した「十分な贈り物」は「鎧二領および鋼鉄の膝当その他の武器、ならびに予が肖像および銀の器一個、その他雑品」と秀吉の希望した黒象(56)であったが、これらは秀吉を欺くための演出道具であったといえる。そして一方の秀吉政権はこれらの豪華な贈り物を持参した使節を「進貢」の使節と受け取った。これまでの使節はとくに日本側に史料が残らないほど地味な待遇であったといえるが、今回はインド副王使節と同様に「金銀膳華麗驚目」と記録されたゆえんである。

このために国書の内容もまた、インド副王宛てに近いものになったと考えられる。国書の宛名に関しては従来の「小琉球」ではなく「呂宋国主」へと変更されたが、これはルソンの正体がこのときはじめてわかったからではなく、正式名称を記して進貢国へと「格上げ」した意味を込めたのであろう。そうすることで進貢を受ける自己の権威もまた上昇するからである。

それでは肝心の国書の外形はどうであったのか。この点もパタニ国に関する記述が参考となり、国書の発給の様子を西笑承兌が次のように記録している。

（慶長二年八月）四日。（中略）御返翰草案書くべきの旨上意。諾して帰る。（中略）五日。（中略）今日は大泥国草案を書く。（中略）八日。大泥国御返事の料紙来る。即ち増右（増田長盛）赴く。様子これを談ず。包紙、下絵用意有るべきの由申す也。（中略）九日。今日大泥国返書を清書す。午後、殿中に到り尊覧に備え、御前に於いて金印を押す(57)。

草案作成後に料紙が調製者に渡され、包紙と下絵が用意され、清書ののち秀吉の面前で「金印」（朱印）を押す手順を踏んだことがわかる。パタニ国宛て国書には装飾料紙と朱印が使用されたのである。なおフィリピン総督宛て国書に朱印が押印されていたことは確かであり、イエズス会が入手した清書の控えからの写し冒頭に「日本国　太閤御朱印復章[58]」とある。装飾料紙と朱印の使用は、インド副王宛てと過去三回にわたりフィリピン総督宛てに発給した国書にも共通している。

以上本節を小括すると、フィリピン総督宛て国書の外形はインド副王宛ておよびパタニ国宛てと共通点の多いことが明らかになった。とくに注目すべきは、国書本体と内容の異なる訳文が添付されていた点である。そして国書を受領したスペイン人は、訳文から君主秀吉の「ことば」（国家意思）を、国書の外形から「権威」を読み取って外交を展開していた。国書の分化した機能をここに認めることができる。

三　高山国宛て国書

当該国書は前節で取り上げた三通目のフィリピン総督宛て国書の、わずか三日後の日付で調製された、文禄二（一五九三）年一一月五日付国書（表2⑥）であり、尊経閣文庫が原本を所蔵する（本書口絵3、「日本国前関白書翰（高山国宛）」）。部分的に焼失しているのは、同文庫が明治一五（一八八二）年に火災に遭ったためであり[59]、現在もなお修復待ちということで、筆者は実物を閲覧することができなかった。火災前の本文の記録が前田家に保存されていたために内容は全文判明しており、ルソン宛てと同様に、日本に礼に来なければ征服する旨が述べられている。

まず先学の諸記録をもとに外形の特徴を押さえておこう。料紙は「厚い鳥の子下地[60]」、法量は縦五三・五cm×横一五五・七cmである[61]。金泥の模様と下絵入りの大型装飾料紙は前記マルチャーナ図書館所蔵のフィリピン総督宛て国書（表2⑤、口絵4）と多くの共通点が見出せる。残念ながら同書も封式や添付文書に関しては一切情報がない。なぜ同書が尊経閣文庫に入ったかの経緯も不明である。

最大の問題は、秀吉がなぜインド、ルソンと同様の国書を未知なる高山国に送ったか、あるいは送ろうとしたか、ということである。「高山国」は現在の台湾と比定されている。同島の中国での名称は「夷州」「琉求」「瑠求」「鶏籠山」「北港」「小琉球」「東寧」などがあり、西洋でもLequeo, Formosa, Hermosaなど多くが知られるが、「高山国」は日本独自の名称であり、その最古のものとされている。(62)台湾はルソンへの航路上にあるから、秀吉は原田喜右衛門などから「高山国」の存在を聞いて知っていたのであろう。なお同地にスペイン人が進出するのは一六二六年以降であり、(63)秀吉が国書を送付する時点で統一政権は存在せず、わずかの漢族系移住民のほか、複数のマレー・ポリネシア系住民が集落を形成していた。(64)すると高山国がインドやルソンと同国・同勢力であるという認識は豊臣政権期になかったはずであるから、そのような理由で同じタイプの国書が作製されたとは考えづらい。

そこで高山国宛て国書を発給した経緯から理由をあらためて確認しておこう。既述の通り秀吉はルソンに対し、朝鮮侵略を開始する直前の一五九一年九月に最初の威嚇文書を発した。翌天正二〇（一五九二）年五月一八日、初戦勝利に気をよくした秀吉は朝鮮に出兵した「御先衆」に「天竺」に近い国を与えると表明し、(65)同年七月二一日付で二通目の威嚇文書をルソンに発給している。ルソンの総督府では使節コボに随行した中国人キリシタンのアントニオ・ロペスから翌一五九三年に聞き取りを行ったが、前年の情報として「日本の皇帝（秀吉）」がルソン征服を長谷川法眼（宗仁）に委ねたこと、また「台湾島（ysla Hermosa）の征服を一日本人に委ねたという噂」、台湾や琉球経由で日本人が来航しルソン島北部カガヤン居住の日本人と結託してルソンを征服する可能性があるなどの情報を入手している。(66)もちろんこれらがすべて正確であるとはいえないが、少なくとも膨張熱に沸く当該時期の日本の雰囲気は伝えていると見てよいであろう。一五九四年一月二七日付、総督ゴメス・ペレス・ダスマリニャス宛て、ペドロ・バウティスタの書簡には、長谷川法眼が秀吉に台湾島（Hermosa）の征服を願い出たが、秀吉は親善関係上これを拒絶したとある。(67)一五九三年にも政権周辺で台湾征服の意欲は継続していたことがわかる。

したがって、秀吉の台湾（高山国）宛て国書の発給は、朝鮮侵略戦争の初戦勝利を受けて政権の内部および周辺で高まっていった、征服拡張動向の延長線上に位置づけることができる。秀吉の侵攻計画は中国大陸だけではなくその先の「天竺」をも目指すものであったが、その間に位置した高山国は、すでに進貢した近隣のインド、交渉中のルソンとともに、服属の対象地にのぼっていたことが明らかである。つまり秀吉の対外観においてこれらの国々はいわば南方の進貢国として一律に把握されていたために、同じタイプの国書が発給されるにいたったと考えられる。

なお岩生成一は、使節の原田喜右衛門が「台湾島の人民と平和を結ぶため、同島に赴く大使に任ぜられた」と報じるバウティスタの書簡をもって、秀吉の強硬政策に一部親善策への変更があり、高山国国書は結局利用されずに尊経閣に入ったのではないかと指摘した(68)。しかしルソン宛て第三通目の国書で秀吉は、諸将が征伐を望んだが総督が来日するであろうと原田が長谷川を介して懇願したので兵を止めている、総督は来日せよ、貿易は安心して行うように、と述べていたのであるから、右の史料をもって秀吉の政策に変更があったとまで言えないのではなかろうか。秀吉が派兵を止め「聘礼」の機会を与えただけでも十分に「平和を結ぶ」と表現しうるものであったかもしれないからである。このように明らかな政策変更を確認できない以上、やはり国書はこれまで指摘のあるように実際に使用されたと考えるのが筋であり、おそらく現地で渡すべき相手がいなかったために日本へ持ち帰り、その後何らかの事情で尊経閣文庫に入ったのであろう。

おわりに

本章では豊臣秀吉発給の南蛮宛て国書としてインド副王、フィリピン総督、高山国宛て各国書を取り上げ、それぞれの国書の料紙・封式から三者に共通する外形の特徴を明らかにした。その意味するところは次の二点と考える。

第一に、南蛮宛て国書の外形的特徴には、日本列島南方への侵略膨張を試みた豊臣外交が反映されていた、ということである。大型で黄金色の装飾料紙に朱印を押した華やかな料紙は同時期の朝鮮国王宛てとはかなり様相が異なっており、さらに古代、中世の事例に遡りよく検討しなければならないが、おそらくは豊臣政権が創出した新しい類型の外交文書である。その背景には、同政権の対外拡張動向がある。秀吉は中国大陸に侵攻し、領土を獲得せんとする過程で、中華皇帝のように朝鮮国、琉球王国ばかりではなく、列島南方の南蛮諸国に対しても、自己に臣礼を表する使節の派遣を望んだ。このうち最初に臣礼の使節と見立てることに成功したインド副王使節から、秀吉は見慣れぬ華麗な国書を受領したが、それを参考に臣礼を受けるに値する自己の権威を示す国書を作成させ、以降同じように朝貢関係を要求したルソン、高山国、そしてパタニとの外交においても、同タイプの国書を使用するようになったと考えられる。

第二は、南蛮宛て国書の持殊な機能は虚構の豊臣外交を可能にした、ということである。南蛮宛て国書には通常使節の作成する訳文が別に添付されたが、漢文で記された国書本体とは果たす役割（機能）が異なっていた。国家意思である君主のことばは訳文を通して相手国に伝達されたため、国書本体にはもっぱら君主の権威を伝える機能が期待されていた。既述のように見た目に華美な料紙が使用されたゆえんである。

問題は、訳文が必ずしも国書本体に記された秀吉のことばを忠実に伝えるものではなかった、ということである。インド副王宛て国書の場合、伴天連追放令違反の宣教師を殺戮するといった威嚇的文言が訳文では削除された。しかし秀吉は清書ずみの国書本体を修正させなかった可能性があると指摘した。秀吉はポルトガル貿易と伴天連追放令の双方を同時に維持したいと考えていたから、そうすることで国内と国外の両方に体面を通す必要があったと考える。フィリピン総督宛て国書の場合は、秀吉の家臣でキリシタン商人の原田喜右衛門の手で訳文の改変が行われたが、この場合は原田が自らのルソン貿易のために友好関係を維持する必要があり、訳文上で秀吉の威嚇文言を削除する操作に及んだと考えられる。このような外交の結果として、秀吉は聘礼を一方的に命じる自己に都合のよい国書を最後まで出し続けることができたが、一方で改変訳文を受け取ったイベリア両国勢力側では、朝鮮、琉球のようにまともにそれと向き合わずにすみ、豊臣政権との決定的な関係破たんを回避することができたといえる。

今後の課題は、料紙、封式以外の故実の要素である。本章で詳しく論じることのできなかった墨色、字体を検討し、そのうえで書札をあわせた総合的な研究成果を古代以来の日本の外交文書の系譜に位置づけ、南蛮宛て国書の歴史的な意味をさらに追究する必要があろう。ひとまずは豊臣期になって登場したと思われる南蛮宛て国書の故実が、江戸時代の外交文書にどのように引き継がれたのか、『異国日記』などで探っていくことを、次の具体的な検討課題としておきたい。

（1）藤井譲治「一七世紀の日本―武家の国家の形成―」『岩波講座日本歴史12　近世2』岩波書店、一九九四年、四七―四八頁。
（2）勝峯月溪『古文書学概論』目黒書店、一九三〇年。
（3）上島有「書札礼」（『世界大百科事典』）。
（4）田中健夫『前近代の国際交流と外交文書』吉川弘文館、一九九六年、三三頁。
（5）一六〇三年刊行『日葡辞書』「南蛮」Nanban の項目に「Minamino yebisu（南のえびす：南の地方）、例 Nanbangocu（南蛮国：南方の国）」とある（土井忠生・森田武・長南実編訳『邦訳日葡辞書』岩波書店、一九八〇年）。本章ではこの用例にあわせ、ポルトガル、スペイン両勢力の拠点であるインドのゴア、ルソンのマニラ、台湾を含む、日本より南方の諸国を「南蛮」とする。
（6）『天理大学善本叢書和書之部　68巻　古文書集』（八木書店、一九八六年）二九五―二九八頁に写真を収載している。柳田利夫「豊臣秀吉インド副王宛書簡案文について―欧文原史料と比較して―」『ビブリア』八八、一九八七年。
（7）高瀬弘一郎「インド副王ドゥアルテ・デ・メネゼスが豊臣秀吉に送った親書―日本側からの考察―」（『流通經濟大學論集』三三―三、一九九八年）八四―八五頁で日本語の重訳文を紹介している。

（8）ARSI（Archivum Romanum Societatis Iesu）, Jap. Sin. 51, f. 344v.（一五九二年一〇月一日付、ルイス・フロイス筆「一五九二年度日本年報」）。柳田前掲注（6）論文、高瀬前掲注（7）論文など。

（9）「有節瑞保日記」。辻善之助編『鹿苑日録』三、続群書類従完成会、一九六一年、一六―一七頁。

（10）同右。「自今以往。於本朝。以邪法欲作済度衆類。悉以可被加誅由也。只於本朝者。商買往来被許之由也」とある。

（11）ARSI, Jap. Sin. 51, f. 340. 'Dijo que haria lo que pudiese mas que había grande difficultad en se mudar la carta que estava ya acabada y sellada la qual como estava hecha por algunos bonzos hizieron la a su boluntad.'（前掲「一五九二年度日本年報」）。ルイス・フロイス『日本史』二、中央公論社、一九八一年、一三四頁も参照のこと。

（12）マカオのコレジオ院長宛。ARSI, Jap. Sin. 11 II, f. 250v. 'fazendo vir o treslado della diante do irmão, e examinando con elle o que parecia que se avia de tirar,'. 柳田前掲注（6）論文、五六頁の訳文を引用させていただいた。

（13）柳田前掲注（6）論文、五二頁参照。

（14）高瀬前掲注（7）論文、八三―八四頁。

（15）ARSI, Jap. Sin. 11 II, f. 253. 'fue dilatando esta respuesta tanto que aun hasta agora no es venido, como della depiende la resolucion de todo lo que hemos de hazer, quedamos con la tardança della suspensos y indeterminados en todas las cosas.'

（16）ARSI, Jap. Sin. 11 II, f. 283. 'no solo mudo una carta que tenía ya escrita y sellada pera el virrey en que dizia que desterrara os padres de Japon porque predicavan en el una ley mala y del diablo y destruyan los Camis y Fotoques y que sin duda si algunos viniessen aqui los mataria, escriviendole otra carta muy bien enseñada y cortes.' 柳田前掲注（6）論文、五八頁の訳文を引用させていただいた。なお書簡の日付は本文裏面の記録「二月一五日」と、本文の「二月二五日」と二つあるが、前者は本国で日付をメモした際の誤りであろう。

（17）柳田前掲注（6）論文、六〇頁。ARSI, Jap. Sin. 11 II, f. 288. 'Despues de las otras que escrevi a V. P. por via de Firando en que le dava cuenta de la llegada del Pe Organtino y del hermano Juan Rodriguez de Miaco aquí con el presente que manda Quanbacudono al virrey y la resolución di Quanbacudono que quedassen hasta dies de mis compañeros en esta iglesia de Nâgassaqui.' なお同書には、その後ただちに離日するはずであったが、ポルトガル船が商品を捌くことができずに越冬することが決まったとある。実際の帰国は表1の通り、一五九二年の夏となった。

（18）詳しくは拙著『近世日本とルソン――「鎖国」形成史再考――』東京堂出版、二〇一二年。

(19) 柳田前掲注(6)論文、五九頁。

(20) 的場節子「天正十九年インド副王宛秀吉書簡と進物追跡考」(『日本歴史』六九九、二〇〇六年) では、イエズス会にはこの使節の成果報告を通してスペイン・ポルトガル国王 (当該時期は同君連合) に宣教目的の日本渡航をイエズス会に限り許可してもらう思惑があったとする。

(21) フロイス『日本史』前掲注(11)、一二七—一三〇頁。

(22) ARSI, Jap. Sin. 51, f. 345. ‘mando hazer de proposito para imitar quanto podia la manera de pergamino en que venía la del visorey y va el papel de dentro iluminado con muchas flores de oro.’(前掲「一五九二年度日本年報」)。

(23) ARSI, Jap. Sin. 51, f. 317v. ‘la carta escrita entre rico pergamino con figuras iluminadas al deredor con un sello pendiente de oro.’(同右)。フロイス『日本史』前掲注(11)、九八—一〇〇頁の記録も参照のこと。

(24) 新村出『南蛮広記』岩波書店、一九二五年、四七—四九頁。根占献一『イタリアルネサンスとアジア日本』知泉書館、二〇一七年、一三五頁では、ポルトガルの、カトリック・ヨーロッパのローマ意識の反映であるとし、また、天正遣欧使節にローマ市民権が付与されたことと無縁ではないとする。なお一六一五年一一月二〇日付で慶長遣欧使節の支倉常長に付与された「ローマ市公民権証書」の構図と一部のモチーフが重なっており、興味深い。

(25) ARSI, Jap. Sin. 51, f. 345. ‘Va escrita esta carta en un papel de ocho palmos de largo y quatro de medio,’(前掲「一五九二年度日本年報」)。

(26) ARSI, Jap. Sin. 51, ff. 345–345v. ‘la carta arrollada y metida en una bolsa de carmesí de varias pinturas de oro y plata tan larga como la misma carta, la qual va despues metida en una manera de caxa que sirve en Japon solamente para cartas, la qual es muy rica y de obra tan marabillosa que en todas partes d’Europa causara admiracion la delicadesa y primor de la dicha obra, por que es toda cubierta de dentro y de fuera de una manera de barniz que en Japon llaman **uruxi** matizada de oro molido a manera de arena que sobra muy costosa y labrada con unas flores y rosas de laminas delgadas de plata y oro que van de tal manera enxeridas con aquel **uruxi**……y de anbas partes tiene unas rosas y unas argollas de oro con esmalte negro de cobre en las quales es ( ) bnos cordones con que la caxa se sierra y las dichas rosas fuera de ser de mucho presio son de obra muy prima……(f. 345) caxa va toda cubierta con otra bolsa de seda muy blanda y metida en otra caxa bien hecha con curiosas cerraduras hechas a su modo……en la misma caxa otro papel semejante a la carta en que van escritas las pieças q se enbien y juntamente los nombres de los oficiales y maestros antiguos q hizieron las armas.’(同右)

(27) ARSI, Jap. Sin. 51, f. 317v. 'iba metida en un cofre de quatro palmeos de largo y medio de ancho y otro tanto de alto, el qual de dentro era aforrado una tela de oro y seda y de fuera todo cubierto de terciopelo verde con trenzas de oro y muchas rosas de plata entre…y metido en una bolsa rica de brocado.'（同右）。

(28) 田代和生「朝鮮国書・書契の原本データ」(http://www.jkcf.or.jp/history_arch/first/2/1_3_2tashiro_j.pdf) 三〇〇―三〇一頁によると、当該国書はいわゆる「偽書」であったようである。伊藤幸司「現存史料からみた日朝外交文書・書契」（『九州史学』一三二、二〇〇二年）三六頁によると、朝鮮国「書契」の書札の場合、料紙は厚いほど厚礼ということである。なお当該の国書を包んでいた内袋と外袋があり、さらにこれらを収めた鍵付き箱が別にあったようである。

(29) 「一五九一年度、一五九二年度日本年報」。松田毅一監訳『16・7世紀イエズス会日本報告集』第一期第一巻、同朋舎出版、一九八七年、二七三頁。底本のジョン・ヘイ編『イエズス会書簡集』はアントウェルペンにて一六〇五年に刊行された。

(30) フロイス前掲注(11)書、九八―九九頁。〔 〕内は筆者清水の注記。

(31) 『時慶記』一、臨川書店、二〇〇一年、九〇頁。

(32) 前掲注(18)拙著、一四二〜一四三頁。

(33) 前掲注(18)拙著、一四五頁。

(34) AGI (Archivo General de Indias), FILIPINAS, 18B, R. 2, N. 12. 原文を確認のうえ、パステルス、松田毅一訳『一六―一七世紀 日本・スペイン交渉史』（大修館書店、一九九四年）三六頁の訳文を一部引用した。（ ）内は筆者清水による補注。

(35) Marcelo de Ribadeneira, *Historia de las islas del Archipiélago Filipino y reinos de la Gran China, Tartaria, Cochinchina, Malaca, Siam, Cambodge y Japón*, edición, prólogo y notas por Juan R. de Legísima, Madrid: Editorial Católica, 1947, p. 338.

(36) 前掲注(34)文書。'el parece papel y despacho de tan gran principe en la forma y autoridad della y aun en la gravedad y estilo de las palabras.'

(37) 村上直次郎『異国往復書翰集』雄松堂書店、一九六六年、第一三文書。

(38) 岩生成一「豊臣秀吉の台湾島招諭計画」台北帝国大学文政学部『史学科研究年報』七、一九四二年、八四頁。

(39) 跡部信「豊臣政権の対外構想と秩序観」（跡部『豊臣政権の権力構造と天皇』戎光祥出版、二〇一六年）一九七頁。

(40) 前掲注(18)拙著、一四八―一五〇頁。

(41) Colin-Pastells: *Labor evangélica: ministerios apostólicos de los obreros de la Compañia de Iesús, fundación, y progressos de su*

provincia en las IslasFilipinas/Historiados por Francisco Colín, Nueva ed. ilustrada con copia de notas y documentos para la critica de la historia general de la soberania de España en Filipinas por el p. Pablo Pastells, Barcelona: Impr. y Litografía de Henrich y compañía, 1900, II, p. 63.

(42) 前掲注(18)拙著、一五六―一五八頁。

(43) 前掲注(18)拙著、一五九―一六〇頁。

(44) AGI, FILIPINAS, 6, R. 8, N. 115. 'leva la carta misma y su traduccion'「彼はその書簡と翻訳文を持っていく」とあり、「その書簡」とは前にある'Me pide por su carta original que quiere que la vea V. M.^{d}'の一節から、総督自身に渡された秀吉の書簡のことであり、それを秀吉はスペインの国王が見ることを望んでいたことがわかる。

(45) Pezzali, Amalia, 'Una lettera originale di Hideyoshi del 1593 al governatore delle Filippine fra i manoscritti orientali della biblioteca Marciana', *Atti dell' Istituto Veneto di scienze*, lettere ed arti, anno acc. 1966-67, Tomo CXXV, Classe di scienze morali, lettere ed arti, pp. 449-488, Venezia, 1967, pp. 476-477.

(46) 岩生成一「文禄二年(一五九三)呂宋長官あて豊臣秀吉の書翰について」『古文書研究』二五、一九八六年、四頁。筆者の目の前で破損部分の鑑定をしたマルチャーナ図書館修復部門の職員クラウディア・ベンネスティート氏も、ほぼ間違いなく二枚であろうとの見解であった（二〇一八年三月一二日）。

(47) マルチャーナ図書館の図録（Biblioteca Nazionale Marciana, Nardini Editore-Centro Internazionale del Libro-Firenze, 1988）一二二頁の解説による。なお岩生前掲注(46)論文は縦五三cm×横一五八cm（四頁）とする。

(48) 筆者と朱印について、岩生前掲注(46)論文を参照した。

(49) P. Lorenzo Pérez, *Cartas y relaciones del Japón I* (*Cartas de San Pedro Bautista*), Madrid: G. López del Horno, 1916, p. 43.

(50) ARSI, Jap. Sin. 45I, ff. 207v-209v. イエズス会がこの控えの写しを入手した経緯については二〇七葉表に次のように記されている。「太閤様が様々なところに送った書状、許可状、法令はすべて冊子の中に写され、このために既述の太閤様の秘書のところにある。前述の（榎並）助之丞は同使節の文書で奔走した増田右衛門尉の家臣、秘書であり、こちらから今送る前述の写しを手に入れた」。'porque de todas las cartas patentes y provisiones que Taicosama embie a diversas partes quedassen treslados escritos en libros que para esto estan en la secretaria del dicho Taicosama, el dicho Suqenojodono que es teniente, y secretario de Maxitayemonnojodono que corrio con el despacho del mismo embaxador saco el dicho treslado que aca he embiado.' 榎並はキリシタン

武士（洗礼名マチアス Mathias）であり、都の三人の奉行のひとりとある（同 f. 210.）。榎並がオルガンティーノ神父に宛てた、見たいであろうから写しを送るという日本語の書状も写されている。イエズス会が秀吉発給文書を入手した経路の一端がわかる、興味深い史料である。

(51) 岩生成一『新版　朱印船貿易史の研究』吉川弘文館、一九八五年、一五六頁。室町時代を通じて前後一五〇年にわたり琉球人の商船が渡航しており（同三二頁）、徳川家康の太泥宛渡海朱印状は三通現存する（同六八頁）。朱印船の渡航総数は七と推計されている（同一七一頁）。豊臣期の国書の内容は不明であるが、徳川家康の発給した国書は、慶長四年七月付（異国日記）、同十一年八月十五日付（異国近年御草書案）を確認しうる。

(52) 辻善之助編『鹿苑日録』二、続群書類従完成会、一九六一年、三五九頁。

(53) フィリピン総督の国書は村上直次郎前掲注(37)書、第一三および第二一、第二三文書に収載。フィリピン総督の第一次使節コボは「粗雑なラシャの聖服」を着、贈り物は「友好の印として」贈られた十二振りの剣と短刀」であった（J. L. Alvarez-Taladriz 編「秀吉宛ドミニコ会士パードレ・フライ・フアン・コーボの外交使命に関する補足」『キリシタン研究』第十五輯、吉川弘文館、一九七四年、二六八―二六九頁）。第二次使節の贈り物は「立派な装具をつけたカスティリャの馬一頭、黄金の装飾のついたビロードの服一着、カスティリャの美しいシャツ多数、色彩々の絹靴下、大鏡一個、及びその他の珍しい品々」（パステルス前掲注(34)書、八二頁）とあるが、二次史料でありなお検討を要する。第三次使節は「イスパニヤ貴族の被服一式、カパ（外套）一着、靴足袋二足、手巾四枚、帽子一箇、金鎖付短剣一口、水牛二頭（途中一頭を生む）、猟犬二頭、大小壺数種、オリーブの実一樽、葡萄酒二樽、アルガリヤ猫五頭（途中二頭斃死）等」（村上前掲書、六七頁）であった。インド副王の贈り物は、ミラノ製の甲冑二領、衝剣二振り、鉄砲二梃、トゥラサード（短刀？）一つと付属品、油絵の掛布四枚、立派に飾った一頭のアラビア馬（本来は二頭）、野戦用天幕一張り（フロイス前掲注(11)書、九五頁より）となる。

(54) AGI, FILIPINAS18B, R. 7, N. 61. 'el emperador de los japones tomando la hazienda de la nao san Phelipe ( ) con mucho secreto avia mandado despachar chapas que son patentes ( ) sus reynos a levantar cantidad de gente con poderosa armada para ( ) a estas partes por el mes de otubre este ano a una de dos partes que son a la isla Hermosa o Cagayan..... tambien propuse al consejo de guerra si seria bien entendido lo referido del Japon que fuese el enbajador que se avia tratado respondieronme que si y que no nos diesemos por entendidos de las prevenciones que en el Japon hazen y que la persona que fuese sea cauto y que cale y penentre con destreza y mana los disignios de alla

y que llebe un buen presente.' この文書は一部破損箇所がある。

(55) 村上前掲注(37)書、第二五文書。

(56) 同右七三頁。後日総督テリョはこの象について、「日本の首都である都に入る日、広場におびただしい人が集合したが、それは以前に象を見たことがなかったからで、七名の圧死者が出たほどの大群集であった」と本国に報告している。パステルス前掲注(34)書、一六一頁。なお『大航海時代叢書XI／アビラ・ヒロン／日本王国記』（岩波書店、一九六五年）二七二—二七四頁も参照のこと。

(57) 「日用集」。『鹿苑日録』前掲注(52)、三五九—三六〇頁。筆者による読み下し文。なおルソン宛国書は七月二七日付で作成されたはずだが、残念ながら記録がない。

(58) 前掲注(50)。

(59) 辻善之助『海外交通史話　増訂版』内外書籍、一九三〇年、四四三頁。

(60) 同右。

(61) 岩生前掲注(46)論文、四頁。

(62) 横田きよ子「日本における「台湾」の呼称の変遷について——主に近世を対象として——」『海港都市研究』四、二〇〇九年。一六世紀中頃のオランダ人の台湾認識について、松井洋子、荒野泰典・濱下武志編『琉球をめぐる日本・南海の地域間交流史』文部省科学研究費補助金重点領域研究「沖縄の歴史情報研究」琉球をめぐる日本・南海の地域間交流史班、一九九八年。

(63) 一五九三年、第一回台湾遠征隊（指揮官フアン・デ・サムディオ）をマニラで編成するもこの遠征は失敗した。サムディオは一五九八年、中国当局に日本の台湾占領を警告している。一六二五年オランダに対抗し、第二回遠征隊を編成（指揮官アントニオ・カレニョ・ヴァルデス）。翌年淡水に居留地を形成したが、一六四二年撤退している。グレゴリオ・F・サイデ『フィリピンの歴史』時事通信社、一九七三年、一七一—一七二頁。

(64) 伊藤潔『台湾—四百年の歴史と展望—』中央公論新社、一九九三年、四—五頁。

(65) 「組屋文書」の「御ひかしさま・御きやくしんさま宛、山中長俊書状」中に「一、こんと（今度）御さき（先）つかまつり（仕）候しゆ（衆）は天ちく（竺）ちか（近）きくに（国）ともくたされ候、そのゝち（後）はうへさま（上様）御ことは（言葉）をくわへられすとも、なる（成）へきほと天ちく（竺）きりとり（切取）申候やうにとのきよい（御意）候」と

ある。北島万次編『豊臣秀吉朝鮮侵略関係史料集成1　一五八五―一五九二年』平凡社、二〇一七年、三三〇―三三一頁。

（66）AGI, PATRONATO. 25, R. 50. パステルス前掲注（34）書、六六―六九頁も参照のこと。

（67）Pérez 前掲注（49）書、三八頁。

（68）岩生前掲注（46）論文、一一頁。

第三章　一八世紀末から一九世紀前半における「プララーチャサーン」
――ラタナコーシン朝シャムが清朝および阮朝ベトナムと交わした文書――

川口洋史

はじめに

一三五一年に成立したアユタヤー（現在のタイ中部）の歴代諸王は交易で栄えた国にふさわしく、徳川政権（日本）[1]のほか、さまざまな国の君主ないし君主と見なしたものと文書を交わして好を通じた。明・清、琉球、ラーンサーン（現在のラオス、タイ東北部）、タウングー朝ビルマ、オランダ共和国、フランス王国、ローマ教皇庁、サファヴィー朝ペルシア（現在のイラン）、キャンディ王国（現在のスリランカ）などである。それらの文書をアユタヤー宮廷がプララーチャサーン――「王の書簡」――と呼んでいたのは間違いない。しかし今のところタイ語のプララーチャサーン原本や忠実な写しは確認されていない[2]。アユタヤー宮廷はその控えや接受した外交文書および訳文を保管していたと思われるが、一七六七年にコンバウン朝ビルマがアユタヤーを滅ぼした際に、都もろともそれらは灰燼に帰した。

続くトンブリー朝（一七六七―八二年）を倒して成立したラタナコーシン朝（一七八二年―、以下単に「シャム」）の歴代国王は清朝や阮朝ベトナム（以下、阮朝）にプララーチャサーンを送り、また両王朝から送られてきた文書をそう呼んだ。その控えやタイ語訳は今日も現存している。本章が検討するのはそれらの史料である。

これらは目新しい史料ではないが、文書それ自体の研究となると数は少ない。増田えりかは、ラーマ一世王が清帝に送ったタイ語文書と受け取った勅諭のタイ語訳のなかで両者は対等であったことを明らかにした[4]。一方で小泉順子は一世王時代の文書の検討を通して、シャムと阮朝・コンバウン朝ビルマとの間では同格のもの同士で文書を交換する慣例が共有されていたことを指摘した[5]。さらに小泉は阮朝嗣徳帝とラーマ五世王との文書の交換から、シャムが清やフランスとの関係をも睨みながら、称号や儀礼といった面で阮朝と対等な関係を再構築しようとする様子を活写している[6]。

本章は先行研究を踏まえて、一八世紀末から一九世紀前半にシャムが清および阮朝と交わした「プララーチャサーン」の料紙、捺された印章、書式などについてさらに検討を進める。異なる言語で文書が作成されていれば、その間の関係や、また両王朝から届いた文書原文とタイ語訳との異同を検討し、シャム宮廷における多言語による文書運用の実態を明らかにしたい。また漢字文化圏の国々と通好する際には必ず問題になった称号も検討しなければならない。清朝と阮朝双方を検討対象とするのは、すでに小泉の研究が示すように、二国間の関係のみを見るだけではシャムの対外関係を精確に捉えることはできないからである。

当該期のシャムは決してタイ語と上座部仏教だけの世界ではない。一七五五年、アユタヤーの高官が広南阮氏（現在のベトナム中部）に宛てた漢文の書簡は、「我がシャム国は釈教を尊ぶといえども、また天朝の尭舜の徳や文王・武王の道を思うことを知る」と記す[7]。のちに阮朝を開いた嘉隆帝が評したように、この種の文書を作成したのはシャム宮廷に仕えた中国人であったのだろうが[8]、実際には在シャム＝ベトナム人もかかわっていたようである。そういった人々の漢文作成能力や中国古典の理解は、日朝琉越の知識人と比べるべくもなかったであろう。しかしシャムが漢字文化圏に対峙したのみならず、いかに通俗的なものであっても、内に漢字文化を包含していたのは確かである。本章は多くの言語と文化を内包するシャムの対外関係に迫る一歩でもある。

一　「プララーチャサーン」とは何か

前述のように、プララーチャサーンとは「王の書簡」を意味し、これまで多くは「国書」と和訳されてきた。ラタナコーシン朝の王は他国の君主との間で、正使・副使を派遣し、「王の贈物（rātchabannakān）」[9]を交換するのが友好の証であると認識していた[10]。

それではプララーチャサーンはシャムの文書制度のなかでどのような位置にあったのだろうか。一八四〇年代にのちの四世王は「灌頂を受けた王のみが他国の王に王の書簡を送るに値する」と述べた。この「王は王としか書簡を交わさない」という慣例に沿って文書制度が組み立てられていたようである。王の命令は大臣がこれを受け取って第三者に伝達するという奉書形式を採った。王に伝達するためには大臣に文書を送って取次ぎを求めた[11]。上奏文に見える文書も、一九世紀半ばまでは王に対して読み上げるための原稿であった可能性が高い。そして王が他国の王に送る書簡こそがプララーチャサーンであった。

清や阮朝宛てのプララーチャサーンは、バンコクの王宮に付属する寺院ワット・プラシーラタナサーサダーラーム（ワット・プラケーオ）に今も建つホー・プラモンティエンタムと呼ばれる王室文庫（hǭ lūang）において、大蔵省（krom phrakhrang）[12]や宮内省などの官僚立ち会いのもと、祐筆（phra'ālak）が清書、捺印、包装した。一方、両国からの「プララーチャサーン」は、やはり王室文庫で官僚立ち会いのもと翻訳され、祐筆が横折本にそれを清書した。アユタヤー時代と同様に[13]、王が相手国からの使者または帰国したシャムの使者を謁見する際に、その訳文が読み上げられたようである。その控えや訳文は王室文庫の書棚に保管され、祐筆局が管理していた[14]。

祐筆とは国王の書記官であり、当該期のタイ語写本にしばしば写字生としてその名が見えるように、文字を書く専門家であった。また大部の仏教書『三界決定論（*Traiphūmilōkawinitchayakathā*）』を著したプラヤー・タンマプリーチャーや、タイ文学史に冠たる詩聖スントーン・プーも祐筆を務めたことがある。祐筆はタイ語やパーリ語の言語文化に通じていた一方で、漢字文化とは縁が薄かったことに留意しておきたい。

二　シャムが清朝と交わした「プララーチャサーン」

1　シャムが清朝に送った「プララーチャサーン」

『清実録』によるとアユタヤー滅亡後にビルマ軍を駆逐してトンブリーに都したタークシン王（鄭昭）は清にたびたび使節を送り、ビルマに対する共闘姿勢を示しつつ、冊封を請うた。しかし乾隆帝は彼がアユタヤー王と姓が異なることを理由に暹羅国王に封じなかった。タークシンを弑逆《しいぎゃく》して即位した一世王は、早くも一七八二年に清に使節を送った。清廷は彼を鄭昭の子、鄭華と見なした。一七八七年に乾隆帝は一世王を暹羅国王に封じ、誥命と暹羅国王印を下賜した。[15]一七九〇年に乾隆帝はビルマ王をも冊封したため、ビルマに対抗するための外交戦略は頓挫するのだが、[16]以後もシャムは三年一貢の規定を越えて清に朝貢を続けた。四世王が一八五一年に派遣した使節が最後の朝貢となった。

使節は必ずプララーチャサーンと贈物を携えて清に赴いた。清はその文書を「金葉表文」と呼んだ。金の薄板に文書が刻まれていたからである。シャム側はその草案ないし写しを折本に控え、ときにそこに清書の過程を記した。たとえば一八一四年、二世王が嘉慶帝に送った金葉のプララーチャサーンの写しには、[17]

酉年第五年七月白分一二日木曜日、時刻午前二モーン六バーツ、プラヤー・コーサー、プラヤー・モンティエンタラバーン、プラ・ホーラー、ルアン・ティッパソムバット、ルアン・ラーチャーピモン、クン・マハーシッテイ[18]がホー・プラモンティエンタムに同席した。二モーン六バーツ、吉祥時に至り、上下白装束の祐筆ムーン・ティッパマイトリーに文字五行を金葉に刻ませた[19]。

とあり、王室文庫において大蔵省や宮内省の官僚同席のもと、祐筆がこれを清書したことがわかる。縁起のよい時間を選び、祐筆が白装束を纏うなど、儀礼的な一面が見て取れる。

今のところシャムが清に送った金葉は台湾の国立故宮博物院が所蔵する一八二二年の一点しか確認されていない。増田によれば[20]、金葉の法量は縦一六・三cm、横二八・五cm。その書式は、冒頭に「プララーチャサーン」と記し、「ソムデット・プラチャオ・クルン・プラマハーナコーン・シーアユタヤー（都にして偉大なる首都、吉祥なる不敗《アユタヤー》（の都（国）」の王陛下、以下アユタヤー国王陛下）が以前からある、ソムデット・プラチャオ・タオクアン（道光王陛下）との友好に思いを致した」という宛名が続く。両国君主は称号と敬称を同じくし、対等とされていた。つまり「表文」ではなく、平行文書の一種である。本文は、シャム王が使者にプララーチャサーンと贈物を捧持させて派遣したことを記す。この文書では、道光王のパンシウ（万寿）を祝う旨が続くが、通常は慣例通りに「チムコーン（進貢）」するという文言が記される。清朝に宛てた金葉のプララーチャサーンの書式は概ねこのようであった。

ここで気になるのは文書の末尾に日付がない点である。ほかの控えも同様である[21]。東洋文庫所蔵『暹羅館訳語』所収、明皇帝に宛てたタイ語来文なるものにもすべて日付がない。しかし阮朝の君主に宛てたタイ語文書や、一六八七年にナーラーイ王がフランスのルイ一四世やローマ教皇に宛てた文書の仏語訳には末尾に年月日が見える[22]。当時の行政文書一般と比較しても、日付がないのは奇妙である。シャムの紀年法を使いたいところだが、タイ語といえども正朔を奉じていないことが中国側に問題とされるかもしれない――あるいは実際に明代に問題となったか――。それを予防しつつ、同時に中国の下位に立つのを避けるために、日付自体を記さなかったのではないだろうか。

もう一つ興味深いのは印章である。金葉を納めた螺鈿の箱は袋に入れられ、その袋の紐に梓梗で封がされ、その封蠟の一面に龍の印（タイ語史料に見える六龍の印）が、もう一面にガルダの印が捺されている。(23) ともにシャム王の印璽であり、包装を封印する際にそれらを用いたという。(24)

さて、シャム宮廷はこの文書とともに「プララーチャサーン・カムハップ」という文書を清に送った。カムハップは「勘合」の音訳であるが、当該期にはその意味は忘れられ、単に漢字で書かれた文書がそう呼ばれていたようである。現存するその控えはタイ語であり、その書式は上述のプララーチャサーンと似ているが、勘合の名残であろう、贈物のリストが記され、末尾に「プララーチャサーン」の語と日付が記される点が異なる。実際に送られた文書は漢字で書いたと史料に見える。この種の文書の送付記録は一八四三年まで確認できる。(25)

この種の文書の正文と考えられるものが一点、ほぼ完全な形で台湾中央研究院に現存している。(26) 一七八八年に一世王が乾隆帝に送った「漢字表文」であり、縦三一・八cm、横一五二・二cmの黄紙に漢文で書かれている。本文は「上言大皇帝陛下萬歳萬歳萬萬歳」で始まり、皇帝を意味する語はすべて三字抬頭されている。本文では乾隆帝の徳を讃えつつ、皇帝の恩を蒙って誥命と印を賜り、詔を奉じて使者が帰国したときには国を挙げて歓呼し、臣鄭華は北面して拝受した、などと述べられている。金葉のプララーチャサーンとは異なり、明らかに朝貢国の王が中華皇帝へと奉る書式と文体である。末尾の「乾隆五十三年五月初九日」に「暹羅國王之印」が捺されている。

この史料は、中国人が漢字で黄色い紙にプララーチャサーン・カムハップを書き、ラクダの印――後述するようにこの印には問題があるのだが、ここでは下賜された暹羅国王印そのものであろう――を捺したとするシャム側の記録(27)と合致している。

さらにこの漢文文書に含まれる贈物のリストにおいて「金葉表文書暹字」が一つめに挙げられている。(28) これは一七世紀の徳川政権宛ての漢文文書には見られない。金葉をあくまで贈物に位置づけることで、清廷にそれを受け取ってもらえるようにしていたのだろう。清朝からすれば、国王印が捺された漢字表文こそが正本であった㉙。

以上、増田が指摘した、タイ語と漢文の間の二重構造――前者において両国の君主は対等であるが、後者では清帝を上位とする㉚――が確認できたはずである。両種の文書は書式が異なるにもかかわらず、シャム宮廷は清廷にそれら、とくにタイ語版を受理してもらわなければならなかった。もし拒絶されれば、シャム王の権威が傷つくことになる。それを避けるための工夫がなされていたと言えよう。かりに清側で恣意的な翻訳がなされるとしても㉛、事前に問題の芽を摘んでおくにしくはなかったのだろう。

2　清朝がシャムに送った「プララーチャサーン」

さて、清に派遣された使節は勅諭と下賜品を与えられてシャムに帰った。シャム王があらたに登位した場合には誥命も授与された。清からシャムに冊封使が渡ることはなかった。すでに増田が、シャムにおいて勅諭がタイ語に翻訳される際に、両君主を対等とする文体に変換されていたことを指摘している㉜。ここではその翻訳の実態をさらに掘り下げていこう。

一八二四年に王位を継いだラーマ三世王（鄭福）は翌年に清に遣使した。しかし使節の乗った船が嵐に遭い、かろうじて広東に着いたものの、船は壊れ、文書も贈物も流失してしまった。そこで道光帝は使節が北京まで上るのを免じ、誥命と勅諭を与えて帰国を許した。また再度朝貢するのも不要とした㉝。

通常、勅諭は清朝に返却されたが、このとき発給された道光五年一二月二日（一八二六年一月九日）付の勅諭だけはタイ国立公文書館に保管されている㉞。筆者はそれをマイクロフィルムでしか閲覧していないので、料紙の種類は不明。一枚の紙に満漢合璧で勅諭が記され、中央部にある満洲語と漢文の日付それぞれに「勅命之寶」㉟が捺されている。この印の原寸とマイクロ画像の縮尺から、料紙の原寸は縦五五cm、横一六四cmほどと推測される。漢文勅諭の主要部分を試訳すると以下の通りである。

[1]皇帝が暹羅国王鄭福に勅諭する。[2]珠玉をもって進貢し、諸侯が恭敬の意を表せば、采章をもって褒賞し、中国は申錫した文を下すものである。美しい詔を用い、麗しい典礼を明らかにする。[3]汝、暹羅国王は宗廟を継いで、よく謹んで奉職している。ここに謹んで使節を派遣し、恭しく産物を持参して入貢したのは、深く褒めるに値する。なおましてやその臣下が命を奉じて使者となり、苦労して風や波を渉り、象郡（広東）に長らく留まって、遥かに皇帝を仰ぎ見ていることは、尚更である。すでに長い道のりを跋渉して朝見を請うたのは、玉帛をもって来朝したことと異ならない。彼が故郷を離れてさまよったことを思い、まさに真摯さに慰撫を加え、ここに朝貢しようとしたことを汲み取り、とくに〔皇帝からの〕大いなる賜物を明らかにし、まさに大きな恵みが行き届いていることを示すべきである。[4]今、国王と王妃に絹織物などのものを賜う。[5]王は謹んで賞賜を受けて、ますます忠誠を誓え。皇位を輔佐し戴けば、万世の庇護をとこしえに蒙ることになろう。節が固く行いが正しければ、皇帝の恩沢は常にあらたなものとなるだろう。謹しめ。とくに諭す。……。道光五年一二月初二日。(36)

はるか遠くの王が苦労して朝貢してきたのを皇帝が慰撫する、という語調である。これをシャム宮廷はどう訳したのだろうか。一八二六年六月一九日に王室文庫で大蔵官僚立ち会いのもと、プラ・スントーンワーニットら三名が詔命とともにこれをタイ語に訳した。

[6]プララーチャサーン、ソムデット・プラチャオ・タオクアン《ママ》（道光王陛下）が王の友好を深めて、ソムデット・プラチャオ・クルン・プラマハーナコーン・シーアユタヤー（アユタヤー国王陛下）に宛てる。酉年第七年の季節風の時期に、[7]アユタヤー国王陛下があらたに即位した。王の友好の道に思いをいたして、[8]正使プラ・サワッディスントーンアパイ、副使ルアン・ボーウォーンサネーハー、三使ルアン・ポッチャナーピモン、大通詞クン・ポッチャナーピチット、弁事クン・ピニットワーチャーがプララーチャサーンを奉じ、[9]王の贈物を持って、以前か

らの様式と同様にチムコーンした。タオクアン王はすこぶる喜んだ。使節はわざわざ出発し、波風激しく、距離遠いながらも渡った。ジャンク船は損なわれ、使節は苦しんだ。〔道光王は〕憐れまれた。そこで使節をクワーントゥン（広東）市に留めさせた。使節がプララーチャサーンを奉じ、王の贈物を持ってパッキン（北京）都に上ったも同然である。[10]〔道光王は〕アユタヤー国王陛下に感謝されている。[11]今、品物にて報いた。……。[37]正使、副使、三使に渡し、持って行かせた。プララーチャサーン、タオクアン五年酉年第七年二月白分二日に宛てる。[38]

傍線部1、6から明らかなように、プララーチャサーンの書式に従って訳されている。両君主に同じ称号と敬称を付け、対等の立場に変えている。続く部分は訳出されず、使者の名前が挿入されている（傍線部2、7）。さらに、忠勤に励めば皇帝の恩沢を蒙るだろう、という主旨の傍線部5も、道光王は三世王に感謝するという一文にされている（傍線部10）。原文と訳文がおおむね一致するのは、傍線部3・4と7・9・11である。しかし「ジャンク船は損なわれ」といった語句は原文にはない。帰国した使者の報告が反映されているのだろう。

このように、書式を下行文書から平行文書に変換し、問題のない部分は訳出しつつも、道光帝を上位に、三世王を下位に置く部分は訳出していない。シャム宮廷の認識に合わせるという点では実に周到な「翻訳」と言えよう。一方で「チムコーン」の語を残しているが、これについては後で触れる。

いかなる手順でこのように「翻訳」したのだろうか。それを窺わせるのが一八三二年の勅諭の訳文である（A、Bは引用者が付した）。

四月黒分七日火曜日、[39]パヤー・ピパットコーサー、パヤー・チョードゥックラーチャセーティー、[40]御祐筆、正使ナーイ・ブンシーが王室文庫に集い、[1]プラ・スントーンワーニット、プラ・ウィセートチャーリー、プラ・パクディーワーニットがパッキン国のプララーチャサーンを訳した。

A　プララーチャサーン、ソムデット・プラチャオ・クルン・タオコーン《ママ》（道光国王陛下）は友好を深めようとしてソムデット・プラチャオ・クルン・プラマハーナコーン・シーアユタヤー（アユタヤー国王陛下）に宛てる。アユタヤー国とパッキン国は道遠く、行くのが難しい。アユタヤー国王は使者を派遣し、プララーチャサーンと贈物を奉呈し、チムコーンに来た。また風で遭難したパッキン国の官僚の家族を広東に送らせた㊶。パッキン国王はとても喜んでいる。今、品物を用意した。……（国王と王妃への贈物のリスト）。それから品物を用意し、以前に官僚の家族を送り届けた慣例により（?）、……（贈物のリスト）を使者に託し行かせて、[2]アユタヤー国王に感謝の意を示す。王国のますます繁栄せられんことを。プララーチャサーン、タオコーン（道光）一二年卯年第三年三月黒分一三日㊷に宛てる。

B　[3]プラチャオ・ペンディン（大地の御主＝国王）がチャオ・クルン・タイ（タイ国王）テー・ホック（鄭福）に命じる。遠方の朝貢国として、誠意をもって、天の国（天朝?）の慣例に従い、誠実にチムコーンをしに来たので、慣例の通りに返答しなければならない。タイ国は遠く、行くのが甚だ難しい。忠誠と敬意をもって、外国の品物を用意して使者に奏上させ、チムコーンに来させたことは、慈しむべきであり、とても喜ばしい。そこで絹布を用意し、前廷（国王）と内廷（王妃）に下賜する。また風で遭難した官僚たちの家族を広東に行かせ、送り届けたので、チムコーンの慣例にない品物を用意し、下賜した。[4]タイ国王は誠実な心を持つように。余を敬愛すべきである。余が愛するにふさわしくあれ。暦一二年卯年第三年三月黒分一三日に命じる㊸。

一つの折本にAB二点の訳文が記載されているが、日付も同じ、内容も似ており、原文は一通の勅諭であろう。Aは先に見たような「翻訳」である。しかしBは勅諭の書式と語調を保った訳と言わねばならない。傍線部3、「プラチャオ・ペンディン」にはタイ国王にはない「プラ（御）」があり、かつ地名が付随せず、より普遍的な存在という印象を受ける。しかも「命じる（sang）」である。「皇帝勅諭暹羅国王鄭福」を思わせる。本文も柔遠の語調を保っている。傍線部4は道光五年の勅諭の傍線部5に相当するのだろう。皇帝を敬愛せよ、というニュアンスは伝わる。しかし対応する傍線部2ではシャム王への謝意を表明しているにすぎない。

AとBはどのような関係にあるのだろうか。一通の勅諭から別々に訳出された可能性もないではないが、まず直訳としてBが作成されたのち、それをもとにプララーチャサーンの書式に従って再「翻訳」されたのがAではあるまいか。その際に両君主を対等にする語調に整え、清帝を上位に置く表現を削除したものと思われる。またシャムでは上行文書でしか一人称を使わないので、「朕」から訳された rao（余）という語はパッキン国王に替えた。一方でAにあるチムコーンの語は意図的に残されたことになる。

これまでこのような文書の書き換えは両国を仲介していた中国人商人層が行っていたと推測されてきた[44]。確かに傍線部1の三人の訳官は欽賜名から中国人商人と思われ、Bを作成したのは彼らであろう。しかしAを作るにはタイ語行政文書の書式や用語法を知らなければならない。おそらくBを作成したのち、同席していた官僚たちがどの部分を活かし、削除・変更するのかを協議し、最終的に祐筆が清書したのがAなのではないか。

ではなぜBAではなくABの順に折本に収録されているのか。おそらくBは別紙に記されていたが、祐筆がAを清書したのちに参考資料としてBも写したのではないか。そう考えると、Aには贈物のリスト（和訳では省略している が）があって、Bにはないのも重複を避けたためと説明できる。

一方で、なぜ清に送る文書だけでなく、勅諭の最終的なタイ語訳でもチムコーンの語を使うのであろうか。これは詔命のタイ語訳において必ず「ホーン（封）」という語彙が用いられることとも通じる[45]。恣意的に訳すのならば、これらの語彙を使わない、または別のタイ語に置き換えればよいはずである。

推測ではあるが、タイ語の文書や訳文が清朝に問題とされた際に、シャム側はそこに朝貢・冊封関係において肝心の——しかしタイ語としては意味のない——タームを使用していることをもって弁明しようと考えていたのではないか。増田の言うように、清朝はついに彼我の認識の齟齬を問題とすることはなかった。しかし結果的にそうであっても、同時代のシャム宮廷にとってその危険性は常にあったはずである。本節での検討からは、タイ語において両国君主の対等性を主張しつつ、それが清朝側に伝わらない、あるいは問題視されないように工夫し、しかも問題になった場合にも備えるという、シャム宮廷の苦心の跡が見えてくるようである。

三　シャムが阮朝ベトナムと交わした「プララーチャサーン」

1　前史

次にシャムと阮朝が交わした文書の検討に移るが、まずその前史に触れておきたい[46]。一七五〇年に阮朝の前身である広南阮氏政権は礼部にアユタヤーへ文書を送らせたが、アユタヤーから阮氏への文書が確認できるのは一七五五年である。大蔵大臣と思しき高官[47]を差出人として、ベトナムに漂着したシャムの船が現地役人に誤税された上に貨物を取られたことにクレームを入れつつ、今後に備えて証明書として龍牌一〇章を発給することを要請した。阮氏政権は「左丞相兼刑部戸部達郡公」名義の返信を送り、龍牌一章ならば発給するとした。その後再度「安南國王肅復辞于暹羅國王」という書き出し文言の文書を送っている。今のところこれが阮主とアユタヤー王との間で交わされた初めての文書である[48]。

その後[49]、一七七一年に西山阮氏が蜂起する。一七七七年、北部の黎鄭政権に帰順した西山軍に阮氏政権は滅ぼされた。その生き残りで、一七八〇年に王位に即いた阮福映は一七八四年にバンコクに亡命し、ラタナコーシン朝一世王の庇護を得る。一七八八年に嘉定（サイゴン）を奪還し、以後阮福映はすでに鄭氏を滅ぼしていた西山との戦いを推し進めることとなる。

この戦いの間、阮福映はシャム宮廷に頻繁に使者と書簡を送って支援を求めた。また少なくとも三度、服属の証と見なされうる「金花銀花」も送っている。彼の書簡は原本もタイ語訳も現存しない。しかし、同時期に阮福映がマカオに送った文書を考慮すると[50]、「安南国王粛書」で始まる文書であったのだろう。『大南寔録』はこれらを「国書」と呼ぶので、宛先は「暹羅国王」であろうか。そうであれば一九世紀前半まで、国号を除いてシャム王宛て文書の書式は変わらなかったことになる。阮福映は黎朝の年号景興を用い、「大越國阮主永鎮之寶」を捺していたはずである。一方『ラタナコーシン朝年代記』（一八六九年成立）によれば、シャム宮廷はこれらの文書を「プララーチャサーン」とは見なさず、また返信も大蔵大臣名義であった[51]。

阮福映は一八〇一年にフエを奪還し、翌年六月一日に王位のまま年号を嘉隆と定める。七月に昇龍（ハノイ）に入城し、阮光纘を捕らえて西山朝を滅ぼした。一二月一日に阮光纘らをフエの太廟に献じたのち処刑した。翌一八〇三年陰暦二月に嘉隆帝はシャムに遣使した[52]。『大南会典事例』巻一三六によれば、以後一八三二年までに阮朝はこれを含めて一六回、シャムは一七回、使節を送ることになる。往路、両国の使節は常に君主から君主に宛てた文書を携えた。両国とも漢語ではこれを「国書」と呼んだ。

2　ラーマ一世王が嘉隆帝と交わした「プララーチャサーン」

この一八〇三年の嘉隆帝の国書のタイ語訳は阮光纘の捕縛と処刑を伝えている。

プララーチャサーン、プラチャオ・〔アン〕ナムコック（安南国王）はプラバート・ソムデット・プラプッタチャオ・ユーフア（頭上におわす仏王陛下）ご両名に[53]跪拝させていただき、御足の裏のほこりのもと、お知らせ申し上げる。戊年第四年、私は陸軍水軍を挙げて進み、トンキン国（西山朝）を討ち、ワン・クリエック（阮光纘）と一党、兄弟、大官小官を多く捕えた。トンキンに服属する城市一三はことごとく私に帰した[54]。

戊年第四年一二月白分一五日[55]、私は軍をフエに進ませた。そして一月白分に、私は私より先に亡くなった、祖父、父、母、私の家族を供養する品物を用意させた。それからエー・ワン・クリェックとワック（ワン？）・クリェックの兄弟、高官、ワン・クリェックの一党を処刑した。すでにプララーチャサーンをヴィエンチャン国に宛てて、都（バンコク）に報告させた。私がトンキン国を討ち取ってから、この亥年第五年に至る間に、トンキン、フエ、全地方国の人民は安楽となった。私がカイスーン（西山）と戦っていたとき、私は何かが欠乏すると、官僚を派遣して都（バンコク）に政情を報告させた。国王陛下ご両名はいつも私を慈しまれた。……。プララーチャサーン、ヤーローン（嘉隆）暦二年戊午年第四年五月黒分五日に宛てる。[56]

シャム宮廷は嘉隆帝の漢文国書を清朝の勅諭と同様に「プララーチャサーン」の書式に従ってタイ語に訳していた。一方で両国の君主は対等にはされていない。一世王と副王には「プラバート・ソムデット（陛下）」という敬称が付いてるが、嘉隆帝にはない。宛名書きも嘉隆帝が一世王と副王に多大な敬意を払う書きぶりである。嘉隆帝の漢文国書は後で見るように平行文書だが、それとこのタイ語訳の底本の書式が同じであるならば、シャム宮廷は意図してこのように訳したことになる。また訳に khāphačhao（私）とあるのも見逃せない。先に述べたようにシャムでは一人称は上行文書でしか使わないので、これも嘉隆帝を劣位に置く訳し方である。帝が一世王に宛てた国書のタイ語訳にのみ、このような宛名書きと一人称の使用が見られる。[57] 彼は一世王の庇護を受けていたのだから、その下風に立つべきだ、という認識が背景にあるのだろう。

阮朝からの国書は、やはり王室文庫において大蔵省、宮内省、祐筆局の官僚が立ち会いのもとタイ語に翻訳された。[58] ベトナム人と思しき、大蔵省のプラ・ラーチャモントリーがおもに訳していた。[59] そののち祐筆が折本に訳文を清書したようである。

それでは一世王はどのような文書を嘉隆帝に送ったのだろうか。先の文書に対して、一世王は王冠などとともに返信したはずだが、その控えは現存していない。さらに翌一八〇四年に嘉隆帝は返書を送り、一世王はそれに返信した。

ごく一部であるが一世王の返書を訳出してみよう。

プララーチャサーン、ソムデット・プラチャオ・クルン・プラマハーナコーン・シーアユタヤー・プーヤイ（アユタヤー国王陛下大人）がプラチャオ・クルン・ウィエットナーム（ベトナム国王）に宛てる。プララーチャサーンが来て言うには、「アユタヤー国王陛下が使者を派遣して王にふさわしい品々を下賜された。それは受け取ったが、王冠は高貴なもので、身に付けたことがない。お返し申し上げる」と。……また〔プララーチャサーンに〕言うには、「〔国〕名をウィエットナーム（越南）国とさせていただいた。プララーチャサーンを行き来させる際は、ウィエットナーム国と記していただきたい」と。……また、ウィエットナーム王が〔亡くなった〕弟君副王陛下に追慕の情があることについては、〔一世王は〕ウィエットナーム王にすこぶる感謝されている。……。プララーチャサーン、小暦一一六六年子年第六年九月白分一〇日木曜日に宛てる。(60)

この年に嘉隆帝は国号を越南に改めたが、嘉隆帝の国書では清朝の命令によるということを伏せていたようである。一世王には、嘉隆帝の名にはない「ソムデット（陛下）」と「プーヤイ（大人）」が付加され、嘉隆帝よりも一世王を上位に置く表現を採る。(61) 引用にもあるように、亡命時に阮氏一党と縁のあった副王が前年に死去したので、これ以後、阮朝皇帝が副王に国書を宛てることはなくなる。もう一つ注目すべきは、末尾にプララーチャサーンの語に続けて日付が記される点である。清朝に宛てた文書とは異なり、日付があるほうが常態の書式であったと思われる。

このようなプララーチャサーンはどのように発給され、どのような料紙や印章を用いたのか。一八〇九年以降、清朝宛てのものと同様に、控えに清書・捺印・包装の過程が記されるようになる。(62) 例によって王室文庫に官僚が同席し、吉祥時に祐筆が清書したという。ただし金葉ではなく「橙色の紙」か「西洋の紙」を用いたとされる。金葉よりは薄礼だが、カジノキから作られるサー紙よりは厚礼なのであろう。

さらに重要なのは、一八〇九年の史料にタイ語のほか「中国文字」で一通、「ユアン（ベトナム）文字」（チュノムであろう）で一通、プララーチャサーンを用意したとあることである。この三通の年号にラクダの印（暹羅国王印）を捺し、ガルダの印で封印したという[63]。

漢文のプララーチャサーンについては、『外国書札』に一通収録されている。『外国書札』とは阮朝朝廷がまとめた外交文書集で、鈔本一本のみが伝わっている。そこにシャムと交わした文書が四通写されている。うち一通は一八〇六年の漢文の「国書」である[64]。その冒頭は以下の通り。

暹羅國王書達
越南國佛王陛前

「暹羅國王、書もて越南國佛王陛前に達す」と読める。「佛王」は仏陀、さらには王をも意味するタイ語「プラプッタチャオ」をベトナム側が意訳した語である[65]。それをシャム宮廷が借用したのだろう。なぜこの史料がベトナムに対してのみ「佛王」と記すのか理解に苦しむが、ともに「王」と表記し、一字抬頭しているため、タイ語版の書式以上に平行な文書と言ってよい[66]。「書達」という書式の由来は審らかでないが、一六一〇年に安南国大都統（阮潢）が加藤清正に宛てた文書に「書達于」と見える[67]。

本文の内容を紹介する余裕はないが、読みづらいながらも対応するタイ語版[68]とおおむね同じ。少なくとも清朝のように、タイ語と漢語で語調を異にするわけではない。

そして印影である。文書の末尾は以下の通り。

暹羅國王

天運丙寅年三月十三日

大方朱印

「天運＋干支」で年号が記され、そこに「暹羅國王大方朱印」が捺されていた。この印がラクダの印＝暹羅国王印であろう。

しかし、この印には問題が潜んでいる。清朝が下賜したのは駝鈕鍍金銀印だが、タイに現存しているラクダの印はなぜか二個あり、それぞれ金と玉で作成され、ほぼ同じ印面を持つ。満漢合璧の印文のうち、漢字部分は「暹羅國王之印」と読める。(69) 今のところ、このどちらかが捺してある最古の文書は一八五三年の四世王の宸筆であるが、木村可奈子氏のご教示によれば、その印影の外枠部分に元来ないはずの模様が見えるとのことである。(70) つまりシャム宮廷はそれまでに真正の印をもとにアレンジを加えて自作の国王印を一つないし二つ作成したことになる。まさか自作の印を清朝に送る文書に捺すとは考えにくいが、阮朝であればどうか。このラクダの印がいつ、何のために作られたのか、(71) 真作自作いずれの印を捺したのかを明らかにしなければ、阮朝宛ての文書に暹羅国王印を捺す意味を論じることはできない。

外交文書の扱いについて、使節が海路で嘉定に至ると、公文（大蔵大臣から礼部への書簡）が訳され、その訳文のみがフエに送られ、使節の上京の可否が判断された。上京した使節は王宮の勤政殿で嘉隆帝に謁見し、国書を献上した。使節がいない場合は嘉定で公文が訳され、訳文と原本がフエに送られたという。(72)

3　ラーマ二世王が嘉隆帝と交わした「プララーチャサーン」

以上のような文書運用は二世王時代（一八〇九—二四年）に変化していく。まず阮朝皇帝宛てのタイ語のプララーチャサーンにおいて、双方の王名に等しく「ソムデット」が冠されるようになる。(73) また国書のタイ語訳において、前述のようなシャム王に多大な敬意を払う翻訳もなくなる。タイ語文書においても両国君主はより対等な立場になったのがわかる。おそらく一世王を基点とする尊卑の序列があったのだろう。

さらに遅くとも一八一四年三月以降、シャム宮廷が「中国文字」のプララーチャサーンを送ったとする史料がなくなる。タイ語版とチュノム版だけを送るようになったのか、「ユアン文字」が漢文を指すようになるのか、不明である。また注目すべきは、同時にタイ語のプララーチャサーンにはラクダの印を捺したが、ユアン文字のそれには捺印しなかった、という文言が史料に現れることである(74)。なぜなのか。

二世王時代から、シャムと阮朝に両属していたカンボジアを巡って、両国の関係が悪化していく。カンボジア王アン・チャンはシャムを嫌って阮朝に接近した。一八一〇年からシャムと阮朝双方がカンボジアに派兵する事態に発展し、一八一一年にアン・チャンは阮朝に亡命するに至る(75)。同年にフエに赴いたシャム使節は、アン・チャン王にシャム王に拝謁させて謝罪させるように、嘉隆帝に上奏した。しかしこの使節の発言はプララーチャサーンに記されていなかったため、帝は問題視し、両国の間ではプララーチャサーンをもって通知するものである、とした上で、「今は急ぎ政情を通知させた。〔嘉隆帝の母后の〕葬儀が重大事であり、距離も遠いので、下級官僚にプララーチャサーンを〔シャム王に〕上奏させ、急ぎ政情を通知させた。政情を何も知らない下級官僚にすぎない。〔通知すべき〕内容はすべてプララーチャサーンのなかに明記した」と返信した(76)。

使者が交渉する能力や権限を持たない、単なる手紙の運び人でも構わなかったというのが興味深い。同時に、交渉が緊迫するなかで、プララーチャサーンがさらに重要になってきた。シャム宮廷はその意思を文書で正確に阮朝に伝えねばならない。そのためタイ語のプララーチャサーンのみに捺印してこれを正本とし、ユアン文字版を副本に位置づけたのではないか。いわば清朝とは逆である。またさらに推測するならば、ユアン文字が漢文ではなくチュノムであるとすれば、タイ語からはチュノムに訳すほうが容易かつ正確であるため、漢文版を送るのを止めたのかもしれない。

さて、本項の最後に、一八一六年に嘉隆帝が二世王に送った漢文国書を見ておきたい。少々背景を説明すれば、両国の協議の結果、一八一三年に両国の官僚がアン・チャンを帰国させた。彼はプノンペンに住み、阮朝が派遣してきた官僚の監督下に置かれた。ところが一八一五年にプノンペン軍がシャム支配下のバッタンバンの軍と交戦した。シャム宮廷はプノンペン側が戦端を開いたと見なし、一八一六年一月に大蔵大臣が礼部に書簡（1）を送り、阮朝側の監督不行き届きを仄めかしつつ、事の原因について問うた。三月、シャムは阮朝の使節に嘉隆帝宛ての文書を渡し、実行者の処分について通知を待っていることを伝えた。七月に再度帝に文書（2）を送って通知を催促した[77]。

『外国書札』第一葉表―三葉表と六葉表―七葉裏に（1）（2）のチュノム版が収録されている。これがユアン文字版の写しなのか、筆者にはわからない。第一一葉表―一二葉表に（2）に対する嘉隆帝の返信が見え、今のところこれが唯一参照できる漢文のシャム宛て国書の原文である。左の通り、処分を下した旨と、詳しくは礼部の書簡にあることを伝えている。

越南国王が粛んで暹羅国仏王台前に書を送る。ご覧になってください。我が両国の隣好と情誼がますます久しく、ますます敦いことが、すべてすでに天下に明らかであり、諸国に見聞されていることは、まことに手紙で述べ尽くせるものではない。本年八月初七日の貴国の使臣詫（プラ。位階の一つ）・通事などがもたらした国書と贈答の品物は京に至り、我が国は厳かに読み上げて接受した。貴国の〔両国が〕常に密接な間柄であるという懇ろな思いを深く感じ取った。国書に述べられていた、南栄（プノンペン）と北尋奔（バッタンバン）とのことのようなものについては、案件を送り、すでに本国の刑部が〔その案件を〕欽んで奉り、律に照らして慎重に処理したので、すでに廷臣に〔その処理案を〕下し、そろって議論したところに基づいて、今すでに〔越南国王が〕これを許可して施行したことは、礼部が貴国の昭丕雅伐棱（チャオプラヤー・プラクラン）に返した書につぶさに記してある。実情通りに上奏せられよ。ここに使臣が別れの挨拶をしたので、国書ならびに金銀二色を用意し、その使臣に渡して贈り、それによって敬意を表する。謹んでご健安であられるように。恭しく二王（副王）が安寧吉祥であられるように。隣国との友好が限りなく悠久であることを貴国が深慮されていると追想している。秋月が上がり輝いている。すべてご諒察せられんことを祈る。今粛んで書を送る。

一、仏王に敬意を示す。精金四個、精銀五〇個。

一、二王に賜う。精金二個、精銀三〇個。

嘉隆一五年八月二三日。[78]

文書形式は「書」、対等な関係で通好を求めたり、個別の案件を依頼する内容に用いる形式である。[79] 原文は「越南國王」「暹羅國佛王」をともに一字抬頭している。また皇帝号を使用していない。嘉隆帝は一八〇六年に正式に帝位に登るのだが、それをシャムに通知した形跡は見られない。[80] 敵礼（対等）関係を維持するためであろう。この文書を含めて、正文の料紙は不明。また嘉隆帝は建元に先立って五つの印璽を作らせたが、そのどれをシャム宛ての国書に捺していたのかはわからない。日常行うことに用いると規定された「国家信寶」であろうか。[81]

次に掲げるのはシャム宮廷による、この国書のタイ語訳からの試訳である。[c]

プララーチャサーン、プラチャオ・クルン・ウィエットナーム（ベトナム国王）はプラチャオ・クルン・プラマハーナコーン・シーアユタヤー（アユタヤー国王）に[1]敬意を表し（khamnap mā）、お知らせする。両都が長らく友好であることは、人民も知っており、あらゆる国が見聞きしており、筆をもって書いても〔書き〕尽くすことはできない。本年一一月白分七日、アユタヤー国の使者、通訳、名のある使者がプララーチャサーンと〔贈〕物を奉じて、喜ばしくも返答に来たことについては、役人に迎えさせた。〔ベトナム国王は〕アユタヤー国に始終変わることなく喜んでおられる。プララーチャサーンには、プノンペンとバッタンバンのことが記されていた。ヒンボーダン（刑部堂）に処理させ、法をもって熟慮させた。官僚たちは[2]一致して正しいと言った。そしてレーボーダン（礼部堂）に[3]返信のプララーチャサーンを作成させた。チャオプラヤー・プラクランに内容を上奏させ、お知らせするように。今、アユタヤー国の使者は辞去することを上奏した。〔ベトナム国王は〕使者にプララーチャサーンと金銀二種を渡して行かせ、お喜びになった。

　正王、金四塊、銀五〇塊。副王、金二塊、銀三〇塊。両王が安寧であるように。アユタヤー国が長く友好に思いをいたすように。一〇月の月のように光を欠くことのないように。

　プララーチャサーン、ヤーローン（嘉隆）一五年子年第八年一一月黒分八日に宛てる。(82)

両国君主の称号は同じ。傍線部1は二世王に敬意を払う表現だが、阮朝の国書のタイ語訳に頻出する文言なので、「粛」の定訳なのだろう。訳は原文とおおむね一対一に対応している。もちろん傍線部2のように誤訳と思しきところもある。また傍線部3は正しくは礼部の返信である。総じて、プララーチャサーンの書式に変換しているとはいえ、清朝の勅諭とは異なり、素直なタイ語訳と言えよう。

4　阮朝の皇帝号をめぐって

しばしばシャムからの文書は尊大であったという(83)。しかし一世王時代はともかく、二世王と嘉隆帝が交わした文書において、両者は敵礼関係にあったと言わざるをえない。

　ところが次代の明命帝はシャムに対して皇帝号を称し、のみならずシャム宮廷に文書のなかで彼をそう呼ばせようとしたという史料がある。シャム宮廷は、一八二六年にシャムに対して反乱を起こしたヴィエンチャン王アヌを阮朝が保護したと見なし、そのなかでシャム側がベトナム人官憲を殺害するという事件が起こったため、両国の関係は修復不可能なまでに悪化した。一八三三年に黎文𠐤が阮朝に反乱したのをきっかけに、シャムは阮朝との戦いに突入する。『ラタナコーシン朝年代記』において三世王は開戦する理由の一つとして、明命帝がドゥクウォーンデー（徳皇帝 đức hoàng đế）を自称し、さらに礼部を通して、プララーチャサーンのなかでその語を彼に対して使うように通知してきたことを挙げている。シャムはその要請に従ったという(84)。

在野の知識人クラープが一九〇三年に上梓した『安南シャム戦争』はより詳しい。一八二九／三〇年に礼部から書簡が届き、以後阮朝はプララーチャサーンに「ソムデット・プラチャオ・ウィエットナーム・ドゥクウォーンデー」と記すことを通知し、シャムもまた阮朝に宛てる際は「シアムラー・ドゥクパッタウィエン（暹羅徳仏王 Xiêm la đức phật vương）はソムデット・プラチャオ・ウィエットナーム・ドゥクウォーンデーに敬意を表し奉る（thawāi khamnap mā yang）」という宛名書きを使うように求めた。三世王は、阮朝は自尊が過ぎると辟易しながらも、「中国文字ユアン語」では要求通りの書式を用いた。しかし御璽を捺す「シャム文字」版では従来の書式を使い続けたという[85]。

すでに先行研究がこれらの記事を取り上げている[86]。「南の中華帝国」を築かんとした明命帝[87]ならばやりかねないようにも思われるが、これらが後代の編纂史料である以上、ほかの史料によって裏づけを取らねばならない。

まずは阮朝が皇帝号を記したかどうか。一八二〇年、明命帝が初めてシャムに送った国書のタイ語訳は嘉隆帝をティエンワンテーと呼んでいる。この語は先／前皇帝（tiên／tiền hoàng đế）の音写である。漢文原文で明命帝が父に対しては皇帝号を用いていたことは間違いない。ただ明命帝自身についてははっきりしない。しかし彼はあらたに「皇帝之寶」という印章を作らせ、一八二八年に外国に勅書を頒賜する際にこれを用いると規定した。一八四四年に紹治帝が作らせた「大南皇帝之璽」にも同様の規定があり、実際に一八七九年に嗣徳帝が「大南國皇帝」として「暹羅國佛王」に宛てた国書に捺されている[88]。だとすれば明命帝が皇帝を称して「皇帝之寶」を国書に捺すのもありえなくはない。

それではシャム宮廷が皇帝号を文書に記したというのはどうか。やはり直接的な史料はないのだが、一八三〇年にシャム使節が阮朝に齎した国書について廷臣たちが「本国に言及することがあれば、皇帝の尊称をはっきりと示している。誤って諱字を用いたことがあったが、ひとたび告知したところ、従ってすぐに改めた。敵礼の国としているのに、頭をうなだれ、耳をたれること、この通りである」と発言している[89]。諱字云々とあるからユアン文字版についてである。以前に通知したところ、今回の文書では諱字を避け、皇帝の尊称を明記しているという。間接的ながら、皇帝に送るにふさわしい文書の作成をシャムに要求した可能性を示す史料である。時期も『安南シャム戦争』と合致している。

すでにシャム宮廷はユアン文字版に捺印しなくなっていた。所詮副本であるため、皇帝号を記すという妥協ができたのではないか。一方タイ語版ではこれ以後も称号に特筆すべき変化はない(90)。清朝では暹羅国王印が捺された漢字表文が正本と見なされた。同じように皇帝号を使用したとしても、それとこれとは似て非なるものである。のち一八三二年に礼部から「中国文字ユアン語」版にも御璽を捺すようにという要請があったというが(91)、対応する阮朝史料を見いだせていない。両国君主による文書の往来はこの年から一八七九年まで中断した。

おわりに

以上、シャム宮廷における多言語による文書運用の実態を掘り下げてきた。ユアン文字文書について課題を残したとはいえ、清朝と阮朝に対するシャムの姿勢は相当に異なっていたことが見えてきた。

シャム王は清朝皇帝には金葉に刻んだプララーチャサーンを送った。やはり平行文書であるが、清朝の元号を避けるためか、日付を欠くという形式を採っていた。対して漢文表文は暹羅国王から皇帝への上行文書であった。国王印が捺された後者が正本として扱われ、金葉は贈物に位置づけられていた。

一方で、阮朝に宛てたタイ語版のそれでは、一世王を上位とする宛名書きを採ったが、二世王期以降平行文書となった。確認できる限りでは漢文版も平行文書であった。これら二種とユアン文字（チュノムか）版に真作ないし自作の暹羅国王印を捺したが、一八一三年以降タイ語版とユアン文字版のみを作成し、前者のみに捺印するようになる。

副本と思しき後者は阮朝の要請に従って皇帝号を記した可能性がある。

清朝からは勅諭が、阮朝からは書形式の国書が送られてきた。にもかかわらずシャム宮廷はそれらを同じ「プララーチャサーン」の書式に則ってタイ語に訳した。嘉隆帝が一世王に宛てた漢文国書については恣意的に訳された部分がある可能性があるが、二世王に宛てたものは平行文書を平行文書として、おおむね正確にタイ語に訳していた。それに対して清朝の勅諭は二段階の操作を経て、シャム宮廷の認識に合わせた平行文書へと「翻訳」していた形跡が見える。同時に恣意的な翻訳が露見した場合に備えていた可能性も指摘した。

以上のような文書運用から、清に対してシャム宮廷は相互の認識の差異を前提として、タイ語では両国君主の対等を主張しつつ、それが清に伝わらないように工夫していたと言えよう。一方で、阮朝との間では二世王期以降、タイ語でも漢文でも両国君主は対等であった。両者の認識がずれ始めたとしても、あくまで印が捺されたタイ語の正本が宮廷の意思を伝えるものであったと考えられる。

このように見てくると、タイ語と漢文との間で差異が少なく、タイ語版を正本としうる、阮朝との文書運用のほうが、シャム宮廷にとってあるべき姿により近かったように思えてくる。他方で阮朝と交わした文書は、敬称、訳し方、捺印の有無といった点でわずか三〇年弱の間にかなり変化している。シャムの外交文書を静態的に捉えるべきではない。

翻って漢文脈という点では、一九世紀半ばまでシャムは阮朝が皇帝を名乗るのは問題としたが、自国が「王」号を称することは疑問視していない。言うまでもなく漢語において王を称せば自動的に中華皇帝の下位に立つことになる。それが問題となるのは、シャムが西洋列強に注視されるなかで清に朝貢再開を要求される一九世紀後半のことであった(92)。

最後にシャムの文化的重層性に触れて筆を擱くこととしたい。本章は漢字文化を内包するシャムと「中華」の対峙を見てきた。一方でシャムはまずもって上座部仏教国である。『異国日記』によれば、一六二一年のアユタヤー王の文書は「佛」を「日本國王」と同じく二字抬頭しており、ながく友好を固め、ともに仏教の道理を崇び、などと記す。二年後にアユタヤー王は、日本国王が仏教を敬うのは古来の政治の道に符号している、と通知した。アユタヤーは徳川政権に対して崇仏を軸の一つとした通好をしようとしていた。ましてやほかの上座部仏教諸国との外交においてはなおさらである。一八世紀には上座部仏教国の間でパーリ語の文書や、仏教色の強い俗語の文書が交わされた。書簡のなかで王たちが菩薩として描かれることもあった。そのような外交文書の検討は、シャム外交のもう一つの側面を明らかにするに違いない。

（1）一六〇七年、徳川家康は暹羅国王、すなわちシャム（タイ）のアユタヤー王に宛てて書簡と贈物を送り、信を通じたい旨を伝えつつ奇楠香などを求めた。以後、徳川政権側から三通、アユタヤー側から一通の漢文文書が往来したのち、一六二一年に初めて暹羅国王から「日本国王殿下」に宛てた漢文の書簡が届いた。同様の文書は一六二三年と一六二九年にも送られてきた。『異国日記』によれば、これら三通の漢文書簡はそれぞれ「金札」を伴ったという。以上、異国日記刊行会編『影印本異国日記――金地院崇伝外交文書集成――』東京美術、一九八九年、四二―四三、四六―四七、一八六頁、林復斎『通航一覧』第六、国書刊行会、一九一三年、五三〇―五三一頁、岩生成一「日本南方諸国往復書翰　補遺」『南島史学』創刊号、一九七二年、八〇頁。

（2）東洋文庫が所蔵する華夷訳語『暹羅館訳語』にはアユタヤーから明皇帝へのタイ語来文とその漢語訳を収録している。ピヤダー・ションラオーン「アユタヤの対明関係――外交文書からみる――」（『史学研究』二三八、二〇〇二年）がそれらを考察しているが、来文の性格については、『回回館訳語』の来文のように漢語からの訳である可能性を含めて、慎重な検討を要するように思われる。

（3）以下、ラタナコーシン朝の歴代諸王を一世王、二世王というように表記する。

（4）増田えりか「ラーマ1世の対清外交」『東南アジア――歴史と文化――』二四、一九九五年。

（5）小泉順子「ラタナコーシン朝一世王期シャムの対外関係――広域地域像の検討にむけた予備的考察――」『東洋文化研究所紀要』一五四、二〇〇八年。

（6）Koizumi Junko, "The 'Last' Friendship Exchanges between Siam and Vietnam, 1879–1882: Siam between Vietnam and France—and Beyond," *TRaNS: Trans-Regional and -National Studies of Southeast Asia*, vol. 4, 2016.

（7）黎貴惇『撫辺雑録』（Saigon: Phủ Quốc Vụ Khanh Đặc Trách Văn Hóa, 1973）巻五、一五九葉表。

（8）『大南寔録正編第一紀』（慶應義塾大学言語文化研究所影印本）巻三九、嘉隆八年一二月条。

（9）パーリ語の rāja（王）と paṇṇākāra の複合語。後者は paṇṇa（手紙）と ākāra（様相）からなり、手紙に添えた贈物の意。現代タイ語において rātchabannākān は下位者が上位者に送る「貢物」として理解されているが、paṇṇākāra にそのような含意はない。『ジャータカ注』「ニダーナカター」（五―六世紀成立）にシッダッタ王子が王族の娘キサーゴータミーに「贈物をした（paṇṇākāraṃ pesesi）」とあるからである。*The Jātaka, together with its Commentary*, vol. 1, ed. by V. Fausbøll（London: Pali Text Society, 1962）p. 61. なお本章におけるタイ語のローマ字表記は ALA-LC 方式に依拠する。

（10）小泉前掲注（5）論文、九〇頁。

（11）川口洋史『文書史料が語る近世末期タイ――ラタナコーシン朝前期の行政文書と政治――』風響社、二〇一三年、三七―三九頁。

（12）港務省（krommathā）とも言う。シャム湾沿岸部の行政を担当し、また海を介して通好する諸国との連絡や海路シャムに至る商人との折衝を司った。同省の長をコーサーティボディーと言い、大蔵大臣や財務卿と和訳される。

（13）Bhawan Ruangsilp, *Dutch East India Company Merchants at the Court of Ayutthaya: Dutch Perceptions of the ThaiKingdom c. 1604–1765*（Leiden: Brill, 2007）pp. 57–67.

（14）一八三八年に作成された王室文庫所蔵文献目録である NL. R. III. C.S. 1200, no. 87 など参照。タイ国立図書館所蔵文書史料は NL.（National Library）R.（ratchakān 治世）C.S.（Čhunlasakkarāt 小暦）および整理番号で出典を表記する。ただし一世王期から三世王期のほとんどの文書について、筆者が閲覧できたのはその原本ではなく、図書館員が作成した写しである。

（15）増田前掲注（4）論文および同「トンブリー朝の成立」桜井由躬雄編『岩波講座東南アジア史4巻　東南アジア近世国家群の展開』岩波書店、二〇〇一年、Masuda Erika, "The Fall of Ayutthaya and Siam's Disrupted Order of Tribute to China（1767–1782）," *Taiwan Journal of Southeast Asian Studies*, vol. 4（2）, 2007 も参照。

(16) ビルマ王冊封に先立って一七八九年に乾隆帝は一世王にビルマと戦うのを止め、講和するように促した。さらに一七九〇年、シャム使節は帝に、ビルマに命じて丹荖氏（テナセリム）、麻叨（メルギ）、塗懐（タヴォイ）をシャムに返還させるように願い出たが、帝はこれを拒否した。『高宗実録』巻一三二一、乾隆五四年正月甲戌条、巻一三六二、乾隆五五年九月庚辰条。

(17) 日付は一八一三年六月一〇日木曜日に当たる。時刻は午前八時三六分か。

(18) 官職はそれぞれ、大蔵・港務大臣または同省の官僚、おそらく宮内省官僚、占星局長、右大部宮内官（chāothī）局長、宮内省衣冠局雑具担当官、祐筆局官僚。

(19) Kǫng čhotmāihēt hǣng chāt (ed.), *Samphanthaphāp thai-čhīn*（タイ中国関係）(Bangkok: Kǫng čhotmāihēt hǣng chāt, 1978) p. 90. 以下 STC と略記。

(20) 以下、この史料の外形や本文については Masuda Erika, "Phrarātchasān čhāruk phǣn suphannabat phrarātcahthān čhakraphat čhīn (中国皇帝に送った、金葉に刻んだプララーチャサーン)," *Sinlapawatthanatham*, vol. 29, pt. 10, 2008 による。本書コラム4および口絵5も参照されたい。

(21) STC, pp. 30, 45–46, 47, 50, 70, 81, 88, 103, 105, 106, 120, 121, 123, 124.

(22) ショワジ、タシャール（二宮フサ、鈴木康司訳）『シャム旅行記』岩波書店、一九九一年、五六七、六四三頁。

(23) Masuda, *op. cit.*, p. 48.

(24) STC, pp. 45, 82. 小泉前掲注(5)論文、八八頁。つまり暹羅国王印を用いていない。橋本雄氏のご指摘によれば、シャムはそうすることで清朝に金葉の文書を正本として扱われるのを避けたのではないか、とのことである。

(25) STC, pp. 30–32, 35–36, 45, 47–49, 50–52, 70–72, 82–83, 88–90, 105, 119, 121, 123, 124, 131, 144, 145. 増田前掲注(4)論文、二八一二九頁。

(26) 以下、李光濤「記清代的暹羅國表文」『明清檔案論文集』聯経出版事業公司、一九八六年に基づく。

(27) STC, pp. 82, 119, 122.

(28) 一七八四年の「漢字表文」(『朝鮮王朝正祖実録』巻一九、九年二月甲午条) でも同様。

(29) 増田前掲注(4)論文、三四―三五頁。

(30) 増田前掲注(15)論文、二五六―二五八頁。

(31) Sarasin Viraphol, *Tribute and Profit: Sino-Siamese Trade, 1652–1853* (Cambridge: Harvard University Press, 1977) p. 150. 増田前掲注(4)論文、二九―三〇頁。

(32) 増田前掲注(4)論文。

(33) 『宣宗実録』巻九一、道光五年一一月壬辰条。

(34) NA (National Archives in Thailand). R. III, no. 2. STCに影印が収録されている。

(35) 片岡一忠『中国官印制度研究』東方書店、二〇〇八年、二九〇頁参照。

(36) 漢文部分の全文は以下の通り。「皇帝勅諭暹羅國王鄭福。琛貝修儀、列辟表寅恭之義、采章懋賞、中朝垂申錫之文。用賁温綸、式昭懿典。爾暹羅國王、承祧克謹奉職。維虔遣使、恭賫方物入貢、深可嘉。尙矧夫雁臣銜使、險涉風濤、象郡覊栖、遙瞻雲日。既已梯航而請覲、無殊玉帛以來同。念彼流離、優加撫卹、肫誠俯鑒、爰底貢之特蠲、蕃錫宜膺、示洪恩之備至。今賜國王王妃綵幣等物。王其祗承寵賚、益矢忠忱。翊戴皇圖、萬世之帡幪永荷。堅貞素節、九重之雨露常新。欽哉。特諭。賞國王。錦捌疋、蟒緞肆疋、蟒襴緞肆疋、蟒紗肆疋、蟒襴紗肆疋、羅緞捌疋、紗拾貳疋、緞拾捌疋、紡絲拾捌疋。賞王妃。蟒緞貳疋、蟒襴緞貳疋、蟒紗貳疋、蟒襴紗貳疋、羅緞肆疋、緞陸疋、紗陸疋、紡絲陸疋。道光伍年拾貳月初貳日。」和訳に際しては木村可奈子氏にご協力いただいた。記して深く感謝いたします。

(37) 省略部分にある下賜品の絹織物は「キーム（錦）の絹八巻」というように漢文からの音写で記されている。数も勅諭と一致する。

(38) STC, pp. 115–116; Hǭ samut hǣng chāt (ed.), *Čhotmāihēt ratchakān thī 3*（三世王期行政文書）(Bangkok: Hǭ samut hǣng chāt, 1987) vol. 2, p. 22（以下CMHR3と略記）. 日付は一八二六年一月九日に相当。

(39) 一八三三年三月一二日火曜日であろう。

(40) それぞれ大蔵省次官と大蔵省左部港務局長。後者は本名をトーンチーンと言い、中国系であろう。

(41) このとき三世王は使節とともに、風に遭ってシャムに流れ着いた署台湾澎湖通判烏竹芳の親族を広東に送り帰している。『宣宗実録』巻一九五、道光一一年八月辛丑条。

(42) 一八三二年二月二九日。川口前掲注(11)書、一三頁の一八四二年は誤りであり、訂正させていただく。

(43) NL. CMH. R. III. C.S. 1194, no. 53; STC, pp. 125–127.

(44) Sarasin, *op. cit.*, pp. 150, 160–167. 増田前掲注(4)論文、四一頁。

(45) STC, pp. 37-38, 75, 117, 187. 増田前掲注(4)論文、三九頁。

(46) 以下、『大南寔録前編』巻一〇、乙亥一七年四月条、『撫辺雑録』巻五による。

(47) 『撫辺雑録』巻五、一五五葉表、「暹羅國内閣左丞相掌理鑾儀衛總督政務大將軍昭丕雅區沙提投禮臺官」。傍線部は「チャオプラヤー・コーサーティボーディー」の音写であろう。

(48) これらの書簡および阮主の称号や印璽については、桃木至朗「広南阮氏とベトナム国家」桃木編『南シナ海世界におけるホイアン（ベトナム）の歴史生態的位置Ⅰ』平成二年度文部省科学研究費（海外学術研究）報告書も参照。

(49) 以下、事実関係は『大南寔録正編第一紀』巻一―一九、嶋尾稔「タイソン朝の成立」『岩波講座東南アジア史4』岩波書店、二〇〇一年、二八八―二九一頁による。

(50) Pierre-Yves Manguin, *Les Nguyễn, Macau et le Portugal: Aspects politiques et commerciaux d'une relation privilégiée en Mer de Chine, 1773–1802* (Paris: École française d'Extrême-Orient, 1984) PL VII-XVI.

(51) Čhaophrayā Thiphākǭrawong, *Phrarātchaphongsāwadān krung rattanakōsin ratchkān thī 1 chabap čhaophrayā thiphākǭrawong: chabap tuakhīan*（ラタナコーシン朝一世王年代記―チャオプラヤー・ティパーコーラウォン本写本版―）(Bangkok: Amarin, 1996) pp. 101–102, 111–113, 123–124, 127–130, 131, 137, 143, 153–154, 173. ただし「プララーチャサーン」と呼んでいる箇所が一つある。*Ibid.*, p. 167.

(52) 『大南寔録正編第一紀』巻二〇、嘉隆二年二月条。なお巻一八、嘉隆元年八月条にシャムが遣使したという記事があるが、『大南会典事例』（東洋文庫所蔵本）巻一三六、礼部、柔遠、暹羅やタイ語史料に対応する記述がないので、事実ではなかろう。

(53) 一世王と実弟の副王マハースラシンハナート親王。

(54) 「国王陛下（に）」を意味する。

(55) 一八〇二年一一月九日。寔録では一〇月癸丑（一一月一〇日）。

(56) NL. CMH. R. I. C.S. 1164, no. 3. 日付は一八〇三年四月一一日に当たる。小泉前掲注(5)論文、七七―七八頁も参照。

(57) NL. CMH. R. I. C.S. 1158, no. 3; C.S. 1166, no. 5; C.S. 1167, no. 2; C.S. 1171, no. 1.

(58) NL. CMH. R. I. C.S. 1158, no. 3; C.S. 1164, no. 3; C.S. 1166, no. 5; C.S. 1167, no. 2; C.S. 1168, no. 4; C.S. 1171, no. 1; R. II. C.S. 1174-1177, no. 9; C.S. 1178, no. 13; CMHR3, vol. 4, pp. 56–57.

(59) NL. CMH. R. I. C.S. 1171, no. 1に「プラ・ラーチャモントリー・ユアン」とある。「ユアン」はベトナム（人）を指す。

(60) NL. CMH. R. I. C.S. 1166, no. 2. 日付は一八〇四年八月一六日木曜日に当たる。

(61) Koizumi, *op. cit.,* pp. 134–135, fn. 10.

(62) NL. CMH. R. I. C.S. 1171, no. 1; R. II. C.S. 1174–1177, no. 9; C.S. 1175, no. 23; C.S. 1179, no. 18; CMHR3, vol. 2, p. 109. 小泉前掲注(5)論文、七九―八〇頁。

(63) NL. CMH. R. I. C.S. 1171, no. 1. 小泉前掲注(5)論文、七九―八〇頁。

(64) 『外国書札』第四葉表―五葉裏。本章ではハーバード大学イエンチン図書館所蔵マイクロフィルムに基づく。原本はベトナム国立第一公文書館所蔵。

(65) 『大南寔録正編第一紀』巻一、壬寅三年正月条も参照。

(66) Alexander Barton Woodside, *Vietnam and the Chinese Model: A Comparative Study of Vietnamese and Chinese Civil Government in the First Half of the Nineteenth Century*（Cambridge: Harvard University Press, 1988）pp. 258–259; Koizumi, *op. cit.,* pp. 134–135, fn. 10も参照。

(67) 岩生前掲注(1)論文、七五頁。「達書（于）」「粛書達（于）」であれば、安南から日本への文書に多く見られる。

(68) NL. CMH. R. I. C.S. 1168, no. 2.

(69) Samnak lēkhāthikān khana ratthamontrī（ed.）, *Phrarātchlanchakǫn*（御璽）（Bangkok: Samnak lēkhāthikān khana ratthamontrī, 1995）p. 36.

(70) 川口前掲注(11)書、四三頁写真一四と李光濤前掲注(26)論文、図版五之二、または片岡前掲注(35)書、四六七頁図版二八〇を比較されたい。

(71) 筆者は、清帝によらずにシャム王が自身で自身を「暹羅国王」に任じるために、この印を作ったのではないかと疑っている。

(72) 『大南会典事例』巻一三六、礼部、柔遠、暹羅、嘉隆六年、八年、一〇年条。河僊で公文がチェックされることもあった。『大南寔録正編第二紀』巻四、明命元年八月条。

(73) NL. CMH. R. I. C.S. 1171, no. 1; C.S. 1174–1177, no. 9など。ただし二世王宛て国書のタイ語訳ではこの限りではない。

(74) NL. CMH. R. II. C.S. 1174–1177, no. 9; C.S. 1179, no. 21; CMHR3, vol. 2, p. 109, vol. 4, pp. 57–59.

(75) 北川香子『カンボジア史再考』連合出版、二〇〇六年、一八五―一八七頁。

(76) Krommalūang Narinthrathēwī, *Čhotmāihēt khwām songčhm khǭng phračhao paiyikātǣ krommalūang narinthrathēwī* (*čhaokhrǭk wat phō*) *tangtǣ c.s. 1129–1182 pen wēlā 53 pī*（ナリントラテーウィー内親王回顧録――一七六七年から一八二〇年までの五三年間――）(Bangkok: Ton chabap, 2003) pp. 628-631. ただし嘉隆帝は使節の要請を拒否する方便の一つとしてこのように述べている可能性が高い。以前にも帝は、アン・チャンを一世王の葬儀に参列させるようにとのシャム使節の要請を退けている。『大南寔録正編第一紀』巻四二、嘉隆一〇年閏二月条。

(77) NL. CMH. R. II. C.S. 1174–1177. 大蔵大臣の書簡は Narinthrathēwī, *op. cit.*, pp. 661–664.『大南寔録正編第一紀』巻五一、嘉隆一四年一二月条、巻五二、嘉隆一五年三月条、巻五四、同八月条。

(78) 越南國王
　肅書于
暹羅國佛王臺前。青覽。我兩國隣交情誼愈久愈敦、竝已昭彰於天下、諸國之所見
聞、諒非筆札可能尽述。接於本年八月初柒日、貴國使臣詫・通事等賫遞國書及贈
答品物抵京、本國莊誦登收。深感
貴國盛情始終無閒。至如國書内叙南榮與北尋奔之事、其送案業有本國刑部堂
欽奉按律審處、經下廷臣、竝依所議現已准之施行、具在禮部堂復書于
貴國昭丕雅伐棱。據情題達。茲因來使陛辭、仍具國書竝金銀貳色、交該使賫
遞、用伸雅意。敬閲
金安。恭閲
二王寧吉。追惟
貴國釐念隣好悠久無疆。秋月揚輝。統祈　堅亮。今肅書。
一致敬
佛王。
　精金肆笏　精銀五拾笏
一惠賜

二王。

精金貳笏　精銀参拾笏

嘉隆十五年八月二十三日

日付は一八一六年一〇月一三日に当たる。翻刻と和訳にあたっては蓮田隆志氏にご協力いただいた。記して深く感謝いたします。

(79) 藤田励夫「安南日越外交文書の古文書学的研究」『古文書研究』八一、二〇一六年、三〇―三七頁。

(80) 『大南寔録正編第一紀』巻二九、嘉隆五年五月己未条。その後に送った国書のタイ語訳（NL. CMH. R. I. C.S. 1168, no. 4）は皇帝即位に言及しない。

(81) 『大南寔録正編第一紀』巻一六、壬戌二三年三月庚寅条。

(82) CMH. R. II. C.S. 1178, no. 13. 日付は一八一六年一〇月一四日に当たり、漢文版と一日ずれている。

(83) 『大南寔録正編第一紀』巻三九、嘉隆八年一二月条、『大南寔録正編第二紀』巻四、明命元年八月条。

(84) Čhaophrayā Thiphākǭrawong mahakosāthibǭdī, *Phraratchphongsāwadān krung rattanakōsin ratchkān thī 3*（ラタナコーシン朝三世王年代記）(Bangkok: Krom sinlapākǭn, 2004 (1995)) p. 53.

(85) K. S. R. Kulāp, '*Ānām sayām yut: wādūai kān songkrām rawāng thai kap lāo khamēn yūan*（安南シャム戦争―タイ・ラーオ・クメール・ベトナム間の戦争について―）(Bangkok: Phræ phitthayā, 1971 (1903)) pp. 418–420.

(86) Michael Dent Eiland, "Dragon and Elephant: Relations between Viet Nam and Siam, 1782–1847," (Ph.D. Thesis, The George Washington University, 1989) pp. 118–120; Phumplab Morragotwong, "The Diplomatic Worldviews of Siam and Vietnam in the Pre-colonial Period (1780s–1850s)," (MA. Thesis, Department of History, National University of Singapore, 2011) pp. 89–91.

(87) 坪井善明「ヴェトナム阮朝（一八〇二―一九四五）の世界観―その論理と独自性―」『国家学会雑誌』九六―九・一〇、一九八三年、古田元夫『ベトナムの世界史―中華世界から東南アジア史へ―』東京大学出版会、一九九五年、第一章。

(88) 『大南寔録正編第二紀』巻五〇、明命九年二月条。『大南会典事例』巻八三、礼部、御前冊宝、巻二二五、内閣、宝信。NA. R. V. Nangsūkrāpbangkhomthūn（五世王期上奏文）, vol. 1, f. 649 が嗣徳帝の国書原本。Koizumi, *op. cit.*, p. 143 も参照。

(89) 『大南寔録正編第二紀』巻六八、明命一一年六月条。

(90) NL. CMH. R. III. C.S. 1194, no. 49. 三世王が明命帝に送った最後の文書である。

（91）Kulāp, *op. cit.*, pp. 454–459; Hu Thiphākōrawong, *op. cit.*, p. 53. 嶋尾稔氏から、このような称号や印璽をめぐる問題は、明命年間における阮朝の集権化や行政制度の精緻化と関係がある可能性があるとのご教示をいただいた。

（92）Koizumi, *op. cit.*

（附記）本章は二〇一八年度東アジア文化研究交流基金若手研究者研究助成による研究成果の一部である。

第四章　一五、一六世紀の教皇庁における駐在大使制度

――「生きている書簡」による外交――

原田亜希子

はじめに

本章では、ヨーロッパ域内で行われた全権委任を受けた「大使」を介した外交を扱う。すなわち君主や政府など、特定の政治主体から派遣される人物が単に書簡を運ぶだけでなく、その人物自身が「生きている書簡 Missive vivente」として、派遣先で送り元の代理・代表として交渉する権利をも有するのである。(1)さらに一五世紀以降は、大使の任務の恒常化に伴い、特定の事案のために大使を派遣するのではなく、大使が派遣先に常駐する駐在大使制が発展していく。イタリアから始まった駐在大使は、瞬く間にヨーロッパに広がった。

しかしながらこの駐在大使制度は、はたして外交の本来あるべき自然な姿なのだろうか。たしかに現在の国際外交が駐在大使制をとっていることから、我々は、駐在大使制度を確立させたヨーロッパは先駆的であり、それに至らなかったアジアは遅れていると考えがちである。(2)だが、実際には後述するように、一五世紀以降の駐在大使制は当時の政治・社会状況からの要請に応える形で、紆余曲折の末に発展していくのであり、むしろ当初多くの君主は、外から

やってくる大使が長期的に自国内に滞在することを嫌っていた。つまり、駐在大使制度は当然の帰結として出てきたのではなく、いろいろな条件のもとにでき上がった一つのケースに過ぎないのである。そこで本章ではこの視点から、一五、一六世紀に駐在大使制度が形成されていく様子を、筆者の研究対象としているイタリア、教皇庁の例から見直すことを試みる。さらに後半ではこのようにして確立しつつあった駐在大使が日々どのような活動をしていたのか、理論ではなく実践に注目し、実際の外交の現場のあり方を考察していく。

たしかに、地理的に陸続きのところが多く、また歴史的に人的（婚姻・王朝間のつながり、主従関係）・物的交流（商業関係）が盛んであり、なおかつキリスト教とラテン語という共通の文化を持つ西ヨーロッパ世界は、物理的にも精神的にも近い。相互の間に避けることのできないさまざまな結びつきや関係があり、頻繁に付き合う必要があったからこそ、駐在大使制度が成立しえたのであり、この点は本書がおもに扱うアジア世界に見られる遠方との外交との大きな違いと言えよう。しかし一方で、ヨーロッパ世界も必ずしも一枚岩だったわけではなく、外交の発展もそれぞれの国の政治・社会状況によって大きく異なった。また制度が発展するにはかなりの時間を要する。本章が考察対象とする教皇庁は、ヨーロッパ内の外交制度の先駆的存在であるイタリアの中でも、規範の成立が早かったことで有名である。とはいえ、ここで扱う一五、一六世紀に制度が完成していたわけではなく、規範が確立すると同時に、その抜け道も確保され、常に柔軟性が求められた。この時代の教皇庁に集う駐在大使の活動状況からは、それぞれ異なる状況に対応しながらも、交流を通じて相互の合意のもとに緩やかなシステムができ上がっていく様子が明らかになるだろう。

一　外交に関する研究状況と教皇庁の特殊性

はじめに、外交に関するこれまでの研究状況を概観したい。徹底した史料批判のもとでの近代歴史学の祖であるレオポルド・ランケ以降、古典的な研究は外交研究を盛んに扱ってきた。その際、当時の歴史叙述が国民国家の歴史を書くことを目的としていたことから、外交研究もその目的に沿って行われた。つまり、君主の政策や国家間のやりとりなど、いわゆる「ビッグイベント」のみが注目され、外交は国民国家形成の手段として捉えられてきたのである。なかでもイタリアは、駐在大使が他国に先駆けて発展し、これが他のヨーロッパ諸国の近代化のモデルとなったとして、長らく注目されてきた。③ しかしその後、政治史に対して社会史研究が盛んになったことで、外交に対する研究は一時下火となる。イタリアでは、他のヨーロッパ諸国のような近代的国民国家形成に向かわなかったことも相まって、もっぱら内部の組織や社会的枠組が注目され、外交に関してはほとんど注目されてこなかった。

このような状況が近年変わりつつあり、現在「新しい外交史（New diplomatic history）」が唱えられるようになっている。④ この動きは、まず第一に、近世⑤が近代の前提としてではなく、独自の時代として捉えられるようになり、近世国家についてもさまざまな権力が分有する多元国家であることが再評価されたことに端を発している。⑥ これに伴い、新しい視点から近世の外交システムを再考する必要が説かれるようになった。従来の狭い意味での外交史に対して、より広い視点で外交の起源を見直す試みとして、外との関係と内部の組織編成とを関連づけ、内と外の相互作用の中で役職としての外交官が成立していく過程を考察したリッカルド・フビーニやジョルジョ・キットリーニの研究がまず挙げられるだろう。⑦ また、これまでの外交研究が大使への訓令書や報告書のみを考察対象としていたのに対し、日記や伝記など大使個人の私的史料を用いたプロソポグラフィー研究や、公式な存在である大使のみならず、その周辺で活躍した秘書や、書記官、女性など非公式な要素にも近年注目が寄せられている。⑧ さらに多様な権力が分有する近世の状況を考慮し、今まで外交の議論の俎上に載せられてこなかった大国以外の要素が研究の対象となったことは、⑨ ケーススタディーによる知識の蓄積を促し、社会学や人類学の手法を用いた歴史学の新しい動きの中で外交を見直す試みからは、外交に見られる儀礼やパトロネージが扱われ、文学、文献学や文化史など多くの分野からの学際的アプローチがなされている。[10] つまり君主の政策から見るこれまでの「上からの外交史」に対して、「下からの外交史」が盛んに行われているのである。なかでも多くの外交史料が残っていながら、長らく外交史研究に対して沈黙を貫いてきたイタリア人研究者が、一五、一六世紀の外交研究に近年積極的に取り組んでいることは注目に値する。二〇一五年以降、イタリアルネッサンス期の外交にかかわる研究書が相次いで出版されていることからも、この分野に対する関心の高さがうかがえよう。[11]

このようにイタリアの外交研究が注目されている今、本章で教皇庁を扱う意義、また教皇庁ならではの特殊性についても簡単に触れておきたい。そもそも教皇とはカトリック世界の普遍的権威であるが、それと同時に、一領域の君主としての側面も有してきた。五世紀のレオ一世以降、キリスト教のトップとしての権威拡大と並行する形で世俗統治を確立した教皇は、教皇庁のアヴィニョン移転や宗教改革などの精神的権威の危機に対処する上でも、世俗君主としての権限を拡大していく。本章が対象とする一五、一六世紀は、一四二〇年のマルティヌス五世の教皇庁ローマ帰還以降、積極的に世俗統治に乗り出した諸教皇が、イタリア内のバランスを保つ一強国の君主としての立場を確立していく時代である。教皇庁の統治領域（教会国家）はイタリア半島を横切る広大な領土を誇り、その内部には政治・文化・経済基盤など大きく異なる要素を抱えながらも、一六世紀中頃には教皇自らが自身の統治領域を「国家」と称していた。

先に述べた通り、イタリアは一五世紀から一六世紀にかけて外交システムがヨーロッパの中でもいち早く発展した場所である。研究者の間で異論はあるものの、[12] 概説的に最初の駐在大使はミラノのスフォルツァ家が一四五五年にフィレンツェに送ったニコデモ・トランケディーニであったと言われている。[13] これ以後、フィレンツェやヴェネツィアからも次々と駐在大使が送られるようになる。なお、教皇庁が初めて駐在大使を送ったのはヴェネツィアであり、一四八六年のことであった。このことからも教皇庁はイタリアの中では駐在大使制の導入がそれほど早いとは言えず、むしろ後発組に数えられる⑭。

しかし、その後の外交・駐在大使制の発展において、教皇庁は中心的な役割を果たすことになる。

その理由としてまず考えられるのが、教皇庁には合理的官僚システムが早くから存在していたことである⑮。実際、教皇庁には四世紀から外交官と見なされる役職の存在が確認されている。これら初期の役職者は、派遣先の宗教的生活の管理や、異端に対する活動など、おもに聖職者としてキリスト教世界における教皇の優位性を維持し、教皇庁と遠方の聖職者の間の橋渡しとなっていた。しかし八世紀以降、教皇の世俗権限が拡大すると、徐々に特使（Legato）が派遣されるようになる。特使は世俗の君主のもとに派遣され、聖職者としての権限だけでなく、派遣先で一君主としての教皇に代わって世俗の権限をも行使した。この特使の存在が、一五、一六世紀の教皇庁の外交官の前身であり、一一世紀以降増加傾向にあった特使は、一五世紀においても教皇の代理として幅広い権限を行使する⑯。さらに一五世紀後半のヨーロッパの情勢に伴い、駐在大使が各地で派遣されるようになると、教皇はこの新しい外交システムにも柔軟に対応し⑰、教皇庁からの常設外交官（Nunzio）を派遣した。そして最終的に一五八〇年代のグレゴリウス一三世の改革によって、常設外交官の数が増加することで、ヨーロッパ中の主要都市に教皇庁の大使が派遣され、これらの重要拠点と教皇庁との関係が確かなものとなったのである⑱。このことからもわかるように、中世以来の伝統の存在が、教皇庁での駐在大使制の確立を容易にしたことが指摘できる。

もう一つの理由は、教皇が一領域の君主であると同時にカトリック世界の長でもあるという聖俗二重の側面を持つことである。この特殊性によって、教皇庁（教会国家）は強固な中央集権化に成功し、早くから「近代国家」を確立していたことが、パオロ・プローディをはじめ多くの研究者によって指摘されている。なかでも教皇庁の近代化のバロメーターとして注目されたのが外交システムであり、プローディは「一五世紀後半以降、教皇庁で発展した近代的意味での外交システムは、他のヨーロッパに先駆けるものであった」[19]と述べている。なお、このような教皇庁に強固な中央集権化を見出す考え自体は近年修正される傾向にあり、一五、一六世紀の教会国家もまた多様な権力が分有する多元国家であった点が見直されている。[20]そのため、その外交システムにおける近代性に関しても修正の余地がある点は否定できない。とはいえ、少なくともこの時代に教皇庁が外交システムにおいてヨーロッパを牽引していたことは間違いないであろう。

教皇が聖俗両君主であることによって、普遍的カトリック世界の頂点としてヨーロッパ全域における教会関係の問題が処理されるだけでなく、イタリア内の一大国として世俗の問題も処理されたため、国際社会における教皇庁の重要性は高まった。[21]その証拠に一四九〇年から一五〇〇年までの間に教皇庁に派遣された大使の数は二四三人であり、同時期の神聖ローマ皇帝のもとに派遣されていた大使一六一人、フランス王の一三五人、ミラノ公の一〇〇人と比べても、群を抜いて多かったことが確認できる。[22]つまり、常に多くの大使が集っていた教皇庁では、大使同士のミーティングポイントとして、情報だけでなく、それぞれの外交慣習が共有され、さらに各国の大使間で頻繁に起きる問題に対処する必要に迫られたことが、さまざまな規範の早期発展につながったと考えられるのである。

二　駐在大使制度の発展

1　時代的コンテクストにおける駐在大使制度の発展

そこで実際に教皇庁に集っていた各国の大使の状況から、教皇庁における駐在大使制度の発展を見ていきたい。そもそも先に述べた通り、教皇庁には古くから大使が存在していたが、教皇庁ほどではないものの、イタリア内の他の都市でも大使は古くから活動している。もともとは臨時役職で市政の外にいた人物が務めていたが、[23]一四世紀後半以降、徐々に役職として確立し、また対外関係を掌握する権力の所在が明確になっていくことも相まって、[24] 各地で大使の活動が定められていくようになる。とはいえ、この時代に大使が完全な形で規定されたわけではなく、一五世紀に入っても大使はいまだ流動的な存在であり続けた。そのことを最もよく示しているのが、大使を指す言葉の多様性である。一般的に現在の大使を指す Ambasciatore は比較的新しい言葉であり、[25] それ以外にも Oratore や Legato、Nunzio、Procuratore、エージェントを指す Agente などが使われ、それらの言葉が指す内容や使用方法も場所によって異なった。[26] さらに駐在大使が活動するようになってからも、従来の特別な任務のために派遣される特別大使は存続し、駐在・常設、特別大使の明確な区分も存在していなかった。

駐在大使制度の発展にとって重要な契機となった時代背景として三つの事件が考えられる。

一つ目は一四五三年にコンスタンティノープルがオスマン朝によって陥落し、オスマン朝の脅威がヨーロッパ世界にとって現実のものとなった事件である。これによってヨーロッパ世界が一致団結し、オスマン勢力に対抗するべく、相互の交流がより必要になったことが挙げられる。

二つ目は一四五四年の「ローディの和」[27] の成立によって、イタリア内に相対的平和の時代が到来したことである。この時代にアルプス以北では後の国民国家につながる近世国家ができていく一方で、イタリアでは中世の都市国家よりも領土を拡大した領域国家が成立した。これらの領域国家は、現在のイタリアの州に相当する規模のものであり、それぞれが国境を接するようになったために対立と同盟を繰り返していたが、どれか一つが他を凌駕してイタリアを統一するほど強力ではなかったため、中心となるミラノ、フィレンツェ、ヴェネツィア、教会国家、ナポリのバランス関係の中で平和を維持する体制が確立された。しかしこの勢力均衡状態は、一つが動けば崩れ去る脆弱なものであったために、各国は常に相手国の動きに注意し、相互の管理のもとにバランスを維持する必要に迫られた。[28] そのためこの頃から各地で、移動式でその場限りの大使から駐在大使への移行が見られるようになる。フランカ・レヴェロッティの研究によると、一四五〇年のミラノの特別大使（*Famigli cavalcanti*、直訳すると馬に乗る臣下）は一四人であったのが、一四八〇年には七人、一四九九年には六人と、馬に乗って移動を続ける大使は減少傾向にあり、それに対して長期的に一ヵ所に滞在する大使の数が増えているという[29]。

そしてこのような傾向に拍車をかけた三つ目の要素は、一四九四年のイタリア戦争勃発である。フランス王シャルル八世がナポリの継承権を主張してイタリアに南下したことで幕を開けたイタリア戦争は、それまでのバランスのもとに保たれていた平和なイタリアの状況を一変させた。そしてこれ以降、最終的に一五五九年にスペイン覇権が確立するまでの間、イタリア内の要素のみならず、フランスやスペイン、神聖ローマ皇帝といった外の要素をも含めた複雑な関係が、イタリアを舞台に展開していくことになる。それぞれが同盟と対立を繰り返す状況の中で、争いを避ける手段でもある外交の重要性はさらに高まり、ヨーロッパ内の情勢に合わせて素早く対処し、常に交渉を続ける必要から、駐在大使の活動がより一層活発になったのである。

イスラム勢力に対してキリスト教世界の団結と十字軍遠征の指揮をとるキリスト教のトップであり、かつ一領域の君主としてイタリア戦争の重要なキーパーソンでもある教皇の特殊性を考えるならば、この当時教皇庁が外交の重要な中心になったことは当然の帰結と言えよう。さらに、この時代の教皇庁に派遣される大使にとって大きく影響したのが、当時の教皇庁では枢機卿のイタリア人化が進んでいたことである。一四二〇年に教皇庁がアヴィニョンからローマに帰還した当時は、ヨーロッパ各国から満遍なく枢機卿が選出され、各国の枢機卿が普遍的使命を遂行する教皇庁内で自国の利益を代弁する存在となっていた。しかし、徐々に公会議主義[30]を克服し、権限を確立しつつあった教皇は、枢機卿の選出にも個人的意向を大きく反映させ、それによってイタリア人出身の枢機卿の数が圧倒的に勝るようになる。そのためアルプス以北の君主は、教皇庁内で自国の権限を代表していた枢機卿に変わる存在として、駐在大使に頼るようになった。つまり常に情報を集め、そして緊急時には即座の対応が必要であった当時のイタリアの政治状況や、全カトリック世界を代表しながらも内部のイタリア人化が進んでいた教皇庁ならではの特殊な状況によって、一五、一六世紀には、各国が常に教皇庁に大使を派遣する必要に迫られていたと言えるのである。

2　教皇の対応

このような当時の要請に対して、教皇はどのように対応していたのであろうか。教皇庁をローマに帰還させたマルティヌス五世（在位一四一七―三一年）は、当初駐在大使制には否定的であり、大使の滞在期間の上限を六ヵ月と定めている。これは他国からの内政干渉を避けるためであり、とくに公会議主義に悩まされていた当時の教皇にとっては、長期にわたる大使の存在は大きな危険をはらんでいた。また大使がスパイとして常に疑いの対象であったことも指摘されている[31]。このような反応は教皇に限ったものではなく、フランス王ルイ一一世（在位一四六一―八三年）も、一人の大使が継続的にとどまることを好意的には受け止めていなかった。王は当時彼のもとに派遣されていたミラノ大使アルベルト・マレッタに、「ここでは一人の大使が継続的にいることは疑いの対象として見られ、よいとは思われない[32]」と言ったという。しかしこのような態度はニコラウス五世（在位一四四七―五五年）の時代になると、徐々に変わり始める。原則として、滞在期間の六ヵ月の縛りはなくならないものの、実質的駐在大使が徐々に暗黙の了解として容認され、もともと教皇庁に職のある者が兼任する形で、非公式のツールとして活動するようになっていった[33]。とはいえ、この時点ではまだ駐在大使の存在は流動的であり、また駐在大使制に対する態度は、大使を派遣する側の政体によっても変わった。とくに共和制からの大使は、本国の政治を担うエリート層がその任務にあたるため、多くが長期にわたって本国を離れることを好まず、比較的短期の大使派遣の傾向が指摘されている[34]。しかし一五世紀末のインノケンティウス八世（在位一四八四―九二年）の時代になると、ついに実質的な期間制限が廃止され、既成事実としてすでに定着してしまっていた駐在大使が、公式な存在として認められるようになる。そして一六世紀に入ると、今度は君主がローマに駐在大使を置くこと自体が名誉として求められるようになっていく。(35)この状況を最もよく表しているのが、一五二七年のローマ劫掠直後にマントヴァ侯に宛てて書かれたエルコレ・ゴンザーガの手紙である。

ローマの悲劇の後、すべての大使が戻ってきたが、いまだマントヴァ大使をあなたが送っているかどうかわからないために、あなたの名誉のためにもすぐに大使を送ることを求める。(36)

当時枢機卿としてローマに住んでいたエルコレは、ローマ劫掠の混乱によって一時本国に避難していた各国の大使が徐々に帰還している状況を前に、いまだ自国の大使がローマに戻ってこないことに対して、兄である君主に苦言を呈している。その際に興味深いのは、ローマに大使を送ることが、君主であるマントヴァ侯にとって「名誉である」と彼が述べている点である。つまり、大使不在の状況が単に情報戦に負けるだけでなく、当時ヨーロッパ各地で支配権を確立しつつあった君主自身の面目にもかかわったために、もはやローマに大使を送らないという選択肢はなかったことが、ここからうかがえるのである。もともと非公式の存在であった駐在大使が、公式な存在となっただけでなく、一六世紀には逆に君主の義務と見なされていたことからも、この時代に駐在大使の概念自体に大きな変化があり、教皇庁内に駐在大使システムが形成されつつあったことが指摘できる。

三　駐在大使の実務・慣行

1　日々の活動

駐在大使制度の発展によって徐々に確立しつつあった大使たちは、派遣地で日々どのような活動をしていたのであろうか。そこで、当時教皇庁に派遣されていた駐在大使の日々の活動状況を見ていこう。駐在大使の役割とは、他の国内の役職と同じく、「行いや発言、助言、判断によって派遣元の君主・政府の利益になると思われるすべての活動を、派遣先で無期限で行う」ことである。[37] なお、駐在大使が派遣されるようになってからも、短期間の特別な任務で派遣される特別大使は依然として存在した。特別大使には、教皇選出時（もしくは自国の君主の交代時）にお祝いを述べ、忠誠を誓う大使と、重要な問題を扱うためだけに君主によって特別に派遣される大使との二つに分けられ、特別大使は駐在大使よりも高いランクの人物が送られる傾向にあった。[38] たとえば、一六世紀初頭の教皇庁儀式官パリデ・グラッシの著作からは、「フランス王は常にローマの教皇庁に一人、もしくは二人の大使を一般的な日々の業務のために置き、新教皇選出のために忠誠を誓う際や特別な交渉の際には、新しく他の大使を派遣していた」ことが確認できる。[39] またローマのイギリス大使について述べたマントヴァ大使の報告書には、特別大使として一五二八年初頭にローマに訪れたエドワード・フォックスとステファン・ガーディナーの任務は王（ヘンリー八世）の離婚問題を交渉することであり、彼らは秘密裏に交渉するために、駐在大使であるジョルジョ・カザーリと共同で活動していたことが記されている。[40] このイギリス大使の例からもわかるように、特別大使は本国人で王の側近であるのに対して、駐在大使はイタリア人、つまりイギリス王にとっては外国人を使うことも少なくなかった。

駐在大使の活動は特別大使の活動をスムーズにするための地盤固めであり、その最も重要な活動は情報収集である。一四五〇年のフィレンツェ人ジャンノッツォ・パンドルフィーニと、フランチェスコ・サッケッティとの間で交わされた書簡の中で、大使の職務とは「日々、毎時間、情報を集め、得た情報をすべて送り元の君主にそれがどうやって得た情報なのか、誰からどのような形でもたらされたものなのかということとともに報告することである」と記されている。[41] また大使を送る側も、駐在大使からの情報を期待し、いかなる情報も漏らさずつぶさに報告するよう頻繁に要請していたことが、数多くの指示書や書簡からうかがえる。[42] ヨーロッパ中のさまざまな情報が集まるローマにおいて、いかに信頼できる情報を集められるかは、駐在大使にとって最も重要な課題であった。そのため、公的な謁見の機会のみならず、大使の持つ親族ネットワークや、商業ネットワーク[43]を駆使し、枢機卿や教皇の親族、さらにはローマの有力家系といった教皇庁のキーパーソンとの関係を構築して、強固な人脈づくりに励む必要があったのである。また大使同士のつながりも重要な情報源であり、彼らは持ちつ持たれつの情報共有を行っていた[44]。

また長期間派遣先に滞在する駐在大使には、活動の足場である生活環境を整えることが必要になる。大使は派遣先では派遣元の君主（政府）を体現する存在と見なされるために[45]、その地位にふさわしい生活環境を整えることは、象徴的な意味においても重要な任務の一つであった。当時国際都市として多くの外国人を抱えていたローマ[46]には、各地の同郷人コミュニティーが多数存在した[47]。ローマに派遣された主要大使の多くも、当初はこれら同郷人コミュニティーとのつながりを重視し、領事館や施療院の建物を住居として使用していた。しかし、ローマでの基盤が確立するに伴い、より豪華な宮廷生活を求めて、ほかの場所に移動する傾向が見られるようになる[48]。一五、一六世紀のローマでは教皇や枢機卿、ローマの有力家系が徐々に都市の美化を進めていたとはいえ、古代に築かれた城壁内には田園風景が多く残り、居住地は川の近くに集中する傾向にあった。その上教皇庁の役職を求めてローマにやってくる多くの高位聖職者もまた、ローマにその地位にふさわしい住居を求めたために、慢性的な物件不足が指摘されている[49]。そのため各国の大使は、これら教皇庁の高位聖職者とともに、熾烈な賃貸物件争いをすることになった[50]。

また大使は、任務を補佐する秘書や書記官[51]、さらに生活を支える使用人[52]を統制することも求められた。当時ローマに駐在する大使の家人の数は平均一二人であり、同時代の枢機卿の館には一五〇人近くの家人がいたことを考えると、規模は小さい[53]。とはいえ、大使は派遣元の君主（政府）を体現する存在であることから、大使が家人をよく統制できていることが、彼を派遣した君主（政府）のよき統治のメタファーとして捉えられ、大使の任務の中でもとくに重要だと見なされた。一六世紀の大使の理論書の中では、大使が気を付けることとして、思慮深くあること以前に、家人をうまく統制することが一番に挙げられていることからも、その重要性がうかがえよう[54]。

情報収集や名誉の体現のためには豪華な生活を送り、頻繁な晩餐会を開催したり、任務を円滑に遂行するためにプレゼント[55]や付け届けを適宜手配することもまた、彼らの活動の一部である。ルネッサンス期の君主の持つ徳の一つである「気前の良さ」は、君主を体現する大使にも求められた。大使の家では週に二、三回と頻繁に豪華な晩餐会が催された。これは情報交換の場としてだけではなく、恒常的ネットワークの構築の場として、そして君主の名誉と威厳を保つ機会としても非常に重要であったことが史料からうかがえる。[56]またこのような活動には派遣先の宮廷のマナーに精通していることも不可欠だった。とりわけ教皇庁は、ほかには見られない聖職者社会で、かつ長い伝統を有する儀礼が複雑に発展していたため、前述の儀式官グラッシが新人大使のために作成したチップに関する指示書[57]まで存在した。ここには大使が任務を遂行する上でとりなしをする各役職に対して、いくらのチップを与えるべきなのかが細かく記載されており、この慣習が当時重要視されていたことがうかがえる。

このように駐在大使の活動はおもに特別大使の活動をスムーズにするための地盤固めであったことから、実際の交渉は特別大使のもとで行われていたことが想像される。しかし実際には、駐在大使も交渉を行っていた。彼らは教皇と週一回の公式謁見を行い、時には枢機卿会議や公会議に参加することもあった。[58]さらに特別な案件がある場合には頻繁に特別謁見を行い、教皇に限らず、その時々の教皇の信頼の厚い枢機卿や、とりなしを行う上で有利な人物に働きかけ、自らが体現する君主（政府）の「生きた声」を届けるよう、日々絶え間なく活動することが駐在大使には求められた。また教皇死去に伴う新教皇選出（コンクラーベ）のような予想外の緊急事態には、即座の対応が必要なために、駐在大使にはある程度の自由裁量も認められていた。[59]なかでもアルプス以北からの大使は、郵便制度がいまだ安定していないため、[60]本国からの指令を待つことができない際には、イタリア内からの大使に比べてかなり自由に活動する権限を与えられていた。またイタリア内においても、派遣元の政体の在り方によって状況は異なった。一般的に共和制から派遣される大使に比べて、君主制からの大使の方が自由裁量度合いが高かったという。[61]なぜなら、共和制はより組織的で、一人の人物に権力が集中することを嫌うために、大使の権限に関しても細かく規定が定められる一方、君主制の場合は、君主と大使との個人的なつながりが重要となるため、君主の信頼の厚い人物であれば、その分より自由に活動することが許されたからである[62]。また大使の側も、大使の持つ自由裁量度合いのあいまいさを利用して活動していたことがうかがえる。たとえばピウス二世が十字軍遠征のための援軍を求めた際、ローマに駐在していたイタリア各地の大使たちは、「個人としてはすぐにでも教皇の要請に答えるが、大使としてはそれに答える権限を与えられていない」と発言している。つまり、答えを先延ばしにするために、大使の持つ公人としての側面と、私人としての側面という二つのペルソナの間のあいまいさが、ここでは最大限に利用されているのである[63]。

このように駐在大使が各地に派遣され、巧みに動き回る必要が増すと、大使に対する理論書や新任大使に対する手引書が、一六世紀以降爆発的に増えることになった。大使一般に関しては、祖父の代から大使を務めたヴェネツィアの人文主義者エルモラオ・バルバロの「大使の職務に関して[64]」がまず挙げられよう。さらに一六世紀にフランス大使に随行して秘書を務めたエティエンヌ・ドレの「大使の職務に関して[65]」や、あの有名なマキャベリもまた、自身の使節としての経験から得た教訓を「イタリアとは暮らしぶりも習慣も異なる国」スペインに派遣されるラファエロ・ジローラモに対する助言という形で著作[66]に残している。

また各国の大使や枢機卿などが多く集まる教皇庁は、「適応することが困難な（世界）劇場[67]」と呼ばれ、そこでの立ち回り方がとくに難しかったことから、各国の大使経験者が新人に対してふるまい方を記した手引書を残していたこともわかっている。マリア・アントニエッタ・ヴィシェーリアによると、一七世紀のスペイン大使の手引書では、スペインのライバルであるフランスに負けない基盤をローマで確保するための戦略として、本国のみならず、スペイン人枢機卿や、ナポリやミラノといったイタリア内のスペイン領との密接な連絡を維持し、人物によって巧みに対応を変えることで、独自のネットワークを構築することが奨励されているという[68]。このように各国からの駐在大使は、先人の知恵を借りながら、それぞれの地に持っている独自のネットワークを駆使し、派遣先の宮廷の作法に巧みに順応しながら、舞台上、舞台袖での絶え間ない日々の努力によって活動していたのである。

2　大使の資質

大使にはどのような人物が就いていたのであろうか。先に挙げた理論書の中でドレは、大使に適した人物として、派遣地で友好関係を築けるように高潔な人物であり、人の心を変えさせる説得力のある人物を挙げている。また君主や国を代表しているために、傲慢で感情に流されやすい若者でも、体力や記憶力が低下する年寄りでもなく、適度な年齢であり、また見栄えの良い人物であることを挙げている。(69) このような外見的な特質に加えて、大使が体現する君主（政府）にふさわしい家柄の人物であることや、活動を円滑に行う上で不可欠な法学の知識、修辞学や弁論術といった人文主義の素養、さらには本国からの給料だけでは必ずしも活動費用を賄うことができなかったために、任務のために自身の財産を使うことができる金銭的なゆとりも指摘されている。(70) とはいえ、多くの場合重視されていたのは、実質的側面というよりはモラルの点であった。ときには自身の手の内を相手に悟られないような狡猾さも必要であり、(71) また宮廷で立ち回る必要から宮廷人であること、(72) そして何よりも重要だったのが、「思慮深さ」である。宮廷という迷宮の中でうまく立ち回るためには、タイミングを計り、人の内面を観察しながら状況をうまく理解し、自身の手の内を隠して好機を待ち、素早く状況に対応する必要があり、そのためには常に思慮深くあることが求められたのである。

また君主制の場合には、派遣元の君主の信頼の厚い人物であることもまた、重要な大使の資質であった。これは派遣先の政治的重要性が増すにつれとくに顕著となり、たとえば、一七世紀の教皇インノケンティウス一〇世は、当時の教皇庁外交にとって最も重要だった四つの場所には、四人の個人的お気に入りの人物（*suoi amichevoli*）を常に派遣していたという。

また一五、一六世紀の大使には聖職者が就く例もまま見られる。俗人と聖職者のどちらが大使に就くかは派遣先や扱う内容によっても変わる。教会関係の用務が多い教皇庁への派遣大使には当然ながら聖職者が多いとはいえ、イタリア内からの大使には俗人が目立つ[73]。これにはイタリア内からの大使は、アルプス以北からの大使と比べて教皇庁内で世俗の問題を扱うことが多かったためだと考えられる。またイタリアの主要国は教皇庁内に自国出身の枢機卿や高位聖職者がいたために、彼らが聖職者大使の役割を担えたこともその理由であろう。とはいえ、一四九四年のイタリア戦争を機に、アルプス以北の国々もイタリアの統治にかかわるようになると、教皇庁に派遣される大使に俗人が増え[74]、さらに宗教改革以降、再び教会問題を扱う比重が高くなると、聖職者大使が増えるといったように、常にその選択には時代や政治状況が大きく影響した。

大使は交渉など日々の活動において、おもにどの言語を使用していたのであろうか。言語能力もまた、大使の資質にとっては重要な要素である。当然ながら教皇庁で活動する大使にとって、教皇庁での公用語であったラテン語、そして一五、一六世紀には教皇庁内のイタリア人化が進むために、イタリア語ができることが望ましかったことは疑いない。だが一方で、言語は絶対条件ではなかったようである。教皇庁に限らず、当時のヨーロッパ社会において、公式な書類はラテン語で書かれることが常であった。一定の教育を受けた者であればラテン語を理解でき、一五世紀以降外交においても徐々に俗語の使用が増えていくとはいえ、公式の謁見や信任状にはラテン語が使われることが多かった。また地理的にも文化的にも近いヨーロッパ世界では、君主が相手国の言語に精通している場合も少なくない[75]。しかしながら、必ずしも派遣先の慣習に合わせて書状が書かれたわけでもない。たとえば一五〇五年にフランス王が教皇庁に送った手紙はフランス語で書かれており、あえてフランス語が使われたことに、この当時イタリア戦争でスペインと争っていたフランスのイタリアにおける権威を表明する意図がうかがえる。つまり使用する言語自体が、強い政治的メッセージとなりえたのだ[76]。また、大使の活動は公式の謁見に限るわけでもない。むしろ駐在大使の活動の多くが先に見たように、情報収集やネットワークづくりなど、非公式の日々の活動であったことを考えるならば、やはり俗語であるイタリア語の知識は大きなアドヴァンテージになったであろう。

このような条件を満たす人物となると、大使には圧倒的にイタリア人が有利であった。実際この当時の教皇庁で活動する駐在大使は、ある種の専門職化し、外国の君主に仕えるイタリア人が多くいたことが確認できる。(77) 先に見た駐ローマ＝イギリス大使はその典型例であろう。大使を雇う君主にとって、出身地は選択を左右する要素ではなかったのである。(78) 国境を越えた親族や派閥、クライアント関係などさまざまな非公式の人的つながりを介して統治が行われていた時代において、むしろ雇い主にとって重要なのは大使の持つ私的ネットワークであった。そのため、すでに教皇庁の状況に精通し、強い人脈を有していたイタリア人は、まさに適材だったのである。一方雇われる側にとっても、大使を務めることは君主の庇護を得、新たなクライアント関係を構築する上で有益であった。そのため、一人の君主に限らず、さまざまな君主に仕えることも珍しくない。(79) 彼らにとってフリーランスで外国の君主のために駐在大使を務めることは、出世コースと見なされていたのである。(80) またこのようなさまざまな君主に仕える専門職としての駐在大使の存在は、駐在大使制度をヨーロッパ各地に普及させ、外交文化を共有する上でも重要な役割を果たしたと考えられる。

3　儀礼の発展

駐在大使が定着していくに伴い、特別大使との差別化や、ローマに駐在する大使の数が増えることによって生じるいろいろなケースを想定した規則が必要となり、教皇庁ではさまざまな儀礼が発展していった。儀礼は、君主の政治的プロパガンダの場として近年研究が進められているテーマであるが、(81) とくに教皇庁は他の世俗君主のモデルとなったことで知られている。(82) 教皇庁に集う大使の儀礼が確立していくことは、これによって派遣元の君主のステイタス表明の場がローマに確保されることを意味した。大使の参加する儀礼には、入市式や謁見式、また教会暦に見られる年間行事などが考えられるが[83]、ここではこれらの儀礼の際の大使の立ち位置や席次を巡る優先権問題について取り上げたい。

教皇庁では一五世紀半ば以降、儀礼における大使の役割が頻繁に議論されている。前述のグラッシの記録からは、細かいふるまい方の規定が一六世紀初頭にすでに存在していたことがうかがえる[84]。しかしながらこれによって問題が常に回避されたわけではない。一六世紀以降も違反や争いが絶えず、なかでも争いの種となっていたのが優先権問題である。派遣先で自国の君主を体現する大使にとって、序列は死活問題であった。一七世紀の著作に見られるように、「ローマの教皇庁においては何よりも教皇の礼拝堂やその他の公の場における細かい決まりが定められ、とくに定められ割り振られた優先権においては、いかなるミスを犯すことも許されていなかった[85]」のである。その上、序列は一度定まったもの[86]が恒常的に維持されるわけではなく、結婚や相続、タイトルの授与によって変わりゆく流動的なものであるために、ランクの近いもの同士での争いは絶えなかった[87]。たとえば一五二六年のマントヴァ大使の記録からは、その年のクリスマスのミサの際、礼拝堂の中でスコットランド大使とポルトガル大使との間に席次争いが起こり、教皇庁儀式官のみならず、教皇をも巻き込む事態となったことがうかがえる[88]。

このような対立に対処するため、教皇庁では規則化の一方で、常に抜け道が用意されていた。なかでも最もよく使われた対処策は、争っている者のどちらかが欠席することで、同じ空間に二人が居合わせないようにすることである。また公人と私人としての大使の持つ二つのペルソナのあいまい性を利用して、公的存在としてではなく、個人としての地位を優先させることで、対立を解消した例も見られる[89]。つまり、このような規則化の反面には常に抜け道が準備され、その都度臨機応変な対応が求められていたのである。

おわりに

ヨーロッパ世界では、国同士が地理的・文化的にも近いことから駐在大使制が発展し、その外交文化が共有されていったが、駐在大使の傾向は場所や政体によって違いがあることが確認できた。駐在大使制はさまざまな時代・政治・社会的必要に迫られて発展し、また大使が増えたことによる新たな問題に対処するために理論や規範、儀礼のコードが明確になっていった[90]。一五、一六世紀の教皇庁における駐在大使制度からは、システムが試行錯誤の末に段階的にでき上がっていく様子が確認できた。さらにこの時代の駐在大使は私的ネットワークや、モラル的側面、優先権問題など必ずしも近代的とは言えない要素を含んでいたり、規則化の一方で例外やグレーゾーンが残っていたこともうかがえた。しかし、だからと言って一五、一六世紀の駐在大使を単にそれ以前のシステムの延長と見るには注意が必要であろう[91]。確かにこの時期の駐在大使制に伝統的研究者が主張するような近代性を見出すことは困難だとしても、そもそも近世の外交を近代の外交の基準で評価すること自体がナンセンスと言える。一九世紀以降発展する国際法の概念や、モラルよりテクニカルな側面を重視する外交の尺度をそのまま当てはめるべきではない。あくまで、いまだ内と外、公と私の区分が明確ではなく、国を超えた人的ネットワークが張り巡らされた多様で流動的な社会という、時代的コンテクストの中で理解されるべきなのである。

（1）もともとこの言葉自体は、大使の任務が派遣元の言葉を派遣先に忠実に伝えることである点を表すために使われることが多かったが、一四世紀末以降の大使の政治的役割の拡大に伴いその解釈も変化した。

（2）Matthew Smith Anderson, *The Rise of Modern Diplomacy, 1450–1919*（London: Longman, 1993）pp. 27–28.

（3）　Garrett Mattingly, *Renaissance Diplomacy*（London: Cape, 1955）.

（4）　John Watkins, "Toward a new diplomatic history of medieval and early modern Europe," *Journal of Medieval and Early Modern Studies,* Vol. 38（2008）.

（5）　西洋史では一般的に一四九二年頃から一七八九年までを近世と見なし、近代の前提ではなく独自の意味を持つ時代として認識している。本章でも広く一五、一六世紀から一八世紀までを指す言葉として「近世」を使用する。

（6）　二宮宏之・阿河雄二郎編『アンシアン・レジームの国家と社会――権力の社会史――』山川出版社、二〇〇三年、古谷大輔・近藤和彦編『礫岩のようなヨーロッパ』山川出版社、二〇一六年。

（7）　Riccardo Fubini, *Italia quattrocentesca. Politica e diplomazia nell'età di Lorenzo il Magnifico*（Milan: Franco Angeli, 1994）; Giorgio Chittolini, Anthony Molho（eds.）, *Origini dello Stato. Processi di formazione statale in Italia fra medioevo ed età moderna*（Bologna: Il Mulino, 1994）.

（8）　秘書に関しては Douglas Biow, *Doctors, Ambassadores, Secretaries: Humanism and Professions in Renaissance Italy*（Chicago: The University of Chicago Press, 2002）、女性に関しては Denis Crouzet, *Le haut coeur de Catherine de Médicis*（Paris: Albin Michel, 2005）など。

（9）　フェッラーラやマントヴァなど小国の存在がクローズアップされると同時に、自治や領域を持たないものの、近世にある程度の政治的権限を有する諸集団として、国家内の従属都市（中央政府と地方都市との関係）や封建貴族層、傭兵や高位聖職者なども外交の担い手であったことが近年積極的に評価されている。これらの研究は台湾、蝦夷地などの研究にもつながると言えるであろう。

（10）　理論書に関しては Maurizio Bazzoli, "Ragion di Stato e interessi degli Stati. La trattatistica sull'ambasciatore dal XV al XVIII secolo," *Nuova rivista storica,* Vol. 86（2002）、文献学・外交文書作成に関しては Isabella Lazzarini, "Lettere, minute, registri: Pratiche della scrittura diplomatica nell'Italia tardomedievale fra storia e paleografia," *Quaderni Storici,* Vol. 152（2016）、文化的要素に関しては雑誌 *Journal of Medieval and Early Modern Studies* の Vol. 38-1（2008）における特集「新しい外交史に向けて」など。

（11）　Chaterine Fletcher, *Diplomacy in the Renaissance Rome: The Rise of the Resident Ambassador*（Cambridge: Cambridge University Press, 2015）; Isabella Lazzarini, *Communication and Conflict: Italian diplomacy in the Early Renaissance, 1350–1520*（Oxford: Oxford University Press, 2015）; Monica Azzolini, Isabella Lazzarini（eds.）, *Italian Renaissance Diplomacy: A Sourcebook*（Toronto: PIMS,

2017). ただしこれらの研究は一様に一六世紀前半までを考察対象とし、一六世紀後半は扱っていない。その理由としてフレッチャーは一五二七年以降のスペイン覇権の確立や、宗教改革の影響によってイタリア内の外交バランスが大きく変わったことを挙げている。確かに一五三〇年代を境にヨーロッパのパワーバランスは大きく変わるが、一方でイタリアは一六世紀後半もいまだ外交の中心的存在であり、むしろ駐在外交システムが制度的に確立していくのはスペイン覇権下の相対的平和な時代であったと言える。そのため本章では一五世紀から一六世紀全般を考察対象としている。

（12）　何をもって駐在大使というかの定義が定まっていないため、とくにフビーニはこの時代の大使に制度としての「駐在型」の成立を見るのではなく、この時代はあくまで必要に迫られた行き当たりばったりのものであり、恒常的なシステムを作ろうとする意図がなかった点を強調している。Riccardo Fubini, “La figura politica dell’ambasciatore negli sviluppi dei regimi oligarchici quattrocenteschi,” in Sergio Bertelli（ed.）, *Forme e tecniche del potere nella città*（Perugia: Tipografia Guerra, 1981）pp. 33–59. とくに一四世紀半ば以降は大使の期間が長期化し、一つの案件を解決するまでという形で期間を定めていない例も見られるため、期間の長さはそれほど重要とは言えない。そのため本章では信任状を与えられて無期限で派遣され、派遣先にて情報収集と友好関係を築くために日々の活動を求められていた大使を駐在大使と見なすこととする。

（13）　Mattingly, *Renaissance Diplomacy,* pp. 85–86.

（14）　その理由として一四二〇年のローマ帰還以降、教皇庁は公会議主義やローマの治安回復などの緊急の問題に対処する必要に迫られ、外交にまで手が回らなかったことが考えられる。

（15）　一三世紀からアヴィニョン時代にかけて、教皇庁はアルプス以北の宮廷の概念を取り入れながらも、そこに古代ローマの伝統やローマ独自の教会制度などが相まって独自の体制を整備していった。詳しくは樺山紘一『パリとアヴィニョン――西洋中世の知と政治――』人文書院、一九九〇年、藤崎衛『中世教皇庁の成立と展開』（八坂書房、二〇一三年）を参照。

（16）　Harald Müller, “The Omnipresent Pope: Legates and Judge Delegate,” in Atria Larson, Keith Sisson（eds.）, *A Companion to the Medieval Papacy*（Leiden: BRILL, 2016）pp. 199–219.

（17）　教皇庁の駐在大使制度の発展には、宗教改革によってキリスト教世界が分断されたことで、教皇庁の威信を高める必要が増したことも大きく影響している。

（18）　常設外交官の派遣地は、皇帝、フランス、スペイン、ポルトガル、フランドル、スイス、ポーランド、サヴォイア、ヴェネツィア、フィレンツェ、ナポリ、ケルン、グラーツであった。

(19) Paolo Prodi, *Il sovrano pontefice* (Bologna: Il Mulino, 1982) p. 88.

(20) 拙稿「教会国家形成期における首都ローマの行政活動――一六世紀の都市評議会議事録を用いて――」『イタリア学会誌』六二、二〇一二年、拙稿「近世教会国家における地方統治――一六世紀のボローニャ都市政府――」『都市文化研究』一八、二〇一六年。

(21) 教皇庁はウェストファリア条約によってヨーロッパ政治が世俗化し、教皇庁の政治的役割が低下するまで、ヨーロッパ政治の中心・国際的仲裁者としての役割を維持し続けた。

(22) Prodi, *Il Sovrano pontefice*, p. 165.

(23) フィレンツェに関しては Riccardo Fubini, "Classe dirigente ed esercizio della diplomazia nella Firenze quattrocentesca," in Donatello Rugiadini (ed.), *Ceti dirigenti nella Toscana del quattrocento* (Florence: Papafava, 1987) pp. 117-190. ヴェネツィアに関しては Donald E. Queller, *Early Venetian Legislation on Ambassadors* (Genoa: Droz, 1966) を参照。

(24) ここに新しく権力を獲得したために伝統が浅く、また国内の安定を確立する必要があったフィレンツェのメディチ家は、反共和制要素を撲滅し、自身の権限の国際的承認を得るために外交を巧みに利用したことが指摘されている。Alessandra Contini, "Aspects of Medicean diplomacy in the Sixteenth Century," in Daniela Frigo (ed.), *Politics and Diplomacy: the structure of diplomatic tactics* (Cambridge: Cambridge University Press, 2000).

(25) 一四三六年のベルナール・デュ・ロジエの大使に対する理論書の中で、「Ambasciatore は新しい言葉である」ことが記されている。Bernard Du Rosier, "Ambaxiator Brevilogus," in Vladimir, E. Hrabar (ed.), *De Legatis et Legationibus Tractatus varii* (Dorpati: Mattiesen, 1905) p. 4.

(26) ローマ法に由来する。この言葉の語源からも、大使はもともと口頭の側面を重視していたことがうかがえる。なお、近世ヨーロッパにおいて時に手紙よりも口頭が重視されたのは、その方が信頼が置ける手段だったからである。手紙は天候や強奪、盗難や情報操作によって不確実な手段であった。またヨーロッパの外交書簡には頻繁に暗号が使われているが、暗号のバリエーションに限りがあったため、専門家にとってはそれほど情報の機密性を守る助けにはならなかったという。情報戦が激化し、どれだけ正確な情報を得られるかが大きな問題であった一五世紀以降は、口頭重視の傾向が顕著になる。たとえば一四六二年のナポリ戦争の際、ミラノ公フランチェスコ・スフォルツァはミラノ軍総司令官の自身の弟に対して、「はっきりしたこと、真実を知りたいため、事態がどのようなものなのかを口で説明することができる人物を送ることを望む。

……その場に実際にいて、状況を知っている者で、そこで起こっているすべてのことを正確に報告できる人物であり、今後どうなるかに対する考えを持っている人物を送るように」と書いている。Lazzarini, *Communication*, p. 75.

(27) イタリア諸都市国家間の抗争に終止符を打つために、一四五四年にヴェネツィア—ミラノ間で結ばれた和平であり、さらにこれにフィレンツェ、教会国家、ナポリが参加することで、以後四〇年間イタリア半島に勢力均衡のもとでの平和をもたらした。

(28) 北原敦編『イタリア史』山川出版社、二〇〇八年。

(29) Franca Leverotti, *Diplomazia e governo dello Stato. I "famigli cavalcanti" di Francesco Sforza (1450–1466)* (Pisa: ETS, 1992) p. 32. とくにミラノのスフォルツァ家はあらたに権限を獲得したため、自身の体制を確立する必要から、伝統を持つ他の君主に比べて駐在大使の派遣が早かった。

(30) 公会議（全世界の教会から枢機卿、司教、神学者などが集まり、教義や規則を審議する最高会議）の権威が教皇権を超えるものとする考えであり、教会大分裂を解消し教皇庁をローマに戻すことになったコンスタンツ公会議においてその絶頂を迎える。

(31) Fletcher, *Diplomacy*, p. 17. また枢機卿の中には特定の世俗の君主と教皇庁との間のとりなしを行う者（Cardinal protettore）がおり、彼らもまた自身の権限を脅かす存在として駐在大使には否定的な立場をとっていた。なお、これらの枢機卿は枢機卿会議に出られるというメリットがあるものの、大使に比べて君主に対する忠誠心が薄いために、君主にとっては大使の方が好まれる傾向にあった。

(32) Paolo Margaroli, *Diplomazia e stati rinascimentali: Le ambascerie sforzesche fino alla conclusione della Lega Italica (1450–1455)* (Florence: La Nuova Italia Editrice, 1992) p. 273.

(33) 教皇庁の役職者であり、若き人文主義者ラーポ・ダ・カスティリオンキオはその著作の中で、「偉大な王たちは重要は要件を話し合うために教皇のもとにLegatoやOratoreを送るが、それらの内ある者は残り、ある者は任務遂行後帰国し、またある者は追加される。そのため、教皇庁には日々この種の人物が多く存在している」と述べている。Lapo da Castiglionchio, "De Curiae Commodis," in Christopher, S. Celenza (ed.), *Renaissance Humanism and the Papal Curia* (Michigan: University of Michigan Press, 1999) p. 171. 一方で六ヵ月の制限は原則として残ったために、一四五八年のミラノ公の大使アントニオ・ダ・ピストイアの報告書には、教皇庁では二、三ヵ月たつと大使はその地位を失い、単なる請願者として扱われることが記されている。Margaroli, *Diplomazia e stati* rinascimentali, p. 69.

(34) この傾向はとくにヴェネツィアに指摘されている。Queller, *Early Venetian Legislation*, pp. 56–58.

(35) これはローマ以外でも見られ、たとえば一六世紀初頭のハプスブルク家のマクシミリアンは、ヨーロッパ内の重要な勢力の大使が彼の宮廷に集まることを強く求めていたことが指摘されている。（一四九六年七月四日付インスブルクからの書簡 "Sommario dei dispacci al Senato Veneto di Francesco Foscari e di altri oratori all'imperatore Massimiliano I nel 1496," *Archivio storico italiano*, Vol. 7-2（1844）p. 747.

(36) Archivio di Stato di Mantova, *Archivio Gonzaga*, 876, c. 283r.

(37) Ermolao Barbaro, "De officio legati," in Vittore Branca (ed.), *Nuova collezione di testi umanistici inediti o rari XIV*（Florence: Olschki, 1969）p. 159. ただし駐在大使は誰でも送れたわけではなく、一五世紀の教皇庁には、教皇庁の統治下にある地域や、各修道会は送ってはいけないことが定められており（ボローニャとエルサレムの聖ヨハネ騎士団は例外）、一般的に彼らを統治する上位者が存在する臣下は送ってはいけないと考えられていた。

(38) 教皇や君主の就任の際の特別大使には、普段は大使の任務に就かないような高いランクの人物や、君主の親族が派遣されることが多い。たとえば一四八三年のシャルル八世の就任時には、フィレンツェからの特別大使の一人としてメディチ家のロレンツォが派遣されている。Michael Mallet, "Ambassadors and their audiences in Renaissance Italy," *Renaissance Studies*, Vol. 8-3（1994）. また一五九八年九月一三日のフェリペ二世の死に際しては、マントヴァ大使が本国に弔辞のために「高い地位の騎士を派遣する」ことを要請し、マントヴァ公の孫ファビオ・ゴンザーガが派遣された。Daniela Frigo, "Corte, onore e ragion di stato: il ruolo dell'ambasciatore in età moderna," *Cheiron*, Vol. 30（1998）p. 35.

(39) Biblioteca Apostolica Vaticana（以下 BAV）, MS Vat. Lat. 12270, fol. 28r.

(40) Archivio di Stato di Mantova, *Archivio Gonzaga* 877, c. 28r（一五二八年三月二六日付）。

(41) Lazzarini, *Communication*, p. 76.

(42) たとえば一四九一年四月一〇日にフィレンツェの役職者がナポリのフェッランテ王に派遣されていた大使ピエロ・ナージ宛に書いた手紙では、「任務中は王を観察し、そこで起こっているすべてのことを常に把握できるよう努め、起こっていることだけではなく、それに対する王の考えをも理解し、思慮深く、熱心に我々に日々情報を報告するよう」指示している。Lazzarini, *Communication*, p. 76.

（43）とくに当時ヨーロッパ市場で活躍していたフィレンツェ人商人は、幅広いネットワークを駆使して政治的活動を行っていた。たとえば正式な駐在大使を派遣する権限を得られなかったイギリスでは、在ロンドン＝フィレンツェ人商人ロベルト・リドルフィがメディチ家君主のシークレットエージェントとして活動した。Contini, “Aspects of Medicean diplomacy,” pp. 89–94.

（44）たとえば飛脚の共有や、教皇との同時謁見、さらに友好関係にある国の大使同士が協力して、教皇に要望を認めてもらえるようロビー活動を行ったり、大使の家に各国の大使が頻繁に集まっていたことが指摘されている。Fletcer, *Diplomacy*, pp. 110–111.

（45）フィレンツェ人の歴史家であり、駐スペイン大使をも務めたグイッチャルディーニは「ルドヴィコ・スフォルツァ公は、「君主と石弓は同じルールに従って試される。石弓の名手は放った弓によって優秀かどうかが判断される。同様に君主の価値も、彼が派遣した人物の質によって評価される。」とよく口にしていた」と記している。Francesco Guicciardini, *Ricordi* （Milan: Rizzoli, 1977） p. 164.

（46）一五世紀以降ローマでは人口が急激に増加し、一四二〇年には推定三万人の人口が一五二七年の人口調査では約六万人に、さらに一六世紀後半には約一〇万人に達したと言われている。しかしこれらの人口増加の多くは教皇庁の存在にひかれてやってくる外国人によるものであり、一五二七年の人口調査で、生粋のローマ人であることが確認できる人物は全体の二七・九％にすぎなかった。拙稿「一六世紀後半の都市エリート層の変遷」『史学』八四、二〇一五年。

（47）Sergio Gensini （ed.）, *Roma Capitale* （*1447–1527*） （Pisa: Pacini, 1994）.

（48）ただしこれによって大使と同郷人コミュニティーのつながりが消えるわけではなく、駐在大使は同郷人教会の改築や、祝祭の運営において中心的役割を果たし続けた。一方で同郷人コミュニティーを統制する領事と駐在大使の関係は一様ではなく、フィレンツェのように両者の政治的立場の違いから対立していることもあった。Irene P. Fosi, “Il fiorentino a Roma nel Cinquecento: storia di una presenza,” in Gensini （ed.）, *Roma capitale,* pp. 389–414.

（49）Manuel Vaquero Piñeiro, “Il mercato immobiliare,” in Maria Chiabò （ed.）, *Alle origini della nuova Roma: Martino V* （*1417–1431*） （Roma: Roma nel Rinascimento, 1992） pp. 538–566.

（50）大使の住居は同郷の教皇庁内の高位役職者から賃貸で借りる場合や、クライアント関係を有するローマの有力者層から借りる例が多く見られ、大使の持つ私的ネットワークの重要性がここからもうかがえる。またローマにすでに住居を所持しているイタリア人は、その点でも大使になる上で有利であった。

(51) 情報を報告するために日々手紙を書く大使の活動を補佐するだけでなく、情報収集や大使の代理として具体的な活動も行った。Fletcher, *Diplomacy*, p. 94. また新しく権力を獲得したスフォルツァ家やメディチ家は、信頼できる書記や公証人、秘書を大使の補佐として派遣することで、大使の活動を監視する役割も彼らに負わせた。

(52) 彼らもまた情報収集の活動を行った。ローマの住民間の噂・ゴシップを得るために、潜入や時にスパイ行為など、大使が行えない非公式な活動を使用人が行っていた。

(53) 大使の家人の数に関してはFletcher, *Diplomacy*, p. 95 参照。

(54) Jesse S. Reeves, “Etienne Dolet on the functions of the ambassador,” *American Journal of International Law*, Vol. 27 (1933) p. 82.

(55) 大使が受け取るプレゼントにも規則が設けられていた。とくに共和制の規則は厳しく、ヴェネツィアでは一三七七年から、大使が任務中に受け取ったものはすべて任期満了後三日以内に政府に提出し、競売にかけて政府の収入とすることが定められている。Queller, *Early Venetian Legislation*, pp. 42–44.

(56) ヘンリー八世の特別大使として一五二九年にローマに派遣されたフランシス・ブライアンは、駐在大使のジョルジョ・カザーリが自宅で枢機卿などローマの有力者を集めた晩餐を週に二度三度と行っていることに対して、これが王の名誉にとって役立つことだと報告している。Fletcher, *Diplomacy*, p. 138.

(57) BAV, MS Vat. Lat. 12270, fols. 70v–71v.

(58) たとえば一五一二—一七年にかけて開催された第五ラテラノ公会議には二三人の大使が参加している。

(59) ドレは、節度を持った慎重な態度を奨励しながらも、状況が切迫しているときに限り、即座の対応が君主の利益につながるのであれば、自発的行動を奨励している。Reeves, “Etienne Dolet,” p. 88.

(60) たとえば一六世紀にロンドン・ローマ間は約二週間を有した。

(61) Frigo, “Corte, onore e ragion di stato”.

(62) Queller, *Early Venetian Legislation*.

(63) Luigi Totaro (ed.), *I commentari* (Milan: Adelphi, 1984) Vol. II, pp. 2404–2405.

(64) Barbaro, “De officio legati”.

(65) Reeves, “Etienne Dolet”.

（66）Niccolò Machiavelli, “Istruzione a Raffaello Girolami,” in Filippo Luigi Polidori（ed.）, *Opere minori di Niccolò Machiavelli*（Florence: Felice Le Monnier, 1852）.

（67）Costantino Panigada（ed.）, *Memorie e lettere di Guido Bentivoglio*（Bari: Laterza, 1934）p. 94. ローマを「世界劇場」と称する表現は一六、一七世紀の理論書の中に頻繁に見られる。

（68）教皇庁内の人物が三つに区分され、スペインに友好的な人物に対しては頻繁に連絡を取り合うべきであるが、手の内を見せないことを奨励し、敵対人物に関しては、仲良くする必要はないものの、スペインとの関係が修復する可能性を見越して礼儀を保った対応が求められ、中立的人物に対しては、最も危険人物として慎重な態度が求められている。Maria Antonietta Visceglia, “L’ambasciatore spagnolo alla corte di Roma,” *Roma moderna e contemporanea*, Vol. 15（2007）.

（69）Reeves, “Etienne Dole,” pp. 84–89.

（70）John F. D’Amico, *Renaissance Humanism in Papal Rome: Humanists and Churchmen on the Eve of the Reformation*（Baltimore: John Hopkins University, 1983）p. 35.

（71）Machiavelli, “Istruzione,” pp. 116–117.

（72）カスティリオーネ（清水純一、岩倉具忠、天野恵訳註）『カスティリオーネ宮廷人』東海大学出版会、一九八七年。

（73）一般化することは難しいとはいえ、イタリアからの大使には法学者で人文主義の素養を持つ上流家系出身の人物で、派遣元の行政役職を務めていた者が多いと言える。

（74）とくにこの時代は軍人大使の数が増える。これは火薬の使用によって戦術が大幅に変わったことに伴い、戦場での経験が大使の活動においても重要になったためと考えられる。また派遣地に向かう道中の治安の悪さからも、多少の軍事的素養が大使にあることは望ましかった。なお道中の危険を避けるために、通常大使は信任状とともに、道中の安全を保障する「通行証（*Salvacondotto*）」を携えていたが、戦時中においては通行証の威力は限定的であった。

（75）たとえばフランス王ルイ一四世はイタリア語に精通し、大使とイタリア語で会話したり、手紙をイタリア語で書かせていたことがわかっている。Joycelyne G. Russell, *Diplomats at Work. Three Renaissance Studies*（NH: Alan Sutton, 1992）p. 27.

（76）グラッシによると一五〇七年から一五〇九年の間にアラゴン王、フランス王はそれぞれの大使の信任状を（ラテン語ではなく）俗語で送っている。なお外国語の場合は事前に翻訳し、謁見の場で教皇庁内の母語者が原語を読み上げてから、ラテン語の翻訳が読まれた。BAV, MS Vat. Lat. 12270, fol. 42v.

(77) たとえば皇帝の大使を務めたクレモナのアンドレア・ボルゴや、フランス王の大使を務めたジェノヴァのジョヴァンニ・ジョアッキーノ・ダ・パッサーノなど。

(78) ただし外国の大使に対しての不信感がなかったわけではない。イギリスの駐在大使として活動していたイタリア人シルヴェストロ・ジーリに対して、彼が外国人に対して偏見を持っていたことが本国に報告されている。Fletcher, *Diplomacy*, p. 89. 一方で外国人を大使に任命することによって、だれに仕えているのかがわかりづらく、その分危険を回避できる点や、活動に自由の幅が広がる点も指摘されている。Chaterine Fletcher, "War, diplomacy and social mobility: the Casali family in the service of Henry VIII," *Journal of Early Modern History*, Vol. 14 (2010) pp. 569–570.

(79) たとえばアルベルト・ピオ・ダ・カルピは教皇レオ一〇世のもとに神聖ローマ皇帝の大使として派遣され、クレメンス七世のもとにはフランス王の大使として派遣されている。これらの君主に大使として仕えたことは、当時カルピの領土権を従弟と争っていた彼にとって、君主の支持を得る重要な機会であり、時々の同盟関係が大使として仕える君主の選択に反映されていた。Cf. Christine Isom-Verhaaren, "Shifting identities: foreign state servants in France and the Ottoman Empire," *Journal of Early Modern History*, Vol. 4 (2008).

(80) たとえば一七世紀の教皇庁では外交官は昇進の近道であり、ウルバヌス八世期には大使を務めた者の三〇%が枢機卿に昇進していたことからも、教皇庁の外交官システムは教皇庁組織のキャリアの道として官僚制度に密接に組み込まれていたと言える。Maria Antonietta Visceglia, "«La giusta statera de'porporati» sulla composizione e rappresentazione del sacro collegio nella prima metà del Seicento," *Roma moderna e contemporanea*, Vol. IV (1996).

(81) 君主と臣民の関係を可視化する機会である君主の入市式に関しては川原温「ブルゴーニュ公シャルル・ル・テメレールの一四七四年ディジョン入市式について」『人文学報』四九〇、二〇一四年を参照。

(82) Maria Antonietta Visceglia, *La città rituale: Roma e le sue cerimonie in età moderna* (Roma: Viella, 2002).

(83) これに関しては稿を改めて述べたい。

(84) BAV, MS Vat. Lat., 12270.

(85) BAV, Barb. Lat., MS. 5548.

(86) 一五〇四年のユリウス二世時に決定した序列が後の基礎となっている。それによると皇帝・王に関しては神聖ローマ皇帝をトップにスペイン（カスティリア・アラゴン）、フランス、ポルトガル、イギリス、シチリア、スコットランド、ハンガリーの順であり、大公・公に関しては、ブリタニア、ブルゴーニュ、ザクセン、ブランデンブルグ、オーストリア、サヴォイア、フィレンツェ、ヴェネツィア、ジェノヴァ、フェッラーラの順であった。BAV, MS Vat. Lat., 12270, fol. 98r.

(87) たとえばスペインとフランスやフィレンツェとフェッラーラ、ボローニャとマルタ騎士団との対立など。とくにフィレンツェの例に関しては北田葉子「一六世紀半ばのフィレンツェにおける「エトルリア神話」――コジモ一世とプロパガンダ――」(『西洋史学』一八八、一九九八年)を参照。

(88) Archivio di Stato di Mantova, *Archivio Gonzaga 873*, c. 3r.

(89) たとえば一五一一年のラテラノ公会議におけるアラゴン王フェルディナンドとイギリス王ヘンリー八世の大使の優先権争いでは、イギリス大使が聖職者であり、スペイン大使が俗人であったことから、座席を分けることで解決している。Catherine Fletcher, "Performing Henry at the court of Rome," in Thomas Betteridge, Sunannah Lipscomb (eds.), *Henry VIII and the Court: Art, Politics and Performance* (London: Taylor and Francis, 2016) pp. 179–196. また一五二〇年にレオ一〇世の即位時に忠誠を誓う目的でやってきたスコットランド王ジェイムズ五世の大使オールバニ公は、公であり、かつ若き王の摂政であることから、従来のスコットランド大使の席ではなく、彼が教皇との遠縁であることを理由に、枢機卿と並んで座っている。BAV, MS Vat. Lat. 12276, fol. 32.

(90) この一つの表れとして、この時代に大使を描いた絵画作品(ヴィットーレ・カルパッチョの『聖ウルスラ伝』(一四九五年頃)、セバスティアーノ・デル・ピオンボの『フェリ・カロンドレと彼の秘書の肖像』(一五一二年)、ハンス・ホルバインの『大使たち』(一五三三年)など)が増えていることが指摘できる。

(91) フビーニやフリーゴは駐在大使の誕生に近代性の萌芽を見出す伝統的なアプローチを否定し(注12参照)、むしろ一五世紀半ばに見られる駐在大使の起源として中世の封建的ネットワークの存在を指摘している。Frigo, "Corte, onore e ragion di stato," p. 25. 確かに大使を駐在させること自体は中世以来のさまざまな伝統を受け継いだものであるが、一方でフビーニやフリーゴがともに指摘するように、中世との違いは駐在大使がこの時代に各地で進んだ領域国家化の動きと相互に作用しながら展開していったことであり、これまで強調されてきた一五世紀半ばよりもより長いスパンの中で駐在大使を考察するべきであろう。

コラム1 「国書」という語を考える

木村可奈子

一 「国書」と信任状

「国書」という語は何を指すのだろうか。現代日本語の辞書では「国の元首がその国の名をもって出す外交文書」としている。[1] 本書総論では「国書」を「国主から国主への手紙」と仮に定義し、信任状でないもののみを取り出して分析概念として用いている。それに対し、本コラムでは、「国書」という語自体を分析の対象とする。

外務省外交史料館が明治一五〇年記念展示として行った「国書・親書にみる明治の日本外交」のウェブサイトでは、「国書・親書とは、国家の元首が相手国の元首にあてて発出した手紙のことで、通常、元首の自筆の署名（サイン）が入っています」と注記されている。展示品は他国王からの手紙（親書）[2] だけではなく、大使の信任状（大使が着任するときに、大使から派遣先の国の元首に捧呈される）、解任状（大使が離任するときに、大使から派遣先の国の元首に捧呈される）も含まれている。[3] つまり、現在の外務省は、信任状も「国書」の一部であるという理解である。

明治時代の日本でも、信任状を「国書」と呼んでいる例が確認できる。二つ例を挙げよう。『太政類典』第一編第五五巻、外国交際・外人参朝及贈遺、一八六九（明治二）年九月五日の条には「墺国公使参朝国書ヲ奉呈ス」とある。そのオーストリア公使が捧呈した「国書」の内容は、オーストリア皇帝フランツ・ヨーゼフが「我寵愛ノ忠臣第三等水師提督独汕公使全権ミニストル等「ベッツ」貴族「アントン」ニ委任シ全権ヲ与ヘル……」というものであった(4)。この「国書」は明らかに信任状を指す。また日本から派遣する大使、公使、領事などの信任状についても「国書」と呼んでいる。外務省外交史料館所蔵の「御委任状並御認可状」の中に一八八〇（明治一三）年四月五日に作成された朝鮮への「総領事御委任国書」の控えがあるが、内容は元山津在留総領事として前田献吉を任命することを朝鮮側に伝える領事信任状である(5)。つまり、外交の現場では、信任状を「国書」と呼んできた歴史があるのである。

二　中国史における「国書」

じつは、日本だけでなく、現代中国でも、「国書」は信任状のことを指す。中国最大の辞典である『漢語大詞典』で「国書」を調べると、一番目に「国史」、三番目に「国字」という説明が挙げられているが、二番目に「国家間を往来、あるいは共同議定した文書。また専ら一つの国が大使、公使の派遣あるいは召回するとき、国家元首の署名を付け、駐在国元首に提出される文章(6)」との説明がある。一例を挙げると、駐中国大使横井裕氏が信任状を捧呈した際の二〇一六年五月一七日のニュースの見出しは、「習近平が十二ヶ国の新任の駐中国大使が提出した「国書」を受け取る(7)」となっている。言うまでもなく、この「国書」は日本国総理大臣の手紙ではなく、大使の信任状である。

それでは、中国で信任状が「国書」と呼ばれるようになったのにはどのような歴史があるのであろうか。

外交において「書（＝手紙）」は、君臣関係にない、敵礼関係にある他国国主とのやりとりに用いられるものである。君臣関係にある場合は「表」を送る(8)。つまり他国が「表」ではなく「書」を送るという行為には、対等性が含意されている。⑨

元寇直前の日本への「国書」について伝える『国朝文類』巻四一の「日本」の条には、以下のようにある。「国書」は始めに「大蒙古皇帝　書を日本国王に奉ず」とし、ついで「大元皇帝　書を日本国王に致す」とした。末尾はみな「不宣白」とした。（日本を）臣として扱わないということである。⑩

日本に送られた「国書」が「奉書」や「致書」という書き出しであったことが述べられている。「国書」は「書」や「〇〇書」と言い換えることも可能であった。⑪ つまり、「国書」という文書形式が存在していたのではなく、「書」が外交文書として用いられる場合があり、それが「国書」とも呼ばれていたのである。このような「書」形式の文書はとくに宋、遼、金といった複数の皇帝が並存し非君臣関係による国際秩序が形成された時期には多用された。⑫ 明、清の時代には、皇帝が他国に対して敵礼関係を認めなかったため「国書（書）」を送ることはなく、国内で用いているのと同様の「勅」、「詔」などの王言文書を送り、冊封された他国の王は君臣関係を示す「表」などの上行文書を送った。日本国王に冊封されていた室町時代、日本も「国書（書）」ではなく「表」を明に送っていた。

漢文が国内で用いられていないヨーロッパ勢力などが明、清に使節を送ってきた場合も、「朝貢」として表現され、持って来た他国国主の手紙は、漢文では「表」と訳された。決して「国書（書）」とは呼ばれなかったのである。例えば一七九三年に清にやってきたイギリス使節マカートニーが持ってきたジョージ三世の手紙は、朝貢国の「表」として清側に理解されている。⑬

清で他国の国主からの手紙を「国書」という熟語で呼ぶようになったのは、アヘン戦争終結のために清とイギリスの間で南京条約（一八四二年）が結ばれて以降のようである。⑭ たとえば南京条約締結を受けて、一八四四年に望厦条約を結ぶためにやってきたアメリカ使節が「国書」を北京に持っていくことを願ったことが『清実録』にある。⑮ この「国書」は具体的にはタイラー大統領の手紙を指している。⑯ 他国国主の手紙を「表」から「国書」と訳すようになったのは、君臣関係という上下の関係にあるというフィクションではもはや外交関係を処理できなくなったからではないかと考えられる。

そしてやがて、清皇帝から他国君主宛ての使節の信任状や手紙も「国書」と呼ばれるようになったのであろう。たとえば、台湾の故宮博物院には漢文で「大清国国書」、満文で「amba daicing gurun i gurun i bithe（大ダイチン・グルンのグルンの手紙）」（「グルン」は「国」を指す）と併記され、五爪龍が刺繡された帙に入れられた「国書」が二点所蔵されている。その内容から「大清国致大英国国書」と「大清国致大法国国書」（「法国」はフランスのこと）と呼ばれるこの二つの「国書」は、一九〇五（光緒三一）年に君主立憲制の考察のため出使各国考察政治大臣として五大臣を派遣した際に作成されたものである。しかし出発に際し反対する革命党人の爆弾テロに遭い、怪我を負った大臣が派遣されなくなったため清側に残り、現在故宮博物院に所蔵されている。その内容は皇帝が相手国に対し大臣三名を派遣することを伝えるものであり、使節の信任状ととれるものである[17]。

また、中国初の常駐使節として一八七六（光緒二）年にイギリスに派遣された郭嵩燾は、その日記で以下のように記している。

> 質問はダービー大臣からの手紙に及んだが、（手紙の内容は）「駐京の文憑」を写して提示してほしいとのことであり、（「駐京の文憑」と）言っているものはすなわち「国書」のことであった[18]。

ここで言っている「国書」は、「駐京文憑」（ロンドンに駐在することの証明書）を指すので、ただの皇帝の手紙ではなく常駐使節の信任状である。

このように、清末から中国で「国書」という熟語が使われるようになり、現代では専ら信任状のことを指すようになったと考えられる。

三　日本史における「国書」

日本で「国書」という語はどのように使われてきたのであろうか。

元寇前夜から室町時代にかけては、それまで「牒」という形式の文書が多く外交に使用されていたことを背景に、「書」形式の文書を含めて、外交文書一般を「牒」と呼ぶ観念が広まっていたという[19]。

しかし、一五世紀後半に成立した瑞渓周鳳『善隣国宝記』[20]では、明皇帝から送られた「制」、「勅諭」などをすべて「大明書」と呼んでいることが確認できる。一方、朝鮮国王とのやりとりは全部「書」の形式であったため、「遣朝鮮書」（朝鮮に送る場合）、「朝鮮書」（朝鮮から受け取る場合）、などと呼んでいる。おそらくこの頃から、他国国主からの外交文書を「書」と呼ぶようになったのではないかと考えられる。明からの「制」、「勅諭」などの王言文書を「書」と呼ぶのは、「臣下ではない」という自尊意識の反映として見るべきであろう[21]。留意すべきは、この段階では「国書」という語は用いていない点である[22]。

かたや朝鮮では、外交に用いる「国書」という文書形式が規定されていた。『増正交隣志』巻五には通信使行に用いる外交文書として「国書式」と「書契式」が規定されている[23]。ともに書き出しに「奉書」を用いていた。「奉書」という書き出しは、もちろん朝鮮が日本と君臣関係にないことを含意している。文書形式から見れば「国書」と「書契」は同じであるが、「国書」は朝鮮国王から将軍に宛てた、「書契」は礼曹参判や参議から同格の老中や対馬藩主に宛てた手紙であった。たとえば、江戸時代の通信使が持ってきた朝鮮国王の手紙は朝鮮側で「国書」と呼ばれていた。日本の徳川将軍から朝鮮国王に送られた手紙も朝鮮側は「国書」と呼んでいた[24]。

江戸時代になると日本でも、『徳川実紀』[25]に見る限り、「国書」という語が用いられるようになっていた。けれども、その用例は意外に少なく、他国国主から来た手紙は「書翰」と呼ぶ例が多く、「書簡」も見られる。[26] 徳川将軍の他国国主宛て返書は「国書」が用いられることもあるが、「御返翰」の方が多い。江戸初期からだんだんと徳川政権は朝鮮以外とは国交を維持しなくなり、「国書」を用いる相手国は自然と朝鮮だけとなった。[27]

「国書」は「書翰」とは含意が違ったようである。通信使の易地聘礼交渉のさなかの一八〇一（寛政一三）年、徳川政権は、今まで朝鮮側が国王の手紙を「国書」と呼ぶため、日本側でも「国書」と呼んでいたが、今後は「来翰」または「書翰」と呼び「国書」とは呼ばないようにと指示を出しており、実際にこれ以後「国書」とは呼ばなくなる。[28]「国書」ではなく「書翰」と呼ぶように指示が出された理由を解明するためには、当時における「国書」という語の理解について明らかにする必要があろう。[29] そのためには「国書」という語が用いられるようになった経緯や、幕閣や儒者、学者、外交を担当した対馬藩や薩摩藩などがそれぞれの立場で、どのように「国書」という語を用い理解していたのかを慎重に検討していく必要があろう。

以上、簡単に「国書」という語の歴史を追ってみた。十分に史料を追えておらず、検討不足な点が多々ある。読者諸氏の御指正を乞いたい。

（1）ほかに、日本で著述された書物、という意味もある。『広辞苑』第七版、岩波書店、二〇一八年、一〇三〇頁。
（2）なお、「親書」という言葉の成り立ちについても、議論の余地があるが、本コラムでは仮に「手紙」として扱う。
（3）https://www.mofa.go.jp/mofaj/ms/da/page22_002923.html、二〇一八年四月五日閲覧。
（4）国立公文書館デジタルアーカイブ https://www.digital.archives.go.jp/das/image/M0000000000000830225、二〇一八年四月六日閲覧。
（5）JACAR（アジア歴史資料センター）Ref. B13080043400、委任状並ニ認可状　第三巻（7-1-1-2_003）（外務省外交史料館）。
（6）『漢語大詞典』漢語大詞典出版社、一九八六—九三年、巻三、六四〇頁。

（7）原文は、「習近平接受十二国新任駐華大使遞交国書」便宜上、常用漢字に改めた。新華網 http://www.xinhuanet.com/politics/2016-05/17/c_1118883009.htm、二〇一八年四月五日閲覧。

（8）詳細は中村祐一「慰労制書と「致書」文書」（『唐代制勅研究』汲古書院、一九九一年、初出一九八六年）参照。

（9）明の徐師曽『文体明弁』によれば、「国書」は春秋時代以来、国と国の間でやりとりされたもので、漢以後の統一国家が現れて以後は夷狄との間で使われたという。高橋公明は中国での一般的な「書（＝手紙）」様式から発展した外交文書を「書式外交文書」と名づけている（「外交文書、「書」・「咨」について」『中世史研究』六、一九八一年参照）。「致書」形式は君臣関係にない対等な関係を示す書式とされているが、「致書」形式であっても、文内で使用する用語を変えることで非君臣関係における微妙な上下関係を表すことがあり、一概に「致書」形式＝対等とは言えないという指摘もある（廣瀬憲雄『古代日本外交史　古代ユーラシアの視点から読み直す』講談社、二〇一四年、五六―六五頁参照）。

（10）「國書始書、大蒙古皇帝奉書日本國王、繼稱、大元皇帝致書日本國王。末並云、不宣白。不臣之也。」（『四部叢刊』集部、商務院書館、出版年不明）。

（11）『元史』（中華書局、一九七六年）巻二〇八、外夷一、日本「（至元）三年八月、命兵部侍郎黒的、給虎符充國信使、禮部侍郎殷弘給金符、充國信副使、持國書使日本。書曰、大蒙古國皇帝奉書日本國王。」、『高麗史』（国書刊行会、一九〇八―一九〇九年）巻二六、世家「（元宗八年八月）丁丑、……遣起居舍人潘阜、賫蒙古書及國書如日本。蒙古書曰、大蒙古國皇帝奉書日本國王。……國書曰、我國臣事蒙古國、……」。これらの史料では、「国書」を「書」「蒙古書」と言い換えている。

（12）元代の用例からここまでの指摘は、二〇一七年一二月一六日に行われた第一〇回研究会の岩井茂樹氏のコメントによる。

（13）マッカートニー著（坂野正高訳注）『中国訪問使節日記』（東洋文庫、一九七五年、三二一頁）および本書総論参照。

（14）それ以前にスールーから来た国王からの親書を「国書」と呼んでいる事例が確認できる。『清実録』（中華書局、一九八五―八七年）乾隆一七年九月辛未、乾隆一八年一〇月庚寅参照。ただ乾隆一八年一〇月庚寅条は「又諭曰、喀爾吉善等奏、蘇祿國復遣使臣、賫表文方物。來閩入貢。閱其咨末情詞狡譎等語。前因該國王遣使臣來閩、請示貢期、儀文草率。是以令其賫回國書。……」と「表文」を持って来たとしながらも、「国書」を持って帰らせたとある。その前後の遣使である一七四六（乾隆一一）年と一七六二（乾隆二七）年の遣使に関する史料では「表文」を持参したとされていることからも、ここでの「国書」はスールーが対等関係にあったことを意味する語ではないと考えられる。おそらくここでいう「国書」は、その国の文字、即ちジャウィで書かれた親書のことを指しているのではないかと考えられる。ただそのような場合「番字」と表現されることが多いため、更なる検討が必要である。乾隆年間のスールーの清への外交文書については、三王昌代「蘇禄から中国へ——乾隆年間における国書と交易——」『アジア地域文化研究』二、二〇〇六年、参照。

(15) 道光二四年六月己酉「又諭、耆英奏、咪唎㗰夷使呈出國書。停止北上並議定條約一摺。該夷使請求北上、意在親遞國書經該督反覆曉諭。始據該夷使將國書呈出求爲代奏、不復希冀進京。其所呈條約清冊、亦經逐款議定。所繳國書、著俟譯出後遇便呈覽。……」

(16) Pingchia Kuo, Ping Chia. "Caleb Cushing and the Treaty of Wanghia, 1844," *The Journal of Modern History*, vol. 5, no. 1, 1933.

(17) 林志鉉「送不出亦留不住的国書——記院蔵〈大清国国書〉的満文——」『故宮文物月刊』三八六、二〇一五年、および、故宮博物院「送不出去的国書」(http://theme.npm.edu.tw/exh103/credentials/index.html、二〇一八年四月六日閲覧）参照。英訳は"Diplomatic Credential"となっている。

(18) 郭嵩燾『倫敦与巴黎日記』（岳麓書社出版、一九八四年、一〇一頁）「詢及德爾比丞相來函、屬錄示駐京文憑、云卽國書也」。

(19) 詳しくは、高橋公明「外交文書を異国牒状と呼ぶこと」『文学』六（六）、二〇〇五年、参照。

(20) 近藤瓶城編『史籍集覧』第二一冊、近藤活版所、一九〇一年。

(21) 中国からの王言文書を、対等な手紙と読み替えることは、シャムでも行われている。本書第三章参照。

(22) 本書第一章参照。橋本雄は「遣朝鮮国書」を「朝鮮国に遣ずる書」と理解すべきとしている。

(23)『増正交隣志』（京城帝国大学法学部、一九四〇年）巻五。

(24) たとえば『宣祖修正実録』（『朝鮮王朝実録　二五』国史編纂委員会、一九七一年）宣祖四一年八月辛酉「……祐吉齎來日本國書、初面只書源秀忠、《家康之子。》不書國王。……」「日本国王書契」と呼ばれることもあった。『宣祖実録』宣祖三九年一二月丙辰「左副承旨柳澗以備邊司言啓曰、日本國王書契、今當回答、令承文院、預爲磨鍊爲當。」

(25) 黒板勝美、国史大系編纂会編『国史大系』第三八—四七、吉川弘文館、一九六四—六六年。

(26)「書翰」と「書簡」の含意が同じかどうかも、慎重に検討する必要がある。

(27) 江戸時代に「国書」という語が用いられるようになったのは、「国書」という外交文書を用いていた朝鮮との通信関係に由来すると推測されるが、今後検討が必要である。朝鮮と同じく「通信之国」（手紙を送る国）とされるものの、幕藩制の中にも位置づけられていた琉球の場合は、将軍宛てではなく老中に宛てて、国王から将軍への披露状を持参した。（梅木哲人「琉球使節と国王書翰――「幕藩制のなかの異国」の構造――」『近世琉球国の構造』、第一書房、二〇一一年、参照）形式的に将軍宛てではないためか、『徳川実紀』の中では何らかの手紙を持参したかどうかはほとんど言及されていない。

(28)　池内敏「近世後期における対外観と「国民」」『大君外交と「武威」』名古屋大学出版会、二〇〇六年、一九一頁。

(29)　池内前掲注(28)論文は、「国書」と呼ばなくなったのは、通信使が朝貢使節として位置づけられるようになった流れと関連がある可能性を指摘している。

（附記）　本コラム執筆にあたり、本書執筆者以外に、池内敏先生（名古屋大学）、岩井茂樹先生（京都大学）、箱田恵子先生（京都女子大学）からも貴重なご教示を頂きました。深く御礼申し上げます。

コラム2　天正二〇年の小琉球宛て豊臣秀吉答書写

岡本　真

日本国内の統一後、「唐入り」への動きを本格化させたのと同じ頃、豊臣秀吉はスペイン領フィリピン諸島ルソン島の、フィリピン総督との交渉を開始した。一五九一（天正一九）年から一五九七（慶長二）年にかけての、日本とルソン双方からの使節派遣や、それによって交わされた文書については、村上直次郎による先駆的なもの以来、松田毅一、岩生成一、そして近年の清水有子に至るまで、少なからぬ研究が積み重ねられてきた(1)。

この往復文書のなかで、秀吉が発給したものは四点ある。いずれも原本は漢文だったと考えられるが、当初は『朝鮮征伐記』所収の一五九一年の文書が知られるのみで、それ以外は、スペイン語やポルトガル語に翻訳されたものの再訳版が用いられた。というのも、漢文文書の所在が明らかでない一方で、ルソン側や在日本イエズス会員によって同時代に作成された訳文があり、それらはスペインのインディアス総合古文書館をはじめ、南欧の文書館や図書館に所蔵されていたことが、つとに知られていたからである。そして、研究が進展する過程で、ヴェネツィアのイタリア国立マルチャーナ図書館に所蔵される一五九三（文禄二）年の文書原本（口絵4参照）と、ローマのイエズス会文書館に所蔵される一五九七年の文書写本の、二つの漢文文書が新たに学界に紹介されるに至った(2)。

秀吉発給文書四点のうち、右のように漢文文書の内容が明らかとなっている三点に対し、一五九二（天正二〇）年の文書は、これまで唯一漢文の文面が知られていなかった。この文書は、一五九一年に秀吉からの文書を受け取ったルソン側が、ドミニコ会士ファン・コボを使節として日本へ派遣してきたのをうけて、発給されたものである。コボ自身は帰途、ルソンへの渡航の際に遭難してしまったため、原本は失われたと考えられる。だが、秀吉の近臣から入手した文書を、日本のイエズス会が漢文からポルトガル語へ、そしてポルトガル語からスペイン語へと翻訳した訳文が、イタリア国立ローマ中央図書館とイエズス会文書館に所蔵されている。そのため、これまでの研究では、村上直次郎によるローマ中央図書館本の再訳が、主として用いられてきた。[3]

しかし、これまで十分に知られてはいなかったが、国立公文書館内閣文庫所蔵の『南禅旧記』下には、訳文のもとになったものの系統と目される、漢文写本が収録されている。[4]南禅寺住持玄圃霊三に関連する記事に続けて記載されていることからすると、同書はその起草者を彼に比定している可能性が高い。収録されるもとになった写本の作成時期など、検討すべき事柄は少なくないものの、[5]原本と同じ漢文文書であることを考慮すると、その史料的価値は小さくない。そこで、以下にその翻刻を紹介し、[6]あわせて大意を示したい。

［翻刻］

大日本国　前関白太政大臣　答

　小琉球書

使僧羡高茂捧答書来也、如示諭、吾以天之所命、普天率土、欲為吾朝付不庭、是故去歳以還、有征伐大明之企、維時原田倚頼宗仁法眼曰、如小琉球者、先是数乗商舶至其地、各々旧知、已而蒙恩顧、早知識荊之願、雖然海雲懸隔、以故因循至于今、若辱一書、則国主可歆羨、蓋原田言所以不忘旧恩也、宗仁丁寧奏達、由是不及使節、遣一封者也、如前書謂、将入大明、仮道朝鮮、臨期負約、以敵対、故吾前駆士卒、先攻撃朝鮮、易以似湯雪、不残寸土尺地、八道悉帰吾手裡、於是服者活之、降者脱之、布教化、先甲三日、後甲三日、審法度、愛民如父母愛子、即今八道密定而如故矣、頃吾先軍、経過八道、到遼東界、大明帝都在近、如其国者、使僧越海、所諭来書之所載、依吾答裁有可締盈〔盟〕之誓、於吾隣盟不可渝、人人宜安堵、況又商船往来、寧有些子拘束乎、毎歳渡海可交易、干系蠟亦復来不速覔盟約、則吾豈有違乎、大凡雖云遠方遐陬、有負吾命者、良将勇士可攻伐之、想是朝鮮者、前車而覆矣、何国無後車之戒哉、如上指趣、急須啓達干系蠟、緒餘付属羨高茂、莫猶預、其国方物、如記采納、珍重、

本朝宝刀《銘曰則重、古来号之御服江》、式投贈旃、尚宗仁可縷陳、不宣、

天正歳舎壬辰月日

小琉球

［大意］

大日本国前関白太政大臣〔豊臣秀吉〕の小琉球に返答する書

使僧羨高茂〔ファン・コボ〕が返書を捧げて到来した。〔以前送った文書において〕諭達したように、吾〔秀吉〕は天命により、天下全土において、吾が朝〔日本〕のために、服従しない者を従えることを欲している。そのため、先年来、大明の征伐を企図してきた。そうした時、原田〔原田喜右衛門〕が宗仁法眼〔長谷川宗仁〕を頼って言うには、「小琉球〔ルソン〕については、これまで何度も商船に乗ってその地に至っており、各々旧知の間柄である。すでに恩顧を蒙っており、早くから面謁の願望があることを知っていたが、〔日本と小琉球の間は〕海雲遠く隔たっており、それゆえに逡巡して今に至っている。もし〔秀吉から小琉球への〕一通の書翰を頂戴したならば、〔小琉球の〕国主は〔秀吉を〕喜び慕うであろう」ということだった。原田は旧恩を忘れない事情を述べたのである。宗仁は〔このことを秀吉に〕丁寧に奏達した。そのため〔前回の文書を送った際には〕使節〔の派遣〕には及ばず、一

通の封書を遣わしたのである。前便に述べたように、大明に入るのに、道を朝鮮に借りようとしたところ、その時になって〔朝鮮は〕約束に背き、敵対した。ゆえに、吾が先鋒の兵は、まず朝鮮を攻撃した。雪に湯をかけるように容易く、わずかな土地も残らず、八道（朝鮮全土）はすべて吾が掌中に帰した。そこで、服従した者は活かし、降伏した者は赦して、教化を布き、前後三日間〔思慮検討して〕、法度をつまびらかにし、父母が子を愛しむように民を愛しんだところ、現在八道は静謐になり、以前と同様である。最近、吾が先鋒は八道を経て遼東との境界に到っており、大明の帝都はほど近い。その国（小琉球）については、使僧が海を渡っ〔てやって来〕て、到来した書翰の記載には、我が返答により盟約を締結するという誓いがあった。吾が方では隣盟に違背するつもりはない。〔小琉球の〕人びとは安堵するように。まして商船の往来については、どうしてわずかな拘束をもすることがあろうか。毎年渡海し交易するように。干系蠟（カスティーリャ、スペイン本国）もまた到来して速やかに盟約を求めなければ、どうして吾に過失があろうか。総じて遠方の辺地とは言っても、吾が命に背くことがあれば、良将や勇士が討伐するであろう。思うに朝鮮は、前車であって覆った。どの国が後車の戒めとしないだろうか。如上の趣旨を、急いで必ず干系蠟に申し送るように。残りのことは羨高茂に付嘱する。逡巡することのないように。その国（小琉球）の土産物は、記載の通り受け取った。珍重である。古来御服江と号する、則重という銘のある本朝（日本）の宝刀を贈る。宗仁が詳細を述べるであろう。不宣。

天正歳舎壬辰（天正二〇年、一五九二）月日

小琉球へ

（1）村上直次郎「呂宋の入貢を促したる秀吉の書翰について」『史学雑誌』三六—五、一九二七年、同訳注『異国往復書翰集・増訂異国日記抄』駿南社、一九二九年、同『日本と比律賓』朝日新聞社、一九四五年、松田毅一「慶長二年呂宋国主宛、

豊臣秀吉書状」『近世初期日本関係南蛮史料の研究』風間書房、一九六七年、岩生成一「文禄二年（一五九三）呂宋長官あて豊臣秀吉の書翰について」『古文書研究』二五、一九八六年、清水有子「豊臣政権のルソン外交―小琉球宛朱印状の検討―」『近世日本とルソン―「鎖国」形成史再考―』東京堂出版、二〇一二年。本書第二章も参照。

（2）松田前掲注(1)論文、岩生前掲注(1)論文。

（3）村上前掲注(1)訳注書、五一―五四頁。底本となったスペイン語訳文については、J. L. Alvarez, "Dos Notas Sobre la Embajada del Padre Juan Cobo 羨高茂" *Monumenta Nipponica*, vol. 3 (2), 1940.

（4）本文内容の紹介こそなされていないが、この漢文文書の存在自体は、すでに跡部信「豊臣政権の対外構想と秩序観」（『豊臣政権の権力構造と天皇』戎光祥出版、二〇一六年、初出二〇一一年）の脚注に言及されている。

（5）写本の作成時期や本コラムで翻刻紹介する漢文文書とスペイン語訳文の差異などについては、別稿を予定している。

（6）翻刻には、原則として常用字体を用いた。また、底本で自然改行がなされている箇所は、翻刻に際して適宜追い込んだが、台頭など明確な意図にもとづいたとおぼしき改行や欠字などは、そのまま存した。

コラム3　徳川将軍の外交印
──朝鮮国王宛て国書・別幅から──

古川祐貴

はじめに

江戸時代、一二回来日した朝鮮通信使（回答兼刷還使を含む）は、徳川将軍宛て朝鮮国王国書・別幅をもたらした。対する徳川政権は、朝鮮国王宛て将軍国書・別幅を作成し、これに答えたのである[1]。日朝間で交わされた国書・別幅は、「異国日記」「朝鮮通交大紀」「続善隣国宝記」「外蕃通書」「通航一覧」などに写し取られ、これまでも多くの研究に利用されてきた[2]。さらに日韓歴史共同研究（第一期、二〇〇二―〇五年）を境に、東京国立博物館で朝鮮国書・別幅が「発見」されると、国書・別幅そのものに注目した研究がなされるようになる[3]。

朝鮮国書・別幅については、料紙の寸法、面積、重さ、厚み、体積、質量密度、材質、朝鮮国王印（「為政以徳」印）の形状など、詳細な原本データが蓄積されている。これに対して、将軍国書・別幅は、原本が韓国で一点も見つかっていないという事情もあって、モノとしての国書・別幅に関する情報がまったくと言っていいほど明らかにされていない。そもそも国書を国書足らしめている印影すら判明していないことから、徳川政権がどのような印章を用いて国書を作成していたのかがわからない(4)。後述するように、偽造印についてはこれまでも触れられてきたが、では、実際の印章とはいったいどのようなものであったのだろうか。本コラムでは、徳川将軍が用いた外交印を通信使ごとに整理し（左表参照）、最後にその特徴を述べる。用いる史料は、とくに断らない限り、佐々木印店文書「御代々御花押・御朱印・御黒印・御宝印之写　全」(5)、「外蕃通書」(6)、「通航一覧」(7)である。

一　徳川秀忠から綱吉の外交印

豊臣秀吉の朝鮮侵略（一五九二―九八年）によって破綻した日朝関係を再開すべく徳川家康は、対馬宗家に朝鮮との講和交渉を命じた。そのなかで朝鮮は、講和成立の条件として、家康国書を先に送ることを要求する。しかし、戦争責任なしとの立場をとる家康が自ら国書を送ることは考えられず、また当時の外交慣習からして、先に国書を送ることは相手国への恭順を意味した。そのため対馬宗家は、家康国書を偽造(8)して送ることとなる。用いられた印章は、「日本国王之印」印であったことが明らかにされている(9)。

偽造家康国書を受け取った朝鮮は、講和の成立に応じ、一六〇七（慶長一二・宣祖四〇）年に通信使を派遣する（第一回）。国書への回答と、被虜人の返還を目的としたことから、朝鮮側の正式名称は回答兼刷還使《さつかんし》である。使節がもたらす朝鮮国書・別幅は、偽造家康国書への回答の形式であったことから、このままでは偽作行為が露見しかねない。そこで対馬宗家は、朝鮮国書・別幅を改竄し、初めて朝鮮から国書が届いたかのような演出を行ったのである。使節を引見した秀忠は、改竄朝鮮国書・別幅を接受し、かわりに秀忠国書で回答する。国書を持ち帰った使節は、差出名義（「日本国源秀忠」）に「王」字がないことなどを理由に、帰国後処罰されることとなる。ちなみに国書に用いられた印章は、「源秀忠」印であった。

表　徳川将軍の外交印一覧

所有者		印文	法量（縦×横）	印材	製作者	備考
大御所	徳川家康	源家康忠恕	8.9 cm×8.5 cm（3寸×2寸9分）	—	佐々木家	外国宛て国書（朝鮮を除く），異国渡海朱印状に使用．一部国内文書にも使用．改印されて２種類存在か．
将軍	徳川秀忠	源秀忠	3寸×2寸9分	—	佐々木家	外国宛て国書（朝鮮国王宛て国書〈第1・2回通信使〉を含む），異国渡海朱印状に使用．
将軍	徳川家光	源忠徳	3寸×2寸9分	—	佐々木家	朝鮮国王宛て国書・別幅（第3・4・5回通信使），異国渡海朱印状に使用．
若君	徳川竹千代（後の家綱）	源監国	—	—	佐々木家	朝鮮国王宛て別幅に使用（第5回通信使）．
将軍	徳川家綱	源忠直	3寸×2寸9分	—	佐々木家	朝鮮国王宛て国書・別幅に使用（第6回通信使）．
将軍	徳川綱吉	源忠敬	3寸×2寸9分	—	佐々木家	朝鮮国王宛て国書・別幅に使用（第7回通信使）．
若君	徳川徳松	源緝熙	—	—	—	朝鮮国王宛て別幅に使用（第7回通信使）．
将軍	徳川家宣	文命之宝	3寸×3寸	金印	佐々木家	朝鮮国王宛て国書・別幅に使用（第8回通信使）．別に釜屋山城が製作した「教命之宝」印（3寸3分×3寸3分，金印）もある．
将軍	徳川吉宗	源	3寸×2寸9分	—	佐々木家	朝鮮国王宛て国書・別幅に使用（第9回通信使）．
将軍	徳川家重	源表正	9.17 cm×9.17 cm	—	佐々木家	朝鮮国王宛て国書・別幅に使用（第10回通信使）．
大御所	徳川吉宗	—	—	—	—	朝鮮国王宛て別幅に使用（第10回通信使）．
若君	徳川家治（大納言）	—	—	—	—	朝鮮国王宛て別幅に使用（第10回通信使）．
将軍	徳川家治	源寛祐	—	—	佐々木家	朝鮮国王宛て国書・別幅に使用（第11回通信使）．
将軍	徳川家斉	克綏厥猷	9.4 cm×9.3 cm	銀印	浜村蔵六	朝鮮国王宛て国書・別幅に使用（第12回通信使）．
若君	徳川家慶（大納言）	恭敬温文	—	銀印	浜村蔵六	朝鮮国王宛て別幅に使用（第12回通信使）．
将軍	徳川家定	経文緯武	9.0 cm×9.2 cm	銀印	益田遇所	外国宛て国書などに使用．
将軍	徳川家茂	経文緯武	9.0 cm×9.2 cm	銀印	益田遇所	外国宛て国書などに使用．家定から継承．
将軍	徳川慶喜	経文緯武	9.0 cm×9.2 cm	銀印	益田遇所	外国宛て国書などに使用．家茂から継承．

注）内容はすべて筆者の管見に入ったものであり（実測を含む），表中「—」は記載がない，あるいは，不明であることを表している．

その後も対馬宗家は通信使の派遣交渉を行い、朝鮮は条件として将軍国書を要求する。当然、徳川政権から先に国書が送られることはなかったから、対馬宗家は秀忠国書を偽造して送ることとなる。[10] しかし、先の使節（第一回）は秀忠国書（真書）を持ち帰っており、朝鮮側は「源秀忠」印の存在について認識していたはずである。そのため対馬宗家は、「源秀忠」印まで偽造しなければならなくなった。[11] 偽造秀忠国書を受けて朝鮮は、一六一七（元和三・光海君九）年に通信使（回答兼刷還使）を派遣する（第二回）。ここでも対馬宗家は、朝鮮国書・別幅を改竄し、偽造秀忠国書の存在がばれぬよう取り繕わなければならなかった。徳川政権も回答となる秀忠国書を作成したが、使節が差出名義（「日本国源秀忠」）に「王」字を入れるよう執拗に求めたことから、秀忠国書も対馬宗家によって改竄された。

一六二三（元和九）年に家光が将軍宣下を受けると、対馬宗家はこれに合わせて通信使の来日を画策する。今回は対馬から偽造国書を持って行くことなく、要請のみで来聘に成功したようである。[12] これを受けて朝鮮は、翌一六二四（寛永元）年に通信使（回答兼刷還使）を派遣する（第三回）。使節が持参した朝鮮国書・別幅は、対馬宗家の改竄を経て徳川政権の手に渡り、[13] 政権側も家光国書を作成する。用いられた印章は、「源忠徳」印であったが、差出名義（「日本国主源家光」）が朝鮮側の求めるものではなかったことから、結局、当国書も対馬宗家による改竄が行われた。

対馬宗家の御家騒動である柳川一件（一六三五年）において、偽使の派遣、国書の偽造・改竄が暴露されると、これらは完全に封印される。[14] 以降、徳川政権の指示に従って通信使が要請されることとなり、この頃から朝鮮も「通信」を名目とした朝鮮通信使を派遣するようになる。使節に即して将軍外交印を概観すれば次の通りである。

まず、事件直後の一六三六（寛永一三・仁祖一四）年に、「泰平の賀」を名目とした通信使が派遣され（第四回）、また竹千代（後の家綱）誕生を祝した通信使も、一六四三（寛永二〇・仁祖二一）年に来日している（第五回）。それぞれ家光国書・別幅が作成されたが、そこに用いられた印章は、「源忠徳」印であった。つづいて家綱の将軍襲職を祝う通信使が一六五五（明暦元・孝宗六）年に来日しており（第六回）、これ以降通信使は将軍代替を機に派遣される使節として

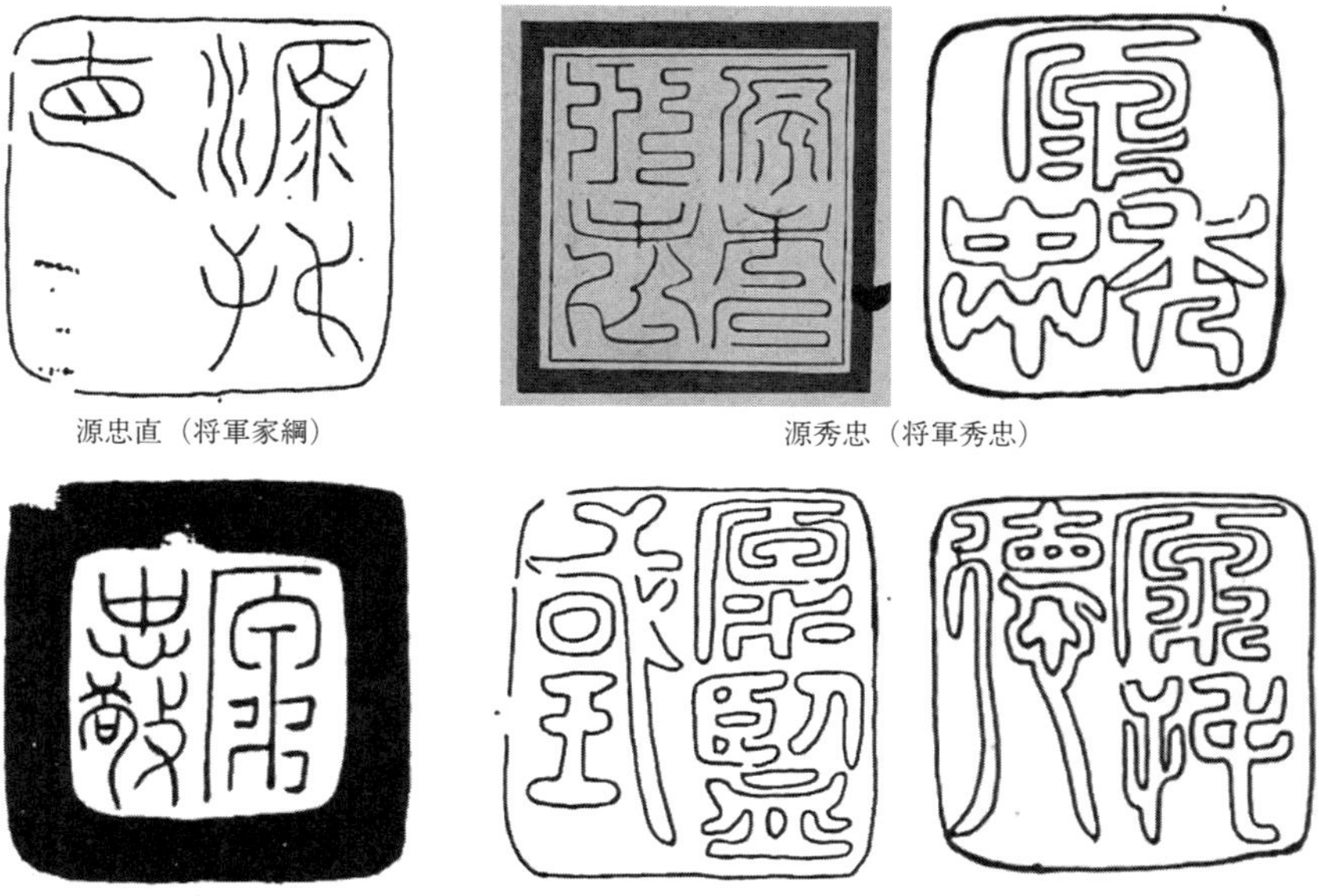

源忠直（将軍家綱）

源秀忠（将軍秀忠）

源忠敬（将軍綱吉）

源監国（竹千代，後の家綱）

源忠徳（将軍家光）

図1　徳川秀忠から綱吉の外交印

出典）「御代々御花押・御朱印・御黒印・御宝印之写　全」（『中央区文化財調査報告書第3集　中央区旧家所蔵文書　小津商店・佐々木印店・中村家文書』東京都中央区教育委員会社会教育課文化財係，1995年）．「外蕃書翰交趾国舟」（国立公文書館所蔵「内閣文庫」184-0376）．

定着する。この時の国書・別幅に捺された印章は、「源忠直」印である。そして一六八二（天和二・粛宗八）年にも綱吉の将軍襲職を祝う通信使が来日しているが（第七回）、その際用いられた印章は、「源忠敬」印であった（図1参照）。

一方で通信使は、将軍宛て朝鮮国王国書・別幅だけを持参したわけではなかった。たとえば、一六四三（寛永二〇・仁祖二一）年通信使の際には、竹千代（後の家綱）宛て、一六八二（天和二・粛宗八）年通信使の際には、徳松（綱吉の子、夭折）宛て朝鮮国王別幅がもたらされた。徳川政権はそれぞれ若君別幅にて対応するが、両者の差出名義には統一性が見られないという特徴がある。すなわち、前者が「日本国源」＋捺印であったのに対して、後者は捺印のみ（「日本国源」なし）だったからである。[15]この点は後の通信使の際に問題となり、使節との応酬が繰り広げられることとなる。ちなみに若君別幅に用いられた印章は、それぞれ「源監国」印、「源緝熙」印であった。

二　徳川家宣の外交印

一七一一（正徳元・粛宗三七）年に来日した通信使（第八回）は、当初より波乱含みの様相を呈した。それは新井白石による日本国王号への復号や聘礼改革が断行されたためである。日朝両国書は、朝鮮側二回、日本側一回の書き直しを経て、最終的には対馬の地での交換が行われた。

家宣国書・別幅に捺された印章は、「文命之宝」印（金印）であったことが明らかにされている。[16]一方で聘礼改革に関して、徳川政権から対馬藩主宛ての文書が発給されている。改革の断行を通信使へ伝えるよう家宣が命じた「教諭」と、詳細を定めた「奉旨之御書付」六通からなり、とくに「教諭」には「教命之宝」印（金印）が捺されていた。「通航一覧」には、「釜屋山城」なる人物が「御金印之御用被仰付」といった理由で、「白銀三拾枚」を下賜された記事が載せられているが、[17]武田勝蔵氏はこれをもって、「右両金印はこの釜屋山城の新たに造つたものであろう」と推測する。しかし、佐々木印店文書「御代々御花押・御朱印・御黒印・御宝印之写　全」に「文命之宝」印が控えられている現状を勘案すると、釜屋の作った印章は「教命之宝」印のみで、「文命之宝」印は佐々木家が担当したと考えるべきであろう。縁部分や方寸、篆書の形態が異なるのも、製作者の違いに起因するものなのかもしれない（図2参照）。

さて、白石が一七一五（正徳五）年に著した「殊号事略」には「御宝の事」と題した文章が存在する。これは将軍外交印に関する白石の史的考察であり、「文命之宝」印成立に関する重要な事項が述べられている。以下、「御宝の事」によりながら、白石がどのような考えを持っていたのかについて明らかにする。[18]

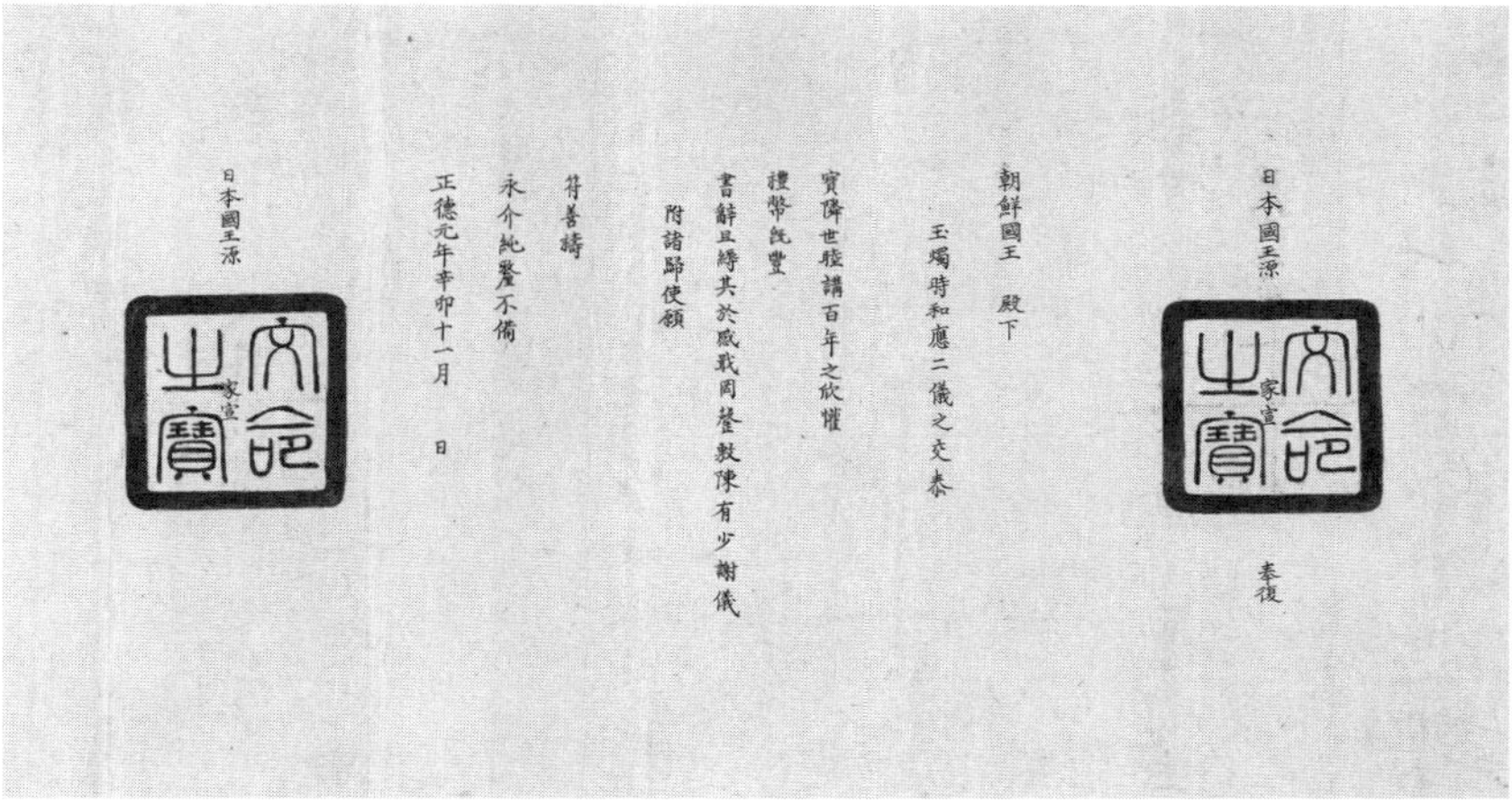

日本國王源　家宣　奉復

朝鮮國王　殿下

玉燭時和應二儀之交泰

寶隣世睦講百年之欣懽

禮幣既豐

書辭且縟共於感戢罔罄敷陳有少謝儀

附諸歸使領

符善禱

永介純釐不備

正徳元年辛卯十一月　日

日本國王源　家宣

徳川家宣国書写

教命之宝（将軍家宣）

文命之宝（将軍家宣）

図2　徳川家宣の外交印

出典）「徳川家宣国書写」（九州国立博物館所蔵「対馬宗家文書」P4，山田満穂氏撮影）．「御代々御花押・御朱印・御黒印・御宝印之写　全」（『中央区文化財調査報告書第3集　中央区旧家所蔵文書　小津商店・佐々木印店・中村家文書』東京都中央区教育委員会社会教育課文化財係，1995年）．「正徳信使記録」（長崎県立対馬歴史民俗資料館所蔵「宗家文庫史料」記録類2／朝鮮関係／A／6）．

まず冒頭には、外交印に関する識者（白石の書き方が曖昧なため、仮に「識者」とする）の見解が述べられている。その内容は、家康は朝鮮に国書を送らぬよう指示してきたが、万が一に備えて「源忠恕」印を用意しており、それを受けて秀忠から綱吉までの将軍が外交印を準備してきたこと（印面は全て縦三寸×横二寸九分、右に「源」、左に「忠恕ホの文字」を配置）、秀忠が用いた「源秀忠」印は差出名義（「日本国源秀忠」）と文字が重複することから、家光以降は朝鮮国王印（「為政以徳」印）にも倣って、忠徳・

忠直・忠敬の文字を使用するようになったこと、である。

こうした識者の見解に基づき、白石の六つの考察が展開される。その第一から三は、家康外交印に関するものである。家康は実のところ朝鮮に国書を送っており、その際は異国渡海朱印状などに捺された「源家康忠恕」印を用いたことから、識者の述べる「源忠恕」印は存在しないという。つづく第四として、以心崇伝の備忘によって「源秀忠」印を確認すると、(19)上に「源」、右下に「秀」、左下に「忠」であり、識者の見解（右に「源」、左に「忠恕ホの文字」）とは異なること、第五として朝鮮国王は「為政以徳」印以外にも「徳命之宝」印を用いたことがあったこと、である。そして最後に、識者もなぜ家光以降の将軍が忠徳・忠直・忠敬の文字を使っていたのかがわかっていないこと、足利将軍も代々「体信達順」印を用いたこと、将軍代替ごとに印章を改めていては、外国から国書と見做されない可能性があることを理由に、黄金をもって「文命之宝」印を鋳造し、徳川将軍が代々用いる「伝国の御宝」として定める、と結論する。

白石の考察は概ね史実であるが、たとえば、家康が朝鮮に送ったという国書は、対馬宗家が偽造したものであったし、そこに用いられた印章は、「日本国王之印」印であった。(20)また「為政以徳」印以外の朝鮮国王印は、「徳命之宝」印ではなく、「施命之宝」印、(21)足利将軍が代々用いた印章は、「体信達順」印ではなく、「徳有鄰」印である。(22)このように史実ではない部分も存在するが、白石の狙いは識者の見解を否定することにあったと考えられる。そしてここで否定しようとした識者とは、名前こそ挙がっていないものの、林家であると想定され、白石が「殊号事略」を著す以前に、林七三郎（後の信充）・百助兄弟は「朝鮮聘考」を書き上げていた。(23)同書には先述した識者の見解のほか、外交印の印影も図示されている。つまり白石としては、これまで外交印に関与してきた林家(24)を批判した上で、印文などを一新した「文命之宝」印を「伝国の御宝」として定着させようとしたのであろう。そのような意味で「御宝の事」は、林家の「朝鮮聘考」を否定するとともに、「文命之宝」印成立の根拠を示すものであったと言うことができる。ちなみに「教命之宝」印が「御宝の事」に挙がっていないのは、同印が「御宝印」としての位置づけを与えられていなかったことを意味するのかもしれない。[25]

三　徳川吉宗から家斉の外交印

吉宗が将軍になると、これまで政治的な影響を及ぼしてきた白石は失脚する。一七一九（享保四・粛宗四五）年には通信使が派遣され（第九回）、徳川政権はそれに対する国書・別幅を作成した。用いられた印章は「源」印であり、早くも白石の「伝国の御宝」構想が潰えたことがわかる。つづいて一七四八（延享五・英祖二四）年には家重、一七六四（宝暦一四・英祖四〇）年には、家治の将軍襲職を祝う通信使が来日している（第一〇・一一回）。将軍家重、家治それぞれの国書・別幅に捺された印章は、「源表正」印、「源寛祐」印であった（図3参照）。

「はじめに」で述べたように、徳川政権が作成した国書・別幅の原本は韓国で一点も見つかっていない。一方で日本にはそれらの控や写が存在するが、国書・別幅そのものではないことから印章が捺されていないのが一般的である。しかし、藤井斉成会有鄰館（京都府）が有する家重別幅控には「源表正」印が捺されている。同館はこれだけでなく、綱吉国書控・別幅控、徳松別幅控、家治国書控・別幅控、計六点を有しているが[26]、印章があるのは唯一、家重別幅控だけである。これらは大正末期から昭和初期に朝鮮総督府朝鮮史編修会による撮影が行われており、その記録写真が現在、国史編纂委員会（大韓民国）に保管されている。[27]同委員会の目録によれば[28]、撮影時の所有者は本山彦一であったことが判明する。本山彦一（一八五三―一九三二年）は、大阪毎日新聞社長、貴族院議員をも務めた人物であり、その傍ら考古学資料を蒐集してきたことで知られる。[29]資料の大部分は「本山コレクション」として関西大学博物館に移管されているが[30]、国書控・別幅控は、いつの段階かで本山の手を離れ、藤井斉成会有鄰館が取得するところとなった

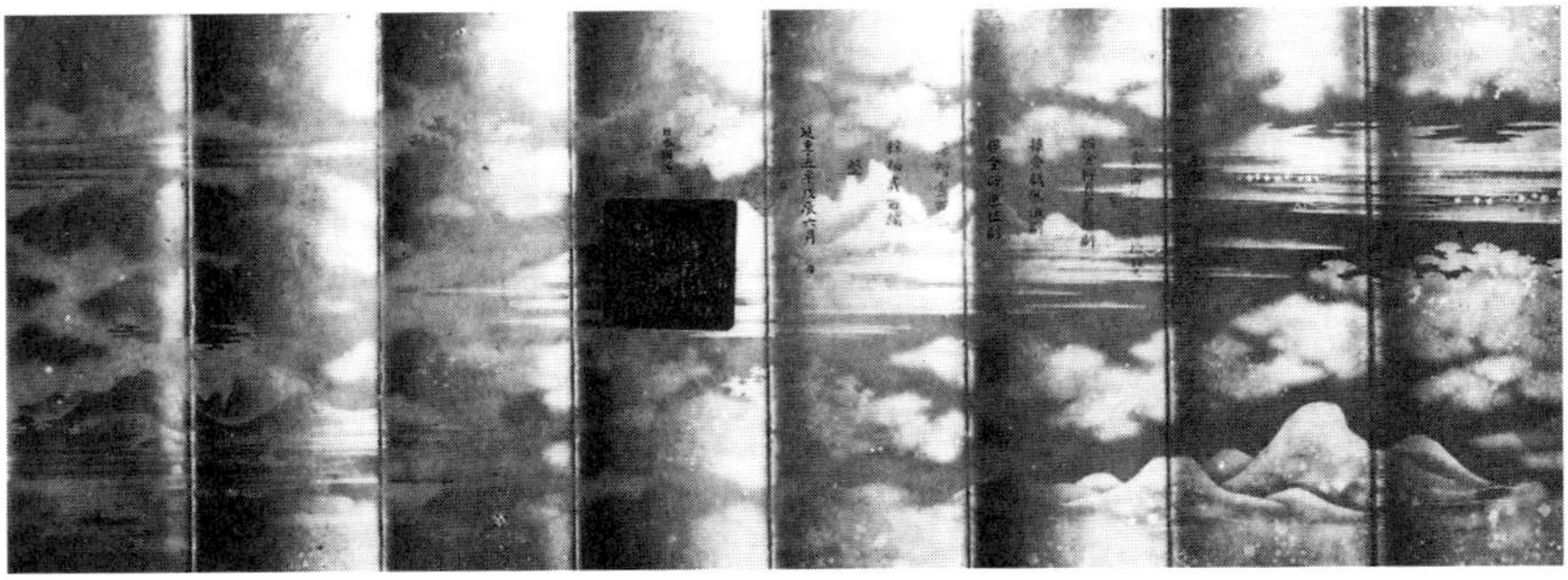

徳川家重別幅控

源表正（将軍家重）

源寛祐（将軍家治）

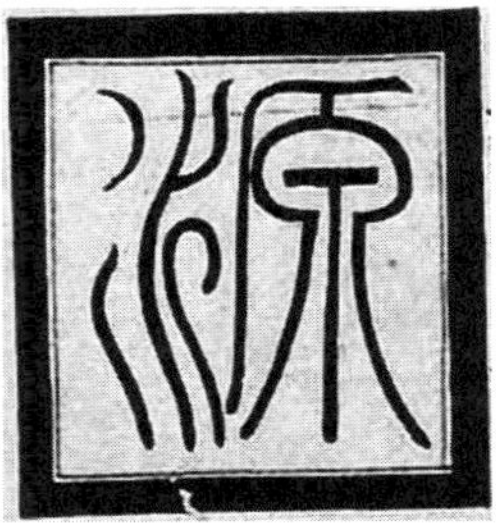

源（将軍吉宗）

図3　徳川吉宗から家治の外交印

出典）「御代々御花押・御朱印・御黒印・御宝印之写　全」（『中央区文化財調査報告書第3集　中央区旧家所蔵文書　小津商店・佐々木印店・中村家文書』東京都中央区教育委員会社会教育課文化財係，1995年）．「享保信使記録」（朝日新聞社文化企画局編『宗家記録と朝鮮通信使展』朝日新聞社，1992年，59頁）．「日本将軍　源家重復書別幅」（国史編纂委員会所蔵사진목록／古文書／対外関係文書／国書／사자 0748）．

のであろう。

　また、これら六点の国書控・別幅控を一括する包紙（鳥の子紙）上書きには、「朝鮮国ニ与ウル書七〔六〕紙　所有小杉榲邨（原文、与朝鮮国書七〔六〕紙　所有小杉榲邨）」とあり、本山以前の所有者が小杉榲邨《すぎむら》であったことがわかる。小杉榲邨（一八三四―一九一〇年）は、国学者であり、東京美術学校教授、東京帝室博物館評議員をも務めた人物である。(31)『古事類苑』の編纂を契機として国書とのかかわりを持ったことが知られており、養嗣子の美二郎がこれらを流出・分散させた。(32)東京大学史料編纂所の影写本のなかには、美二郎所有の古文書を写したものが存在するが、(33)そこには家治（嫡子、大納言）別幅控一点を加えた、計七点の国書控・別幅控が影写されている。現在、家治（嫡子、大納言）別幅控の行方こそわかっていないものの、(34)影写当時は包紙（鳥の子紙）上書き通り、「七紙」の国書控・別幅控が存在したのであろう。以上を踏まえると、国書控・別幅控は、小杉榲邨→小杉美二郎→本山彦一という流れを経て、藤井斉成会有鄰館に伝来していたのである。

　結果的に最後の通信使となった一八一一（文化八・純祖一一）年来日の通信使（第一二回）は、とくに異例であった。それは家斉の将軍襲職から二四年という歳月を経て派遣され、その派遣地が対馬だったからである（対馬易地聘礼《えきちへいれい》）。この時の将軍国書・別幅に捺された印章は、「克綏厥猷」印（銀印）であった。(35)外務省外交史料館（東京都）には、実際に印章が捺された家斉国書控・別幅控が保管されているが、印影はすべて薄く剝ぎ取られ、その上から朱を流し込んでいる状態である。(36)印影を切り抜いたりする行為は、近世日本一般に見られる反故処理の方法であり、(37)家斉国書控・別幅控も何らかの事情があって剝ぎ取られたのであろう。将軍が発する朱・黒印状の反故処理については明らかにされているが、(38)外交印が捺された文書の処理についてはまったくわかっていない。

　ところで一七四八（延享五・英祖二四）年通信使の際には、家重（将軍）宛てだけでなく吉宗（大御所）、家治（大納言）宛て、一八一一（文化八・純祖一一）年通信使の際には、家治（将軍）宛てだけでなく家慶（嫡子、大納言）宛て朝鮮国王別幅も届けられている。徳川政権はそれぞれに太大君別幅（吉宗）・若君別幅（家治・家慶）を作成して対応したが、家治（大納言）別幅をめぐっては論争にまで発展した。(39) すなわち、徳川政権が先に受領した別幅に倣って、差出名義がなく捺印のみの家治（大納言）別幅を作成したところ、朝鮮国王に対する不遜と捉えられたのである。使節によれば、たしかに家治（大納言）には捺印のみの別幅を送ったが、それは家重（将軍）・吉宗（大御所）との差を朝鮮国王が認めているためであって、それと同様の対応を将軍にもなっていない家治（大納言）がとることは許されないという。対馬宗家としても、若君は日本で将軍同等の扱いを受けていること、過去（第七回）に使節は捺印のみの徳松別幅を受領していること、を理由に対抗の姿勢を崩さない。最終的には、使節が捺印のみの別幅を持ち帰ることで決着したが、その具体的な経緯は不明である。一八一一（文化八・純祖一一）年通信使の家慶（大納言）別幅受領時に、取り立てて大きな問題になっていないことを考えれば、朝鮮側の理解を得ることができたのではないだろうか。ちなみにこれらの別幅に捺された印章は、家慶（大納言）が「恭敬温文」印（銀印）(40) という以外何もわかっていない。

おわりに

一八五七（安政四）年、初代アメリカ総領事タウンセンド・ハリスは、徳川家定への謁見を果たし、アメリカ大統領国書を捧呈した。対する徳川政権は、家定国書の作成に取りかかるも、結局、同国書が渡されることはなかったようである。この時使用予定だった印章は、「経文緯武」印（銀印）であった。同印はハリス謁見直後に外交グループ（海防掛・評定所一座・大小目付・浦賀奉行・下田奉行・箱館奉行・長崎奉行・筒井政憲・林〓（復斎））の上申書によって決定し、これを製作した益田遇所は、「外国江被遣候　御印章彫刻御用相勤候ニ付」といった理由で時服を拝領している。(41) 家定在職中に実際に使用されることはなかったものの、家定外交印として決定を見ていた点は注目される。

さらにその後、日米修好通商条約批准に際して作成された家茂国書（一八六〇年）に「経文緯武」印は捺され[42]、また日英修好通商条約批准書（一八五九年[43]）や、日孛（プロイセン）修好通商航海条約批准書（一八六四年[44]）にも同印が捺されている。そして一八六七（慶応三）年に締結された日丁（デンマーク）修好通商条約批准書[45]に用いられた慶喜外交印も「経文緯武」印であった。このように同印は、家定・家茂・慶喜三代の印章として定着していたのであり、白石が構想した「伝国の御宝」が、ここに至って図らずも実現していた事実を読み取ることができる[46]。

さて、これまで将軍外交印について概観してきたが、そこから、①外交印は将軍だけでなく、大御所や若君も有していたこと、②印文は将軍ごとにまちまちで、家康・秀忠を除いては実名を刻むことはなかったこと[47]、③印面はおよそ縦三寸×横三寸に整えられ、印材も金や銀が用いられたこと、④製作者はほぼ佐々木家であったこと、が明らかとなった。付言すれば、家康〜家光、家定〜慶喜外交印は外国一般に、家綱〜家斉に至る外交印は朝鮮国書・別幅にのみ対応する印章となっていたと推測される。しかし将軍外交印は、国書・別幅に捺される以上、本来、国書・別幅の全体像のなかで議論されるべきものであり、印章を単独で取り扱った本コラムでは、表面的な事象しか追うことができなかった。印章を含めた国書・別幅全体の議論については、稿を改めて論じたい。

（1）徳川将軍と朝鮮国王との間で交わされた外交文書は、様式としては書契に分類され（米谷均「文書様式論から見た一六世紀の日朝往復書契」『九州史学』一三二、二〇〇二年）、史料用語としても「書」「書翰」「返翰」などが用いられる。本コラムでは、煩雑を避けるためにも「国書」という用語を使用する。

（2）代表的なものとして、三宅英利『近世日朝関係史の研究』（文献出版、一九八六年）、李元植『朝鮮通信使の研究』（思文閣出版、一九九七年）が挙げられる。

（3）田代和生「朝鮮国書・書契の原本データ」（『日韓歴史共同研究報告書（第二分科篇）』日韓歴史共同研究委員会、二〇〇五年）、同「朝鮮国書原本の所在と科学分析」（『朝鮮学報』二〇二、二〇〇七年）。

（4）徳川将軍が用いた印章のなかでもっとも一般的なのは、実名が刻まれた円印であろう。同印は将軍が発する朱・黒印状に捺され、その製作過程についても明らかにされているが（西光三「徳川将軍家「御印判」製作過程についての一考察」『古文書研究』六九、二〇一〇年、同「将軍徳川慶喜の御印判製作過程と御用達町人」『日本歴史』七八四、二〇一三年）、将軍国書・別幅に捺されることはなかったようである。

（5）佐々木印店所蔵。徳川政権の御用達職人（「御印判師」）を務めた佐々木家伝来の史料。

（6）近藤守重著・国書刊行会編『近藤正齋全集　第二』（国書刊行会、一九〇五年）。

（7）林復斎編『通航一覧　第三』（清文堂出版、一九六七年）。

（8）偽造とは差出名義人の与り知らぬところで捏造する行為であり、本物の存在を前提としつつ都合よく作り変える改竄とは異なる。

（9）同印について景轍玄蘇《けいてつげんそ》（対馬以酊庵《いていあん》住持）は、一五九六（慶長元・万暦二四）年、秀吉を日本国王に任ずるため来日した明国冊封使が置き去りにしたものと説明するが（田代和生『書き替えられた国書』中央公論社、一九八三年、二五頁）、実際は対馬宗家による偽造印であったろう。

（10）伊藤幸司「現存史料からみた日朝外交文書・書契」（『九州史学』一三二、二〇〇二年）。

（11）後に柳川調興《しげおき》（対馬宗家重臣）は、宗智順《としのぶ》（同）らが「秀忠公の御朱印と朝鮮国王の御朱印」（傍点は筆者）を偽造したことを暴露している（田代前掲注(9)書、一九六頁）。

（12）荒木和憲「対馬宗氏の日朝外交戦術」（荒野泰典・石井正敏・村井章介編『日本の対外関係5　地球的世界の成立』吉川弘文館、二〇一三年）。

（13）木村拓「一七世紀前半の対日本外交の変容」（『史学雑誌』一一六―一一、二〇〇七年）。

（14）荒木前掲注(12)論文。国書の偽造・改竄に用いられた偽造印等は、現在三七顆《か》が確認されているが（田代和生・米谷均「宗家旧蔵「図書」と木印」『朝鮮学報』一五六、一九九五年）、「日本国王之印」印や「源秀忠」印までが偽造されていたことを考えれば、その数はもっと多かったことが予想されよう。

（15）両別幅に実名が記されなかったのは、当時、竹千代、徳松ともに元服前であり、実名が存在しなかったという事情もある。

（16）本節ではとくに断らない限り、武田勝蔵「正徳信使改礼の教諭原本に就て」（『史林』一〇―四、一九二五年）に基づく。

（17）「御日記」（林復斎編『通航一覧　第二』清文堂出版、一九六七年、四八〇頁）。

(18)「殊号事略」(早稲田大学図書館所蔵リ〇四　〇五三二一六)。

(19) この備忘が何を指すのか白石は明示しないが、崇伝が著した「異国日記」ではないかと推測される。「異国日記」表表紙・遊紙部分には、「源秀忠」印の印影が転写されているからである(以心崇伝著・異国日記刊行会編『影印本　異国日記』東京美術、一九八九年、三頁)。

(20) だからと言って「源家康忠恕」印が存在しなかったわけではなく、同印は朝鮮を除く外国宛て国書や異国渡海朱印状などに用いられた。一瀬智氏(九州国立博物館)のご教示によれば、同館所蔵の異国渡海朱印状に捺された「源家康忠恕」印の印影は、縦八・九cm×横八・五cmであるという。

(21) 木村前掲注(13)論文。白石が実際に見たのは改竄国書であり、これに捺された印章は「施」字を変形させたものであった。

(22) 田代・米谷前掲注(14)論文。

(23) 管見の限り書物として存在しないが、「宝永六年十月廿三日　林七三郎・林百助」の識語があることが確認できる(「朝鮮聘考」『通航一覧　第三』一〇九頁)。

(24) 徳川将軍が用いた円印の製作に林家が関与していた事実を考えれば(小野将「近世後期の林家と朝幕関係」『史学雑誌』一〇二―六、一九九三年)、外交印も同様であったことが想像される。

(25)「御宝印」=将軍外交印であるから、「御代々御花押・御朱印・御黒印・御宝印之写　全」に記載のない「教命之宝」印は「御宝印」ではないことになる。しかし、白石が家宣の「教諭」を「永々迄之御作法」と説明していることを勘案すれば(武田前掲注(16)論文)、将軍朱・黒印状に捺された円印のように国内向けでありながら、将軍代替に左右されない印章として定着させようとした可能性がある。

(26) 大塚英明「藤井斉成会所蔵朝鮮通信使関係資料について」(『文化財報』五八、一九八七年)。

(27)「日本将軍　源綱吉国書」(国史編纂委員会所蔵사진목록/古文書/対外関係文書/国書/사자〇七四五)、「日本将軍　源綱吉復書別幅(1)」(同사자〇七四六)、「日本将軍源綱吉復書別幅(2)」(同사자〇七四七)、「日本将軍　源家重復書別幅」(同사자〇七四八)、「日本将軍　源家治復書」(同사자〇七四九)、「日本将軍　源家治復書別幅」(同사자〇七五〇)。

(28)『사진・유리필름목록(상) 사진목록』(国史編纂委員会、一九九八年)一四三―一四四頁、『同(하) 유리필름목록』(同、一九九八年)六一一―六一二頁。

(29) 故本山社長伝記編纂委員会編『松陰本山彦一翁』(大阪毎日新聞社、一九三七年)。

(30)『関西大学博物館蔵本山彦一蒐集資料目録』（関西大学博物館、二〇一〇年）。

(31) 日本歴史学会編『日本史研究者辞典』（吉川弘文館、一九九九年）一三六―一三七頁。

(32) 田代前掲注(3)論文。

(33)「小杉美二郎氏所蔵文書」（東京大学史料編纂所所蔵三〇七一／三六／三九）。

(34) 同別幅控は影写本で印影が確認できるが、塗り潰されていたせいか、影写者も塗り潰しを行っている。

(35)「文化信使記録　江戸留書　第六冊」（慶應義塾図書館所蔵「宗家記録」九三／一／五八／六）。同史料によれば、一八〇八（文化五）年に徳川政権内で協議がなされ、「克綏厥猷」印の印文は同年一一月にとくに第一二回の通信使を迎えるにあたって決定されたと考えられる。

(36)「朝鮮国王純祖国書に対する将軍徳川家斉返書」（外務省外交史料館所蔵「朝鮮国一」）。筆者が計測する限り、印影は縦九・四cm×横九・三cmであった。調査には山下大輔氏（外務省外交史料館）のご協力を得た。

(37) 大友一雄「近世の文字社会と身分序列」（『歴史評論』六五三、二〇〇四年）。

(38) 種村威史「徳川将軍文書の焼却にみる近世の文書認識」（『国文学研究資料館紀要　アーカイブズ研究篇』五、二〇〇九年）。

(39)「延享信使記録　第二十三冊」（慶應義塾図書館所蔵「宗家記録」九二／二／五九／二三／三八）。

(40) 前掲注(35)史料。家斉の「克綏厥猷」印、家慶（大納言）の「恭敬温文」印は、幕府細工所において林衡（述斎）立会いのもと、浜村蔵六によって製作された（「近藤某留書」『通航一覧　第三』二〇三頁）。

(41) 上白石実「万延元年アメリカ大統領宛て国書」（田中健夫編『前近代の日本と東アジア』吉川弘文館、一九九五年、のち上白石実『幕末期対外関係の研究』吉川弘文館、二〇一一年所収）。

(42) 同右論文。

(43) 鵜飼政志「「不平等条約体制」と日本」（荒野泰典・石井正敏・村井章介編『日本の対外関係7　近代化する日本』吉川弘文館、二〇一二年）。

(44)『ドイツと日本を結ぶもの（展覧会図録）』（国立歴史民俗博物館、二〇一五年）。福岡万里子（国立歴史民俗博物館）・荒木和憲（同）両氏のご教示によれば、「経文緯武」印の印影は、縦九・〇cm×横九・二cmであったという。

(45)「国立公文書館ニュース　Vol. 11（http://www.archives.go.jp/naj_news/11/index.html）」（二〇一八年三月二一日閲覧）。

(46)「経文緯武」印は、慶喜の孫に当たる徳川慶光（一九一三―九三年）公爵家に伝来したようで、それを維新史料編纂会が昭和初期に撮影した記録写真が、東京大学史料編纂所に保管されている（「摸造国書銀印（経文緯武）并青銅印」東京大学史料編纂所所蔵「維新史料引継本」Ⅱり／九三／二）。

(47) 将軍朱・黒印状に捺された円印の印文がすべて実名であったことを考えれば、外交印（「御宝印」）とは対照的であったことがわかる。

（附記）本コラムの執筆に関して、上原恒明氏（株式会社佐々木印店）に大変お世話になった。末筆ながら心より感謝申し上げたい。また、本コラム脱稿後、二〇一八年八月二〇日に徳川記念財団が「経文緯武」印とその印箱を発見したとのニュースに接した（http://www.tokugawa.ne.jp/201808ginnin.htm）。発見を素直に喜ぶとともに、今後新事実が明らかにされることを切に願っている。

コラム4　一八世紀後半王朝交代期におけるシャムの対清国書

増田えりか

ビルマの軍事遠征を受けアユタヤー朝が滅亡し、シャムが二度の王朝交代を経験した一八世紀後半、同世紀前半から次第に顕著となっていた対外交易の対中一極集中は決定的な趨勢となり、トンブリー朝、ラタナコーシン朝初期の対外関係は、対中関係を中心軸としたことが知られている。[①] [②] この時期のシャム支配者層の関心は、朝貢交易の形をとったジャンク交易の利のみに向けられていたという説がまず唱えられた。これに対し、シャムの支配者層が対中遣使の儀礼的側面に寄せた強い関心、東南アジア大陸部の周辺諸国との交渉の中で対中関係が持った政治的意味などの側面にも次第に光が当てられている。[③] [④] 本コラムは、トンブリー朝からラタナコーシン朝への王朝交代を挟んだ時期におけるシャムの対中国書を取り上げ、シャムの対中交渉の実態やその背後にあった価値観を読み解く鍵が、国書の形状、容器、印章などにあることを述べる。

一　スパンナバット？　金葉表？

シャムにおいて、「スパンナバット（"suphanna"は黄金を、"bat"は薄く平たいものを指すタイ語）」と呼ばれる文書は、国王の即位式において国王の名を刻む場合や、高位の王族、貴族、僧侶、朝貢国の首長の任命などに用いられる格式の高い金色の薄板であった。前近代のシャムにおいて国王が海外の君主に送った国書もまた、このスパンナバットと呼ばれる金の薄板（あるいは薄紙）に刻まれていたことはよく知られており、西欧、中国、日本などの史料に印象深く記述されている。スパンナバットの美しさに注目した江戸時代の幕臣は、

外国国書のうち、金泥で紙片の四周に囲いを描くものがある。長崎では俗にこれを金札と呼び、その使節の船は金札船と呼ばれる。金札のうち最も手が込んでいるのはシャムからのものである。元和七（一六二一）年にもたらされた金札は、薄い金の板に鏨で文字が刻まれているという。……この国は富み、財が豊かであるゆえだろう。安南の金札は見るに足りない。(5)

と述べている。

シャム王は、中国皇帝への遣使に際しても、スパンナバットを送っている。中国側の記録にスパンナバットが登場するのは一三世紀末で、それ以降対中朝貢を停止する一八世紀半ばに至るまでこの習慣は続けられた。スパンナバットは、元史本紀に「金冊」、元史暹伝に「金字表」、明史暹羅伝に「金葉表」、清実録に「金葉表文」などの名でたびたび記されている。これらの「金の薄板に記された天子に奉る文」は、朝貢国「暹羅（シャムの中国側での呼称）」からの貢物の一つとして見なされ、鋳溶かされることも多かった。(6) そのため、中国皇帝宛てのシャム王の書簡として中国側に残る文書の多くは、スパンナバットとともにもたらされ、内容を奏上した漢字表文である。

シャム側では、スパンナバットをはじめとするタイ語で書かれた書簡にせよ漢文文書にせよ、シャム王が中国皇帝に送った書簡、文書は、起草や発送に関わる詳細を示す史料も含め、アユタヤー時代以前は、ほとんど残されていない。これに対し、トンブリー朝、ラタナコーシン朝初期には、シャム宮廷で用意された国書そのもの、起草の儀礼、容器などについて具体的に伝える史料が、シャム側と清朝側双方に、前代に比較して多数現存する。この背景には、

一七六七年、ビルマによって王都アユタヤーが壊滅的に破壊されると、救国の英雄として立ち上がったタークシン王(在位一七六七―一七八二年)が、トンブリーを都とするトンブリー朝の王として即位して間もない時期から清朝に対し積極的に遣使を行い、続くラタナコーシン朝(都はバンコク)初期の諸王もその方針を受け継いだ政治的状況がある。

これらの史料のうち、希少価値を持つのは、台湾故宮博物院所蔵のスパンナバット(本書口絵5)で、シャム王が中国皇帝に送った「金葉表」としては、現在世界で唯一存在を知られている。[7] この縦一六・三cm、横二八・五cmほどの金色金属の薄板には、以下のような内容が比較的薄く刻まれている。

偉大にして吉祥の大首都アユタヤー国王陛下[8]は道光国王陛下[9]との以前から続いている友好に思いをはせ、正使プラチャムルーンスパンナバット、副使ルアンサワッマイトゥリー、正通事クンポッチャナーを任命し、黄金の国書であるスパンナバットを持たせ、国王の吉祥の贈り物の品[10]、中国語で書いたカムハップの国書を捧持させ、国王の古来の伝統に従い道光国王陛下の万寿を祝う。

このスパンナバットには日付が刻まれていないが、タイ芸術局公刊の「タイ＝中国関係」に収録された、清朝道光帝の万寿を祝賀して一八二二年に送られたラーマ二世のカムハップの国書(後述)のタイ語訳[11]と内容が酷似しており、同一のものではないかと思われる。この内容は、タークシン王が一七八一年に最後の対中遣使を行った際のタイ語国書、ラタナコーシン朝初期の諸王が清朝に送ったタイ語国書の冒頭部分とほぼ同じであり、また、スパンナバットに刻まれる定型文でもある。一七八一年使節団の一員であったプラヤー・マハーヌパープは、シャムと中国の国主はともに「同じ黄金の大地に立っている」と表現しており[12]、スパンナバットに刻まれたシャム王の言葉は中国皇帝と対等な立場に立って書かれている。中国側はタイ語で記された内容には関心を払わなかったことを反映してか、一旦彫った文字の上にそのまま彫り直しを行っている箇所がある。

シャムにおいては、スパンナバットは王の意志そのものを表すと見なされていたため、それを包む容器も念入りに作られた。ラーマ一世期には文書を入れる容器とその包装方法についての規定が以下のように記されている。

スパンナバットを巻き金の容器に入れる。プラクランウィセート[14]に対し綿を持ってこさせ金の容器にしっかりと詰める。金のボタンが三つ付いた絹の紐で口を縛り、金・銀糸を織り込んだ絹布製の袋に金の容器を納める。右筆が安息香を混ぜた封蠟で袋の紐の結び目を閉じる。右筆は六龍の印[15]を封蠟の一方の面に、ガルダの印をもう一方の面に押してから、内側に金を貼りクッションを載せた一段の螺鈿細工の容器[16]に載せる。螺鈿細工の容器を、三つのボタンが付いた、緑の絹の房飾り付きの黄色い絹布製の袋に入れ、袋の上下の結び目を封蠟で閉じ、上下の結び目両方の封蠟に六龍の印、ガルダの印を押す。袋を二段になった螺鈿細工の台座付き皿に載せる。赤い絹の房飾りの付いた黄色い絹布製の袋で螺鈿細工の台座付き盆を包み、袋の結び目を封蠟で閉じ、六龍の印、ガルダの印を封蠟の両側に押す[17]。

故宮博物院所蔵のスパンナバットは、二種の容器とともに保存されているが、前述の規定通りのものではない。一つ目は、内部を金色に塗装した象嵌細工の容器で、これが「螺鈿細工の容器」にあたるだろうか。二つ目は、金糸で織った布でできた筒状の袋で、赤糸、白糸を捩じって作られた紐で口を縛られており、紐には金色の金属製の輪が八個通され、その先には直径六㎝ほどで、黒く厚みのある円状の物体の一面にガルダが、もう一面に龍とが朱色で刻んであるものが付いている。この袋が規定中の「ガルダと六龍の印を押した封蠟で紐の結び目が閉じられている金・銀糸を織り込んだ絹布製の袋」で、国書を巻き入れた「金の容器」を収めた袋ではないだろうか。

東南アジアにおいては、シャムに限らず国王の書簡が金、あるいは銀の薄板に刻まれる習慣があった。これらとの比較も東南アジア地域内の対外関係とその背後に存在した価値観を検証する手がかりとなるだろう[18]。

二　漢文文書と印

スパンナバットのほかに、シャムの使臣が清朝にもたらした文書には、漢文で記されたものもある。これらの漢文文書には、印が押されている場合があり、それらの印に、シャムの支配者層が認めた価値、国書の起草を行った宮廷内の部局を知る手がかりが残されている。

第一の漢文文書は、シャム側で「カムハップ（khamhap）の国書」と呼ばれるものである。カムハップは中国語の「勘合（kanhe）」の音訳からきたものだろう[19]。シャム側史料によれば、この国書は黄色い用紙に漢文で記されている[20]。カムハップの国書は、シャムの宮廷で起草され、スパンナバットとともに中国に送られたが、シャムの使節が中国に到着し、まず立ち寄った広州において、中国側の商人や官吏の助言を受け、「朝貢国」の表文にふさわしい文体と内容に書き換えが行われていたことが窺われる。前述のプラヤー・マハーヌパープは、

〔広州において〕皇帝に対して奏上する外交的な内容については、大いに尊敬の語調を加えた[21]。

と紀行詩の中で述べている。たとえば、一七八一年のタークシン王のカムハップの国書にはタイ語版が残っており、政治、通商上の要求が連ねられているが、この内容は乾隆帝に奏上された漢文国書にはまったく反映されていない[22]。

カムハップの国書には、「暹羅国王王印」と刻まれたラクダの印（図1）[23]が冒頭部と治世年号の上に押してあると規定されている[24]。図2は、前者の押されたラーマ一世の対中漢文国書である。

このラクダの印は、周辺諸国をすべて属国と見なした中国皇帝が朝貢国の王に下賜した印である。一七八〇年前後にビルマ王にもたらされたラクダの印が、ビルマ宮廷において清帝による権力の付与と見なされ、ビルマ王の権威を傷つけることになりはしないかと物議を醸した、と指摘する同時代のイギリス人の記述がある[25]。タークシン王は一七

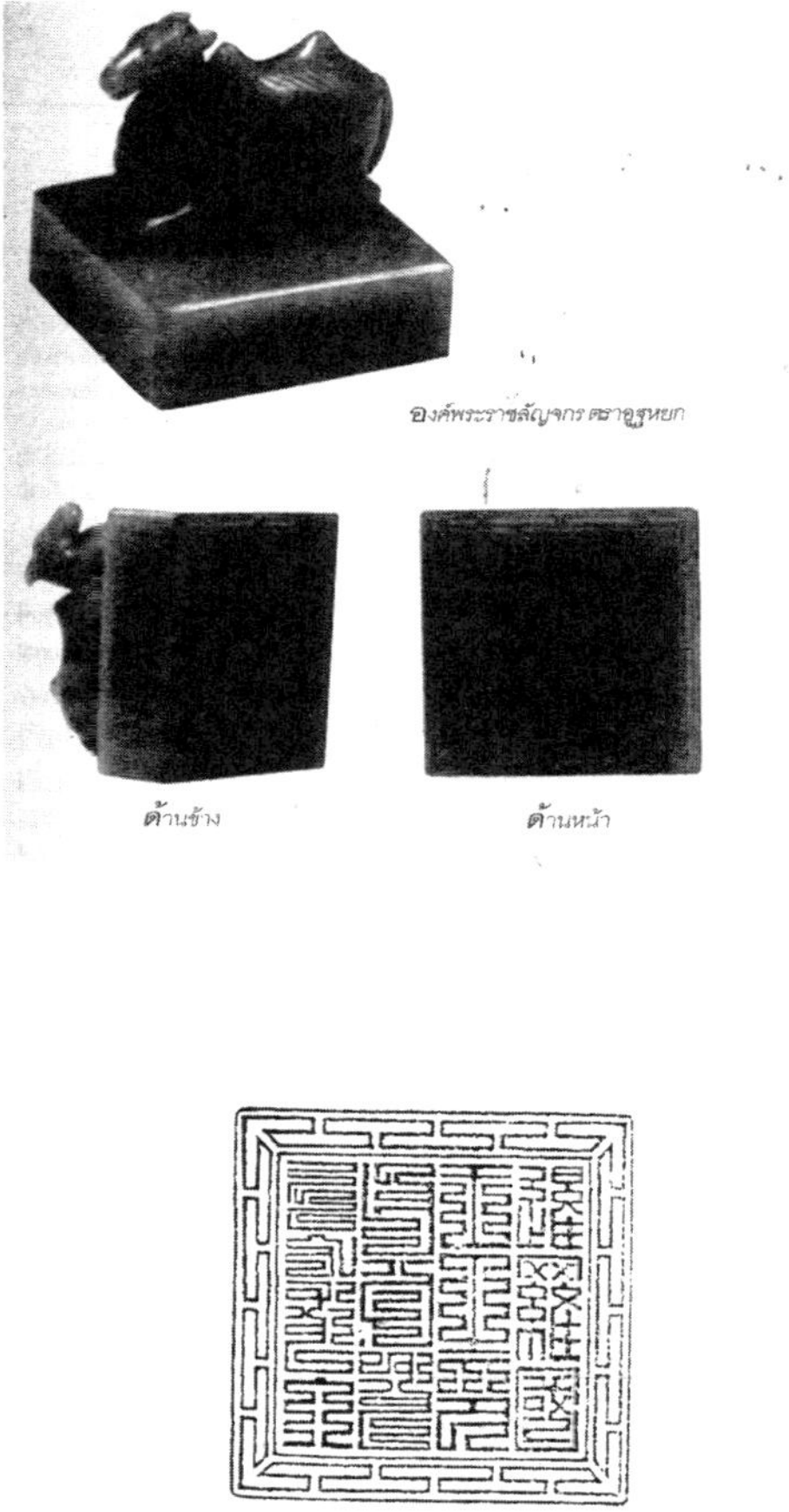

図1　暹羅国王王印

出典）Charnvit Kasetsiri and Kanthika Sriudom (eds.), *King Mongkut and Sir John Bowring*. Bangkok: Toyota Thailand Foundation, 2005, The Foundation for the Promotion of Social Science and Humanities Textbooks Project.

七一年の漢文国書において、「進貢印」をビルマの侵攻時に紛失したことを報告しており、[26] この印はラクダの印を指すと思われる。また、ラーマ一世は一七八六年のタイ語国書において、ラクダの印がないため押せないことを述べているが、翌年「暹羅国王」として冊封された際には同印を「下賜」されたことがわかる。[27] この冊封は、シャム側の国書においては「hong（中国語、「封」fengの音訳語）」と表現されており、清朝が意図した意味での冊封とは異なるが、清朝皇帝からhongを受け、ラクダの印を与えられることにシャム宮廷が積極的価値を見出していたことが窺える。

第二の漢文文書は、シャム側では「コーサーティボディー（kosathibodi）書簡」と呼ばれるものである。コーサーティボディーは、前近代シャムの行政機構において通商、対外交渉を担当したKrom Khlangの長官の欽賜名の一部であり、この長官はプラヤー・プラクラン（Phraya Phrakhlang）と呼ばれることもあった。シャム側史料に見られる規定によれば、この文書は白色の用紙に漢文で起草されており、コーサーティボディーが礼部尚書、広東の総督、巡撫に宛てた大臣間書簡で、コーサーティボディーの官印であるブアケーオの印が押されている[28]、とされている[29]。プラヤー・マハーヌパープは、ブアケーオの印が押された書簡に関し、次のように述べている。

〔中国〕皇帝に対する進貢（chim kong）の規定外の贈り物に関しては、〔シャム〕王は店主やトンブリーの貴族達に多くのものを与え、ブアケーオの印を押させた[30]。

圖版玖拾陸之一

乾隆五十三年五月初九日暹羅國王鄭華自譯黃紙漢字表文。紙地：縱三一・八公分，横一五二・二公分。

圖版玖拾陸之二

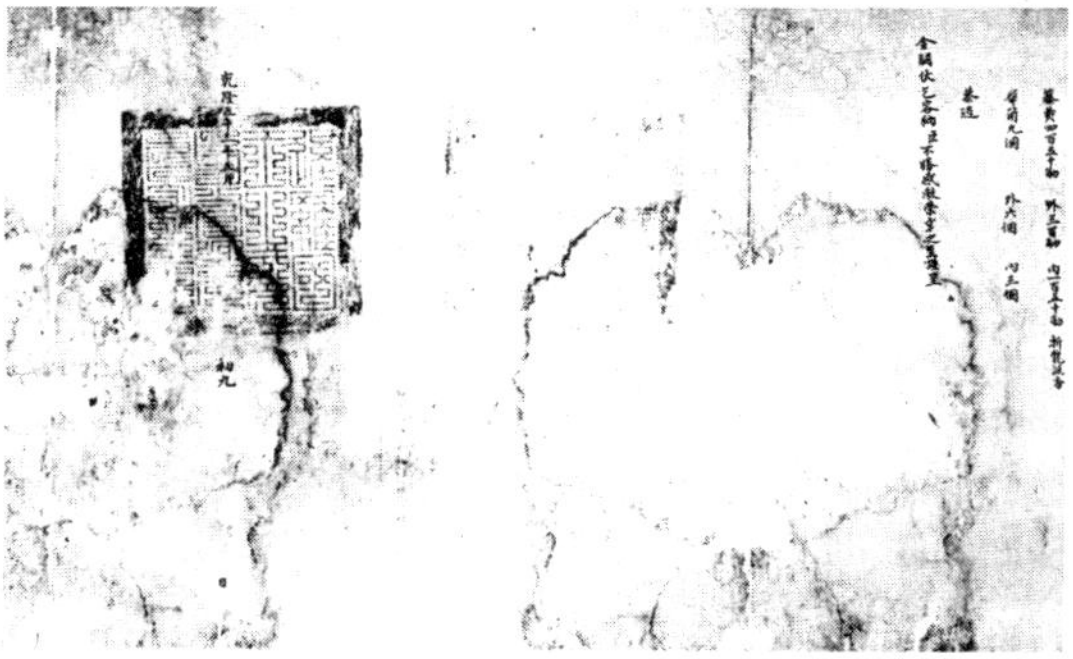

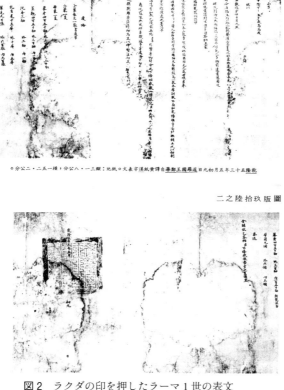

図2　ラクダの印を押したラーマ1世の表文

出典）李光濤編『明清檔案存真選輯三集』中央研究院歴史語言研究所専刊 38-3, 中央研究院歴史語言研究所, 1975年, 図版番号 96.

別の箇所では、次のように述べる。

〔中国の官憲は〕シャム王の書簡を使臣の宿舎に安置した。そしてシャムからの贈り物をコーサーティボディーの印にしたがって店に送った[31]。

故宮博物院には、ブアケーオの印を押した礼部尚書と広東の総督、巡撫宛ての漢文書簡が残されている（図3）。しかし、興味深い

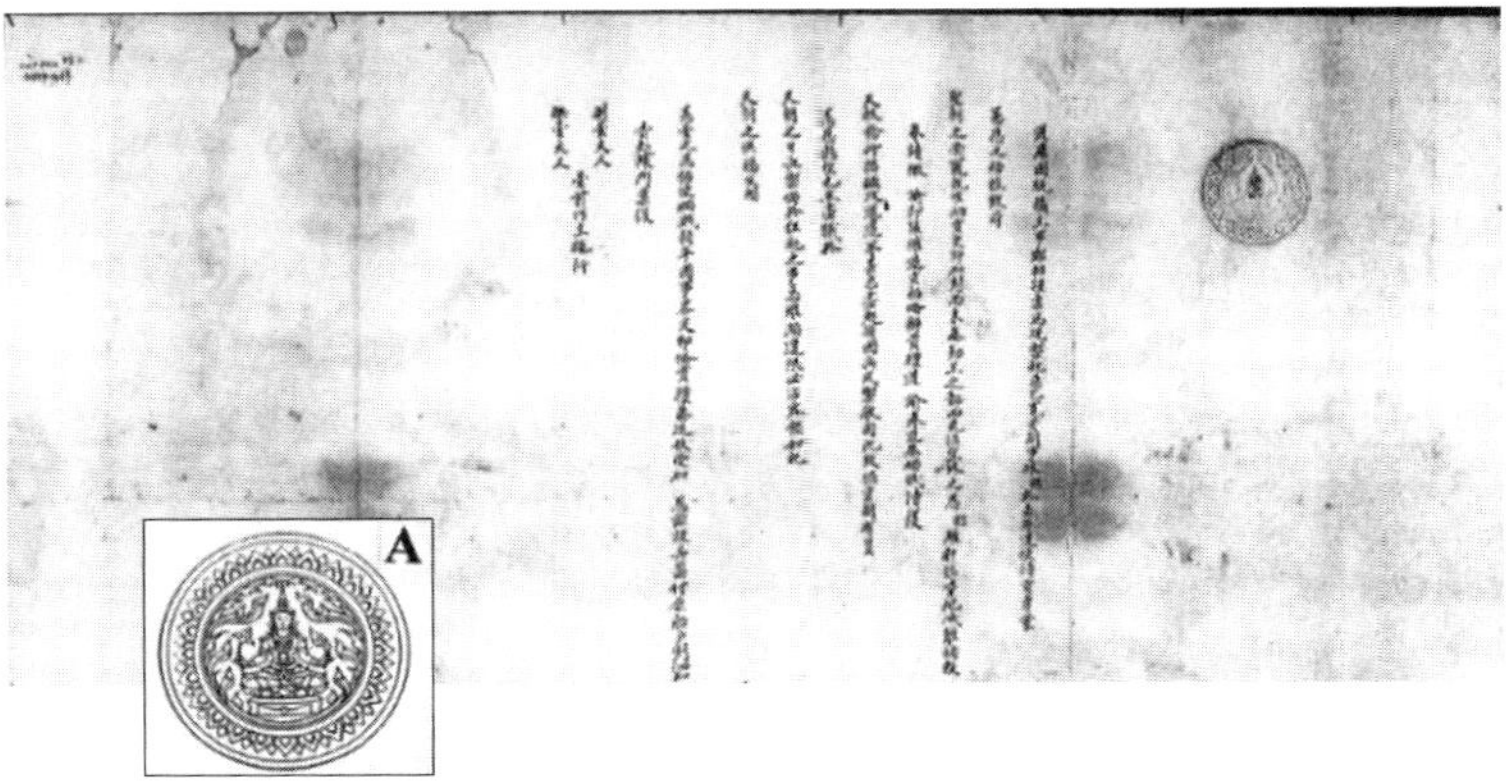

図3　タークシン王の1778年の「稟」

出典）Aはブアケーオの印．軍機處檔摺件40520号，台北，故宮博物院図書文献館．

ことに、同書簡の送り主はコーサーティボディーではなく、タークシン王である。この書簡は、一七七八年に同王が正式な朝貢使節の派遣を延期させてほしい、と希望する内容で、その用紙の冒頭には、外国人が清朝官憲に差し出す文書を指す「稟」の文字があり、「稟」の文字の上にブアケーオの印が押されている。このタークシン王の漢文書簡が稟形式の文書である理由は、「同王は「暹羅国王」として冊封を受けておらず、表文を差し出す立場にはない「暹羅国長」である」とする清朝側の規範を汲んで作成された文書であるからだろう[32]。

一七八七年に「暹羅国王」として冊封される以前のラーマ一世もまた、ブアケーオの印を押し、自らを「暹羅国長」と名乗る差出人として稟形式の文書を礼部尚書、両広総督、広東巡撫宛てに提出している。一七八二年四月、タークシン王の武将であったラーマ一世はタークシン王から王位を簒奪した後、同年六月に中国皇帝に宛てた稟を送っている。ラーマ一世は、この文書において自身を鄭昭（父親が華人であったタークシン王の中国名）の息子鄭華であると称し、病床にあった父が臨終に際して自身に王位を託した、と申し伝えている。王朝交代をめぐるこの虚偽の申告が直接的に記されているシャム側の史料はなく、ラーマ一世自身がこの虚偽を意図的に申告したかどうかは明らかではない[33]。トンブリー朝時代、ラタナコーシン朝初期のシャム宮廷には、中国語を解する官吏が少なからず存在したことが、シャム、中国双方の史料から窺える。これらの華人官吏らの多くはコーサーティボディーの影響下にあり、取り巻きの華人商人層と共謀しつつ王朝交代をめぐる内容のでっち上げに中心的に関与した可能性は高い。

カムハップの国書やコーサーティボディ書簡がシャム宮廷で起草されていたとすれば、（スパンナバットの内容が清朝側には問題とされなかったのと同じように）漢文国書や文書の内容や、国王を差出人とするにもかかわらずコーサーティボディーの印を押した書簡（清朝側から見れば稟）という矛盾した文書形式を作り出してしまっているという点には、シャム宮廷ではあえて触れずに使臣に託すことが可能であったのかもしれない。あるいは、前代より親密になりつつあったこの時期の両国間交渉当事者の関係性を考慮すると、広州の官憲や公行商人からの助言を受け、シャムの使臣や使臣と同行した華人商人らが広州において漢文国書や文書を独自に作成した可能性も考えられる。シャム＝清朝間の対外交渉がトンブリー／バンコク＝北京の宮廷間の直線的なやりとりではなく、広州を結節点としたシャム使臣、華人商人、清朝の官憲等の利害を反映し方向づけされていたことが注目される。

三　結　語

一八世紀後半の大陸部東南アジアにおいては、シャム、ベトナム、ビルマの三大国が王朝交代を経験し、各新王朝は自らの権威を周辺諸国に認証させようと競合していた。三国はいずれも、政治的混乱の中いったん途絶えた清朝との国交を回復し、通商関係の安定化を図ったが、その過程は容易なものではなかった。ベトナム、ビルマは清朝から軍事的干渉を受け、シャムには政情を探る清朝の探索者が三度にわたり広州から派遣され、タークシン王の王権の正統性そのものに疑いを差し挟み、正式な遣使の派遣を清朝が拒むなど(34)、清朝の政治的存在感が、大陸部東南アジアでは前代よりも現実感を持って体感されるようになっていった。こういった政治的状況を背景に、清朝との関係性がこの時期の大陸部東南アジアの対外関係における相互認識の軸の一つになっていたことが考えられる。自国語でしたためられた文書においては、自らと清朝を対等な立場に置きつつ、実際には清朝の超大国性は意識され、清朝から自国が受ける待遇を基準に、お互いの格付けを量る意識があったのではないだろうか。北京での各国の使臣の邂逅は、清朝から受ける扱いや、清朝に対する対応を相互に観察し、お互いのランク付けを試みる機会でもあった。そういった周辺諸国、またそれに加え清朝の地方政府、各勢力を取り持った中間層の相互作用の中において、シャムの対中関係とその背後に存在した価値観を検討することが求められている。[35]

（1）「ラタナコーシン朝初期」は、通常ラーマ一世からラーマ三世にかけての統治期を指すことが多い。本コラムにおいては、対清関係に焦点を当て、清朝の朝貢体制下でシャムが対清遣使を行った時期、具体的には、一七八二年の王朝の創設から、一八五二年にラーマ四世が派遣した最後の使節団がシャムに帰国する一八五四年までを指して用いる。

（2）トンブリー朝からラタナコーシン朝への王朝交代期の対清関係の全体像、とくにタークシン王が乾隆帝からの王権認証を目指した努力については、以下を参照。Masuda Erika, "The Fall of Ayutthaya and Siam's Disrupted Order of Tribute to China, 1767–1782," *Taiwan Journal of Southeast AsianStudies*, Vol. 4 (2), 2007.

（3）Masuda Erika, "The Last Siamese Tributary Missions to China, 1851–1854 and the 'Rejected' Value of *Chim Kong*," in *Maritime China in Transition 1750–1850*, Wang Gungwu and Ng Chin-keong（eds.）（Wiesbaden: Harrassowitz Verlag, 2004）.

（4）本コラムは筆者のタイ語論文 Masuda Erika, "Phraratchasan charuk phaen suphannabat phraratchathan chakraphat chin"（中国皇帝に下賜された黄金の板に刻まれた国書）, *Sinlapawathanatham*, 29-10, 2008, pp. 46–49 に加筆したものである、旧稿図1は本書口絵に譲り、旧稿図2を削除し、旧稿にはなかった本コラム図1を加えた。

（5）近藤重蔵『外蕃通書』（国書刊行会、一九〇五年）一〇〇頁。

（6）増田えりか「ラーマ一世の対清外交」（『東南アジア――歴史と文化――』二四、一九九五年）三〇頁。

（7）このスパンナバットと形状は異なるが、現存するシャム王の黄金の書簡としては、ほかに、ラーマ四世がナポレオン三世に宛てたものが現存している。コーンケーオは、六・五㎝×四〇㎝の金片に一二行の内容が刻まれたこの書簡を紹介している。Kongkaeo Wiraprachak "Phraratchasan suphannabat phrabat somdet phra chomklao chaoyuhua phraratchathan pai yang phrachao napolian thi 3 haeng farangset"（ラーマ四世がフランスのナポレオン三世に下賜した国書）, *Ruam botkhwam prawattisat*, 12, 1990.（タイ語）

（8）原文は "Somdet phrachao krung maha nakhon si Ayutthaya"。Somdet は「偉大な、至高の」を表す尊敬語で高位の王族、僧侶の称号の前に置く。phrachao は、「至高の」を指すパーリ語を語源とする "phra" と首長を表す "chao" からなり、国王、王族の称号の前に置く語。krung は「都あるいは国」、maha は「偉大な」、nakhon は「大きな都市、都」、sii は「吉祥の」を意味する。

（9）原文は "Somdet phrachao taokwang"

（10）原文は、"khruang mongkhon ratcha bannakan"。"khruang" は「物」"mongkhon" は「吉祥の」、"ratcha" は「国王の」を指す。"bannakan" は朝貢国からの貢物を指す場合もあるが、清帝から送られた品を bannakan と呼んでいる場合もあり、清朝に対する「貢物」と訳すより、「（敬意と友好の）贈り物」とするのが適していると思われる。

（11）Fine Arts Department（ed.）*Samphanthaphap thai-chin*（タイ＝中国関係）（タイ語）（Bangkok: Fine Arts Department, 1978）p. 105 においては、「スパンナバットの国書」、また「カムハップの国書」のタイ語訳と思われる文書がともに収録されている。前者と後者では使節団の構成、使臣の官位と欽賜名が異なり、前者は進貢 chim kong の遣使、後者は万寿の遣使と記されている。

（12）Fine Arts Department（ed.）*Wannakam Samai Thonburi, lem nung*（トンブリー時代の文学　第一巻）（タイ語）（Bangkok: Fine Arts Department, 1996）p. 369.

（13）「容器」を指すタイ語は "klong"。円形、または四角い蓋の付いた入れ物。

（14）後述の "kosathibodi 書簡" の項に言及の Krom Khlang の部局の一つ。

（15）チャーンウィットとカンティカーは、六龍の印とされる持ち手部分が龍の印を写真を添えて紹介している。ただし、この印が本引用文中の六龍の印であるのかどうかには検討の余地が残されている。Charnvit Kasetsiri and Kanthika Sriudom（eds.）, *King Mongkut and Sir John Bowring*（Bangkok: Toyota Thailand Foundation, 2005）The Foundation for the Promotion of Social Science and Humanities Textbooks Project, pp. 59–60.

(16) 「容器」を指すタイ語は“chiat”。貴族の階級を表す品物として下賜され、物入れに使われた台座、蓋付きの容器。

(17) Fine Artg Department (ed.) *Samphanthaphap thai-chin*, p. 45.

(18) たとえば、ビルマから清朝に対して送られた銀板、金板の国書に関しては、以下の研究がある。Sylvie Pasquet, “Burmese Elephants Offered to Qianlong’s Mother-A Study of the ‘Burmese Tributary Message on Silver Leaf’ Preserved in the National Palace Museum,” Paper presented at History Attested in Documents: The 2nd International Symposium on Ch’ing Archives, November 3–5, National Palace Museum, Taiwan, 2005 (http://npmhost.npm.gov.tw/tts/ching/0503all.pdf), Georg Ruppelt, and Jacques Leider, *The Golden Letter from King Alaungphaya of Myanmar to King George II of Great Britain* (Berlin: German Federal Foreign Office, n. d.).

(19) 増田「ラーマ一世の対清外交」、二八―二九頁。また、本書第三章、第七章も参照。

(20) Fine Arts Department (ed.) *Samphanthaphap thai-chin*, p. 11.

(21) Fine Arts Department (ed.) *Wannakam Samai Thonburi, lem nung*, p. 381.

(22) Masuda Erika, ‘The Fall of Ayutthaya and Siam’s Disrupted Order of Tribute to China, 1767–1782)’, pp. 109–110.

(23) チャーンウィットらの研究は、シャムの王宮内に現在も保存されるラクダの印を紹介している。Charnvit Kasetsiri and Kanthika Sriudom (eds.) *King Mongkut and Sir John Bowring*, pp. 56–59.

(24) Fine Arts Department (ed.) *Samphanthaphap thai-chin*, p. 45.

(25) 鈴木中正「清・ビルマ国交の正常化――一七七二―一七九〇年――」(『山本達郎博士古稀記念　東南アジア・インドの社会と文化　下』山川出版社、一九八〇年) 六七―六八頁。

(26) 軍機處檔摺件　四〇五二〇号、台北、故宮博物院図書文献館。

(27) 増田「ラーマ一世の対清外交」、三六―三九頁。

(28) 〝ブア (bua)〟は蓮を、〝ケーオ (kaeo)〟は通常、透明で硬い宝石類を指すタイ語だが、この場合はインドラ神の武器金剛杵を意味している。ブアケーオの印には、一方の手に蓮を、もう一方の手に金剛杵を握る神像が、蓮の縁取りの中に坐す姿が刻まれている。現在のタイ国外務省の官印でもある。

(29) Fine Arts Department (ed.) *Samphanthaphap thai-chin*, p. 46.

(30) Fine Arts Department (ed.) *Wannakam Samai Thonburi, lem nung*, p. 370.

(31) Fine Arts Department (ed.) *Wannakam Samai Thonburi, lem nung*, p. 379.

(32) これ以前にも、タークシン王が稟を提出している例はあるが、ブアケーオの印は押されていない。

(33) トンブリー朝からラタナコーシン朝への王朝交代に関するシャム＝清朝間の書簡のやりとりに関しては、以下を参照。Masuda Erika, Import of Prosperity: Luxurious Items from China to Siam during the Thonburi and Early Rattankosin Periods (1767–1854), in Eric Tagliacozzo and Wen-Chin Chang (eds.), *Chinese Circulations: Capital, Commodities and Networks in Southeast Asia* (Durham: Duke University Press, 2011) pp. 151-152. ただし同論文一五一頁ではこの書簡の日付を一七八二年五月一五日としているが誤りで、同年六月二五日に訂正する。

(34) タイ湾東岸のハーティエンを支配した華人鄭天賜がアユタヤー朝の二王子を保護し、タークシン王は簒奪者であると清朝に報告を行っていたことが、清朝からの探索者が派遣された背景の一つにあった（Masuda Erika, 'The Fall of Ayutthaya and Siam's Disrupted Order of Tribute to China, 1767–1782' 参照）。

(35) 本書第三章、また第三章注(5)に引用されている小泉順子の研究はこういった視点に立つ先駆的研究である。

第二部　国書の周辺としての通航証

第五章　運用面からみた日明勘合制度

岡本　真

はじめに

一五世紀から一六世紀半ばにおける日本と明との使節往来の際、明皇帝が勅諭などを送ったのに対し、室町殿の側では日本国王名義で作成した表文を送った。明は基本的に海外諸国とのかかわりを朝貢関係のみに限定していて、日本使節の渡航には明皇帝に宛てた表文の携行が必須とされたためである。だが、一五世紀初頭の通交黎明期を除けば、日本使節は、その持参のみをもって受け入れられるための条件を十分に満たしたわけではなかった。なぜなら、明が通交管理のために勘合制度を設けており、日本もその適用対象に含まれていたからである。

「勘合貿易」という語が膾炙していることにも現れているように、勘合はこの時期の日明関係を象徴するもののひとつとして早くから注目され、栢原昌三、小葉田淳、中村栄孝、田中健夫らによる先駆的なものから[1]、近年の橋本雄によるものまで[2]、数多の研究が積み重ねられてきた。いま、それらの先行研究に拠りつつ日明勘合制度の概要を述べると、おおよそ以下の通りである。

勘合制度は、勘合本体と底簿とを照合し、一致をもってそれを携行する者が真正だと認めるものである。もともとは明の国内で用いられていたが、それが海外諸国との往来にも応用され、一三八三（洪武一六）年に、使節を偽称する者の往来を阻止するため、暹羅（シャム）・占城（チャンパ）・真臘（カンボジア）との間に導入され、のちに日本との関係にも適用されるようになった。

交付にあたっては、日本の場合は「日」字勘合と「本」字勘合が一〇〇道ずつ合計二〇〇道、「日」字勘合底簿と「本」字勘合底簿が二扇ずつ合計四扇用意され、「日」字と「本」字それぞれにおいて、勘合と底簿を重ねて割書・割印が施された。その上で、「日」字勘合一〇〇道と「本」字勘合底簿一扇は北京の内府に、「本」字勘合底簿一扇は寧波の浙江布政使司にそれぞれ安置され、「本」字勘合一〇〇道と「日」字勘合底簿一扇は日本に渡された。そして、日本から明へ使節が渡航する際には、使節各員の名前や貿易品などを勘合に書き入れて、船一隻につき勘合一道を持参した。これを受けた明側では、寧波と北京において勘合底簿との照合がなされた。また、明から日本へ使節が渡航する際には、日本からの使節とは逆に、礼部から日本に宛てた咨文が記入された「日」字勘合を持参した。ただし、時期によっては「日」字と「本」字の使用が逆転し、日本使節が「日」字勘合を、明使節が「本」字勘合を、それぞれ用いることもあった。こうした勘合および勘合底簿は、皇帝が代替わりして改元されるとあらたに造給され、代々の勘合は、元号を冠して永楽勘合、宣徳勘合などと呼称され、新勘合の造給に伴って旧勘合は明に返納された。

このような日明勘合制度の基本的な理解に加え、近年、橋本雄および伍躍によって、勘合の形状や作成方法について新論が提示された。そして、それによって、勘合の複合文書としての側面が明らかとなった(3)。

その一方で、勘合制度そのものに関しては、検討が不十分な点がある。すなわち、個々の場面で勘合が使用された具体的様相については、日明関係史の展開のなかで詳細に検討されているもの(4)の、勘合制度の運用という観点からそれらを総合的に評価するには至っていないのである。さらに近年、通常の勘合とは異なる准勘合なるものの存在も明らかとなったが[5]、これが日明勘合の運用の歴史のなかで、どのように位置づけられるかは未解明である。

ところで、「制度」と言うと、一般には確固とした規定が存在し、それに基づいて運用されるものとの印象を抱きがちである。勘合制度に関しても、少なくとも日本史の文脈においては、ともすれば固定的なものと考えられているのではないだろうか。だが、前述の「日」字と「本」字の使用の逆転を見ても明らかなように[6]、実際には、決して固定的ではなく、細部では少なからず柔軟な運用がなされていたようである。

以下では、日明関係史に関する諸研究の成果を踏まえたうえで、時間軸の流れに沿って勘合の運用場面とそこに現れている柔軟性を具体的に見るとともに、前述の課題について考察したい。

一　寧波の乱以前の勘合制度運用

1　運用の開始

足利義満の開始した日明通交において、勘合がもたらされたのは、一四〇三(応永一〇)年に渡航した堅中圭密を正使とする応永一〇年度遣明船[7](表1参照)の帰途に同行して、明使趙居任らが翌年に来日した時のことだった。この時に支給された永楽勘合は、趙居任らの帰国に同行する形で派遣された、明室梵亮を正使とする応永一一年度船の渡航の際に用いられ、これが勘合を携行した日本使節の始まりとなった。義満期の各遣明船の詳細は不明な部分が多いが、以後、足利義持による一四一〇(応永一七)年以後の断交期を経て、足利義教の治世になり、一四三二(永享四)年に龍室道淵を正使とする永享四年度船が派遣されるに至るまで、六度にわたる使節派遣の際に四三道の永楽勘合が使用された[8]。

この永享四年度船は五隻構成で、一号船は室町殿直営の公方船、二号船は相国寺、三号船は山名氏、五号船は三十

表1　室町・戦国時代に派遣された遣明船一覧表（1403年以降）

名称	入明年	主な使者	構成と経営者（丸数字は船号数）	使用勘合（墨付括弧【　】内は推測）	備考
応永10年度	1403	堅中圭密	不明		復路明使同行，永楽勘合をもたらす．
応永11年度	1404	明室梵亮	不明	永楽勘合	復路明使同行．
応永12年度	1405	源通賢	不明	永楽勘合	復路明使同行．
応永14年度	1407	堅中圭密	不明	永楽勘合	復路明使同行．
応永15年度	1408	堅中圭密	不明	永楽勘合	復路明使同行．
応永17年度	1410	堅中圭密	不明	永楽勘合	復路明使同行．
永享4年度	1433	龍室道淵	①公方②相国寺③山名④寄合⑤三十三間堂	永楽勘合	復路明使同行，宣徳勘合をもたらす．
永享6年度	1435	恕中中誓	①公方②相国寺③大乗院④山名・醍醐寺⑤⑥三十三間堂	宣徳勘合1～6号	永楽勘合57道を返納．
宝徳度	1453	東洋允澎	①③⑨天龍寺②⑩伊勢法楽舎④九州探題⑤島津⑥大友⑦大内⑧多武峰	宣徳勘合7～16号	5号船は不渡航，宣徳勘合11号は不使用．景泰勘合を得て帰国．
応仁度	1467	天与清啓	①公方②細川③大内	景泰勘合1～3号	宣徳勘合84道を返納．成化勘合を得て帰国．
文明8年度	1477	竺芳妙茂	①公方②勝鬘院③不明	景泰勘合4～6号	
文明15年度	1484	子璞周瑋	①③公方②内裏	景泰勘合7～9号	
明応度	1495	尭夫寿蓂	①②細川③公方	景泰勘合10～12号	弘治勘合を得て帰国．
永正度	1509	宋素卿	④細川	弘治勘合【4号】	
	1511	了庵桂悟	①③大内②細川	弘治勘合1～3号	景泰勘合87道・成化勘合98道を返納．正徳勘合を得て帰国．
大永度	1523	謙道宗設	①②③大内	正徳勘合【1～3号】	
	1523	鸞岡瑞佐	①②細川	弘治勘合【5·6号】	2号船（弘治勘合【6号】使用）は不渡航．
天文8年度	1539	湖心碩鼎	①②③大内	弘治勘合【14·15·】16号 正徳勘合【8·9·】10号	
天文13年度	1544/46	忠叔昌恕	①②細川③大友	嘉靖准勘合 弘治勘合	1号船は明不到達．明側は2・3号船を受け入れ拒否．
天文16年度	1547	策彦周良	①②③④大内	【嘉靖准勘合】	弘治勘合15道・正徳勘合40道を返納．

注）　章末注(18)須田論文および注(2)村井ほか編書所掲の表に私見を加えて作成した．

三間堂がそれぞれ経営し、四号船は醍醐寺三宝院や興福寺大乗院、細川氏、赤松氏をはじめとする一三の寺院や公家、大名らの寄合船だった。[9] 同船が渡航した際、明では宣徳帝の治世となっていたため、この船の帰国に同行した明使雷春らは、あらたに宣徳勘合一〇〇道をもたらした。そして、同勘合を用いて渡航したのが、室町殿直営の一号船、相国寺経営の二号船、興福寺大乗院経営の三号船、山名氏と醍醐寺が共同経営する四号船、三十三間堂経営の五、六号船の全六隻で構成された、恕中中誓を正使とする永享六年度船である。一四三四(永享六)年に渡航した同船は、宣徳勘合一～六号を携行し、永楽勘合の残部五七道を明へ返納した。[10]

その次の宝徳度船の渡航の際には、一、三、九号船は天龍寺、二、一〇号船は伊勢法楽舎、四号船は九州探題(渋川氏)、五号船は島津氏、六号船は大友氏、七号船は大内氏、八号船は多武峰がそれぞれ経営する、合計一〇隻におよぶ船団の派遣が計画された。[11] 勘合は船一隻ごとに一道の携行が必要だったため、宣徳勘合七～一六号を使用することになっていたと考えられる。ただし、同勘合一一号を使用するはずだった島津氏の五号船は最終的に渡航せず、これを除く九船が一四五三(享徳二)年に渡航した。[12] この時、明ではすでに景泰帝の治世となっていたため、同船の帰国の際には、景泰勘合一〇〇道が支給された。そして、その次に渡航した応仁度船は、宣徳勘合の残部八四道を返納したのだった。[13]

右のように、永楽勘合および宣徳勘合においては、新勘合の支給後、旧勘合を返納するというサイクルが形成され、滞りなく運用されていたことがわかる。ただし、支給された宣徳勘合一〇〇道のうち、実際に使用されたのが永享六年度船派遣時の六道と、宝徳度船派遣時の九道の、合計一五道だったにもかかわらず、返納されたのは八四道のみであった点には注意したい。使用も返納もされなかった一道は、おそらく宝徳度船の五号船としての派遣が予定されていた、島津船が使用するはずだったものであろう。つまり、宣徳勘合の未使用分がすべて返納されたわけではなかったのである。だが、明側がこのことをとくに問題視した様子は、管見の限り見出されない。[14] 詳細は明らかでないが、当時、一道程度の未返納は許容され得たのであろう。

2　成化勘合の抑留と景泰勘合の使用継続

前項で見た景泰勘合の支給および宣徳勘合の返納までは、新勘合の支給後に旧勘合を返納するという手順で勘合の受け渡しがなされていた。ところが、次の成化勘合がもたらされた際には、日本側の状況が原因で、返納が先例通りにはなされなかった。以下にその具体的な状況を見てみたい。

宝徳度船が九隻にもおよぶ大船団で渡航したのを直接の契機として、応対費用の増大を懸念した明側は、一度の派遣につき三隻以内とするなどの渡航制限を課すようになった。そのため、前述の宣徳勘合を返納した応仁度船は、一号船が公方船、二号船が細川船、三号船が大内船の、三隻での渡航となった。各船は、宝徳度船によって持ち帰られた景泰勘合一〜三号を携え、二号船と三号船は一四六七(応仁元)年に、正使天与清啓の乗る一号船は悪風による破損を修理したのち翌年に、それぞれ渡航した[15]。この時、明ではすでに成化帝の治世となっていたため、あらたに成化勘合一〇〇道が支給されて、一四六九(文明元)年に帰国した。

ところがこの時、日本では応仁・文明の乱が勃発しており、足利義政・細川勝元と大内政弘は敵対していたため、細川氏の経営する二号船は大内氏の影響下にあった瀬戸内海を避け、九州南部から土佐を経て帰着した[16]。これに対し、一号船は三号船とともに大内氏領国に至ったため、持ち帰った成化勘合や積荷などとともに、同氏に抑留されることとなった。これは、一号船が公方船だったとはいえ、要職のひとつである同船の土官を大内氏の在京雑掌だった松雪軒全杲と同氏被官高石重幸が務めるなど、その運営に同氏関係者が少なからず関与していたためだとされる[17]。つまり、成化勘合は、従前通りであれば、使節が復命した際に、派遣名義人である足利義政に呈され、公方御倉で保管されるはずだったのだが、それが達せられなかったのである。

そのため、次に派遣される遣明船は、通例ならば、あらたに支給された成化勘合を用いて渡航し、景泰勘合を返却するはずだったが、成化勘合を持たない室町政権がこれを実行するのは不可能だった。そこでとられた手段が、前回に引き続き、景泰勘合の四～六号を使用して渡航することだった。すなわち、応仁度船の次に渡航した、文明八年度船が携行した明礼部宛咨文には、「弊邑（日本）は騒ぎ乱れており、〔前回の応仁度使節が〕賜った諸物はすべて盗賊に奪われ、ただ使者が生還できただけである。ここに景泰年間に賜った、まだ書き入れていない（未使用の）旧勘合がある。どうかこれ（景泰旧勘合）によって照合していただきたい。今後濫りに今代発給の勘合（成化勘合）を用いる者は、必ず賊徒である。罪は誅殺に値する」といった事柄が記されている。⑱この一節は、使節渡航にあたって景泰勘合を用いる理由を述べるとともに、大内政弘側が成化勘合を用いて渡航するのを阻止しようとしたものと位置づけられる。⑲

この咨文を持参した文明八年度船の到来をうけた明側が、同船が成化勘合でなく景泰勘合を携行したことを、とくに問題視した形跡は見られない。それどころか、朝貢を受け入れたうえ、日本側の要求に応じて『法苑珠林』などの書籍を与え、さらに銅銭五万文をも下賜したのだった。⑳こうした対応を見る限り、最新の成化勘合ではなく景泰勘合を用いる理由を説いた日本側の主張を、明側は受け入れたと見るのが妥当であろう。

さて、この文明八年度船の渡航と前後して、足利義政と大内政弘の間では和議交渉が行われ、政弘は抑留していた成化勘合や一号船の積荷などを引き渡し、義政方に帰参した。㉑その結果、次の文明一五年度船の派遣にあたっては、当初、三号船の経営が政弘に委ねられ、内裏船となった二号船を除く、一号船と三号船の準備は、同氏を中心に進められることになった。㉒ところが、義政の要求に政弘が応えなかったことをきっかけに、大内氏は経営から外され、㉓最終的に一号船と三号船は公方船、二号船は内裏船の構成となり、二号船居座の堺南昌庵取龍と堺商人がこれらを請け負うこととなった。㉔そして、子璞周瑋を正使とする一行は、一四八六（文明一六）年に渡明し、翌年に帰国したのだった[25]。勘合については史料上に明示されていないが、同船は最終的に景泰勘合七〜九号を用いて渡航したようである。そのことは、この次の明応度船の渡航の際に、景泰勘合一〇〜一二号が用いられたことから推定される。

その明応度船は、当初、室町殿直営の一、二号船と、大内政弘の経営する三号船の三隻が成化勘合一〜三号を用いて渡航することに決定され[26]、さらに同勘合四号を用いた大内氏の経営する四号船の追加が企てられたりするなど[27]、基本的には同氏の主導により派遣準備がなされていた。ところが、一四九〇(延徳二)年正月の足利義政の死去を契機として、細川政元が経営へ参入し、足利義視・義稙は、公方船の予定であった一号船と二号船の経営を政元に委ねた。そして、成化勘合一号と二号は、彼の意向を体して活動していた、葦洲等縁に手渡されたのだった[28]。

この時点では、公方船が細川船に切り替えられただけで、細川船二隻と大内船二隻による渡航が想定されていた[29]。しかし、成化勘合の獲得に成功した細川方は、さらに景泰勘合への切り替えを申請した。これは、成化勘合を携行する者は賊徒である旨をすでに明側に通知済みであり、同勘合を今回の遣明船が持参したならば不審を抱かれかねないので、それを避けるために前回までと同じ景泰勘合を用いるべきだとする、堺商人の意見にもとづいたものだった。また、大内氏と合同で船団を仕立てることにも難色を示し、二隻での渡航さえ示唆した形跡もうかがえる[30]。これをうけた足利義視・義稙は、細川氏側の要望を認めて景泰勘合を使用することとし、成化勘合一号と二号の返却と引き替えに、あらたに景泰勘合一〇号と一一号を葦洲へ手渡して、一二号を手元にとどめた。結果として、成化勘合を保持していた大内氏は排除され、一号船と二号船が細川船、三号船が公方船の構成となった[31]。そして尭夫寿蓂を正使とするこの景泰勘合を携行した明応度船は、一四九五(明応四)年に渡航し、あらたに弘治勘合一〇〇道を得て、一四九七年初めに帰国したのだった[32]。結局、応仁度船によってもたらされた成化勘合は使用されないまま、次代の勘合が将来されることになったのである。

以上の文明八年度船、文明一五年度船、明応度船の事例からは、最新ではない景泰勘合を用いて渡航した使節が、いずれも受容されたことがわかる。それはすなわち、当時の明側は、日本側からの申請を認め、勘合制度を柔軟に運用したことを示している。また、明応度船の派遣が計画された当初、成化勘合の使用が企図されていた事実は、過去に賊の手に渡ったと報じた同勘合が、その後使用可能になった経緯を説明しさえすれば、明側はこれを受容するだろうとの目算が日本側にあったものと考えられる。(33) このことは、日本側が、勘合制度の臨機応変な運用を期待していたと見ることもできよう。

3　弘治勘合と正徳勘合の併存

前述の明応度船が持ち帰った弘治勘合は、その次に渡航した永正度船派遣の際に用いられた。すなわち、同船は、はじめ一号船が公方船、二号船が細川船、三号船が相国寺船という構成での派遣が計画されていたが、最終的には一号船と三号船を大内氏が経営することとなり、弘治勘合二号は細川政元に、同一号と三号は大内氏と近しい、永正度船の正使を務めた東福寺の了庵桂悟に渡された。この永正度船は一五一一（永正八）年に渡航し、翌々年に帰国したのだが、(34) この時、明では正徳帝の治世となっていたため、あらたに正徳勘合一〇〇道が賜与された。

同船の派遣にあたり、日本では返却のために、旧勘合、すなわち景泰勘合と成化勘合の残部の点検がなされた。そのことを記した『鹿苑日録』の記事には、「旧勘合を数えたところ、成化勘合は九八張、二張減っている。景泰勘合は八七張、一三張減っている。来年遣明船の派遣がある。旧勘合を還すことになるであろう」とあって、(35) 鹿苑院主景徐周麟が両勘合を数えたところ、景泰勘合は八七道、成化勘合は九八道あり、それぞれ一三道と二道が減っていたとのことである。前項で言及したように、それ以前の遣明船派遣にあたっては、景泰勘合一〜一二号が使用されたと考えられるので、それらを差し引くと、この時点で景泰勘合一道と、成化勘合二道が欠失していたようである。明応度船の派遣にあたって、当初は成化勘合の使用が企図されていたのが変更され、最終的に景泰勘合一〇〜一二号が用いられたという、前述のような経緯を踏まえるならば、これら欠失した勘合は、その頃に持ち出された後、返却されなかったものであろう。結局、永正度船によって返却された旧勘合が何道だったかは、史料上明らかではないものの、欠失した勘合が見つかったとする記述は、その後の『鹿苑日録』の記事には見出されず、返却された徴証もないので、前述の数と同様だった可能性は十分にある。それにもかかわらず、明側ではとくに返納数の不足を問題とした形跡はない。この点は、応仁度船が宣徳勘合を返納した時と同様なので、多少の欠失は許容されたものと考えるのが妥当であろう。

ところで、右の永正度船派遣の際、細川方は、明側から課せられた一度につき三隻以内という渡航制限を破り、既存の三隻とは別に、四号船を用意して渡航させるという挙に出た。この四号船は弘治勘合四号を携行したものと考えられ、同船一隻で単独渡航し、しかも一〜三号船が手間取っているうちに、これに先んじて一五〇九（永正六）年に渡航した。そして、明側からは朝貢使節として受容され、他の三隻の渡航以前に、速やかに帰国したのだった[36]。

こうした状況をうけたためか、永正度船正使了庵桂悟らにより正徳勘合一〇〇道が日本へもたらされると、大内義興は同勘合を室町政権に渡さず、自身の手元にとどめた。これは、永正度船一号船と三号船を経営した義興が、次回の遣明船の経営権の確保を図った行動と考えられる。さらに義興は、一五一六年には遣明船派遣の永代管掌を承認されただけでなく、勘合を子々孫々まで進退することを認める旨の御内書を将軍足利義稙から得て、勘合の保有を追認されるに至った[37]。

こうして正徳勘合と弘治勘合が別個に所蔵されることになった結果として勃発したのが、寧波の乱である。一五二三（大永三）年に明の寧波で起きたこの事件は、正徳勘合（おそらく一〜三号）を持った、謙道宗設を正使とする大内船三隻と、弘治勘合（おそらく五号）を持った、鸞岡瑞佐を正使とする細川船一隻が同時期に渡航し、前者が後者を襲撃したものである。この時、細川方は、正徳勘合を大内氏に確保されてしまったために、ひとつ前の弘治勘合を用いての遣明船派遣を実施したと考えられる。原則的には最新の勘合によって渡航することになってこそいたが、それが難しい場合、前代の勘合を持たせて派遣して旧勘合の使用理由を申告し、それが認められさえすれば明側に受け入れてもらい得たことは、文明八年度船においてすでに実証されていた。細川氏の動きは、この再現を狙ったものであろう。日明関係史上において、寧波の乱は、将軍権力の分裂と大内氏・細川氏の遣明船派遣の主導権をめぐる争いの結果と位置づけられているが、勘合制度の運用面から見た場合、旧勘合の使用が受け入れられ得るという、明側の運用の柔軟性が事件勃発の遠因にもなっていたと、とらえることができよう。

二　寧波の乱後の勘合制度運用

1　乱後の交渉と嘉靖准勘合の支給

寧波の乱から二年後の一五二五（嘉靖四）年、明は琉球からの朝貢使節に、乱の元凶である謙道宗設およびそれを幇助した数人を速やかに捕縛することなどを命じる嘉靖帝の勅諭を持たせ、日本へ届けるように命じた[38]。一五二七（大永七）年に琉球使節の手でもたらされたこの勅諭に対し、足利義晴と細川高国は、嘉靖帝へ宛てた表文と礼部へ宛てた咨文を返書として用意し、琉球使節に託した。そこには、寧波の乱を起こした二使節のうち、弘治勘合を携行した鸞岡瑞佐ら（細川船）こそが日本国王である義晴の派遣した使節で、正徳勘合を携行した謙道宗設ら（大内船）は偽者であること、乱の元凶である大内義興の配下はすでに誅殺したこと、明に留置されている細川船関係者を琉球経由で帰国させてほしいこと、その帰国に託して嘉靖勘合や金印を下賜してほしいことなどが記されていた[39]。

この返書を付託された琉球は、一五三〇（嘉靖九）年に明へ伝達したが、明側は一五二八年に、すでに細川船関係者の一部を解放して帰国の途に就かせていた。ここで、勘合制度の運用と関連して注目すべきは、明側は彼らを帰国させるにあたって、嘉靖准勘合を付託した点である。(40) 准勘合が具体的にどのようなものかは定かでないが、後述する天文一三年度船の派遣の際に、あらたに嘉靖勘合の支給が要請されていることからすると、一号から一〇〇号までの合計一〇〇道がひと揃いで、皇帝の在位中は更新されることなく継続的に使用された通常の勘合とは異なり、一回の渡航のみにしか使用できないものだったことがわかる。(41) この、通常の嘉靖勘合の支給までの臨時措置とも言える嘉靖准勘合の交付は、弘治勘合と正徳勘合を持つ使節が別々に渡航したことが原因となって混乱をきたした日明関係を、正常化するために明側が実施したものと考えられるが、一〇〇道ひと揃いの正式な勘合の発給にこだわらない、勘合制度の柔軟な運用と見なすことも可能である。

2　嘉靖勘合獲得をめぐる競争と明側の対応

前述の琉球経由での勅諭伝達がなされた後、大内義興の後を継いだ大内義隆は、もともと同氏とは疎遠だった将軍足利義晴に接近し、一五三〇（享禄三）年に遣明船派遣の沙汰を命じる奉書を引き出すことに成功した。(42) その後、一五三六（天文五）年には、薩摩の島津勝久に遣明船に積み込む進貢品の硫黄を進納させ、肥前の松浦党に大内船が翌春に渡航予定であることを知らせるための、室町政権からの下知が義隆より申請されており、(43) この頃には派遣準備が本格化していたことがうかがえる。そして、その後実際に派遣されたのが、湖心碩鼎を正使とする、三隻すべてを大内氏が経営した、天文八年度船である。一五三九（天文八）年に渡航し、翌々年に帰国した同船が携行した勘合については、三隻のうち三号船に関して、弘治勘合一六号と正徳勘合一〇号の二道を携行したことが知られている。(44) 一号船と二号船が持参した勘合について直接記した史料は管見の限り見あたらないが、小葉田淳は、三号船の状況から演繹して、天文八年度船の各船はそれぞれ弘治勘合一道と正徳勘合一道を携えていたと推定した。(45) また、橋本雄もこれに賛意を示し、正徳勘合だけでは偽使とみなされるため、大内義隆は弘治勘合を足利義晴よりもらい受けたものであろうと指摘した。[46]いずれも妥当な見解と考えられる。前述の嘉靖准勘合を持参していなかったにもかかわらず、明側がこの天文八年度船による朝貢を受け入れたのも、両方の勘合を所持していたからこそであろう。

こうして弘治と正徳二つの勘合を用いて渡航した天文八年度船は、嘉靖勘合の支給を要請した。[47]だが、これについて商議を命じられた明の官人たちは、以前支給した勘合（弘治勘合および正徳勘合）の返納後、新しいもの（嘉靖勘合）を与えるようにと進言し、嘉靖帝もこの意見を採用した。[48]これは、二種類以上の勘合が日本に存在する期間が生じざるを得なかった前代までの手順（新勘合支給後の旧勘合返納）を、寧波の乱のような事態の再発を防ぐために変更したものと見ることができる。

右のように大内氏の独占経営する遣明船が渡航した一方で、細川晴元も遣明船の派遣を企画していた。同船の計画は、遅くとも一五三六（天文五）年には具体化しており、大内氏方による天文八年度船と競うように準備が進められていたが、最終的には遅れをとることとなった。[49]同船が携えるべく作成されたと考えられる、嘉靖一八（一五三九）年一〇月七日付明礼部宛足利義晴咨文には、「今、昌恕正使を遣わして（中略）嘉靖准勘合と弘治旧勘合を賷す」とあって、[50]正使忠叔昌恕らが前述の嘉靖准勘合と弘治勘合を携行する旨が記されている。

この遣明船は、別稿で論じたように、三隻揃って種子島から明への渡航を図ったが、一号船は遭難し、二号船と三号船はそれぞれ一五四四（嘉靖二三）年と一五四六年に渡航した、天文一三年度船と総称すべきものと考えられる。[51]前述の咨文には、「使者の帰る日には、重ねて新勘合と金印を賜わりたい」ともあって、准勘合とは別に、嘉靖勘合の獲得を目論んでいたことがわかる。だが、一五四四年に渡航した二号船も、その翌々年に渡航した三号船も、前回の遣明船から足かけ一〇年以上、渡航間隔をあけなければならないという制限（二〇年一貢）に抵触していることを理由に、明側から受け入れを拒否されることとなった。勘合制度において注目すべきは、これら両船はともに弘治勘合を携行していたと考えられるのだが、[52]いずれも携行勘合が最新でないことを理由に拒否されたわけではなかった点である。前述のように、寧波の乱後、明側は勘合制度の運用方法の変更を図っていたようだが、従前と変わらず、旧勘合が直ちには無効となるわけではなく、それを用いた渡航も受け入れられ得たことが、ここから読み取れる。

右のような天文一三年度船の派遣とその受け入れ拒否の後、大内氏の独占経営する遣明船が再び派遣された。天文一六年度船がそれである。同船の渡航は一五四七（天文一六）年のことで、前回に受け入れられた天文八年度船の渡航から八年しか経過しておらず、一〇年一貢の渡航制限に抵触することから、本来ならば天文一三年度船と同様に拒否されかねなかった。だが、その渡航の時に浙江巡撫の任にあった朱紈は天文一六年度船に好意的で、その受容を朝廷に訴え、一行は最終的に寧波近海の嶴山で越年した後、貢期を満たしたということで受け入れられたのだった[53]。

同船は、天文八年度船時に明側から提示された嘉靖勘合支給の要件に応じて、弘治勘合と正徳勘合を返納すべく持参していた。この時の様子を記した『明実録』嘉靖二八（一五四九）年六月甲寅条によると、正使策彦周良らが返納したのは、弘治勘合一五道と正徳勘合四〇道であった。その際の彼の説明によると、弘治勘合の残り七五道は、寧波の乱の際に細川船の随員であった宋素卿の子、宋一が盗んだために逸失してしまったとのことだった。また、正徳勘合の残り五〇道は日本にとどめてあり、新しい嘉靖勘合の受給後に返納するとのことだった[54]。これに対し明礼部は、今回は嘉靖勘合を与えず、未返納の正徳勘合のうち四〇道を次回到来の朝貢使節に返納させ、そのうえで嘉靖勘合を支給することを日本使節に返答し、あわせて弘治勘合の逸失分の捜索に努めさせるよう建議し、裁可が与えられたのだった。このことから、未返納分のうち一部の持参では、明側の要求を十分に満たせなかったことがわかる。多寡の差異こそあるものの、応仁度船時の宣徳勘合の返納や、永正度船時の景泰勘合と成化勘合の返納において、欠失が存したにもかかわらず問題視されなかったこととは対照的である。

以上のように、受け入れを拒否された天文一三年度船のみならず、朝貢を受容された同八年度船も同一六年度船も、いずれも嘉靖勘合の獲得に失敗したことが史料上明らかである。ところが一方では、天文八年度船と同一六年度船が勘合を獲得したとする史料も存在する。それは策彦周良にかかわる『一番渡唐』および『二番渡唐』という史料で、前者は彼が副使を務めた天文八年度船の、後者は正使を務めた同一六年度船の記録である。[55] これらの史料の性格については、策彦自筆の渡航日記『初渡集』『再渡集』と比較して、それらの抄録ないし摘記だとする説と、[56] 単なる抄録ではなく独自の記述も多いとする説の両説が存するが、[57] 内容からして後者が妥当であり、『一番渡唐』『二番渡唐』の記事は、勘合、表文、進貢品、回賜品等にかかわる問題を中心に、寧波の乱に関する事項や応接した官僚についての情報など、重要な事項が書き上げられた、業務報告書のような性格のものと考えられる。

そのような史料のなかに、勘合に関する記載があるのである。具体的には、天文八年度船一行の北京滞在中のことを記した『一番渡唐』嘉靖一九(一五四〇)年五月七日条には、参朝したことに続けて、返書と勘合を受け取った旨が記されている。また、天文一六年度船一行の北京滞在中の記事『二番渡唐』嘉靖二八年七月一九日条には、新勘合一道が給付されるとの通知が明礼部よりあった旨が、同晦日条には実際に新勘合一道を賜った旨が、それぞれ記されている。

これらについて、栢原昌三は両方とも疑わしいとした[58]一方で、小葉田淳は、前者は誤記で、後者は異例だがあり得ることとした。[59] また、橋本雄は、はじめ後者をもとに嘉靖勘合が支給されたとしたが、後に撤回した。[60] だが、これら『一番渡唐』『二番渡唐』の記述は、前述のような史料の性格からして一定の信憑性を有すると考えられる。むしろ、先に見た嘉靖准勘合の事例を踏まえるならば、この時も一〇〇道ひと揃いの通常の勘合ではなく、次回の渡航一度きりのための、准勘合が支給されたのではないだろうか。このように考えるならば、寧波の乱後、明側は通常の嘉靖勘合の交付に慎重を期し、一〇〇道ひと揃いのものとは異なる、臨時の勘合を発給することで、勘合の運用にかかわる日明間の混乱を収拾しようとしていたと見ることができよう。

おわりに

本章では、日明間における勘合制度の運用面の状況を論じてきた。その結果明らかになったことのなかで、とりわけ一六世紀半ばに生じた次に挙げる三点の変化が注目される。

①それ以前は皇帝の代替わり後、新勘合が先に支給され、その後で旧勘合の返納がなされていたのが、旧勘合の返納がなされてから新勘合の支給を行うというように、支給手順の変更がなされたこと。

②当初は返納する旧勘合に欠失があっても特段問題となっていなかったのが、未返納数が多大となったこともあってか問題視されるようになり、追加での返納が督促されたこと。

③新勘合の支給に慎重が期されるようになったこと。そしてそのために、一〇〇道ひと揃いで、皇帝一代の間の継続使用が前提となる通常の勘合とは異なり、次回の渡航一度限りのための、准勘合が支給されたこと。

こうした変化は、同じ国から派遣されてきた朝貢使節同士が明において闘諍を起こした、寧波の乱という朝貢国にあるまじき事件の影響を受け、いずれもその再発を防ぐ措置として講じられたものと考えられる。

だが、その一方で、成化勘合の支給後も景泰勘合の使用が継続された点や、天文年間の遣明船で弘治勘合を携行した者も受け入れられ得た点などから明らかなように、明側は勘合制度の臨機応変な運用を実施していたし、日本側もそれを期待していたと考えられる。総じて言えば、日明勘合制度は柔軟に運用されていたのである。

（1）　栢原昌三「日明勘合の組織と使行（第一～四回）」『史学雑誌』三一―四、五、八、九、一九二〇年、小葉田淳『中世日支通交貿易史の研究』刀江書院、一九四一年、中村栄孝『日鮮関係史の研究』上、吉川弘文館、一九六五年、田中健夫『倭寇と勘合貿易』至文堂、一九六一年、同「勘合符・勘合印・勘合貿易」『対外関係と文化交流』思文閣出版、一九八二年。

（2）橋本雄「日明勘合再考」『史学雑誌』一〇七―一二、一九九八年（第九六回史学会大会報告記事）、同「日明勘合再考」九州史学研究会編『九州史学創刊五〇周年記念論文集　下　境界からみた内と外』岩田書院、二〇〇八年、同「勘合・咨文」村井章介ほか編『日明関係史研究入門―アジアのなかの遣明船―』勉誠出版、二〇一五年。

（3）橋本前掲注（2）二〇〇八年論文、同二〇一五年論文、伍躍「日明関係における「勘合」―とくにその形状について―」『史林』八四―一、二〇〇一年。本書第七章およびコラム5参照。なお、このような複合文書としての勘合について、橋本雄は前掲注（2）二〇〇八年論文において「「勘合咨文」ないし「勘合別幅」、あるいは場合により「勘合別幅咨文」と呼ぶのが適切と思われる」とした後、前掲注（2）二〇一五年論文では「咨文勘合」という呼称を提起した。だが、前掲注（2）二〇〇八年論文に言及される「礼部日字一号勘合咨文を准け」（『善隣国宝記』下・宣徳九年八月二三日付明礼部宛日本国咨文）や、暹羅に関する「請封の金葉表文及び勘合咨文」（『明実録』成化二三年九月庚戌条）といった用例を勘案すれば、二〇〇八年論文に言及されている「勘合咨文」と呼ぶのが適切なように見うけられる。

（4）小葉田前掲注（1）書、村井ほか編前掲注（2）書など。

（5）岡本真「「堺渡唐船」と戦国期の遣明船派遣」『史学雑誌』一二四―四、二〇一五年。

（6）橋本前掲注（2）二〇〇八年論文、三三四―三三七頁。

（7）以下、日本から派遣された遣明船は、近年の研究にもとづき、おおよそ出発の際の日本年号を用いて〇〇度船と略称する。

（8）『善隣国宝記』下・宣徳九（一四三四）年八月二三日付明礼部宛日本国咨文。

（9）『大乗院寺社雑事記』文明五（一四七三）年六月一七日条、同一五年正月二四日条。

（10）前掲注（8）咨文。

（11）『大乗院寺社雑事記』長禄三（一四五九）年一二月一四日条。

（12）小葉田前掲注（1）書、四六―四八頁。

（13）『蔭凉軒日録』寛正六（一四六五）年六月一二日条、同一四日条、同二九日条。

（14）『明実録』成化四（一四六八）年五月条から同五年二月条には、宣徳勘合を返納した応仁度船に関する記載があるものの、宣徳勘合の残部一道の欠失がとくに問題視された様子はうかがえない。また、応仁度船に関する記録『戊子入明記』や、同船派遣の周辺情報が記された『蔭凉軒日録』など日本側の史料にも、この一道が問題となった形跡は見られない。

(15)　送雪舟帰国詩並序（毛利博物館所蔵）、『大乗院寺社雑事記』文明元（一四六九）年八月一三日条、『相良武任書札巻』（宮内庁書陵部所蔵）文明八年一二月三日付伊勢貞宗宛大内政弘書状案（山田貴司・高橋研一「宮内庁書陵部蔵「相良武任書札巻」の紹介と翻刻」『山口県史研究』一八、二〇一〇年）。小葉田前掲注(1)書、五七―六〇頁、伊藤幸司「大内教弘・政弘と東アジア」『九州史学』一六一、二〇一二年、一〇頁。

(16)　『大乗院寺社雑事記』文明元年八月一三日条、同一二月一日条。

(17)　須田牧子「大内氏の外交と室町政権」川岡勉・古賀信幸編『日本中世の西国社会三　西国の文化と外交』清文堂出版、二〇一一年、五七―五九頁、伊藤前掲注(15)論文、一一頁。大内氏の在京雑掌については、小林健彦「戦国大名家在京雑掌を巡って―大内氏の場合―」（『駒沢史学』三九・四〇、一九八八年）、同「大内氏の対京都政策―在京雑掌（僧）を中心として―」（『学習院史学』二八、一九九〇年）、須田牧子「大内氏の在京活動」（鹿毛敏夫『大内と大友―中世西日本の二大大名―』勉誠出版、二〇一三年）、萩原大輔「中世後期大内氏の在京雑掌」（『日本歴史』七八六、二〇一三年）など参照。

(18)　『善隣国宝記』中・成化一一（一四七五）年八月二八日付明礼部宛日本国咨文。原文は「弊邑搶攘、所謂給賜等件件、皆為㆔盗賊所㆓剽奪㆒、只得㆔使者㆓還㆒而已、爰有㆓景泰年間所㆑須未塡旧勘合㆒、請㆔以㆑此為㆓照験㆒也、今後濫行㆓今塡勘合㆒者、必賊徒也、罪当㆓誅死㆒」。

(19)　栢原前掲注(1)論文（第三回）、五七頁。

(20)　『明実録』成化一三年九月庚寅条、同一四年正月辛巳条。

(21)　須田前掲注(17)論文、五八―六〇頁、伊藤前掲注(15)論文、一二―一五頁。

(22)　『親元日記』文明一三（一四八一）年八月二九日条、『親長卿記』文明一四年九月一五日条、『鹿苑日録』明応八（一四九九）年八月六日条。須田前掲注(17)論文、六一頁。

(23)　『親長卿記』文明一四年九月一五日条。橋本雄は、室町政権が大内氏に朝貢品調達費を負担させようとしたために、大内氏側が遣明船への参加を辞退したものと推測している（橋本雄『中華幻想―唐物と外交の室町時代史―』勉誠出版、二〇一一年、一三四・一四七頁）。

(24)　『親長卿記』文明一四年九月一五日条、『鹿苑日録』明応八年八月六日条。取龍については伊藤幸司『中世日本の外交と禅宗』（吉川弘文館、二〇〇二年）二四―六九頁参照。

(25)　『補庵京華新集』（五山文学新集）子璞周瑋寿像賛、『蔭凉軒日録』文明一七（一四八五）年一二月二四日条。小葉田前掲注

（1）書、八四・八五頁。
(26)『蔭凉軒日録』文明一九年八月二五日条、同二六日条。
(27)『蔭凉軒日録』長享三（一四八九）年七月一三日条、同二八日条、同八月一三日条、同一六日条、同二八日条、同二九日条。
(28)『蔭凉軒日録』延徳二（一四九〇）年閏八月一〇日条。
(29)『蔭凉軒日録』延徳二年閏八月一〇日条、同一六日条。
(30)『蔭凉軒日録』延徳二年閏八月一六日条。
(31)『蔭凉軒日録』延徳二年九月二一日条。なお、こうした明応度船における大内氏から細川氏への主導権の移行については、実力者である細川政元らを懐柔するために、室町政権内で弱い立場に立たされていた足利義視・義稙が前言を翻したものだとする、橋本雄の指摘がある（橋本雄『中世日本の国際関係――東アジア通交圏と偽使問題――』吉川弘文館、二〇〇五年、二一〇頁）。
(32)『島隠集』（東京大学史料編纂所所蔵写本）序、『西藩儒林伝』（東京大学史料編纂所所蔵謄写本）二、『漢学紀源』巻二・桂庵第二八。
(33)明応度船の派遣にあたり、細川方が景泰勘合への変更を要請した際、蔭凉軒主亀泉集証は、成化勘合は大内方からすでに返上されているため、その事情を文書（明礼部宛咨文ヵ）に記載すれば、同勘合を用いても問題はないとの認識を述べている（『蔭凉軒日録』延徳二年閏八月十六日条）。
(34)『明実録』正徳七（一五一二）年二月癸卯条、『異国出契』（国立公文書館内閣文庫所蔵）正徳六年六月二三日付了庵桂悟宛三船従人書状案、『隣交徴書』（天保版本）二篇巻二・送居士五郎太夫帰日本。
(35)『鹿苑日録』明応八（一四九九）年一二月二三日条。
(36)『籌海図編』巻二・王官使倭事略、『明実録』正徳四年一二月乙卯条、同五年二月己丑条、同年四月庚子条。
(37)『室町家御内書案』（東京大学史料編纂所所蔵謄写本）上・永正一三（一五一六）年四月一九日付大内義興宛室町幕府奉行人連署奉書案、同四月一三日付大内義興宛足利義稙御内書案、同五月二一日付大内義興宛足利義稙御内書案。橋本前掲注(31)書、二一九・二二〇頁。
(38)『明実録』嘉靖四（一五二五）年六月己亥条。
(39)『新訂続善隣国宝記』（田中健夫編『善隣国宝記　新訂続善隣国宝記』集英社、一九九五年）嘉靖六年八月日付明礼部宛足利義晴咨文。

(40)『活套』（国立歴史民俗博物館所蔵）嘉靖一八年一〇月七日付明礼部宛足利義晴咨文。岡本前掲注(5)論文、四五—四七頁。

(41)岡本前掲注(5)論文、五二頁。

(42)『室町家御内書案』享禄三(一五三〇)年三月九日付大内義隆宛室町幕府奉行人連署奉書案。

(43)『大館文書』（東京大学史料編纂所所蔵影写本）（天文五年）五月二四日付大館常興宛飯尾尭連書状。

(44)『初渡集』嘉靖一八年五月二一日条。

(45)小葉田前掲注(1)書、一六一頁。

(46)橋本前掲注(31)書、二二八・二四三頁。

(47)『初渡集』嘉靖一九年四月一六日条。

(48)『明実録』嘉靖一九年二月丙戌条。

(49)岡本前掲注(5)論文、五三頁。

(50)注(40)に同じ。

(51)岡本真「天文年間の種子島を経由した遣明船」『日本史研究』六三八、二〇一五年。

(52)橋本前掲注(31)書、二二九頁。

(53)須田前掲注(17)二〇一一年論文、六九頁。

(54)ただし、当時礼部尚書を務めていた徐階の記した『世経堂集』覆処日本国貢例では、未返納の弘治勘合を七七道、正徳勘合を五四道としており、『明実録』の記載と異なっている。これについて、橋本雄は、少なくとも弘治勘合については、『世経堂集』の記載が正確だと見ているようである（橋本前掲注(2)一九九八年第九六回史学会大会報告記事）。

(55)以下、「一番渡唐」「二番渡唐」の性格およびそこに記された勘合関連記事に関しては、岡本真・須田牧子「天龍寺妙智院所蔵『入明略記』」（『東京大学史料編纂所研究紀要』二七、二〇一七年）による。

(56)栢原前掲注(1)論文（第四回）、六一頁、牧田諦亮『策彦入明記の研究』上、法蔵館、一九五五年、三八五頁。

(57)『大日本仏教全書』遊方伝叢書四・入明諸要例第一四、小葉田前掲注(1)書、二〇一頁。

(58)栢原前注(1)論文（第四回）、六八頁。

(59)小葉田前掲注(1)論文、二〇二頁。

(60)　橋本前掲注(31)書、二四四頁。

(附記)　注(3)に関して、国際基督教大学のオラー・チャバ氏より、史料上に見られる「別幅」「勘合」「咨文」は別物の可能性があるとのご教示を得た。付帯文書を意味する「別幅」が、「勘合」と異なるものを指している事例については、つとに石井正敏の指摘するところである(『国史大辞典』「別幅」の項)。ただ、橋本前掲注(2)二〇〇八年論文にも述べられているように、「別幅」や「咨文」が勘合に記された事例も少なくない。これについて、筆者は、現段階では、史料上に見られる「別幅」という語の指す対象が、場合によっては勘合の紙面に記されたものだったり、また別の場合には勘合とは別紙に書かれたものだったりというように、個々の事例により異なると考えている。ただし、その詳細については、まだ十分に整理できていないため、今後の課題としたい。

また、注(40)に言及した嘉靖一八年一〇月七日付明礼部宛足利義晴咨文に「特賜准勘合題封」「嘉靖准勘合幷弘治旧勘合」といったように記されている嘉靖准勘合の「准」字について、東北大学の大野晃嗣氏より、日本の禅僧が準ずるという意味で使った可能性は否定できないものの、中国漢文脈からすると、準ずるではなく、許可するという意味に解すべきように思われるとのご教示を得た。岡本前掲注(5)論文、五二頁にも記したように、管見の限り他に「准勘合」という語の類例を見出すことができないため、確かにこの呼称が日明双方に共通するものとして用いられていなかった可能性がある。ただ、本文中に述べたように、嘉靖准勘合は前述の咨文において、通常の嘉靖勘合とは明確に異なるものとして言及されている。このことを考慮すると、少なくとも日本側は、準ずるという意味でこの「嘉靖准勘合」という語を用いていたと考えられ、本章でもそうした解釈にもとづいて「准勘合」の語を用いた。両氏の貴重なご意見に感謝申し上げる。

第六章　明代後期の渡海「文引」
――通商制度史的分析からの接近――

彭　浩

はじめに

一五六〇年代後期、明朝は海禁を緩和し、中国商人が福建省漳州府の月港から（日本を除く）海外へ渡航し貿易に従事することを認めた。そして海外渡航の商船を管理するため、「文引」（「商引」「洋引」ともいう）と呼ばれた海外渡航許可書を海商に発行する制度を導入した。こうした「文引」制は一七世紀中葉、南明政権期まで断続的に維持されていたようである。中国史上、「文引」と呼ばれた公的証明書がほかの分野にも多数存在していた。区別するため、渡海貿易の管理に使用された「文引」を渡海「文引」と称する。

管見の限り、明の渡海「文引」に関する系統的な研究は確認できないが、明の海禁や海外貿易をめぐる総合的議論のなかで、若干の考察が行われている。代表的なものとしては、小葉田淳、傅衣凌、佐久間重男の業績が挙げられる(1)。そのほかの研究においては、著者の関心に基づいて部分的な言及がなされるにとどまっており、渡海「文引」の仕組みに関しては議論の大きな進展がないと言わざるを得ない(2)。総じて、創始の時期と背景、その性格や記載内容、利用状況などについては、一定程度検討されているが、渡海「文引」制そのものへの関心が薄く、多くの基礎事実が解明されるにはまだ程遠い状況であると言えよう。

本章の出発点は、通商秩序を維持するため、政権側が海商たちに発給した各種の Trading Pass への関心である。明後期の渡海「文引」も、朱印船貿易の異国渡海朱印状と似た性格を持つ通商許可書と位置づけられる。朱印状との比較を意識しながら、通商制度史的な関心から「文引」制に注目することで、多くの検討すべき課題が見えてきた。すなわち、①明代後期の渡海「文引」とそれ以前の中国で発給された「文引」一般との関係、②渡海「文引」の記載内容や関連規則と、期待された機能との関係、③渡海「文引」が期待通りの機能を発揮したのか、実施上にいかなる問題が発生したのか、民間ではどのように受け止められたのかといった、実際の運用をめぐる状況である。本章は①から③の課題設定に即して、渡海「文引」制の仕組みを全面的に検討したい。

一　渡海「文引」の前史――北宋後期～明中期――

1　宋代の専売制と取引許可書

現代中国語の辞書では、「引」という漢字はライセンスやパスの意味があると一般的に説明されている。そのルーツを辿ってみると、秦と漢の時代において、「度」つまり長さを測る単位として「引」があり、一引＝十丈と定められている。『漢書』（後漢、班固編著）「律暦志」の「度」の条には、「引者、信也」「引者、信天下也」とある。その時代に、「引」という字がすでに、公的権威で信用性を担保するものという意味を持っていたことが窺える。

「文引」に関しては、現在利用可能な漢籍データベース[3]で検索して確認したところ、唐代以前にはほとんど用例がなく、宋代から明代にかけて頻繁に使われていたようである。では、宋の「文引」がどのようなものだったのか、まず考察したい。

『宋会要輯稿』(4) には「文引」の関連記事が四八ヵ所あり、とりわけ「食貨志」には多く、二九ヵ所に上る。その多くは「茶引」「塩引」関係の記事である。「茶引」「塩引」は茶・塩の専売制下の販売・輸送許可書として知られており、北宋の後期（茶は一一一二年、塩は一一一三年）、宰相蔡京の主導で創始したとされている。(5) 宋の史書には、「茶・塩の法で調べたところ、文引を偽造した者を処刑すべし」(6)「官塩は、文引を持って検査することは可能だが、いま文引を持たない以上、酌量・追及するすべはない」(7) などの記述がある。茶・塩の専売制には、「茶引」「塩引」以外には、販売・輸送関係の許可書に相当するものがなかったようである。このことから、これらの史書に記された「文引」は「茶引」「塩引」にあたる、販売・輸送関係の許可書の性格を持つ公文書であったと考えられる。そのおよそ二〇年後には、錫・鉛の分野にも「文引」が導入された。(8)

他方、「文引」が商品専売の枠を超えて使用された形跡もある。『文献通考』（宋末元初の史家、馬端臨著）の「職役考」には、郷村行政について、「文引」を取って税の上納や役の負担を催促することは「保正」（保甲制度下の地方連帯責任の組織「保」の長）の責務ではないという記述がある。(9) なお、実際にそのような問題が発生したことが、朱熹が書いた公文書で確認できた。(10) また、「場務」（専売制の管理機関）の関係者たちが、朝廷への貢納を名目として各地で食用品を安く買い付ける際にも「文引」を携帯していた。(11)

以上見てきたように、徴税や朝廷調達品の買い付けなどの場合、「官司」と汎称された役所が発給した公的証明書も「文引」と呼ばれていた。宋代において徴税の請負制が実施され、朝廷が公定したものもあれば、地方で独自に取り入れられたものもあったようである。調達を遂行するため、地方の役所は公的性格を付与した文書、つまり「文引」を買い付けの請負人たちに渡し、請負人は実際の購入金額と朝廷から支払われた金額との差額を利益として得た。そのため、請負人が「文引」を下請負の業者に転売することも見られるようになった。(12)

宋代は海外貿易が盛んに行われた時代でもあるため、いままで述べてきた「文引」と同様に、正式な渡航許可書を海商に発給したかどうかを確認する必要がある。日宋貿易では、宋海商が「公憑」を携えて日本に渡来したことが知られている。『朝野群載』（三善為康編纂、一一一六年成立）巻二〇には、一一〇五年に海商李充が「提挙両浙路市舶司」（貿易管理機関）から「公憑」を交付されたこと、および「公憑」文面の詳細が記されている[13]。「公憑」は、冒頭で商人の渡航の目的を簡潔にまとめた上、乗組員の名前と積荷のリストが付されており、その後に八〇〇字前後にわたる、宋の渡海規制に関する法令文が記されている。同様な形式をとったかどうかは判然としないが、元の時代も「公憑」を用いて商人の海外渡航を管理していた。しかし管見の限り、明代には「公憑」と呼ばれた渡海許可書が使われた形跡がない。

その理由として、一つには、明代中期に厳格な海禁が実施されたことで、自国民の海外渡航が一切禁じられたため、その間には当然ながら、宋・元以来の「公憑」制も必要なかったことが考えられる。ところが、一五六〇年代後期、月港からの海外貿易が認められると、明政府にとっては、徴税や出入国管理のため、渡航許可書の発行が再び必要となった。後述するように、明代では陸路の通行証・河川の通航証として「文引」が発給されていることを踏まえると、新たに発給される渡海許可書も、二〇〇年以上も前に使用されていた「公憑」ではなく、馴染みのある「文引」という名称が用いられたと想定できるのではないだろうか。制度上の継承性については別途検証する必要があるが、公的証明書という意味では、明の「文引」は宋・元の「公憑」と共通するものであったと考えられよう[14]。

2　元・明の通行証と「文引」

元と明の時代において「路引」と呼ばれた陸路通行証が使われ、「文引」とも称されていた。元の制度によれば、商売などの事情で故郷を離れて旅する際、役所から発給された「文引」の携帯が必要であり、宿泊する際にその提示が求められた[15]。明代になると、交通の要所に巡検司を設けて人の行き来を検査し、陸路のみならず、船の場合も「文引」の携行と検査時の提出が必須とされた[16]。こうした通行証・通航証としての「文引」は、どのような形態だったか、具体的にどのような内容が記されているかがわかる記事は見られない。

渡海「文引」については、『大明会典』（一五七六〈万暦四〉年重修、一一年後刊行）の出国規制・海禁関係の条文（巻一六七「私出外境及違禁下海」）に関連規定が見られ、「沿海地方において、号票・文引を持つ船のみ、その渡海を認める」とある[17]。ここには、「文引」とともに、「号票」という用語も確認できる。前に述べた佐久間論文によれば、「号票」とは「船由」（渡航船舶の証明書）を指すものとしている。また実際に、海外渡航をする商船に対して、「船由」と「文引」をセットにして交付したことが窺える史料も確認している。たとえば、福建巡撫劉思問は一五七八年一二月の上奏文で「漳州港の船は、（船の所有者・商人に）役所に赴いて「船由」「文引」の発行を申請させ、（担当官員に）貨物を登録させるべし[18]」という意見を述べている。また、一六三一年九月兵部尚書熊明遇の上奏文でも、「船は由・引を備え、由は船戸（船の所有者）に与え、引は商人に与える[19]」とある。つまり、海外貿易をする商人に対しては「文引」を、海外に渡航する船に対しては「船由」を発行することを通じて、管理を行っていたのである。

ちなみに、前に挙げた渡海「文引」の条文は、万暦重修『会典』刊行の二年前に「万暦問刑条例」という案例補足の形で「明律」に新たに加えられたものであった[20]。万暦年間以降、つまり月港貿易が開始されてから数年後に編纂されたため、それ以前「文引」が渡海貿易に利用されていたかどうかについては、ここからはわからない。

二 「隆慶開関」後の渡海「文引」

1 渡海「文引」制の創設

いわゆる嘉靖大倭寇を経験した後、明政府のなかでは、海禁で民間貿易を禁じたことで沿海地方の住民の生計が成り立たなくなり、かえって「倭寇跳梁」と表現されたような密貿易・海賊活動の横行を招いてしまったという認識が広がった。それにより、海禁批判の声が高まり開市すべきという意見が噴出した。一五六七年に政権の中枢層が交代し、福建巡撫塗澤民の上奏を契機に「東西二洋」（日本を除く）への渡海貿易を認めた。ただし、商船の出港地は、福建省漳州府の月港（一五六五年に海澄県を新設）に限定した。また数年後、月港出航の商船に税を徴収して地方の沿岸防備のための軍資金（兵餉）に充てるという「餉税」制も導入された。

一方、「文引」制も大体この間に導入されたことは知られているが、具体的な創設期については、月港開港の時だったのか、「餉税」制創始の時だったのか、ほとんど議論されていない。以下、関連史料の分析を通して確認していく。

ここで注目したいのは、「海禁条約行分守漳南道」という公文の一文である。差出人は福建巡撫許孚遠であり、許氏の文集『敬和堂集』[21]巻八に収録されている。作成年月は不詳であるが、任期中の一五九二年からの三年間のうちに出されたものと考えられる。「海禁条約」というのは、主として海商の渡海貿易を規制する法令（一六ヵ条）であり、当該公文では、福建省の官憲側が制定した「海禁条約」を分守漳南道、さらにそれを介して漳州府の海防官（海防同知）に渡し、また海澄県の外港（月港）で「告示」を掲げる高札のような形で海商に周知すべきとしている。第一条「制船隻多寡」（船数の制限）には、次の一文がある。[22]

［史料1］

該府（漳州府）が調べたところ、「市船」が始まった時、〔朝廷は〕日本「倭奴」との往来を禁じるが、ほかの「東西二洋」への商売は認めた。「文引」の発給については、毎回、一〇〇枚をセットにして、〔担当者＝海防同知が朝廷へ〕申告のうえ、印刷・発行を行うこととしていた。[23]

この一文によれば、「文引」制の創設が「市船開通之始」、つまり一五六七年の月港開港とほぼ同時期だったことが読み取れるであろう。

また、同史料は、制度実施の当初は「文引」を一括一〇〇枚印刷・発行するということも示している。創設後の二十数年間は、「文引」発行数の指定も船数の制限もなかった。これらの点については、『東西洋考』[24]（張燮編著、一六一七年刊）、『天下郡国利病書』[25]（顧炎武編著、一七世紀後期成立）の記述も参考になる。

なお、『東西洋考』の「餉税考」と『天下郡国利病書』の「洋税考」には重なる叙述が多く、成立の時期や経緯を考えると、後者は前者を参考にして再整理したものである可能性が高く、文芸的表現を避けてわかりやすい文章で記述しようとする工夫も窺える。また、両者の違いに留意しながら現存の刊本を読むと、前者は転写や再刊のプロセスで、脱字や脱文と思われる問題が多く生じたように感じられる。そのため、以下では、「餉税考」の記述を参照しながらも、おもに「洋税考」の記述に依拠して分析することとしたい。

［史料2］

万暦二（一五七四）年、[26]巡撫劉尭誨は題本（上奏文）で、商船に税を取って「兵餉」（軍資金）に充てることを提案した。〔朝廷はそれを受けて〕年間の税額を銀六〇〇〇両とし、監督の責任を海防同知に任せた。〔さらに海防同知沈植の建議を採択し〕一七ヵ条の「海税禁約」を刊行した。[27]……その時、東西二洋（東南アジア方面）、雞籠（基隆の旧称）・淡水諸蕃（台湾方面）、および広東の高州・雷州、北部の港などへ取引をしに行く商船や漁船への船引の発給は、すべて海防官（海防同知の別称）が担当していた。納める銀の額は「引」ごとに異なり、「引税」と称されている。「東西洋の「引税」は銀三両、鶏籠・淡水と広東は一両だった。その後増やされて、東西洋は六両、鶏籠・淡水は二両になった。万暦一八（一五九〇）年になると、商船や漁船の文引は沿海州県により発行されることになり、ただ「蕃引」（東西洋方面の文引）は従来通りの扱いだった」（割注）「引」の申請・発給に関しては毎回、一〇〇枚をセットにし、（希望者が）申請すれば（彼らに「引」を）発給し、（引が）なくなれば申告のうえで再度発行されるものであり、もとは（行先の）場所への定めもなければ、船数の制限もなかった。(28) 万暦一七（一五八九）年、巡撫周寀は、「東西二洋」へ行く「蕃船」の数を制限しようと提案した。これにより、毎年船八八隻を上限とし、それに即して「引」を発給することになった。後日また「引」の制限数が再設定されているが、密かに海外貿易に携わる人が多く現れたことに対し、「引」の数を一一〇枚に増やすことになったのである。(29)

後半部分に見られるように、当初は数の制限がなく、毎回一〇〇枚を発行したが、なくなると再度発行も可能だった。一〇〇枚をセットにして発給したという点で、史料1の記述と一致する。(30) そして留意すべきは、こうした「文引」は、海外渡航の貿易船のみを対象としたわけではなく、国内の沿海貿易の商船や漁船に対しても発行されたことであった。一五八九年から、海外渡航の貿易船に対しては船数の制限が加えられ、海外渡航の「文引」も同様の数で発行することになり、その後も船数の調整に伴い発行数の変化も見られた。

そして史料1に、「文引」の管理と発行が「海防官」の責務だったことがはっきりと記されている。「海防官」とは海防同知、つまり海防を主担当とする漳州府の同知（府の長官である知府の補佐官にあたる）であり、「餉税」徴収も担う者である。また税徴収とともに、「文引」の関係事務も兼ねたと考えられる。

なお、「餉税考」によれば、朝廷から派遣された「税監」（税徴収を担当する宦官）が海防同知に取って代わって「餉税」徴収を担当した時期（一五九九―一六〇五年）もあるという。また「税監」による税徴収が廃止された後、海防同知の専管による不正行為の発生を防ぐため、漳州府知府の補佐官五人が一人ずつ一年交代で「餉税」徴収を担当するようになった。こうして「餉税」徴収の管理者の変更により、「文引」管理・発行の最高責任者もそれらに応じて変わった可能性がある。そして、清朝初め頃の渡日商人の証言からは、南明政権期において「太監」（宦官の別称）が「文引」の発行に携わったことが窺える。(31)

史料2に関して、注目したいのは、「文引」制と税徴収との一本化という問題である。「文引」の性格と機能を考えると、第一義的には、月港開港に伴って必要となったモノの出入りへの統制や、海商・商船の出入国への管理を目的とした海外渡航貿易の許可書であったと言えよう。海禁緩和に向けた朝廷の議論からは、月港貿易を認めたおもな理由は、福建省、とくに南部の漳州の沿海地方の商民に生計の手段を与えることで、厳しい海禁による密貿易の頻発や地方支配の不安定などの問題を解決するためであった。議論のなかでは、国または地方の財政を潤すことができるという利点も若干述べられてはいたが、あくまで副次的な効果として挙げられており、当初は高く期待されていなかったと思われる。課税についても、収益を見込んだものというより、商売を認めた以上は、商税を徴収しないわけにはいかないという考えのもとで設定されたのである。「引税」と呼ばれたものは「文引」発行の手数料とも考えられ、三両程度、少額のものだった。しかし、たとえ朝廷が重視しなかったとしても、沿岸防備のための財政緊迫に直面していた地方官憲が、貿易がもたらす利潤に目を向けるのは自然な成り行きといえよう。「引税」と別途に徴収された「餉税」（水餉＝船舶税、陸餉＝貨物税など）もあり、その額は当初巡撫劉が提案した年間銀六〇〇〇両だったが、「洋税考」によれば、実施されて以降すぐ一万両となり、およそ七年後には二万両を超えた。こうした年間の徴税額の上昇は、副次的な目的であったはずの財政を補塡する効果への期待が高まっていることを物語っている。しかし当然のことながら、商人たちは徴税に積極的に応じようとしたと考えがたく、仕方なく納めていたのであろう。税負担を逃れようとする不正行為に対処するため、官憲側は申告者のみに「文引」を発行することとした。結果的には、税徴収を確実にするため、「文引」の発行が補助的な役割を果たすようになったと考えられる。

2　渡海「文引」の記載事項

現段階では、渡海「文引」の原本も写しも見つからないため、内容や形態を復元することは難しい。幸いなことに、前述した「海禁条約行分守漳南道」（第一二条）に渡海「文引」の記載要項が見られる。小葉田らの先行研究においてすでに紹介されているが[32]、本章の論点に直接関わるため、以下では、関連箇所を引用して本章の問題意識に照らして分析する。

［史料3］

（①）商人たちは器械、貨物、姓名、年齢・外見特徴、戸籍、住所、および渡航先、帰港後の返却期限を「商引」に一々明確に書き込み、実際の数の通り漏れることなく「商引」に記入すべきである。（②）海防官および各州県は、「循環号簿」（「引」発行の控え台帳、漢字で番号表記）を二部作り、「引」の記載に照らして器械、貨物、姓名、年齢、外見の特徴、戸籍、住所、および渡航先、帰港後の返却期限を〔号簿に〕写し、日にち順で登録する。（③）海外渡航者に対して、「引」は毎年発給する。〔海商が〕帰航した後、〔海防同知は〕「引」を「道」（巡海道）に送り、確認してもらう。その上で「院」（福建巡撫）にも送り、再確認してもらう。（④）広東・浙江・福州・福寧に赴いて貿易を行う場合は、シーズン（春夏秋冬、各季節）の終わりに、〔商人が使用後に該当州県の役所へ返上した引を〕「院」に送り、再確認してもらう[33]。

①〜④の順に分析していきたい。冒頭の①では「文引」の記載項目が挙げられている。パスポートや身分証明書のように、姓名・年齢・住所などの「文引」受領者の基礎情報、また写真の代わりに外見特徴を記載することが求められている。一方、海外貿易の許可書のため、渡航先や貨物などの記載も必要とされた。

しかし、通常は一〇〇人を超える商人たちが一隻の船に同乗しており、船には所有者が異なるさまざまな貨物が積み込まれていたと考えられる。[34] 船載したすべての貨物を漏れなく「文引」に一々記入せよという指示と理解することは果たして適切なのであろうか。近年の研究によれば、「文引」と対応関係を持つ書類として、巡海道（海防などを司る、省の沿海の関所や番所を統轄する官員）が発行した「印信官単」（官印のある記録用紙）があり、貨物の詳細を輸出品リストのように「官単」に記入すべきことが当時の制度だった。[35] また、乗組員リストも「官単」と同様に、別途作成、添付された可能性が高い。

つづく②の部分は、発給と審査に関わる諸事務の要約である。

ここから、「文引」発行の控え台帳があり、「文引」に記載された項目が台帳にも記録されたことがわかる。江戸時代の日本において、長崎奉行所が信牌（通商許可書）を唐船商人に発行した際にも、「割符留帳」と呼ばれた控え台帳が併せて作成されていた。発行数や貿易の規模を把握するため、そして信牌の真偽を確認するために、控え台帳を準備することは必要不可欠であった。[36] なおここから、海防同知は海外渡航、各州県は所轄地域の沿海渡航に関する記録をそれぞれ担当していたことも窺える。

③の部分では、「文引」の発給・返上・審査に関する諸手続きについて記されている。海商が月港から海外渡航することが認められたものの、海禁が廃止されたわけではなく、また隻数・渡航先・商品の規制もあった。不正を防ぐためにも、海防同知だけに任せるのではなく、上級機関である巡海道や福建巡撫の審査・監督が求められたと考えられる。

また最後の④の部分では、国内沿海部の海運への対応について述べられている。「広・浙・福州・福寧」などの国内沿海地方への渡航も似た仕組みで管理されており、帰航後の「文引」の返上や、その後の審査の手順はほぼ同じであった。ただ担当者については、当初はいずれも海防同知だったが、一五九〇（万暦一八）年以降、沿海貿易の商船と漁船の場合は、各州県の地方官により担当されるようになった（史料2後半部分）。また「季終」という表現からわかるように、年に一回ではなく、四季ごとに対応したことがわかる。当該公文の第二条によれば、海外渡航の場合は、「文引」の発給は毎年の二月以前、出発は三月以前にすべきとされている。ここから、年に一回のみであったことがわかる。

なお、「文引」では渡航先も指定されていたが、実際は厳密に守られていなかった。たとえば、国内用の「文引」を持つ商船が海外に行く例[37]、「文引」に書かれた渡航先と異なる地域へ渡航する例[38]、また「文引」を偽造する例[39]などが、いずれも稀ではなかった。日本はほぼ唯一の渡航禁止地域とされたが、中国産の生糸と日本産の銀の交換がその時代の東アジア海域において最も利益が出る取引だったため、「文引」の渡航先を無視する渡日貿易は後を絶たなかった。これに対して明朝官憲は、帰国時に海外から積んでいた荷物の種類をチェックすることや[40]、商人同士や保証人の連帯責任を厳しく追及することなどで対応しようとしたが、その効果はかなり限定的なものであったと見受けられる。

三　「包引」――市場流通の実態――

1　不正申告と「包引」

第二節で少し触れたように、「文引」制が運用されていくなかでさまざまな問題が発生した。「海禁条約行分守漳南道」の第一一条から、不正申告が問題になっていたことがわかる。

［史料4］

偽りの姓名や住所を用いて「文引」を申請して受け取る商人がいる。〔彼らは〕海に出るとただちに不法を働く。

そして、問題が発生した後、姓名が合わないことや、住所が実在しないことが発覚してしまう。また狡猾・険悪な連中がおり、衙門の役人（後掲史料5の衙役）と親しくなり、もっぱら「文引」の発給を請け負い、詐欺に使用する。今後、〔文引の〕発給を申請する際、必ず確かなる姓名・住所・年齢・外見の特徴を誠実に申告するよう、「船戸」（船の所有者）や「商梢」（商人と水主などの乗組員）に命ずる。単なる兄弟の順序を示す字号（「一官」「二官」のような、商名にあたるものか）のみや、別人の苗字・偽名、実際の居所とは異なる住所、他人の外見の特徴を申告するなど、他人を装って「文引」を申請してはならない。必ず「保甲」（地域の連帯保証組織）・隣家および船主が、明確な「保結」（身元保証書）を提出すべきである。もし不実なことがあれば、〔保甲や隣家の〕連帯責任を厳しく追及する。衙門には「商引」の発給を請け負う者があれば、海防官および各州県の官員はただちに追及して処罰を行うべきであると命じる。(41)

すなわち、「文引」の申請に際して、実際のものとは異なる姓名や住所を用いることが問題視されており、そのような不正が横行する背景には、「文引」発給の請負行為＝「包攬」があったことが指摘されている。そしてこのことは、「包攬」を企てる者に対して協力する役人が存在することではじめて成立するものであり、この場合の役人は、おそらく、「書吏」のようなおもに海防同知配下の「文引」発給の担当者だったと考えられる。また、対策としては、不正申告の行為の禁止を厳しく命じるとともに、連帯保証制の強化や担当役人の責任追及も行われた。

2　「文引」取引の実態

「文引」を使用して取引を行う商人の実態を分析する上で、こうした「包攬人」の存在形態はとくに注目に値する。史料4は「文引」制が始まってから二十数年後の状況を反映し、「文引」発給の「包攬」問題を指摘している。次に検討する史料5からは、さらに二十数年が経った後も、この問題が改善された形跡がなく、むしろ深刻化する一方であったことがわかる。史料5は、一六一六年に漳州府の推官（裁判を主担当とする府の役人）を務めた蕭基の上奏文「恤商釐弊凡十三事」（『餉税考』に収録）の第七条である。これは、中小商人の利益の代弁者として、その時の月港貿易の諸問題をまとめたものである。前掲の佐久間論文で一通り紹介されてはいるが、ここでは、「文引」が売買される商品になった要因に注目しながら、詳しく分析したい。

[史料5]

「引」交付の請負を禁じるべきと提案する。長年の経験を持つ「市猾」（狡猾な商人）がおり、毎回、「引」発給の請負と「保結」提出の請負は、五、六船も行っている。「主商」（有力な貿易商、商船の経営責任者）(42)と結託して「引」交付の申請には銀数十両もかかったと公言する。後に来た商人たち（「散商」、船便乗の客商）は、「引」がすでに交付された以上、（主商が言った）金額の通りに支払わざるをえない。彼ら（市猾と主商）はそこから得た利益を互いに分け合う。船が戻り「引」を（担当衙門に）返上する際にも、また（主商は）銀数十両もかかったと公言する。すでに「引」を返上したため、（客商たちは言われた）金額の通りにお金を出さなければならない。彼らはまたそのなかから利益を得ている。これらの輩は苦労せずに利益を得て、長期にわたって悪事を働いている。ひいては偽りの名前で「引」の発給を申請し、「隣保」の「保結」も偽造し、「引」をあちこちに転用し、海商に売却する。朱彩徳らの行動はその証であろう。近年に大まかに尋ねたところ、鄭心斎らが追及・処罰された。それはもっともであるが、今後、「引」は商人が自ら申請して交付されるべきであり、「保結」は「隣保」から出される確かなものにすべきである。「衙役」（衙門の下働き）と結託して不正行為をすることも容赦せず、犯した者を厳しく処罰し、もって「市猾」を粛正する。(43)

当該箇条では、「文引」発給の「包攬人」を「市猾」と呼んでいる。「市猾」とは本来、市中に住む無頼の輩やならず者を指す俗語であり、ここでは、不正な手段で役所から「文引」を受領し、少額資本で貨物を仕入れて海船に便乗する客商、つまりは「散商」たちから、高額な共同使用料を騙して取る仲介業者を指す文言として用いられている。「主商」とは有力な貿易商であり、商船一隻または数隻を仕立て経営の責任者を務める存在だったと考えられる。「市猾」は「主商」や「衙役」の協力を得て「文引」売買のビジネスを営んでいたのである。

つづいて「文引」の市場価値を考えてみよう。「文引」発給の際には「引税」を納める義務があり、史料2の割注にあるように、当初は東南アジア方面は三両、近くの台湾方面は一両であったが、のちに両方とも倍の銀額に増額された。しかし、そうは言っても、数十両にも及ぶものではなかった。史料5で問題とされているのは、仲介業者が「文引」の申請・発行を寡占することで財を成す行為であった。すなわち、賄賂などを贈って「文引」担当の官員と内通し、偽りの身元保証書を用いて、「文引」発行を申請し、複数の「文引」を一手に受領する。こうして手に入れた「文引」を商人に売ることでも利益は得られるのだろうが、より多くの利益を得るために、有力な貿易商と連携して、商船に便乗する中小商人に高額の共同使用料が必要であると伝えて、銀を騙し取るという不正な手段を用いた。このような問題の背景には、「文引」の数に上限が設定された一方で、数多くの商人が「文引」を使用して渡海貿易に従事したいと望む状況のなかで、「文引」そのものが市場価値を備えるものになったことが想定できるだろう。

おわりに

結論として、以下のように本章で述べたことをまとめる。

第一節でみたように、公的性格を持つ許可書やライセンスという意味の「文引」の用例は遅くとも北宋後期の「茶引」「塩引」まで遡ることができる。南宋の時代には、専売関係のほか、納税・朝廷調達品関係の「文引」も確認できることから、役所が発行して政府の権威を担保とした公的証明書の汎称として用いられるようになった。元・明の時代になると、「文引」が表す意味合いは限られたものとなり、主として通行証や通航証を指す用語として定着した。

第二節では、渡海「文引」創設の背景・担当者・記載事項などの基礎事実を確認した。記載事項は、現代のパスポートに見られる項目と重なるところが多い。ただし、渡海・通商に関する記録であったため、携帯している武器や積載する貨物の詳細も必須事項とされた。「文引」には渡航先も記されており、受領者はそこに記載された渡航先とは異なる場所を渡海する場合も多く、有名無実化していたと言える。また、海外渡航の許可書としては、出入国を審査する機能を備える一方、徴税を確実なものとする手段としても機能していたことにも注意すべきである。

第三節は「文引」請負の実態を考察した。船数の制限に伴う発行枚数の制限により、「文引」が市場価値を持つものになり、不正な手段を通じて担当役所から複数の「文引」を取得し、有力な貿易商と連携して中小商人から多額な共同使用料を取ろうとするビジネスも生まれた。その背後には、「衙役」（「書吏」などの役所の実務担当者）―「包攬人」（「文引」転売の商人や業者）―「主商」（有力な貿易商・船の経営責任者）という三者連携の取引構造があったことも確認できた。

最後、以上の諸論点を踏まえながら、使用された時期が部分的に重なる日本の朱印船時代の異国渡海朱印状と簡単に比較することで、「文引」制の特徴をまとめて結びとしたい。

まず、目的と機能については、本章で論じたように、海禁下の海外渡航の規制を確保するため、さらに徴税を確実にするための手段として、「文引」は期待されていた。「朱印状」の場合は、支配者の朱印もあり、真偽の判別のような施行上の困難が想定されるものの、理論上は商人の出入国の管理にも使えるはずだった。しかし、実際に期待されたのは、航海中や渡航先の保護のようであり、言い換えれば、内向けというより外向けの側面が強い。この点を踏まえて考えると、海外に渡航した中国商人は、明政府の権威を借りて自らの経営「合法性」を主張し、それにより航海中の安全や渡航先での取引の便宜を図ろうとした可能性も十分想定できるだろう。

次に、記載事項を見てみると、「文引」と比べて、「朱印状」は非常に簡略的なものと言わざるをえない。「朱印」のほかに、重要な記載項目は渡航先であろう。「文引」にも、渡航先の指定はあったが、渡航先を無視して使用した例が非常に多く、十分に機能できなかったと考えられる。

第三節で検討した「文引」転売という点については、「朱印状」は少なくとも名目上は最高支配者が直に発行する公的証明書であり、金銭を払えば誰でも簡単に入手できるというものではなく、その希少性により市場価値が生じて、転売に伴う所有者の変更があったとしても不思議ではない。しかし関連史料が乏しいため、実際の流動状況はなお判然としない。「文引」の場合は、民間商人を交付の対象とし、発行枚数の制限は貿易の機会が限られていることを意味した。貿易の規模が拡大していくなか、「文引」そのものが取引の対象になり、「包攬人」という仲介業者の登場が物語っているように、「文引」の転売はすでに常態化したと言ってもよかろう。

(1) 小葉田淳「明代漳泉人の海外通商発展―特に海澄の餉税制と日明貿易に就いて―」小葉田『金銀貿易史の研究』法政大学出版局、一九六七年（初出は一九四一年）。傅衣凌「明代福建海商」同『明清時代的商人與商業資本』人民出版社、一九五六年。佐久間重男「明代後期における漳州の海外貿易」同『日明関係史の研究』吉川弘文館、一九九二年（初出は一九八五年）。

(2) 林仁川『明末清初的私人海上貿易』華東師範大学出版社、一九八七年、李金明『明代海外貿易史』中国社会科学出版社、一九九〇年、鄭有国『中国市舶制度研究』福建教育出版社、二〇〇四年、李慶新『明代海外貿易制度』社会科学文献出版社、二〇〇七年など。

(3) 「漢籍電子文献資料庫」（中央研究院・歴史語言研究所）、『文淵閣四庫全書』電子版（迪志文化出版有限公司）の全文検索。

(4) 徐松ほか（清代）編纂『宋会要輯稿』上海古籍出版社、二〇一四年。

(5) 安蘇幹夫「宋初における茶引の研究―その成果と課題―」（『広島経済大学経済研究論集』一〇―四、一九八七年）、劉春燕「宋代的茶葉「交引」和「茶引」」（『中国経済史研究』二〇一二年第一期）、戴裔煊『宋代鈔塩制度研究』（商務印書館、

一九五七年）、佐伯富『中国塩政史の研究』（法律文化社、一九八七年）などを参照。

（6）原文は「検会茶塩法、偽造文引者、当行処斬」。『宋会要輯稿』「職官一三、祠部篇」、建炎三（一一二九）年八月一三日条。

（7）原文は「官塩自有文引照験、今既無文引、無可体究」。李心伝編纂『建炎以来繫年要録』巻六七、紹興三（一一三三）年八月丁未条。王雲五主編『四庫全書珍本』台湾商務印書館、一九七五年。以下は同シリーズの書を「四庫珍本版」と略称。

（8）『建炎以来繫年要録』、巻八七、紹興五（一一三五）年三月乙未条。

（9）馬端臨『文献通考』新興書局、一九六四年、一三八頁。

（10）『晦庵先生朱文公文集』巻九九、「約束不得騒擾保正等榜」。岡田武彦編書第九冊、中文出版社、一九八五年、七〇六六―七〇六九頁。

（11）『勉斎集』（黄幹の文集）巻三四、「約束場務買納歳計食物榜文」。「四庫珍本版」一九七一年。

（12）『建炎以来繫年要録』巻一六九には、役所関係者が「文引」を売買したりすることを記している。

（13）三善為康編『朝野群載』吉川弘文館、一九六四年、四五一頁。

（14）二〇一七年一二月「朱印船」科研関係の研究会では、本章のベースとなる原稿に対して榎本渉は、貿易に限らない官許の証明書として「憑」と「引」が共通していることと、元の「文引」（通行証）が明のみならず、高麗の交通にも適用され、さらに朝鮮半島と対馬との交通にも影響を与えた可能性などの論点を示唆した。

（15）『元史』「刑法志」や『通制条格』（巻一八「関市」・「濫給文引」条）を参照。

（16）『大明会典』（一五七六年重修）巻一三九、「兵部二二・関津二」に関連記事が見られる。

（17）原文は「凡沿海去処、下海船隻、除有号票・文引、許令出洋」。

（18）原文は「漳州澳船、須令赴官告給船由・文引、並将貨物登記」。「明神宗実録」巻八一、万暦六年一一月辛亥条。

（19）中国第一歴史檔案館・遼寧省檔案館編『中国明朝檔案総匯』第一〇冊、広西師範大学出版社、二〇〇一年、三八〇頁。原文は「船有由有引、由給船戸、引以給商」。

（20）檀上寛『明代海禁＝朝貢システムと華夷秩序』京都大学学術出版会、二〇一三年、一九一―一九三頁。

（21）万暦版は国内外の多くの大学図書館や研究施設などに所蔵。本章は国立公文書館林家蔵本を使用。

（22）『明史』「許孚遠伝」を参照。

（23）原文は「該府査得、市船開通之始、除日本倭奴禁絶外、其余東西二洋諸蕃、並准商販、応給文引、毎次以一百為率、呈請印発」。

(24) 張燮が海澄県の知県らの要請に応じて作成した書物。本章は「四庫珍本版」(一九七八年)を使用。

(25) 顧炎武が一七世紀中期から、長きにわたってさまざまな史書・地方志などの史料から、社会・経済制度に関わる内容を抽出し、編纂した書物である。本章は『顧炎武全集』(上海古籍出版社、二〇一一年)を使用。

(26) 『東西洋考』「餉税考」には「万暦(一五七五)三年」とある。また、同書「督餉職官」には、「税務」を兼ねる海防同知としてまず羅拱辰の名が挙げられ、紹介文には「隆慶六年(一五七二)、税務初起、公首膺其任」とある。「餉税」制が実施される前の一五七二年に渡海商船への徴税がすでに始まったことが読み取れる。

(27) 次の「中略」には「時海防同知沈植条陳」という文があり、また「餉税考」の該当箇所には「同知沈植、条海禁便宜十七事、著為令」とある。

(28) 「餉税考」の該当箇所には「原未定其地、而限其船」とあり、下の万暦一七(一五八九)年に船数を制限し始めたとの記述と齟齬がある。

(29) 原文は、「万暦二年、巡撫劉尭誨題請税舶充餉、歳以六千両為額、委海防同知専督理之、刊海税禁約一十七事……於時、凡販東西二洋、鶏籠・淡水諸蕃、及広東高雷州、北港等処商魚船引、倶海防官管給、毎引納税銀多寡有差、名曰「引税」、「東西洋毎引税銀三両、鶏籠・淡水及広東引納税銀一両、其後加増、東西洋税銀六両、鶏籠・淡水税銀二両、万暦十八年、革商漁文引帰沿海州県給発、惟番引仍旧」(割注)、毎請引、百張為率、随告随給、尽即請継、原未定其地、而亦未限其船、十七年、巡撫周寀議将東西二洋蕃舶題定隻数、歳限船八十八隻、給引如之、後以引数有限、而私販者多、増至百一十引矣」。『顧炎武全集』三〇九一―三〇九二頁。

(30) 「明神宗実録」万暦一七(一五八九)年四月丙辰条には、史料2で触れられた巡撫周の上奏の概要が見られる。冒頭には「定限船之法、査海禁原議、給引以五十張為率、毎国限船二・三隻、今照原禁、勢所不能、宜為定限」という文がある。その時点までのある時期に、文引発行数が毎回一〇〇枚セットから五〇枚セットへ変更されたことが示唆されている。小葉田は「率」を「定額」と理解し、この箇所について「五十張の率は毎年印刷の数」と解釈しており(小葉田前掲注(1)論文)、佐久間もこの見解を引き継いだ(佐久間前掲注(1)論文)。しかし、史料2の文章表現を参考にすれば、やはり毎回五〇枚セットで発行すると解釈した方が妥当と考えられる。以前は枚数・船数の制限がなかったゆえ、巡撫周はこの時に「定限船之法」を提案したのではなかろうか。

(31) 順治六年一〇月一二日（一六四九年一一月一五日）江寧巡撫土国宝題本（中国第一歴史檔案館所蔵）によれば、海商喬復初らが、一六四五年三月に渡海「文引」を得るため、太監孫氏に税を納めた。
(32) 小葉田前掲注(1)論文。
(33) 原文は、「一、①商引填写限定器械、貨物、姓名、年貌、戸籍、住址、及向往処所、回銷限期、俱開載明白、商衆務尽数填引、毋得遺漏、②海防官及各州県、仍置循環号簿二扇、照引開器械、貨物、姓名、年貌、戸籍、住址、向往処所、限期、按日登記、③販番者、毎歳給引、回還齎道査核、送院復査、④販広・浙・福州・福寧者、季終齎道査核、送院復査」。
(34) 蕭基上奏（史料5の説明を参照）には「夫一船商以数百計」とある。
(35) 黄有泉「明代月港督餉館雑考――兼與鄭有国先生商榷――」『漳州師範学院学報（哲学社会科学版）』八六、二〇一二年第三期。
(36) 拙著『近世日清通商関係史』東京大学出版会、二〇一五年。第一章の第一節を参照。
(37) 澎湖列島で守備の軍を駐在することを提案した沈鈇の上書では、奸商たちが高州・福州・蘇州などの国内沿海都市行きの「文引」をもらって日本や呂宋などに渡航したことを提示している。『顧炎武全集』二九九五頁。
(38) 巡撫福建右僉都御史商周祚の上奏では、大泥行きの「文引」をもらった商人が密かに呂宋に渡航した状況を示している（『明熹宗実録』天啓三年四月壬戌条）。福建巡撫陳子貞の上奏では、日本貿易が呂宋貿易より倍も利益があるため、「奸民」たちは「票引」を得て、頻繁に「倭国」に渡航していることを述べている（『明神宗実録』万暦三八年一〇月丙戌条）。
(39) 福建巡撫劉思問の上奏は、商人たちが「文引」を偽造して禁止された商品を購入している問題を示している（『明神宗実録』万暦六年一一月辛亥条）。
(40) 「海禁条約行分守漳南道」（史料1の説明を参照）第三条「定貿易貨物」。たとえば、日本へ渡航した船は、銀そのものを持ち帰ったケースが多く、ほかには「馬尾・獺皮・倭刀」くらいしかないとされている。
(41) 原文は、「一、商人有假揑姓名・住址、冒給文引、一出海洋、輒為不軌、迨其事発、則姓名不対、住址無蹤、又有一等奸徒、倚藉熟衙、専一包攬給引、指詎使用、今後告給、責令船戸・商梢従実開報的確姓名・住址・年貌、不許止以排行字号、別姓鬼名、及別処住址、他人年貌、詐冒填引、務要保甲・隣佑及船主保結明確、如虚一体厳究、衙門如有包給商引者、海防及各州県官不時究治」。
(42) 蕭基上奏によれば、一人の「商主」は一隻の船を管轄し、「散商」は荷物を載せて船に付属することだった。「主商」と

「商主」との違いがないように書かれている。

(43)　原文は、「一、議禁包引給引、時積年市猾、毎毎包引・包保至五・六船者、串慣主商、倡言給引費至数十両、而後来諸商、自給引者、只得如数出費、彼且従中瓜分、及船回銷引時、又倡言費銀数十両、而後之銷引者、只得如数出費、彼又従中瓜分、此輩坐富作奸已久、甚至捏名給引、虚造隣結、将引移東転西、売与越販、如朱彩徳等、其証也、近略訪鄭心斎等究治外、今後引従商人自給、保取里隣実保、無容包同衙役作弊、犯者重治、以清市猾」。

第七章　勘合とプララーチャサーン
――田生金「報暹羅國進貢疏」から見た明末のシャムの国書

木村可奈子

はじめに

明の外交における勘合は、一三八三(洪武一六)年にシャム、チャンパ、カンボジアに与えられたのを嚆矢として、偽使と真使を見分けるために日本や東南アジアの国々との間で使用された(1)。日明間以外でも使われていたが実物が現存せず、関連する史料がほとんど日本にしか存在しないため、日明間の勘合制度の研究が全体像を左右してきた。

とくに近年、日本の学界で研究が急速に進み、伍躍は、勘合が明清時代に広く使われた公文書であり、現存する清代の勘合を参考にするならば、規定などが印刷された余白に文面が記入され、さらに勘合と底簿にまたがって官印と字号が墨書された大型の文書であったことを指摘した(2)。それを受けて、橋本雄は、日明間の勘合は二品衙の官司同士で交わされた平行文書である咨文が記入されるものであったとして、形状の復現を行うとともに、明の外交用の勘合の制度全般に敷衍して議論を進めている(3)。だが、日明間の勘合の使用例は、明と他の国々との間の勘合の使用法と完全に同じであったのであろうか。

本章では、シャムの事例を検討する。なぜなら、シャムは明が勘合を与えた最初の国の一つであり、日本が一六世紀半ばで遣明船を派遣しなくなったのに対し、一六四三（崇禎一六）年まで明に遣使（明から見れば「朝貢」）しており、外交で用いられた勘合を考える上で重要な例だからである。

残念ながらシャム側には当時の勘合の使用について伝える史料が存在しない。しかし、明側には少ないながらも関連する史料が存在し、とくに広東巡按御史田生金が一六一七（万暦四五）年に書いた上奏文「報暹羅國進貢疏」から、明末におけるシャムの勘合の使用実態について探ることができる。[4]「報暹羅國進貢疏」は、アユタヤー朝の中国への国書について伝える重要な史料でもあり、本章は、どのような国書が送られたのかにも着目する。[5]また、同時期にシャムは日本に国書を送っており、明宛てのものと比較することで、朱印船時代に日本に送られた国書を位置づける手がかりになると考える。

松浦章は「報暹羅國進貢疏」を初めて取り上げ、朝貢国の使節が明に赴く際には、国王印を押印した国書（シャムの場合は金葉表文）、[6]明から前回与えられた勅書、勘合、布政司への回文（返信）などを携行する必要があったとし、シャムの例を広く朝貢国一般に敷衍して結論した。[7]だが、本史料の詳細な分析は行っておらず、勘合については「勘合符」という旧来の理解に従っている。湯開建と田渝は全文を紹介し内容を分析するが、勘合制度上の分析は不十分である。[8]また、この上奏文を収録する『按粵疏稿』を研究した石亜培も、本史料の史料的価値を指摘するが詳しい分析は行っていない。[9]

シャムと明、清との外交文書全般についての研究に目を拡げてみよう。

ピヤダー・ションラオーンは、アユタヤー朝と明の間の外交文書を明側史料を用いて研究し、勘合についても先行研究の成果に依拠しながらまとめているが、分析範囲は明中期までであり、「報暹羅國進貢疏」は用いていない。[10]

増田えりかは、トンブリー朝、ラタナコーシン朝から清への外交文書に対する研究を行っている。[11]増田によるとシャムは①スパンナバット、②プララーチャサーン・カムハップ、③ナンスー・コーサーティボディーの三種の外交文書を清に送った。①は金を打ち出した薄い板で、清側は「金葉表文」と呼ぶ。[12] スパンナバットにタイ語で刻まれている国書はシャム王と清皇帝を対等の立場として書いていたが、清はスパンナバットを文書ではなく貢物と考えていたため、書かれている内容は問題にならなかったという。②は、シャム側史料では、「カムハップは検査する、調べるという意味の中国語であり、国書を写した紙である。それには、使節の名前、年月日、貢物のリストも一緒に書かれており、二組あって継ぎ目に印鑑が押してある。使節が携帯して行き、送られた貢物の品と一致するかどうか検査する係官に差し出すためのものである」とされ、「勘合表文」と呼ぶべき漢文の国書ではないかと推測している。[13] シャム宮廷で起草されたが、広州で中国側商人や官吏の助言を受け、表文にふさわしい文体と内容に書き換えていたという。③は、シャムの大蔵大臣の書簡で、礼部と広東の督撫に送られ、白い紙に漢文で書かれた。[14]

川口洋史によると、一般に「国書」と和訳される「プララーチャサーン」という語はアユタヤー朝でも用いられ、「王の書簡」を意味し、他国の君主との間で交換することで友好を確認した。ラタナコーシン朝は、清にはタイ語で書かれた金葉の「プララーチャサーン」と、漢文で紙に書かれた「プララーチャサーン」を送ったが、阮朝ベトナムにはタイ語、漢文、チュノムでそれぞれ紙に書かれた「プララーチャサーン」を送ったという（本書第三章）。

以下本章では、時代は異なるが、増田、川口によるシャム史の成果を参照に「報暹羅國進貢疏」を分析していく。なお本章では、史料の引用箇所以外では「金葉表文」という語を用いない。「表文」という語は、外国王から皇帝への「表」という上行文書であることを意味し、君臣関係にあることを含意するが、ラタナコーシン朝のようにアユタヤー朝でもタイ語文書の中でシャム王と皇帝を対等に位置づけていた可能性を否定できない。[15] 本来上行文書ではないものを「表文」と呼ぶことは誤解を招くため、本章では「金葉のプララーチャサーン」の語を用い、略称として「金葉」と呼ぶ。

一　明末のシャム使節

史料の分析に入る前に、まずは明末におけるシャムからの使節の派遣状況を簡単に確認したい。

一五六九年、アユタヤー朝シャムはタウングー朝ビルマに併合される。一五七一年に、後に即位してシャムを独立に導くことになる王子ナレースエンが、人質となっていたビルマから帰国する。その二年後である一五七三(万暦元)年に十数年ぶりに広東にやって来たシャム使節は、明から与えられていた暹羅国王之印と勘合がビルマによって破壊されたとして再発行を求めた。この使節が正式に受け入れられたかは不明である。次いで一五七五(万暦三)年にやって来た使節は再度国王印と勘合の再発行を求め、今回は許可された。この際金葉のタイ語を訳せる者が明側におらず、シャムから訳字生養成のために人を派遣させることを決定する。一五七八(万暦六)年に握悶辣らが北京に到着し、四夷館で教育に当たった。この機会に四夷館の中にタイ語の翻訳を担当する暹羅館が新設される。一五八二(万暦一〇)年に握悶辣らは、暹羅国王之印を得て帰国の途に就いた。このような頻繁な遣使はビルマへの対抗のためと考えられる。シャムは一五八四年にビルマからの独立を宣言し、以後ビルマとの戦争を続けた。一五九二年から一五九三年にかけての軍事対決によってシャムはビルマに勝利し、独立を回復する⑯。

国王印を得た後、シャム使節は一五九二(万暦二〇)年、一六一一(万暦三九)年に北京にやって来た。その次に派遣されて来たのが、本章が分析の対象とする一六一七(万暦四五)年の使節である。

二　「報暹羅國進貢疏」の概要

1　作成および上奏時期

まずこの題本（上奏文）の作成時期を検討したい。一緒に上奏している周嘉謨について題本中で「総督両広右都御史兼兵部右侍郎であり、今南京戸部尚書に昇進し交代を待っている周」と述べている。周嘉謨が南京戸部尚書に任命されたのは『明実録』によると万暦四四（一六一六）年一二月一五日なので、それ以降と考えられる。また、題本中にシャム使節が広州に入港する前に、「七月二三日」に虎頭門で取り調べを受けたことが記されているため、あわせて考えると、万暦四五年（一六一七）七月二三日以降のことであろう。

次いで上奏時期である。『明実録』万暦四五年一〇月己未（二八日）条には「暹羅国が金葉表文一通、方物一万四八〇〇斤、孔雀三対を進貢した。」とあり、北京で朝貢を行ったように読める。だが四五年七月二三日に広州沿岸の虎頭門に居り、題本の中で書かれるように何度も事情聴取を受けていたシャム使節が、同年一〇月二八日に北京に到着していたとは考えにくい。そのため、この記述は、題本が上奏されシャム使節の来貢の情報が北京に伝わったことを示すと考えられる。それではシャム使節はいつ北京にやって来たのだろうか。万暦四七（一六一九）年八月戊午（八日）条には「暹羅国王妃の差官が孔雀、象牙、降香等物を進貢した。……」とあり、これは四五年の使節と別個の使節と理解されてきた⑰。しかし、王妃が単独で進貢するのは不自然である。「報暹羅國進貢疏」には四五年使節が前例のない孔雀を持参し、その上、通例と異なり王妃の朝貢品も持参していたことが書かれており、四五年使節が国王だけでなく王妃の進貢品も持参したことが分かる。また、シャム使節が広州から北京に到着するまで通常一年程度は要するものであった⑱。万暦四七（一六一九）年に北京に使節として赴いた朝鮮人李弘胄も、シャム使節に会った際、通訳を介してこの使節が「丁巳年」すなわち万暦四五（一六一七）年に出発して今年北京に到着したことを聞いている⑲。以上から、『明実録』万暦四七年の使節は、四五年に広州にやって来た使節と同一であると考えられる。

2　概　要

本史料の概要は以下の通りである（なお、史料中に述べている朝貢年は北京ではなく広州にやって来た時期を述べていると考えられるため、留意が必要である）。

市舶司から、シャム使節が前回与えられた勅書と勘合を持って来ておらず、前回の接貢船（朝貢使節の迎えの船）は沈没したと使節側が述べているとの報告を受けた田生金は、周嘉謨と協議した。二人は、前回の使節の帰国時に布政司が金盤事件（後述）についての公文を渡しており、それに対する返信を今回持って来たことから、布政司の文がシャムに届いているのに、なぜ勅書と勘合だけ沈没したと使節側が言うのか事情を調べ、また使節の真偽を何で判断すべきかも調査するように三司（布政司、按察司、都指揮司）に指示した。

それに対する布政司からの報告は以下のようであった。按察司巡視海道兼市舶副使から、虎頭門寨委官経歴が七月二三日に三使臣と通事を取り調べた詳しい内容が報告され、使節側は朝貢に来たと述べていることが伝えられた。また市舶提挙司の報告では、広州府清軍同知と一緒に貢船に行き調査した内容が伝えられた。「金葉表文」と、勘合ではない紙に書かれ国王印が押された漢字表文、金盤事件についての布政司からの文書への返信が提出され、勅書と勘合がないのは、万暦四一（一六一三）年の接貢船が沈んだためと使節側が述べていることが報告された。持参した漢字表文には、国王の森烈怕臘照果倫怕臘陸悃西啞卒替鴉菩埃が即位にあたり三人の使節と通事、正貢船と護貢船各一隻を送り、「金葉表文」と漢字の訳書、朝貢品を持って行くこと、勘合の再発行を願っていること、使節の早期帰還とシャムの貿易船の貿易許可を願っていることが書かれていた。広州府からの報告では、通事許勝による勘合を使用していないことについての事情説明（後述）などが伝えられ、提出された貢物の斤数、使節の名前と人数を書いた冊子が報告とともに布政司に送られた。

これらの報告を受けた布政司は、前回再発行した勘合号簿（底簿）は布政司側にあるが、今回の使節は勘合を用いていないため照合できず、真偽を慎重に調べるべきであると考えて、按察司、都指揮司および巡海道と一緒に調べていたところ、田生金と周嘉謨の牌（指示書）が来たため、再度広州府と市舶提挙司に調査を指示した。広州府の報告によると、広州府清軍同知が市舶司と一緒に貢船に行って再調査したところ、正使浮哪申實替喇邁依鳌と通事許勝が呈文を提出してきた。それによると、万暦四一（一六一三）年に帰国する際、「金葉表文」の載せられていた盤盌がすり替えられているという訴えが起こり、[20] 布政司から差人を送りシャムで調査させることになった（前述の「金盤事件」のこと）。しかし、虎跳門で数ヵ月風待ちをしている間に差人が一時帰宅し、戻って来た時にはちょうど接貢船が出航したところで、小船で追いかけたが追いつけなかった。差人は海澄県に行き船でシャムに行ったが、接貢船が戻っていないため国王が暫く差人を留まらせた、ということであった。また、先王普埃は万暦三九（一六一一）年に亡くなり、森烈怕臘照果倫怕臘陸悃西啞卒替鴉菩埃があらたに即位し、妃は媽臘照皮野といい、今回の朝貢は即位に伴う朝貢であること、接貢船が沈んだため勅書、勘合がないこと、今回の漢字の表文には国王印を押したこと、差人と返信も一緒に送り返したことも記されていた。

以上の報告を受けた三司と巡海道は、シャムは代々忠順で朝貢の前例があり、即位にあわせてやって来たのは恭順であるとし、勘合などが無いことに対する事情説明には信じられないところもあるが、遠い外国のことで追究することは難しく、朝貢品も前回と異なるとはいえ足りているので、入貢を許してよいとの見解を示し、勘合の補給を願った。

報告を受けた田生金と周嘉謨は、シャムは代々の忠順を行おうとしており、再三調べさせたが怪しいところはなく、接貢船が沈んで勅書と勘合が無いという話は信じられないが、国王印を使用しているので本物の使節である証拠になるとし、入貢を許し勘合を給付したほうが良いとして、礼部に議覆させるように願った。以上の題本の内容の後に、「聖旨を奉じた」と書いてあるが、聖旨の内容は記載されていない。また末尾に朝貢品や附搭貨物、北京に送られる使者のリストが載っている。

この時の王はソンタムであり、万暦三九（一六一一）年の代替わりとはソンタムの即位のことを指すと考えられている㉑。漢字表文の中で「森烈怕臘照果倫怕臘陸悃西亞卒替鴉菩埃」と名乗っているが、これは「Somdet phračhao krung phranakhōn sīʾayutthayā phūyai」の音写であり、「プラナコーン・シーアユタヤー国王陛下大人（あるいは、「クルン・プラナコーン・シーアユタヤー王陛下大人」）」の音写と理解される㉒。「クルン・プラナコーン・シーアユタヤー Krung phranakhōn sīʾayutthayā」はアユタヤーの正式名称の一部である。多少漢字が異なったり、「森烈怕」などと短縮された例もあるが、アユタヤーが滅亡する清の乾隆年間まで、一貫して暹羅国王名として用いていることが中国側史料から確認できる㉓。本史料は、「Somdet phračhao（krung）〈アユタヤーの正式名称の一部〉phūyai」の音写を、国王名として中国に対して用いた初出だと考えられる㉔。なお、史料中で先王の名を「普埃」と述べているが、これは「phūyai（大人）」の音写と考えられ㉕、こちらも王の名を音写したものではない。

一方、ほとんど同時期である一六二一年（①）、一六二三年（②）、一六二九年（③）に日本に送られた漢文訳書では、①「来舜烈摩倫摩匹浮臘烈照果倫怕臘馬嘑陸閫妥尾臘瓦离西卒皮耶馬嘑离洛縛樂喇納日他尼無离倫㉖」、②「來舜烈摩倫摩匹浮臘浮烈照哥郎帕臘馬嘑陸閫妥瓦离西卒耶馬嘑离祿縛祿喇納臘日他尼舞离倫㉗」、③「柰舜烈摩倫摩匹浮臘照果朗帕臘馬訶陸悃妥瓦納瓦離西毘耶摩訶離祿普樂喇納臘日他尼務離倫㉘」と名乗っている。これらは「Nai somdet bǭrommabǭphit phračhao krung phramahānakhōn thawārawadī sīʾayutthayā mahādilokphop nopphārattanarātchathānī burīrom」の音写で、「プラマハーナコーン・タワーラワディー・シーアユタヤー・マハーディロックポップ・ノッパラタナラーチャターニー・ブリーロム国王陛下の（あるいは、「クルン・プラマハーナコーン…ブリーロム王陛下の」）」と理解される㉙。川口洋史氏の御教示によると、ここでの「Nai」は属格を示す尊敬語としての前置詞、つまり「〜の」にあたり、称号の一部ではなく、おそらくタイ語で「…王陛下の国書（Phrarātchasān nai somdet…）」などとあったものを、漢訳作成者が敬称の一部と誤解して書き起こしたと考えられるという。krung（クルン）以下はほぼアユタヤーの正式名称にあたり、「都にして偉大なる首都、門があり、吉祥なる不敗の（都）、偉大にして至上の世界、九種の宝玉のある王都であり、楽しい城市」ほどの意味である。なおkrung（都）は国をも意味し、首都名がすなわち国名に相当する。日本に対しては「Nai somdet bōrommabōphit phračhao（krung）〈アユタヤーのほぼ正式名称〉」と名乗り、明に対してとは異なる称号と、それに起因した漢字音写名を用いていたことがわかる。(30)

三　勘合

これまで明らかになっている日明間の勘合制度の概要は、本書第五章の「はじめに」に示されているが、本章に関わるのは、日本から明へ遣使する際は、礼部宛ての咨文を書いた本字勘合を船一隻につき一道持参したこと、皇帝の代替わりごとに新たな勘合が一〇〇道発給され、新勘合が発給されると旧勘合は明に返納されたことである。

これを念頭に、今回勘合が用いられなかった事情についてのシャム側の説明を見ていこう。勘合がなかったため、別な紙に書かれた漢字表文の中では、以下のように説明している。

③持っておりました勘合の号紙は、前回羅字三号を用いましたこと、すでに述べております。号紙は雨に濡れて爛れ、続けて火災に遇ってしまい、まだ再発行いただいておりません。しばらく別の紙を用い国印（暹羅国王之印）を押し、それによって使節である確認のための証拠とします。お願い申し上げますのは再度号紙を給付くださり、将来の入貢を便利にしてくださいますよう。(31)

また、聴取を受けた通事許勝は、以下のように詳しく説明している。

④一九年の来貢から帰国する際、羅字三号勘合を給されました。三五年になってまた入貢しようとし、①用いた表文

は勘合紙の内に書きました。思いがけず海上で風に遇い、貢船は漂って帰国しました。三六年になってまた船を修理して来貢しようとしましたが、また風に遇って飄い阻まれて戻りました。三七年になって該国は新船を建造し、期に先んじて行こうとしました。⑤時に思わずも該国で火災があり、給されていた勘合で庫にあり爛れていなかったものは、概ね焼けてしまいました。②ただ、三五年に書いた表文はまだ存在し、そのため三八年来貢時の表文は、前回の三五年の表文であり、給されていた勘合に書き、該国の天朝から欽賜された印信の押印もありました。⑥四〇年に北京で、例に照らして勘合が給されました。四一年正月になって接貢船が開駕し、七洲洋に至って航海に不利な風に遇い、人と船が倶に海に沈んでしまいました。そのため今回の来貢の表文は、給されていた勘合が無く、そのため別な紙を用い、欽賜の該国の印信（暹羅国王之印）を用い押印しました。㉜

説明をまとめると以下のようになる。万暦一九（一五九一）年の朝貢（北京到着は万暦二〇年）の帰国に際して羅字三号勘合をもらい、万暦三五（一六〇七）年に朝貢しようとした際に羅字三号勘合に表文を書いたが、暴風により果たせなかった。三七（一六〇九）年にまた朝貢を試みたが、庫に保管していた勘合が火災によって焼けてしまったため、残っていた三五年に表文を書き入れた羅字三号勘合を用いて万暦三八（一六一〇）年に朝貢し（北京到着は三九年）、四〇（一六一二）年に通例に則って勘合が発行された。しかし四一（一六一三）年に帰国のため広州から出港した接貢船が沈没したため、発行された勘合がなく、今回は別な紙に表文を書いて、暹羅国王之印を押印して持参した。以上のシャム側の説明から、勘合について以下の二点を指摘することができる。

1　シャムは勘合には漢文で皇帝宛ての表文を書いている。㉝

2　勘合の発行、利用実態が日明間の定説と異なる。

まず、1の点についてであるが、傍線①、②からわかるように、勘合には漢字表文が書かれていた。橋本雄は日明間の勘合には咨文が書き入れられていたことを根拠に、明の外交での勘合制度に敷衍して議論し、勘合には共に二品衙である礼部と蕃国王の間で交わされる平行文書である咨文を書く決まりであったとした[34]。だが、あくまでそれは日明間の例で確認できるということであり、明側が咨文を書くように指定したという史料はない。両広総督陳大科、広東巡按御史戴耀により編纂が議論され、万暦三〇(一六〇二)年に成立した郭棐等纂『広東通志』巻六九、勘合号簿は、勘合について以下のように記述する。

洪武一六年に始めて暹羅に給し、以後次第に諸国に及んだ。国ごとに勘合二〇〇道と、号簿四扇がある。暹羅国の場合、暹字勘合一〇〇道、および暹・羅字底簿各一扇は、内府に送りしまっておかれる。羅字勘合一〇〇道、および暹字号簿一扇は、本国(暹羅)に送り収められる。羅字号簿一扇は、広東布政司に送り収める。朝貢の際は、国主、使臣の姓名、年月、方物を書き入れ、使者に持って行かせる。布政司は先に表文の有無を調べ、次に底簿を使って字号を照合する。一致して、はじめて護送して北京に行くのを許可する。紀元ごとに換給する[35]。

勘合には国主(国王)と使節の姓名、年月、朝貢品のリストを書き入れることが述べられているが、文書形式については言及がない。そもそも勘合が与えられた国の多くは漢字文化圏以外の国であり、特定の文書形式で漢文の文書を作成することは容易ではなかったと考えられる。最低限、国王と使節の姓名、年月、朝貢品さえ漢字で書いてくれれば、明側は十分と考えていたのではないだろうか。日本側史料においても、勘合研究で必ず言及される『戊子入明記』に記された宣徳八(一四三三)年六月に礼部から送られた文書で

今後進貢、およびすべての客商の売買するために来る者は、必ず本国で勘合の中に書き入れ、進貢の方物の件数を書き、本国ならびに差来の人の附搭物件、および客商の物貨、乗ってきた海船の数、乗船者数を、逐一勘合上に書いて明らかにし、……[36]

と述べており、方物の数、附搭貨物、客商の貨物、船の数、乗船者数を書くことは指示されているが、「咨」を書くようにとは述べていない[37]。つまり、日本は礼部への平行文書「咨」の形で、必要事項を勘合に書き、皇帝への「表」

は別途準備したが、シャムは国王から皇帝宛ての対等な形式である金葉のプララーチャサーンの「漢文訳」として、上行文書の「表」の形で勘合に必要項目を記入したのである。[38] 対等な関係を認めない明側に受け入れられるには、金葉を上行文の「表」として漢文訳するのが適切であったのである。

礼部への咨文は今回の朝貢時には持参しておらず、他の万暦以降の朝貢でも咨文を持参したことを示す史料は管見の限り存在しない。[39] しかし、今回は封筒に暹羅国王之印を押した布政司への返信は持参していた。だが、この返信の内容は記されていないため、どういった文書形式であったのか、差出人が暹羅国王であったのか、それとも他の官からの文書であったのかは、窺い知ることはできない。

前述の通り、トンブリー朝、ラタナコーシン朝では清に対し、漢文で書かれた「プララーチャサーン・カムハップ」という国書を送っていたという。本史料からわかるように、明の時代に勘合に金葉の漢文訳として表文を書いていたことに起因して、漢文の国書についてシャムでは「カムハップ」と呼ぶようになり、勘合が用いられなくなっても語が残ったのではないかと考えられる。[40]

次に2の点であるが、傍線③～⑥では、以下のことが言われている。万暦三八(一六一〇)年(北京到着は三九年)の朝貢では「羅字三号勘合」を利用し(傍線③)、この「羅字三号勘合」は一九(一五九一)年(北京到着は二〇年)の朝貢の際にもらったものであった(傍線④)。万暦三七(一六〇九)年の火災で庫に保存していた勘合(「羅字三号勘合」とは別)は焼けてしまった(言い換えれば、三七年まではシャム側に複数道の勘合が貯蔵されていたようである)(傍線⑤)。四〇(一六一二)年に帰国の際、例に照らして勘合が給付された。だが接貢船が沈没したため勘合がなく、今回は別な紙に書いて国王印を押印した(傍線⑥)。

万暦三八(一六一〇)年の朝貢で羅字三号勘合を用いていたと述べているが、そもそも羅字一号勘合はいつ貰ったのであろうか。明の四夷館に関する史料である『八館館考』の暹羅館の条には、

〔万暦〕五年八月、通事握文源を差して、夷使の握悶辣、握文鉄、握文帖とともに、もともと奉じていた勘合を持って来て、北京に赴いて国王印を請うた。[41]

とあり、この時に持って来たのが一号勘合であったと考えられる。その前の万暦三(一五七五)年の朝貢の際に勘合が発給されていたが、国王印は未発給であったので、一号勘合には国王印は押印されていないことになる。国王印は握悶辣たちが万暦一〇(一五八二)年に帰国する際に与えられて持ち帰った。次の朝貢である二〇(一五九二)年の使節（史料でいう一九年の朝貢のこと）は二号勘合を用いていたと推測される。そして、「報暹羅國進貢疏」によると、この時の朝貢の際に三号勘合を発給されていたということになる。この際にシャム側が勘合の再発給を求めたとする史料はないことから、イレギュラーな勘合の発給ではなく、帰国時に次回使用するための勘合を一道ずつもらう方式が成立していたと考えられる。次回使用するための勘合一道が与えられたという例は、日本に対しても見られる。[42]

以上から、万暦三(一五七五)年使節の段階で暹羅に複数道の勘合を渡す一方、帰国時に次回使用するための勘合を一道ずつ発行したと推測される。使用は帰国時に発給されるものが優先され、貯蔵されている方は予備用に与えられていたと考えられる。また、次回用に一道のみ発給されていることから、日本のように船一隻が勘合一道を用いるのではなく、朝貢一回につき一道を使うものであったことがわかる。

また、天啓六(一六二六)年には「羅字五号勘合」を利用していたことを伝える史料もある。[43] 万暦元(一五七三)年以降の使節と使用した勘合の号数を整理すると表1のようになる。この表からわかるように、天啓二年、六年の二回の朝貢にはそれぞれ「羅字四号」「羅字五号」が用いられたと考えられる。

日明間での勘合の例に基づく通説では皇帝が変わると新しい勘合一〇〇道が発行され、旧勘合は返納されるとする。しかし、万暦から天啓年間にかけて勘合の号数が継続していると考えられることから、代替わりによって新勘合一〇〇道が発行されることはなく、号数を継続する形で、次に使用するための勘合一道を発給し、使用していたと考えら

国王名	使節名	特記事項	関連史料
華宋招		タウングーに破壊された国王印，勘合の再発行を願う．朝貢を許可されて北京にやって来たか不明.	『明神宗実録』万暦元年3月甲申，談遷『国権』万暦元年3月甲申
招華宋	握坤那釆思湾	タウングーに破壊された国王印，勘合の再発行を願う．再発行を許可.	『明神宗実録』万暦3年6月甲午，『八館館考』「暹羅館」
	握悶辣，握文鉄，握文帖，通事握文源	北京に送られたのは18人．国王印の再発行を願う．勘合は持参．使節は暹羅語教授として万暦10年まで滞在．滞在中3人病死（握文鉄を含む）．帰国に際し，国王印を与えられる．握文源は華人.	『明神宗実録』万暦10年6月戊申，『万暦起居注』6年11月10日丁巳，8年5月3日辛未，10年5月24日辛巳，談遷『国権』万暦6年甲午，10年6月戊申，『八館館考』「暹羅館」
	握叭喇	北京に送られたのは27人．朝鮮を侵略する日本に出兵したいと願い出たとされる．（詳細は拙稿[2010]）	『明神宗実録』万暦20年9月癸未，10月己亥，談遷『国権』万暦20年9月癸未，申炅『再造藩邦志』巻2，鄭崑寿「赴京日録」
普埃	握坤喇奈邁低釐，握孟喇，通事徐某	北京に送られたのは26人．朝鮮人李睟光がこの使節の様子と通事の徐との筆談内容を記録している．李睟光の記録によれば，使節は27人．正使は70歳.	『明神宗実録』万暦39年12月23日，談遷『国権』万暦39年12月戊子，李睟光「琉球使臣贈答録」
森烈怕臘照果倫怕臘陸悃西亜卒替鴉普埃	浮哪申実替喇邁低釐，悶喇申哩哈，昭提他提喇，通事許勝	詳細は本文.	『明神宗実録』万暦45年10月己未，万暦47年8月戊午日，談遷『国権』万暦45年10月己未，万暦47年8月戊午，李弘冑『梨川相公使行日記』
森烈帕臘			『明熹宗実録』天啓2年12月甲子，天啓3年2月戊寅，4月辛未
森烈帕臘照采倫帕臘陸悃西亜卒賛鴉普埃	郎勃査緝，坤加離顔那搽邁低釐，乃実墳里，乃納統，通事曹漢	天啓6年2月，広東市舶提挙司唐允中が報告．漢文表文中に羅字五号勘合使用を明記．北京に来た時期は不明.	談遷『棗林雑俎』智集「暹羅貢表」
			『崇禎長編』崇禎7年閏8月己丑，談遷『国権』崇禎7年閏8月己丑
	使節4人，通事樊懋已	北京に送られたのは24人．朝鮮訳官らと暹羅使節の間で密貿易が行われる．翌年4月20日に暹羅使節は北京を出発.	談遷『国権』崇禎9年10月癸巳，金堉「朝京日録」，李晩栄「崇禎丙子朝天録」
			『崇禎長編』崇禎16年3月甲午朔，談遷『国権』崇禎16年3月甲午朔

鮮古書刊行会，1910年），南炳文，呉彦玲輯校『輯校万暦起居注』（天津古籍出版社，2010年），『崇禎長編』（中央推進会，2006年），談遷『棗林雑俎』（中華書局，2006年），金堉「朝京日録」（『潜谷遺稿』，『韓国文集叢刊』86，日文献出版社，1987-1994年），鄭崑寿「赴京日録」（『栢谷集』，『韓国文集叢刊』48，景仁文化社，1989年），『明熹冑『梨川相公使行日記』（『燕行録全集』巻10，東国大学出版部，2001年），李睟光「琉球使臣贈答録」（『芝峯集』，

表1　アユタヤー朝シャムから明への朝貢(1573-1643年)

	朝貢年（北京到着基準）	持参した勘合	発給された勘合	アユタヤ出発時期	広東到着時期	北京滞在時期
1	万暦元年（1573）					
2	万暦3年（1575）		1号？			
3	万暦6年（1578）	1号？	2号？	5年5月		6年9月到着.
4	万暦20年（1592）	2号？	3号			20年9月20日朝鮮使節と会う.
5	万暦39年（1611）	3号	4号？	38年3月		39年10月到着.
6	万暦47年（1619）	勘合なし.（前回の接貢船が沈没したため4号？を失う）	4号？	45年	45年7月	
7	天啓2年（1622）	4号？	5号？			
8	天啓6年（1626）（7年？，1627）	5号				
9	崇禎7年（1634）					
10	崇禎9年（1636）					崇禎9年11月14日に会同館に入館.
11	崇禎16年（1643）					

出典）　史料書誌（史料名五十音順）：談遷『国権』（中華書局，1958年），申炅『再造藩邦志』（『大東野乗』7，朝研究院歴史語言研究所，1967年），李晩栄「崇禎丙子朝天録」（『雪海遺稿』，『韓国文集叢刊』続30，民族文化民族文化推進会，1992年），『八館館考』（北京図書館古籍出版編輯組編『北京図書館古籍珍本叢刊』経部6，書宗実録』（中央研究院歴史語言研究所，1966年），『明神宗実録』（中央研究院歴史語言研究所，1996年），李弘『韓国文集叢刊』巻66，民族文化推進会，1991年）.

れる。

以上の二点からわかるように、少なくとも万暦以降のシャムの勘合は使用の面でも、発行の面でも、日明間で考えられていた制度とは異なっていた。また、通航管理の上で興味深いのは、今回の使節は勘合がなくとも国王印のある漢文の表文で使節であることが証明できており、その一方、国王印が発給されていない段階では、国王印の押されていない勘合を持参することで使節であることを証明できている点である。両方があるのが望ましいが、使節に著しく不審な点がなければ、片方だけでも使節である身分の証明として機能していたのである。

四　金葉のプララーチャサーン

「報暹羅國進貢疏」は、現存していないアユタヤー朝の金葉のプララーチャサーンがどのような姿であったのかを詳しく伝える点でも稀有な史料である。その形態を具体的に述べているのは以下の三ヵ所である。なお、史料原語を（　）内に示した。

Ⓐ竹製の盒（細篾盒）一個を捧じて出しました。木製の象嵌された盒（木質嵌鑲盒）一個が入っており、その上に黄色い風呂敷（黄袱）の包みがあり、〔広州府清軍同知と〕一緒に〔包みを封している〕セラックの封蠟（紫梗印記）を開けました。その国の印信〔暹羅国王之印〕が押してある紙に漢字で書いてある表文一通が入っているのを確認しました。その方物〔の内容〕については表文の中に書かれていました。さらに、固く封された進上の金葉表文がありました。使節側が言うことには、「旧例では礼部に至ってからはじめて開け、勝手には開けません」[44]。

Ⓑ入れてあった表文を詳しく調べましたが、前述の竹の皮でできた絵の描かれた盒（細篾描盒）については書かれていない他、〔書かれていないものとして〕他に大小二盤があり、〔重なっている〕外の一盤は円形であり、内の一盤

の方は八角形であり、黄色の鵞羢の包みに入れられています。またその中にある小さな盒は、蓋があり、長くて平たいものです。入れられていた〔金葉〕表文には、金の緞子の包みがあります。そして盤と盒はともに木でできており、内は金箔が貼られ、外は螺殻が象嵌されています。〔金葉〕表文の番字は調べることができず、通事を調べたところ、「漢字の表文に書かれたところと同じです。押されている印はもともと天朝から欽賜されたものであり、偽ってはおりません」[45]。

Ⓒ竹の皮でできた絵の描かれた盒（細篋描盒）一個を捧げてきたため、一緒に開けて調べました。中に一つの大きな円形の盤があり、黄色の鵞羢に包まれた八角の盤一個があり、また中に小さな盒一個が入っていて、蓋があり長くて平たいもので、金葉表文が入っており、〔金葉表文の〕上には金の緞子の包みを用い、袋の口はセラックの封蠟（紫梗印記）で固く封されておりました。盤と盒は木製で、内側には金箔が貼られ、外側には螺殻が象嵌されていること、一緒に調べて明らかでした[46]。

描写には出入が見られるが、ⒷとⒸの説明はとくに近似している。もっとも詳しいⒷの記述をベースに整理すると、金葉は①金の緞子に包まれた上、袋の口を「暹羅国王之印」で封蠟し、②長く平たい蓋つきの小さな「盒」（箱）に入れられ、③八角の「盤」（深めの盆）に漢字表文と一緒に入っており、さらに④黄色の鵞羢の包みに包まれ、「暹羅国王之印」で封蠟がされ、⑤円形の「盤」に入れられ、さらに⑥竹の皮でできた絵の描かれた「盒」に入れられていたという。⑥以外の盤と盒は中は金箔が貼られ、外側は螺鈿で象嵌されていた。現在台湾の故宮博物院には道光年間に送られた金葉が現存している（口絵5）が、それとは明らかに包装が異なっている[47]。

同時期に日本にも金葉が送られているが、その包装はどのようなものであったのだろうか。元和七（一六二一）年に送られた金葉と漢文訳書は、以下のように描写されている。

書は年寄衆へ差し上げるような、高築のような盆の立派なものにすえて袋《緞子》に入れ、蠟丸で封をしている。

これを開くと、中に文箱のような舟形のものがある。蓋を開けると中に象牙の筒がある。筒の中に金札がある。縦五寸ほど、横一尺五寸ほど、金を薄く延ばして、字を鏨で彫り付けている。暹羅字は、梵字のようである。南蛮仮名と同じだということである。これを漢字に訳した書がある。白唐紙一枚、縦一尺余り、折本にして経のようにたたみ、四行ずつこれを書く。……《この書には印がない。尊敬の意味であるのか、はっきりしない。》右の書はたたみ本状であり、表書きには「粛啓」と二字書く。……架籠があり、白唐紙で通常と同様である。ただ、継ぎ目を裏にして、継ぎ目の上に「天運辛酉年四月初八日封」と一一字書く。表面の真ん中上部から、「日本国王殿下」と六字書き、右の方に下げて「暹羅国王粛啓」と六字書く。左の方に「賜覧」と二字書く。この書を架籠と一緒に、下からきりきりと巻いて、金札と一緒に象牙の筒に納めて、最初に御前に差し上げた。㊽

大きさは縦五寸ほど（約一五cm）、横一尺五寸ほど（約四五cm）であった。金葉は①「架籠」と呼ばれる封筒に入れられた、白唐紙に書かれた経本状の漢文訳書を巻いたものとともに象牙の筒に一緒に入れられ、さらに、②文箱のような舟形の入れ物に入れられ、③高杯のような盆に載せ、それらを④緞子の袋に入れて蠟丸で封をされていた。明宛てのものとは明らかに包装が異なっていたことがわかる。㊾

興味深いのは、日本に送られた漢文の訳書には、何の印も押されていないという点である。『異国日記』の著者金地院崇伝は、「尊敬の意味であるのか、はっきりしない」と、印が無いことへの疑問を書き添えている。同時に持って来られた本多正純宛てと土井利勝宛てのシャムの大蔵大臣からの漢文書簡には印が押されていることからわかるように、シャム側で漢文書簡に押印する例はあることからも、漢文訳書にのみ押印がないのは意図的なものだと考えられる。郡司喜一は押印がないのは、金葉が原本であり、漢文は訳文にすぎないためであると指摘している。㊿現在のところ筆者もこの考えに同意する。明宛ての場合は、明と通交するために与えられた勘合を用い、暹羅国王之印を押印しなければならないという制約があった。しかし日本宛ての場合はシャム側の任意の様式で作成することに何の問題もなかった。国書という意味では金葉だけで十分であったが、日本側がタイ語を理解できないため、漢文訳を添付したと考えられる。

おわりにかえて――朝貢のための勘合はいつなくなったか?――

本章を通して、明末のシャムの勘合の使用の実態を明らかにしてきた。勘合は一〇〇道発行されるのではなく、帰国時に次回使用するための勘合を一道ずつ発行されていた。万暦三(一五七五)年に再発給された際には、他に予備用に複数道の勘合が渡されていたと考えられる。また、一回の朝貢で勘合の号数が一号しか進んでいないことから、日本のように船一隻につき一道用いるのではなく、朝貢一回につき一道を使っていたと考えられる。そして、天啓年間の勘合は万暦から号数が継続していることから、代替わりによって新しい元号の勘合一〇〇道を改給するのではなく、万暦から継続して、帰国時に次回用の勘合を一道発給していたと考えられる。以上はあくまで明末の事例でしかない。この当時勘合を用いて朝貢していたのはシャム一国だけになっており、それにともなって当初の勘合制度とは異なった形で行われるように変化したと捉えることも可能であるが、評価にはさらなる研究が必要である。

勘合には国王の名、使節の名、年月、朝貢品のような必要最低限の事項が書かれていればよかった。日本国王から礼部宛ての咨文を書いた日本とは異なり、シャムは金葉のプララーチャサーンを暹羅国王から明皇帝宛ての「表文」として漢文訳して、勘合に書いていた。シャムにとって、勘合は国書でもあったのである。このような歴史に起因し、シャムでは漢文国書を「プララーチャサーン・カムハップ」と呼ぶようになったと考えられる。(51) シャムにとってはタイ語で書かれた金葉のプララーチャサーンが正式な「王の書簡」であり、その中で明皇帝を対等視していた可能性がある。しかし、明皇帝にとって対等な君主は存在しえないので、対等な王者同士の書簡は、臣下による「表」という形で漢文訳するしかなかった。

ところで、明の外交で用いられた勘合の研究はおもに日本史で進められてきたため、勘合がいつ使われなくなったかについては注意が払われてこなかった。おわりにかえて、勘合がいつまで使用されていたのか考えてみたい。シャムは一六四三（崇禎一六）年まで朝貢しており、その時まで勘合は使用していたと考えられる。清に入ると、シャムは請封の際に国王印と勘合を求めたことが確認できる[52]。そして、たとえば『皇朝文献通考』には、

我が朝の順治九（一六五二）年一二月、暹羅が遣使して朝貢、ならびに印、勅、勘合を給付し直してくださることを願い、これに従った。これより職貢は絶えない[53]。

と記され勘合が与えられたことになっている。だが、清に入ってから、勘合の発給や、朝貢に勘合を用いたということを具体的に伝える史料は管見の限り見当たらない。広東海関の制度を伝える史料である『粤海関志』巻二一には「暹羅國入貢儀注事例」が書かれてあるが、ここにも勘合を確認するような記述はない。

一方、「はじめに」で引用した増田の研究によれば、「プララーチャサーン・カムハップ」には「継ぎ目に印鑑が押してある」とシャム側の史料にあるという。だが、台湾の中央研究院が所蔵するラーマ一世の漢字表文（「暹羅国王鄭華自訳黄紙漢字謝恩表文」）を調査したところ、勘合に書かれたものではなく、黄色の無地の紙が用いられていた。独自に執照などに半印勘合を付していた琉球[54]のように、シャム側が独自に表文に割印、割書を付けていたような形跡もない。

以上から、もし請封の際にシャムの求めに応えて清が勘合を与えたのだとしても、早い段階でなくなったのではないかと考えられる[55]。清側では国王印が表文に押印されていれば、それが正式な使節であることは確認できた。明から勘合を貰っていて、清にも朝貢していたのはシャムのみとなっていた。清が明の制度を引き継いで勘合を発給する必要性はなくなっていたと考えられる。

(1) 檀上寛「明初の海禁と朝貢――明朝専制支配の理解に寄せて――」、および「明初の対日外交と林賢事件」檀上寛『明代海禁＝朝貢システムと華夷秩序』京都大学学術出版会、二〇一三年参照。朝鮮、琉球、安南との間では勘合は用いられていない。なお本稿では年号に便宜上西暦を付しているが、月によっては西暦とずれがある点をご留意頂きたい。

(2) 伍躍「日明関係における「勘合」――とくにその形状について――」『史林』八四―一、二〇〇一年。

(3) 橋本雄「日明勘合再考」『史学雑誌』一〇七―一二、一九九八年（一九九八年度史学会大会要旨）、同「日明勘合再考」九州史学研究会編『境界からみた内と外』岩田書院、二〇〇八年、同『〝日本国王〟と勘合貿易』NHK出版、二〇一三年、同「勘合・咨文」村井章介編『日明関係史研究入門』勉誠出版、二〇一五年。なお咨文を書いていたこと自体は、小葉田淳『中世日支通交貿易史の研究』（刀江書院、一九四一年、三六一頁）が早くに言及している。

外交用の勘合を貰っていない国でも明国内の駅利用時に使用した。朝鮮使節が用いた勘合については、辻大和「朝鮮の対明朝貢使節が携帯した文書――符験と勘合――」『韓国朝鮮文化研究紀要』一六、二〇一七年参照。

(4) 万暦三二（一六〇四）年の進士。湖広麻城の人。万暦四三―四七年に広東巡按御史の任にあった。詳細は凌礼潮「《按粤疏稿》作者田生金考」『北京科技大学学報（社会科学版）』三一―五、二〇一五年参照。

(5) 田生金『按粤疏稿』巻五所収。『按粤疏稿』は田生金『柱下芻言』とともに『按粤疏稿』上下二秩の線装本の形で天津古籍出版社から一九八二年に出版されたが、原本がどこに所蔵されているのかは不明である。近年、石亜培『《按粤疏稿》研究』（華中師範大学碩士学位論文、二〇一六年）が華中師範大学古籍部所蔵の『按粤疏稿』を使用して研究を行っているが、この華中師範大蔵本と天津古籍出版本がどのような関係にあるのか言及していない。

(6) ただし、金葉に押印がされていたとは史料上述べられていない。

(7) 松浦章「萬暦四十五年暹羅国遣明使――明代朝貢形態の様相――」夫馬進編『増訂使琉球録解題及び研究』榕樹書林、一九九九年。

(8) 湯開建、田渝「万暦四十五年田生金《報暹羅国進貢疏》研究――明代中暹関係史上的一份重要的中文文献――」『曁南学報哲学社会科学版』二〇〇七年第四期、二〇〇七年。なお、掲載されている史料全文には誤字脱字などがあり、句読点も筆者の理解とは異なる部分がある。

(9) 石前掲注(5)論文。

(10) ピヤダー・ションラオーン「アユタヤの対明関係―外交文書からみる―」『史学研究』二三八、二〇〇二年。
(11) 増田えりか「ラーマ一世の対清外交」『東南アジア　歴史と文化』二四、一九九五年、および本書コラム4。
(12) 漢語「金葉」は、金を薄くのばしたものを意味する。川口洋史氏のご教示によると、「スパンナバット」は「金の薄片」という材質を表す語であり、この語自体には国書の含意はない。ラタナコーシン朝の史料では、国書の場合「プラスパンナバット・プラスワンナプララーチャサーン（「黄金の国書である金葉」の意）」または「プララーチャサーン・スパンナバット」と呼ばれているという。
(13) 最初に「勘合表文」と訳したのは許雲樵（「鄭昭入貢清廷攷」、『南洋学報』七―一、一九五一年）であり、増田はその見解を引き継ぎ、「kam hap」を「勘合」の音写と理解している。増田前掲注(11)論文、四二―四三頁。
(14) 以上、増田前掲注(11)論文、同「トンブリー朝の成立」『岩波講座東南アジア史4　東南アジア近世国家群の展開』岩波書店、二〇〇一年、および本書コラム4参照。
(15) 湯、田前掲注(8)論文、一二九頁ではタイ語の「金葉表文」と漢文表文の内容は同じであるとしているが、タイ語の文章が伝わっていないため、断定できない。ションラオーン前掲注(10)論文はアユタヤー朝が明と上下関係にあると認識していなかった可能性を指摘している。
(16) 以上、拙稿「明の対外政策と冊封国暹羅―万暦朝鮮役における借暹羅兵論を手掛かりに―」『東洋学報』九二―三、二〇一〇年参照。
(17) 松浦前掲注(7)論文所収「明代における暹羅国遣明使一覧表」参照。
(18) タイ語教授のために派遣された握悶辣らは、万暦五(一五七七)年五月にアユタヤーを出発し、六年九月に北京に到着し、到着まで約一年三ヵ月かかっており、また三九(一六一一)年一〇月に北京にやってきた使節は三八年三月に出発しており、到着まで約一年七ヵ月かかっている。前掲注(16)拙稿参照。万暦三九年に朝貢した琉球使節の場合、三八年九月に琉球を出発し、五日で福建に到着、北京には三九年八月に到着しており（李睟光『芝峯集』巻九「琉球使臣贈答録」（『韓国文集叢刊』巻六六、民族文化推進会、一九九一年）参照）、福州に到着してから北京に到着するまで約一一ヵ月かかっている。福州より南にある広州から北京に向かう暹羅使節の場合、さらに時間がかかったと考えられる。
(19) 李弘胄『梨川相公使行日記』（『燕行録全集』巻一〇、東国大学出版部、二〇〇一年）八月初四日条。
(20) 『明神宗実録』（中央研究院歴史語言研究所、一九六六年）万暦四六年六月癸未条参照。

(21) ソンタムはエーカトーサロット王の死後に王位に就いたシーサオワパークから王位を簒奪した。湯、田は本史料を以てエーカトーサロットが一六一〇年に死に、翌年に簒奪が起こってソンタムが王位に就いたが、明には簒奪を隠したという説を提示している。湯、田前掲注(8)論文、一二七―一二八頁参照。

(22) 逐語訳すると、森烈 somdet（陛下）・怕臘照 phračhao（王）・果倫 krung（都）・怕臘陸悃 phranakhǫn（首都）・西啞卒替鴉 sī ʼayutthayā（吉祥なる不敗の）・菩埃 phūyai（大人）である。以下、漢字で音写されたタイ語の訳はすべて川口洋史氏のご教示による。なお本章におけるタイ語のローマ字表記は ALA-LC 方式に依拠する。

(23) 王竹敏「清代中国に来航した暹羅国朝貢使節の待遇について」（『東アジア文化交渉研究』六、二〇一三年）は清代の暹羅朝貢使節の一覧を作成し、史料上に現れる国王名を載せるが、誤りが多い。なおトンブリー朝以降、国王は漢文文書で鄭姓の漢字名を用いるようになるが、タイ語のプララーチャサーンでは「somdet phračhao 〈アユタヤーの正式名称を継承したトンブリー、バンコクの正式名称の一部〉」を名乗り、これに phūyai が後続することもある。本書第三章参照。

(24) なお、『明実録』で万暦以前に現れる暹羅国王名の中に、アユタヤーの正式名の一部の音写と推定されるものがある。Geoff Wade, "The Ming shi-lu as a Source for Thai History-Fourteenth to Seventeenth Centuries," *Journal of Southeast Asian Studies*, Vol. 31 (2), 2000.

(25) 「媽臘照皮野」も王妃の名ではなく、「王妃」を意味する「mǣ yūhūa čhaophrayā（または mǣ hūa čhaophrayā）」の音写と推測される。

(26) 異国日記刊行会編『影印本異国日記――金地院崇伝外交文書集成――』（以下『異国日記』）東京美術、一九八九年、四二頁。

(27) 『異国日記』四六頁。

(28) 『異国日記』六四頁。

(29) ①を逐語訳すると、来 Nai（〜の）・舜烈 somdet（陛下）・摩倫摩匹 bǭrommabǭphit（もっとも清浄なもの＝陛下）・浮臘烈照 phračhao（王）・果倫 krung（都）・怕臘馬嘑陸闍 phramahānakhǭn（偉大なる首都）・妥尾臘瓦離 thawārawadī（門のあるもの＝ドヴァーラヴァティー）・西卒皮耶 sī ʼayutthayā 吉祥なる不敗の）・馬嘑离洛縛樂 mahādilokkaphop（偉大にして至上の世界）・喇納日他尼 nopphārattanarātchathānī（九種の宝玉のある王都）・無离倫 burīrom（楽しい城市）である。なお②に関しては、「浮臘浮烈照」が「プラプッタチャオ phraphutthačhao」（仏王）の可能性もある。三木栄（『日暹通交史』古今書院、一九三四年、六七―六八頁）や郡司喜一（『十七世紀に於ける日暹関係』外務省調査部、一九三四年、三七六―三七八頁、および同『徳川時代の日暹国交』東亜経済調査局、一九三八年、一一九―一二一頁）とは解釈が異なる部分がある。

（30）時代は少し下るが、一六八七年にシャム王からフランス王に書かれた金葉に添付されたポルトガル語訳文では、「ソムデット・プラチャオ・クルングテープ・プラマハー・ナコン・プーヤイ」と名乗っている。タシャール『シャム旅行記』ショワジ、タシャール著（鈴木康司、二宮フサ訳）『シャム旅行記』岩波書店、一九九一年、五六六頁、参照。

なお、一六二六年に握浮哪詩握科諳末耶厦七提匹喇那納具沙勑物鰲（大蔵大臣のこと）から酒井忠世と土井利勝にそれぞれ送られた漢文書簡（『異国日記』六〇頁）の中には「国王普臘末森烈摩倫摩匹普臘勃妥照柔華普臘勃離照古郎馬夏陸悃那華鰲西啞出毘耶」とある。川口洋史氏のご教示によると、これは「普臘（Phrabāt 御足＝陛下）森烈（somdet 陛下）摩倫摩匹（bǭrommabǭphit もっとも清浄なもの＝王陛下）普臘勃妥照（phraphutthačhao 仏王）柔華（yūhūa 頭上におわす）普臘勃離照（phraphutthičhao 智慧ある王）古郎（krung 都）馬夏陸悃（mahānakhǭn 偉大なる首都）那華鰲（thawārawadī 門のあるもの＝ドヴァーラヴァティー）西啞出毘耶（sī'ayutthayā 吉祥なる不敗の）」と理解できる。「Phrabāt」は王への敬意を示す謙譲的な敬称と考えられ、そのため臣下である大蔵大臣の書簡ではこの語が付加されていると考えられるという。

（31）③所有勘合號紙、前次用羅字三號、已經開稱。號紙雨漏濕爛、纏遭回祿、未審再發。姑用引紙鈐蓋國印、以憑查驗、望乞重給號紙、以便將來入貢。

（32）④當十九年來貢回時、給有羅字三號勘合。至三十五年復來入貢、①所用表文卽寫在勘合紙內。不意至中洋遇風、貢船飄駕回國。及三十六年又脩船來貢、又遇風飄阻駕回。至三十七年該國乃整造新船、擬先期而行。⑤時不虞該國有回祿之災、所原給勘合在庫有未經濕爛者、概被燒燬。②但三十五年所寫表文猶在、故三十八年來貢表文、卽前三十五年之表文、寫在原給勘合、亦有該國所奉天朝欽賜印信鈐蓋。⑥四十年在京、照例給有勘合。至四十一年正月接貢船開駕、至七洲洋遇風不利、人船俱沒于海矣。故今來貢表文、又無原給勘合、故用別紙、仍用欽賜該國印信鈐蓋。

（33）今回の朝貢時に暹羅が勘合に表文を書いてきたこと自体は、湯、田前掲注（8）論文にてすでに言及されている。

（34）橋本前掲注（3）［二〇一五］参照。

（35）「洪武十六年始給暹羅、以後漸及諸國。每國勘合二百道・號簿四扇。如暹羅國、暹字勘合一百道、及暹羅字底簿各一扇、送貯內府。羅字勘合一百道、及暹字號簿一扇、發本國收塡。羅字號簿一扇、發廣東布政司收。比遇朝貢、塡寫國主使臣姓名・年月・方物、令使者齎至。布政司、先驗有無表文、次驗簿比號。相同、方許護送至京。每紀元、則更換給。」（内閣文庫蔵景照本、京都大学文学研究科図書館蔵）。

(36)「今後但有進貢及一應客商買賣來者、須於本國開塡勘合内、開寫進貢方物件數、本國幷差来人附搭物件、及客商物貨、乗坐海船幾隻、船上人口數目、逐一於勘合上開寫明白、……」妙智院所蔵『戊子入明記』(橋本前掲注(3)論文［二〇〇八］、三三一頁掲載の写真より翻刻)

(37) 橋本前掲注(3)書［二〇一三］は、この史料に「「勘合の内」や「勘合の上」に咨文(文書)を書き記せ」と記載されている」(三二一頁)としているが、「咨文」を書き記せとは、史料上に書かれていない。

(38) 金葉には、使節の名と朝貢品の内容は書かれていたようである。ションラオーン前掲注(10)論文、六二頁参照。

(39)『明憲宗実録』(中央研究院歴史語言研究所、一九六四年)成化二三(一四八七)年九月庚戌条には、シャムが「金葉表文」と「勘合咨文」の内容に異同があるため、明側で調べてくれるように求めた記事がある。当時シャム側は「番字(ここではタイ語)」と「回回字(ペルシャ語)」を「互用」していたという。「金葉表文」にタイ語とペルシャ語で併記していたとは考えにくいため、「金葉表文」にタイ語が書かれ、「勘合咨文」にペルシャ語が書かれていたと考えられる。ここでいう「咨」は、あくまで明側の認識で「咨」と述べているだけで、漢文の咨文が勘合に書かれていたことは意味しない。明側はタイ語を読むのが難しいので、以後ペルシャ語のみで書いてくるよう指示している。いつからシャムが対明外交文書に漢文を用いるようになったかは不明である。(なお琉球との間では、成化一六(一四八〇)年、一七(一四八一)年に漢文の咨文を返信している。沖縄県立図書館史料編集室編『歴代宝案』校定本第二冊、沖縄県教育委員会、一九九二年、巻三九参照)。また弘治一六(一五〇三)年六月戊申条では、成化勘合を返却した際に「内使部官」が暹羅国王印を押印した咨文を礼部に書き送ってきたことが、僭越だとして問題になり、旧例を守って国王が礼部に移咨し、国王名義の文書に国王印を押すよう指示している。この際漢文を用いていたかは不明である。

(40) 増田前掲注(11)論文および本書コラム4によると、トンブリー朝とラタナコーシン朝の清宛ての漢文国書は、宮廷で作成されたものの、広州で表文らしい文体と内容に書き換えられていたということだが、「報暹羅國進貢疏」には、後述のように封蠟された包の中に漢文表文が入っていたことが記されており、広州で書き換えられることはなかったと考える。

(41)「[万暦]五年八月、差通事握文源、同夷使握悶辣・握文鉄・握文帖、賚原奉勘合、赴京請印。」(北京図書館古籍出版編輯組編、『北京図書館古籍珍本叢刊』経部6、書目文献出版社、一九八七―一九九四年所収)。

(42) 詳細は、岡本真「堺渡唐船」と戦国期の遣明船派遣」『史学雑誌』一二四―四、二〇一五年、および本書第五章参照。

(43) 談遷『棗林雑俎』(中華書局、二〇〇六年)智集、暹羅貢表「天啓丙寅二月、廣東市舶提舉司唐允中、報懐遠驛暹羅入貢。

金葉表曰、暹羅國王森烈帕臘照采倫帕臘陸悃西亞卒贊鴉普埃、誠惶誠恐、稽首頓首、謹譯書奏啟大明皇帝陛下。……謹差正貢使臣郎勃查緝……乘船一隻、捧賚金葉表文、裝載方物。譯書用羅字五號勘合、……」

(44) 捧出細篾盒一箇。盛木質嵌鑲盒一箇、上有黃袱包裹、公同開下紫梗印記。驗得有該國印信紙寫唐字表文一通。其方物備開表文內。倘一層、固封進上金葉表文。據稱、舊例到部方開、不敢擅開。

(45) 細查盛表文、除前細篾描盒不記、另有大小二盤、外一盤其樣圓、內一盤其樣八角、係黃色鶩羢包裹。又內一小盒、有蓋、長而匾。盛載表文、有金段包裹。而盤盒俱木質、內則貼金、外以螺殼鑲之也。表文番字不可考、據通事譯審、與所寫唐字表文一様。鈐蓋之印原出自天朝欽賜者、不敢詐冒也。

(46) 捧出細篾描盒一箇、公同開驗。得內一大圓盤、裝黃色鶩羢包裹八角盤一箇、又內一小盒、有蓋、長而匾、裝載金葉表文、上用金段包裹、囊口有紫梗印記固封。盤・盒俱係木質、內貼金、外鑲螺殼、會驗明白。

(47) 一般にこの金葉はタークシンから乾隆帝へ送られたとされているが、実物を調査した増田えりかによると、ラーマ二世から道光帝に送られたものである。本書コラム4参照。

(48) 『異国日記』四二―四三頁「書ハ年寄衆へ上候様成ル、高槃ノ如ク成、金ノ結構成ニ吾テ袋《段子》ニ入、蠟丸ニテ封ス。開之、内ニ文箱ノヤウ成舟ナリ成物アリ。蓋ヲ明テ内ニ象牙ノ筒アリ。筒中ニ金札在之。竪五寸斗、横一尺五寸斗、金ヲ薄クノベテ、字ヲタガ子ニテホリ付ル。暹羅也《ママ。字カ》。梵字ノ如シ。南蛮ノ假名ト一ツノ由也。是唐ノ字ニ訳シテ書アリ。白唐紙一枚、竪一尺餘リ、折本ニ經ノ如クニタヽミテ、四行ツヽ書之。……《此書ニ印無之也。尊敬之義歟、不審。》右ノ書タヽミ本ニシテ、上書ニ肅啓ト二字書之。……架籠アリ、白唐紙ニテ如常。但次目を裏へナシテ、次目ノ上ニ、天運辛酉年四月初八日封ト十一字書ス。面ニ眞中ニ打上テ、日本國王殿下ト六字書之、右ノ方ニ押下テ暹羅國王書啓と六字書之。左ノ方ニ賜覧ト二字書之。此書架籠共ニ、下ヨリキリキリト巻テ、金札ト一ツニ象牙ノ筒ニ納テ、初ニハ御前へ上リ申候也。」翻刻、翻訳にあたり岡本真氏にご教示いただいた。

(49) 時代は下るが、一六八五年と一六八七年にフランス使節としてシャムに二回渡航したイエズス会士タシャールは、一六八七年に作成された当時の王ナライからフランス王とローマ教皇に送られた金葉について、以下のように描写している。「書簡は各々長さ一尺《ピエ》、幅半尺《ピエ》、厚さ半尺《ピエ》の黄金の板上に書かれている。板は二枚とも書簡の大きさに釣合って、かなり分厚いものだ。箱はまるで円形の塔のように作られていたが、下部より上のほうが少々大きめだった。蓋はピラミッド状で、箱の他の部分と同じ位高く作られ、見事な琺瑯引きであった。箱は小さな金色の布袋に入れられ、中国製の豪奢な生地で作られた小型の綿入りクッションに収められ、更にこれらの物全体が、書簡の大きさに見合う、ニスを塗ったまことに立派なキャビネットにしまいこまれていた。」（タシャール前掲注(30)書、五七〇頁）

藤田励夫は、台湾の故宮博物院に所蔵されている金葉の箱（本書口絵5）を、「舟形の文箱」と表現し、一六二一年に日本に齎された金葉の箱と同じ形状のものと想定している（「江戸時期初期の東南アジア諸国との外交文書料紙について」湯山賢一編『古文書料紙論叢』勉誠出版、二〇一七年、七二四頁）。藤田は、①中国と日本に送られた金葉は同じ包装をしている、②アユタヤー朝とラタナコーシン朝の金葉の包装は同じである、という前提の上で故宮所蔵の金葉の箱を「舟形の文箱」に引き付けて考えていると思われる。しかし本章で明らかなように、明宛てのものは日本宛てのものとは異なる包装をしており、また故宮現存のものとも異なっているため、この前提はなりたたない。そのため、日本に送られた「舟形の文箱」は、故宮所蔵のものとは別な形状だった可能性を考える必要があるように思われる。ラタナコーシン朝の清への金葉の包装については本書コラム4、および小泉順子「ラタナコーシン朝一世王期シャムの対外関係——広域地域像の検討にむけた予備的考察——」『東洋文化研究所紀要』一五四、二〇〇八年、一二五頁、参照。

(50) 郡司前掲注(29)書［一九三四］三六八頁、および、［一九三八］一一二頁、参照。ただ、時期は異なるがフランス王宛て金葉のポルトガル語訳には「暹羅国王之印」とは異なる国王の印が押印されており、（タシャール前掲注(30)書、五六八頁）訳文にも押印されている例がある。この問題については後考を待ちたい。

(51) 川口洋史氏のご教示によると、阮朝宛ての漢文国書のことを「プララーチャサーン・カムハップ」と呼んだ例も確認できるということである。

(52) 『清実録』（中華書局、一九八五—八七年）順治九年一二月戊午条。

(53) 『皇朝文献通考』（『清朝文献通考』三、新興書局、一九六三年）巻二九七、四裔考五、南、暹羅「我朝順治九年十二月、暹羅遣使請貢、并換給印・勅・勘合、従之。自是職貢不絶。」

(54) 岡本弘道「琉球王国の半印勘合と明朝の朝貢勘合との関係について」『琉球王国海上交渉史研究』、榕樹書林、二〇一〇年、参照。

(55) 李光濤「記清代的暹羅国表文」（『中央研究院歴史語言研究所集刊』三〇下、一九五九年）は清代に暹羅から送られた表文の本文を載せるが、その中には「虔修貢儀勘合」（乾隆一三年）、「虔賫金葉表文勘合」（乾隆二五年）という表現が見られる。しかし、清側に発給にかかわる史料が見当たらないため、あくまで修辞的表現と考える。

（附記）本章を執筆するにあたり、岩井茂樹先生（京都大学）から多くのご教示を頂きました。深く御礼申し上げます。また科研15H03236、京都大学人文科学研究所岩井研究班、第六七回東北中国学会での口頭報告などで、ご意見、ご教示くださいました皆様に感謝申し上げます。

第八章　朱印船時代の日越関係と義子

――使節なき外交――

蓮田隆志

一　問題設定

一七世紀最初の四半期は、日本とベトナムの政体が継続して公的接触を行った前近代で唯一の時代であり、その大部分の時期が朱印船の時代と重なる。朱印船は、日本側が作り上げた制度ゆえに[1]、日本史の文脈では渡航先にかかわらず画一的な制度として捉えられがちである。だが、朝鮮や明・清など朱印船が渡航しなかった国々を除外しても、徳川政権の他の政体との関係や交渉の形態あるいは頻度はさまざまであった。よって、渡航先の側から見ると、朱印船は国・政体ごとに多様な姿を見せると考えられる。

『外蕃通書』などを通覧すると、日越間の外交関係は双方とも使節を伴わず、手紙の往来によってなされたことがわかるが、その実態は今まで明らかにされてこなかった。本章は、ベトナム側権力者の義子となった日本人に着目して、まずは史料中の事例を紹介し、次いで当時のベトナム社会における義子の位置づけを明らかにする。これらの作業を踏まえて最後に、義子の存在が「使節なき外交」という日越外交の特性をどのように支えていたのかを検討する。

徳川政権はスペイン領フィリピンなど欧州勢力を含めた数多くの政体と公的接触を持ったが、日本側から公的に認証された使節を派遣することなく、日本を拠点とする商人や来日した相手国使節に国書を託した。(2) 一方、相手国側の通交形態や頻度は多様で、正式な国王使を派遣する場合もあれば、商人や宣教師に手紙を託す場合もあった。また、占城（チャンパ）のように、日本側からの手紙のみ確認されるケースもある。たとえば、カンボジアは初期には日本人商人以外に華人商人とおぼしき人物にも国書の運搬を委託していたが、のちには自国の官職を帯びた人間も派遣しており、(3) 暹羅（アユタヤー）も自国の人間を派遣したことが確認できる。これに対してベトナムは自国の人間を使節として派遣した形跡がない。そこにはベトナム側の事情が存在したと考えられる。

ベトナム史から見たとき、朱印船にかかわる諸史料や諸事例は、対中関係以外でアジア諸国との外交の具体像がわかる極めて貴重な事例である。(4) また、この時期の日越関係は、空前絶後の頻度で両国間を国書が往来した。ベトナム史としても特異な時代であったことを確認しておこう。現存最古の日越国書は一六〇一年の阮潢書状二通だが、その文面からこれ以前に豊臣秀吉と通交していたことがわかる。ベトナム側からの接触は一八世紀末まで断続的に続くが、日本からの接触は一六二〇年代で終了してしまう。両国間の外交が成立した背景には、各地を結ぶ交易ネットワークの成長があるわけだが、前近代世界において広汎かつ長期的に見られた国書外交は、日越関係という限定された視角と実例とによって立つ場合、以下に見るベトナム側の事情ともあいまって一七世紀初頭という特殊な時代の産物だったとも言える。

本論に入る前に、一七世紀前半のベトナムの政情を整理しておこう。(5) 当時のベトナムには三つの政体が存在していた。一つは莫朝（高平莫氏）で、一五二七年に黎朝（前期黎朝）を簒奪して成立した。その後、黎朝残党（後期黎朝）の反撃に遭って一六世紀末に現在の中越国境山間部の高平地方に追い詰められたものの、明朝の「黎を拒まず、莫を棄てず」という方針によってその庇護を獲得し、地方政権として存続していた。

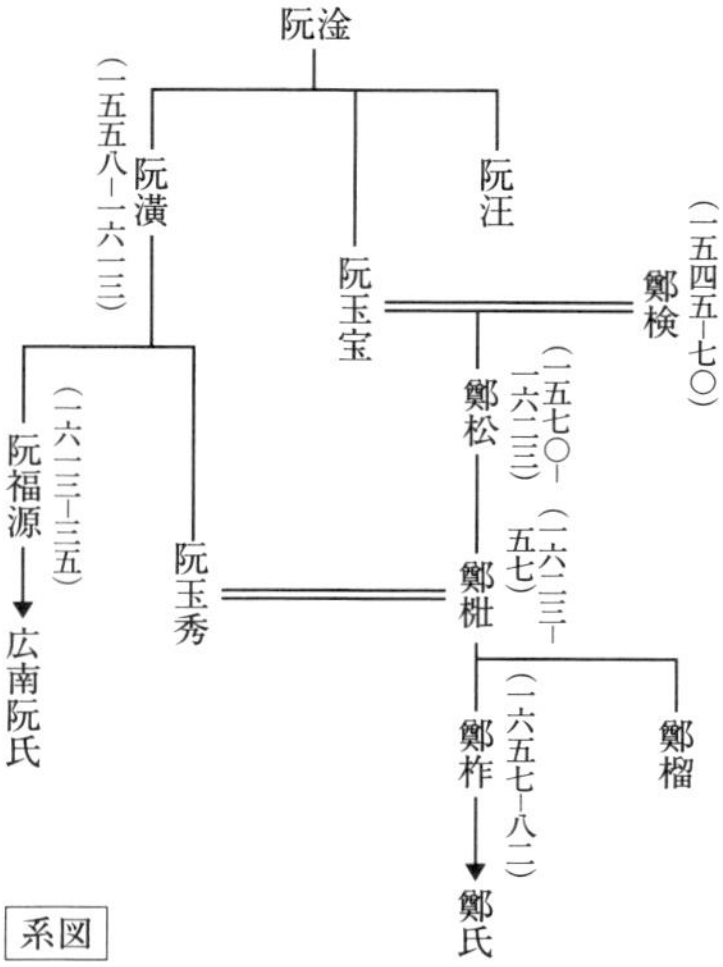

・数字はそれぞれの政権の君主としての在位年.
・玩潢の1558年は順化の鎮守として転出した年.
・鄭松は1599年に王に封じられ, 以降, 鄭氏の当主は代々王位を称する.

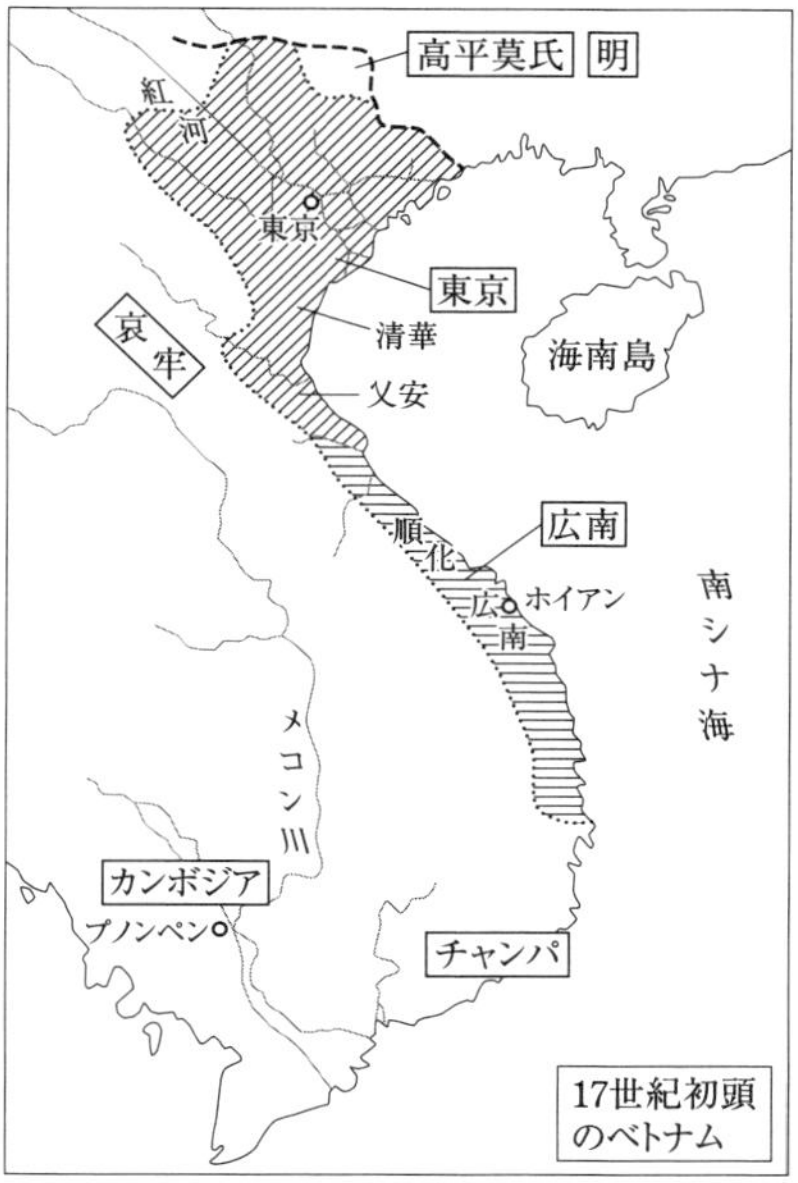

復興した黎朝はかつての都である東京《トンキン》（現ハノイ）に復帰したものの皇帝黎氏に実権はなく、王を称する鄭氏が最高権力者であった。そのため鄭氏政権あるいは黎鄭政権とも呼ばれる。この政権は首都名をとって日本や西洋人から「東京（トンキン）」と呼ばれた。ところが、黎朝の有力者で鄭氏の姻戚でもある阮氏は鄭氏の専権を嫌い、一六世紀後半以降、南方の順化（現クアンチ省）を本拠として現クアンビン省から現フーイエン省辺りまでの地域を支配し、黎朝の正朔を奉じながらも独立勢力として存在していた。当初は自己を黎朝の忠臣と位置づけて皇帝をないがしろにする鄭氏を批判する立場を取っていたが、徐々に独立意識を強め、黎朝の正統性を相対化する動きが出てくる。こちらは外国人から「広南」「交趾」「コーチシナ」などと呼ばれた。ここまで本章ではこれらの政体を区別することなく「ベトナム」と汎称してきたが、以降は鄭氏政権を「東京」、阮氏政権を「広南」と呼び[6]、「ベトナム」は両者を合わせた呼称として用いる。

さて、一〇世紀に丁部領が皇帝を称して独立して以来、歴代ベトナム王朝の自称国号はほぼ一貫して大越で、その君主は対内的には皇帝を称して独自の年号と暦を用いていたが、やはりほぼ一貫して中国と冊封朝貢関係を結んで安南という国号を与えられてきた。莫朝も黎朝もこの例に漏れない。そしてベトナムは、中国だけでなく日本やオランダとの外交でもこの安南という国号を基本的に用いた[7]。その君主の称号は当然「国王」であるべきなのだが、朱印船貿易時代に明朝から与えられていたのは「安南都統使」だった。これより先、莫朝による簒奪を黎朝遺臣が明に訴えたため明朝ではベトナム征討の議が起こり、国境付近に軍が展開するまでに至った。莫朝はこれを回避するために一五四一年、明朝に降伏した。この時、安南「国」は廃止されて「安南都統使司」という前例のない官署に改められ、莫朝の君主は「安南都統使」の号を甘受せざるをえなかった。莫朝を駆逐した黎朝は当然ながら安南国王への復帰を強く主張したものの、高平莫氏政権の存在もあって明はこれに応じず、実現には明の滅亡を待たねばならなかった。以下に見るように、これらの複雑な諸事情は対日関係にも影響を及ぼしている。

なお、当時の日本とベトナムはそれぞれ別々の年号と暦を用いている。混乱を避けるため、本章では原則として西暦を用いる（和暦・越暦の当該年の大部分が収まる西暦年を機械的に当てはめる）。

二　日越往復文書に見える義子

前述したように、ベトナムの対日外交は朝貢使節として文人官僚を派遣する対中関係と異なり、公的な使節を派遣せず手紙のみを送り届けるものであった。手紙の運び手は日本商人もしくは華人商人と推測されるが、当然ながら誰でもよかったとは考えにくい。であるならば、ベトナム側はどのような関係の人間に、日本への外交文書を託したのかという問題が浮上する。そこで史料を通覧すると、ベトナム側の支配者が、しばしば日本人商人を義子や養子とする例が見られる。現在、我々が文面を知りうる日越往復文書から以下の諸例を見いだすことができる。

最も早い例は、次の史料に見える船本弥七郎である。

弘定六（一六〇五）年五月六日付本多正純宛て阮潢返書[8]

安南国の大都統瑞国公（阮潢）[9]が、日本国の本多上野介正純殿に返書します。遠国からの手紙を拝見し、趣深い文章に接しました。

以前、弥七郎は天の引き合わせてくれた得がたい人物で、篤実で忠義に篤いので、私はこれと結んで義子とし、商人たちとは兼愛交利の精神で接してきましたが、〔今回は〕つぶさに〔非法を働く商人たちに〕戒めを加え、貴意に添うようにしました。

ここに弥七郎は帰国してしまいますが、彼を待ち望む思いを抑えきれません。ここに寸楮をもって風に託して〔弥七郎を〕励ましたい。閣下（本多正純）の弥七郎に対する格別の計らいを強く望みます。私は慈しみというものを知ってはいますが、しかしながら勧善懲悪は国のならわしであるからには、道理として日本国王に申し上げるべきでしょう。来年に弥七郎に再び三艘の船を艤装して我が国に来航することを許し、交易を公平に行うことで、ふたつながら恩義を全うさせてください。

持ち渡ったささやかな品々《白絹二疋と奇藍一片》は、贈物として信義の証とします。彼以外の商人のものと一緒にして進上することはありません。もし悪逆な振る舞いがあれば国法をもってこれを正し、容認することはありません。手紙では微意を尽くせませんが。至矣、必矣。

〔朱印影・外郭のみ：印文不明〕

弘定六年五月初六日

「書」印（横線）（花押印影）

広南阮氏初代の阮潢は弥七郎なる人物を「義子」としており、親密な関係を強調して、翌年の派船で彼を来航させるよう申し出ている。[10]「彼以外の商人のものと一緒にして進上することはありません（其餘他客商、不得混進）」とあるからには、この手紙は弥七郎が日本に運んできたのだろう。

前半で述べられている来航した日本人商人に注意を与えた事情だが、この前年の徳川家康からの返書に、法を犯す日本商人がいるならば阮氏側の裁量で罰して構わない、詳細は本多正純に伝えさせる、と述べられており、これに対応した措置と考えられる。[11]

弥七郎は長崎の商人で姓は船本、諱は顕定という。彼は一六〇四年から一六二〇年の間に、少なくとも九度広南阮氏領宛ての朱印状を受領してベトナムに渡っている。[12]弥七郎の出自に関して信頼できる情報は管見の限り見当たらず、川島元次郎もこの点についてはまったく触れていないが、[13]長崎の有力商人と思われる。一六一八年に阮潢の後継者である阮福源が土井利勝に宛てた書状でも、広南の君主と弥七郎との密接な関係がはっきりと記されている。

弘定一九（一六一八）年五月四日付土井利勝宛て阮福源書簡[14]

安南国の大都統（阮福源）が日本国の大臣である土井大炊助殿に手紙を送ります。

しばしばお手紙を頂戴して両国が気持ちを通わせていることをとても嬉しく思います。以前は、我が国が諸国の商人と貿易をするのに、双方がその公平なことを喜んでおられましたが、それはひとえに貴国が命令を下して〔日本商人が〕礼を厳格にして法を守っていたためで、我が国の商人たちは皆そのことを敬慕していました。〔しかし、〕この数年は無知の小人が力を誇示してほしいままに振る舞い、商人たちが被害を受け貿易も様変わりしてしまいました。法に処そうと思っても両国の間に懸隔が生じるのを恐れるので、どのような方法を採るべきか。願わくは、将来、貴国の商船で〔法度を守るような〕しっかりした者を探し出して我が国との貿易を許し、両国が交通して万民を喜ばせんことを。これこそもとより我々の望むところです。

船本弥七郎顕定は、我が国にやって来てから二〇年以上経ち、私は彼を子どものように思っており、親密な間柄です。昨年帰国して主君に近侍していることでしょうが、来春に任を受けて自らやって来る時には、重ねて旧令の厳札を〔彼に〕与えて、私の愛顧に添うようにして頂きたい。この機会に併せて信物をお届けしてわずかに真心を表します。ここに書す。恭粛。

〔朱印影・外郭のみ〕

弘定一九年五月初四日

「書」印〔横線〕〔花押印影〕

徳川政権は弥七郎に制札を与えて、広南に渡航した日本人商人が非法を働かぬよう指揮監督させた。(15) 制札は少なくとも二度下されたようだ。一つは元和四(一六一八)年一〇月一二日付で出されたもので、『異国日記』(16)に文面が残されている。上掲の阮福源の書簡およびこれと同時にやはり阮福源から本多正純宛に出された書簡での要請に応えて出されたものである。そして、右掲史料で「重ねて旧令の厳札を〔彼に〕与えて」とあり、本多正純宛て書簡には「〔来航日本人の素行が良かった〕往年のことを強く思い起こすに、貴国が法令を厳しくして船本弥七郎顕定に制札を与えていたので、来航した日本人たちは法度を守らぬ者などいなかった」から「〔弥〕七郎に制札を持参させ」るよう依頼している。よって、弥七郎は正確な年次は不明だが、以前にも徳川政権から制札を下され、広南へ来航した日本人商人の指揮監督を行っていたことが窺われる。なお、ここに見える治安の悪化だが、この前年の一六一七年には長崎奉行長谷川藤広の手の者が殺害されており、(17) 阮氏側は直接にはこの事件を契機として制札下付を依頼したと思われる。

阮福源は、船本弥七郎のことを「私は彼を子どものように思っており、親密な間柄です〔我視之猶子、始終無間〕」としている。(18) 弥七郎は父の義子であって阮福源の義子ではない。彼への信任をこのように表現したのであろう。その直前の「我が国にやって来てから二〇年以上経ち」というのは、朱印船制度発足以前より彼が広南に渡航していたことを窺わせるものであり、そのキャリアおよび阮氏当主との親密な関係から、制札を受領するに足る威信を在留・来航日本人商人の間に持ちえていたのだろう。この翌年の一六一九年の渡航で弥七郎は阮福源からの国書（金札）を託されており、彼が広南阮氏と日本とを結ぶ重要な役割を担っていたことがわかる。[19]

広南阮氏の君主と親密な間柄にあった日本人商人としては、船本弥七郎よりも次に挙げる荒木宗太郎の方が著名であろう。彼はもともと肥後出身の武士で、長崎に来て商人になったという。岩生成一によると、一六〇六年から一六二五年にかけて五通の朱印状を得ている。[20] 彼は広南阮氏の王女を娶ったとされ、この女性は来日して日本で没した。荒木家の記録によるとその名を「王加久戸売《ワカクトメ》」と言い、荒木家では代々「アニオーさん」と呼んだという。[21] 荒木が阮氏の王女を娶ったとする根拠は、この荒木家の家記や「王加久戸売」の存在に加えて、次に掲げる金札である。

弘定二〇（一六一九）年四月二一日付荒木宗太郎宛て阮福源金札[22]

安南国殿下兼広南等処〔の阮福源〕が文書を作成する。〔日本と広南という〕両国を厳かにするものに、これを信と言うという。[23] 一家が親しくする和の何と貴いことであろう。今、我が阮氏が国を建てて以来、務めて仁義を施してきたので、遠くの者はこれを慕ってやって来て、近くの者は悦び、均しく君主の徳沢を蒙っている。

ここに日本国の船長である〔荒〕木宗太良なる者がおり、船に乗って海を越え、繁栄する我が国〔にやって来て阮福源に〕拝謁し、子の如く庇護を受けたいと願った。そこで私は〔彼の〕欲するところを推し量り、貴族に加える。阮太良という巨名は輝かしく雄々しいが、宮廷の栄華を表すだけでなく、さらにまた〔日本と広南という〕南北の利を強固にするものである。

『詩経』の歌にあるように、「〔麒麟の〕足、角、額（『詩経』周南に見える、有能な王族が輩出する譬え）」と言うが、汝の才はそれに叶う貴公子の才だ。「太陽の如く、月の如く、松の如く（『詩経』小雅に見える長寿の譬え）」と言うが、我が寿命は「南山之寿（やはり『詩経』小雅に見える長命多福の譬え）」に均しい。その栄華は満ち足りたものである。ああ盛んなるかな。国に常法あり、文書を作って存照とする。

弘定二〇年四月二二日

この文書は『南方渡海古文献図録』にモノクロ写真が掲載されており（当時の所蔵者は森喜知男氏）[24]、模様などの注記があって原本と思われるが、印を一切欠いているのはやや不審である[25]。

文書は「安南国殿下兼広南等処立書事」で始まっており、これが阮福源のことであることは間違いない。肝心の部分は「日本国艚主［荒］木宗太良」が広南の繁栄を目にして阮福源に対して子のごとく庇護を受けたいと願った（願承膝下）ので、「貴族」に加え「阮太良」の名を与えたという意味であることは問題なかろう。「貴族」を「阮氏の一門」の意と解することも無理はなく、「阮太良」が「宗太郎」に由来することも容易に想像がつく。しかし、阮福源が自身の娘を荒木にめあわせたとは記されておらず、ベトナム側の他史料にもそのような記述はない。それゆえ、阮氏一門に連なる待遇を受けたこととベトナム人の妻を娶ったことを分けて考えることも可能である。この金札を重視する限り、荒木は阮福源の義子ないしそれに準ずる地位を得たと考えられるが、その妻が阮氏の一族（あるいは阮福源の異姓養女）である必要はない。

川島はこの金札を「誓書」だとしているが、阮福源と荒木とが対等であるはずもなく、やや誇大な表現であろう。止め言に「存照」とあることから、この金札は荒木が「貴族」に加わったことを証明する証拠書類・お墨付きだと理解できる。広南で使用された「（朱）憑」と呼ばれる種類の文書や東京でも用いられた「憑」「給憑」と機能的に同等のものだろう[26]。

では、「貴族に加わ」ったことによって、荒木はどのような便益を獲得したのであろうか。実はまったくはっきりしない。ベトナムでの交易で免税などの便宜が得られた可能性は無論あるものの徴証を欠く。この後、荒木は一六二二・二三年に朱印状を受領しているがベトナムの国書を持ち帰った記録がない。やや時代が下るが、かえって茶屋氏り異なっている。

に託した国書[27]が残っているなど、外交においても重要な役割を果たした様子は見られず、船本弥七郎のケースとかな

以上は広南の例だが、東京についても以下の諸例を見いだすことができる。

永祚六（一六二四）年六月五日付嶋田政之宛て華郡公奉書[28]

元帥統国政清都王（鄭梉）の勅旨を奉じて、総鎮官乂安処和義営副将少保華郡公の阮某が日本国の角蔵船の義子で財副（船長補佐）である小嶋田兵衛尉政之に書簡を与える。……ここに日本国角蔵船の財副がおり、先頃、この地にて万代の誠を慶び、一生の義を堅くした。維然怡然、幸いにも怠ることなければ、今後これによって義は久しく情も久しく、恩は堅く契も堅くなるだろう。ただ恩義がより一層深く父子に間隙の生じないことを願う。宜しく慎むべきである。

永祚陸年陸月初五日

〔朱方印　印文不明〕

これは薄茶色の綸子にしたためられた日越関係文書で現存する唯一の帛書（絹布に書いた文書）で、法量も横幅一七〇cmと大きい。それなりに格式と権威のある文書と見てよかろう。受取人の嶋田政之については、この時の角倉船の幹部であること以外はわからない。

この前年、鄭氏は当主が平安王鄭松から清都王鄭梉に交替した。鄭梉は帛書と同じ年に徳川家光宛ての国書[29]を送っているが、書中に「号角蔵・号末吉等共貳艚」とある。この帛書が鄭梉の命を受けて作られたことを勘案すると、国書は角倉船が持ち帰ったのであろう。

発給者の華郡公阮某は詳細不明なものの、島津氏や細川氏とも書簡を交わしている有力武将である。右では略したが同奉書では、彼の一族がいかに鄭氏と親密な関係にあって朝廷で栄達を遂げているかを延々と記している。よって

嶋田は鄭梉ではなく、華郡公の義子だと考えるのが自然である。「先頃、この地にて万代の誠を慶び、一生の義を堅くする（邇來、本治慶萬代之誠、堅一生之義）」とあるのが義父子関係の成立を示していると思われるので、嶋田が華郡公の義子となったのはごく最近のことということになる。「本治」とは華郡公の任地である乂安のことと思われる。

ここで問題となるのは、この文書が鄭梉の勅旨を奉じる形で書かれていることである。前掲の荒木宗太郎の場合と異なり、この帛書には証拠能力を示すような文言がないものの、華郡公と嶋田との義父子結合の形成を鄭王が承認するという構造になっている。ここから義子が単なる個人的な信頼関係の証に留まらないことが窺えるが、これについては後述したい。

次に、徳隆四（一六三二）年四月二五日付鄭梉令旨[30]の宛先に「日本艚義子艚長啓明及艚長角蔵花遊等艚幷各客商」とあり、啓明なる人物が義子であることがわかる。末吉家に伝わっていた同年五月二五日付の「答賜目録」に「清王之璽」という朱印が確認され[31]、また、岩生によれば、この年に東京宛ての朱印状は二通しか発給されていない[32]。よって、この啓明は末吉氏の関係者と考えられる。とくに明言されていないが、啓明は鄭梉の義子であろう。

この令旨は来航した朱印船の商人に東京での貿易を許可すること、規定の期日になれば帰国して残留を認めないことを通知し、あわせて現地の役人や軍隊に対して彼らの商売を妨害したり危害を加えたりしないことを命ずるものとなっている[33]。よって、交易場を管理する役人や沿路の軍人にこれを示したと思われる。その際、「義子」という文言に何らかの効果を期待できたかもしれない。

最後は鄭氏の王族と義子関係を結んだ例である。

徳隆五（一六三三）年八月二四日付大澤四郎宛て鄭榴書簡[34]

安南国の王子兼義営都将太保洪郡公が養子で日本国にいる烏羽（烏羽）に手紙を送る。了解せよ。私は本国にいて王公身分の名族だが、にわかに汝を得て養子とした。以前、子である汝、回郎（四郎）を私はとても愛し、その情は赤ん坊を愛するがごときだった。今年、手紙からお前の様子を少しく知ったが、その心は真心があって心地よい。これによって〔品物をお前に〕与えて情義に親しみ、平安の知らせを得ることを喜びたい。私の心は心配だが、来年の良い時期に船が来るのを待ち、〔船が来たなら〕すぐにさまざまな貴重な品々をもって慶賀しよう。その品々は天下一の良い品なので、値段を定めて銀に換算して費用に充てればよい。言いたいことは書き尽くせないが、これによって〔手紙を〕寄せる。

計

一、養子烏羽（烏羽）に生糸三百両を与える。

〔朱方印　印文不明〕

徳隆五年八月二四日

「示」印（横線）（花押印影）

ここに見える「烏羽（烏羽）」あるいは「回郎（四郎）」は、川島によると、大澤四郎右衛門という商人である。大澤氏は藤原北家の流れを汲み、鎌倉時代に山城の大澤荘の荘司となり、南北朝時代に大澤氏を名乗り、のちに鳥羽に移ったという。織豊期には鳥羽を拠点として水運を司っていたようである。(35) 洪郡公は時の鄭氏当主鄭梉の次男鄭榴である。叔父たちとともに一六三二年に太保となり、翌年にはやはり叔父たちとともに参与朝政（宰相格）となった有力王族である。(36) 兼義営とは彼が主宰する幕府のごときもので、独自の軍団を擁していた。

大澤氏に朱印状が下されたことは確認できないため、角倉や末吉などの仕立てた船に客商として乗り込んだのであろう。そのため、この前後の時期にも渡海したのかどうかははっきりしない。上掲史料に見られるように、確認される最初の渡航である一六三二年の航海で大澤は王子の洪郡公の「養子」となっている。その際に洪郡公が下した徳隆四（一六三二）年五月二二日付「安南国王子洪郡公発注品目録[37]」には、銀一〇〇〇両を預けて多種の茶器類と硫黄を発注しており[38]、そこでは「義養子日本国烏羽（鳥羽）」とある。ここでは、養子と義子はとくに区別されていないとみて問題ないと考える。

川島も注意喚起しているように、上掲の書簡に見られる親密さを強調する表現をそのまま真に受ける必要はない。しかし、一〇〇〇両もの銀を預けるとなれば、誰でもよいわけがない。両者の間には一定の信頼関係が存在したと考えるのが妥当であろう。

以上から、船本弥七郎は国書の運び手となっており、嶋田政之も国書を運んだ可能性が高い。また、大澤四郎右衛門は有力王子から資金を預けられて物資の買い付けを担当している。啓明については不明なことが多いものの、公文書に義子であることが記されていることは注目すべきだろう。また、このほかに東京に在住し、絹貿易を掌握した大商人である和田理左衛門も鄭柞の義子だった[39]。

三　近世ベトナム史における義子

前節では朱印船貿易時代の日越関係史料から日本人がベトナム人の義子となるケースを抽出した。しかしながら、外国人を義子とする事例はこれに留まるわけではない。本節では他の事例を紹介し、これらを総合的に検討することで、義子を当時のベトナム社会の中に位置づけたい。

まず、もっとも詳しく事情のわかるイタリア人イエズス会士（布教上長）のフェリーチェ・モレッリが、一六四七年三月に鄭梉の後継者である鄭柞の養子となった事例を紹介しよう[40]。もともと鄭柞はモレッリと親しくこれを義子にしたいと考えていたが、宣教師を嫌う父を憚って実現できなかった。その後、一六四七年の正月に老齢の鄭梉に代わって「国王と王国の統治者として宣誓」したこと[41]を契機としてモレッリを義子とすることを決意したという。イエズス会史料によると、鄭柞は「王家の印章」を捺した漢文の允許状を作成し、宦官が宣教師たちの住居に赴いて面前でこれを読み上げさせ、次いでポルトガル語に訳させたという。また、養子について「慣例に従って」「ここ（東京）では、これ（養子）は顕貴な人間が尊敬する人間に対して親愛の情を示す証」などと説明している。

允許状の内容は、「東京王国の絶対権力者であるキエントゥオン王」[42]がモレッリに手渡すと記されている（実際には上述したように宦官が持参した）。次いで、モレッリの人格を褒め称えて敬愛・親愛の情を示し、彼を子とみなして「真実と悟性の人」を意味するPhuchem[43]という名を与えるとする。そして最後に、人々が互いに親愛の情をもって一つになるようになれば、徳や名望を兼ね備えた人々の輪に加わることになるだろうとする。美辞麗句に溢れているが、何らかの特権を付与するような文言は確認されない。

のちの一六五一年、乗船が難破して「一四年間寵臣とされ、三年間養子であった」モレッリが死去した際、鄭柞は王令をもってモレッリを清華に埋葬するよう命じている[44]。この点から見ても、允許状の文言は単なる文飾に過ぎないとは言えないように思われる。

これ以外にも、一六三七年にオランダ東インド会社商務員カレル・ハルツィンクが鄭梉の養子とされた例[45]や、マカオの有力ポルトガル人であるラフェエル・カルネイロ・デ・シケイラが阮福源の養子となった事例[46]もあり、養子が対日関係・対日本人に限らないことがわかる。

次にベトナム人同士での養子の事例を見てみよう。前近代ベトナムの養子についてはすでに片倉穣の研究があり、養子や義子があらゆる階層で通時的に存在したこと、養子と嗣子（祭祀権を継承する養子）との区別が曖昧なことを示した。また異姓養子の容認や女性も収養者になりえたことをベトナム固有の慣習に由来するものではないかと推測している[47]。ただ、片倉が扱う事例は一四世紀以前のものが中心で、ベトナムの固有性を強調するあまり、時代ごとの変化に対する注意がやや薄いようにも思われる。そこで同時代の事例を補足しておこう。

まず、鄭氏創業者である鄭検の側近として一六世紀中葉に活躍した武将である范篤が挙げられる。[48] 神道碑によると、若くして父を失い、挙兵前の鄭検がその才を見込んで義子としたという。個人的な信頼関係を基礎とした任侠的な結合とでも称すべき関係だったと考えられる。また、鄭検は莫朝から来降した有力武将阮倦も義子としているが、これは有能な人材を出身母体から引き抜き、自己の側近にしようとした例だと考えられる。[49]

いま一つの例は鄧世材である。[50] 彼は鄭柮の従兄弟であると同時にその義子でもある。義子となった年代ははっきりしないが、弟の鄧世科とともに王子時代から鄭柮に近侍し、鄭柮の継位とともに高官に昇り、姉妹の一人も鄭柮の義女となって鄭姓を賜っている。[51] そして、彼の世代から鄧氏は鄭氏との密接な婚姻関係を構築し、代々鄭氏から妻を迎える名族として名を残すことになる。

黎朝と対抗していた莫朝においても義子の例は存在する。莫朝の創業者莫登庸は、王朝樹立前に敵対していた勢力の有力者だった阮敬を義子としたようで、[52] 阮敬は中期莫朝の有力者として朝廷に重きをなした。また、その二人の息子も莫姓を賜っている。

このように、義父子関係は片倉の指摘する通り、東京・広南を問わず近世のベトナムで広汎に確認され、異姓の義父子関係も枚挙に遑ない。一六―一七世紀初頭のベトナムは戦乱によって社会的流動性が拡大した時期だった。そのような中で、個人的な紐帯を基礎とした義父子結合の重要性も高まったと考えられる。鄭検―范篤の事例に見られるように、それは上層階級のみに見られるものではなく、君臣関係あるいは親分―子分関係を補強するものとして、宣教師から慣習と見なされるほど広く行われていたことが確認できよう。外国人との義子関係の樹立も、そのような意味で、近世ベトナムにおける人的結合の一形態を適用したものである。

モレッツリ死去時に王令をもって葬ったことからも、義子は一定の信頼関係が伴った人間との間でのみ結ばれる関係であり、貿易その他の便宜によって気軽にばらまかれる性格のものではなかったと考えられる。もちろん単なる友情話でもない。鄭氏の王子は大澤四郎に大量の資金を投資している。阮潢と阮福源が幕閣に対して船本弥七郎を名指しして翌年来航させるようにと依頼しているのは、船本弥七郎が彼らの投資資金を預かっていたからであろう。国書の伝達も、そのような個人的な利害関係と信頼関係を基礎として任されたと考えるべきだ。

また、いずれも一例のみなので過早な結論は禁物だが、啓明の事例は、義子がある種の特権付与行為の一形態として運用された可能性を想像させ、嶋田政之の事例は、高官が私的に党を結ぶことを抑制するために君主の承認を介在させた可能性を窺わせる。

荒木、嶋田、モレッリの例では、正式な文書が発給されたことが確認できる。それはおそらく荒木に下されたものと似たようなものであったと思われる。もちろん、すべてのケースで公文書が作成されたとも思えないが、一七世紀中、鄭氏の有力王子はそれぞれ兵を抱えて実力で後継者を争う状況であったし、広南でも状況は似たようなものだった。そのため、権力者はそれぞれ自己を支える人材を必要とした。婚姻結合や賜姓名（荒木とモレッリの例もこれに含まれる）とともに、有能・有力な人間をつなぎ止める装置として義子が活用されたと考えられる。そのような中で、ある種の制度化に向かう動きが生じ、これが公文書の発給につながったのではないだろうか。王の義子となる場合に、宦官を派遣して文書の宣読を行っているのは、制度化への動きの一端を表しているように思われる。

ただし、ここまでの考察に反する例がないわけではない。一六五一年、鄭柎と王世子鄭柞はバタフィアに使節を送った（すなわち、「使節なき外交」の例外は対中関係に留まらない）が、この時に鄭柎はオランダ東インド総督のカレル・レイニールスに少保郡公の官爵を贈り併せて彼を自己の養子とすると伝えたという。(53) 会ったこともない人間を養子とする点でこれまで紹介した諸例と大きく異なっている。

四　結語

以上、一七世紀前半の日越関係に登場する義子および同時代のベトナムにおける義子の事例を紹介・検討してきた。朱印船時代の日越外交は、いずれの側からも公式な使節を派遣しなかったところに一つの特徴が認められる。東京も広南も自国の人間を派遣せず、ベトナム側の有力者は来航した日本人の中から信頼できる個人を選んでその者と義父子関係を結び、義子の中には国書の運搬や物資の買い付けを依頼された者もいた。義子はもともと個人的権益の確保・拡大のための手段として存在しており、朱印船時代の日越関係は、ベトナムからはまずもって個人的権益の束として捉えるのが妥当であろう。義子が外交文書の運搬に介在したのも、朱印船制度によって日本からの渡航者がある程度コントロールされていたことも関係するかもしれないが、そのような文脈において理解すべきと思われる。

しかしながら、外交という側面により注目した場合、そもそも正式な使節を派遣する必要は存在したのであろうか。ここで問題となるのが黎朝皇帝の存在である。第一節で述べたように、東京の鄭氏・広南の阮氏ともに正統性に難を抱えていた。中国を中心とした従来の国際秩序の建前を遵守する限り、使者は安南都統使（黎朝皇帝）の臣下だと名乗らざるをえない。徳川政権とも共通する名義上の問題を抱えていたのである。加えて、この時期には安南「国」号すら使用できない。一五九七年に東京が明に派遣した朝貢使節の正使である馮克寛は、北京の会同館で朝鮮の使節と問答した際に、莫朝と黎朝の関係や都統使号など正統性や国の格式にかかわる鋭く厳しい質問を受けている[54]。使節が日本に送られた場合、長崎や江戸で同様の苦境に立たされる可能性があった。公的使節の派遣は、鄭氏・阮氏どちらにとってもリスクのある行為だったのだ。

ところが、嶋田政之宛の書簡では、あくまで臣下中の第一人者に過ぎない鄭梉が本来使用できないはずの「勅旨」

という語が用いられている。また、一六二四年に鄭梉は徳川家光に宛てた国書で「安南国王」を名乗っている[55]。阮氏側も同様で、荒木宗太郎に与えた金札で「我が阮氏が国を建てて以来」という表現を用い、「安南国王」号も多数使用している[56]。鄭氏にとっても阮氏にとっても、対日外交で用いる国書や私的に外国人とかかわる場は、名義上で黎氏に取って代わることができる好機であり、むしろ「正式な使者」など仕立てない方が好都合だったのだ。その場合、官制上にその位置づけはないものの君主との私的紐帯を有する存在である外国人義子は、国書の運び手の有力候補だっただろう。

（1）朱印船がいつから始まったかについては議論があるが（中田易直『近世対外関係史の研究』吉川弘文館、一九八四年、一〇五―一四三頁。岩生成一『新版　朱印船貿易史の研究』吉川弘文館、一九八五年、四七―六五頁）、ここではこの問題に踏み込まず、叙述範囲を家康が政権を獲得した関ヶ原の合戦以降に限定する。

（2）角倉与一がベトナムの役人に対して「回易大使」を名乗った事例は有名だが、彼がベトナムに直接赴いたわけではなく、公的に認証された肩書きかどうかもはっきりしない。

（3）北川香子・岡本真「一七世紀初頭カンボジア―日本往復書簡について―」『東南アジア―歴史と文化―』四四、二〇一五年。厳密に言えば、商人にクメール語の名前や官職を与えただけであって実際には海商だった可能性は残る。

（4）一七世紀のベトナムに滞在したイエズス会士アレクサンドル・ド・ロードは、東京《トンキン》が毎年カンボジアとシャムに船を送っていると記しており（Alexandre de Rhodes, *Lịch sử Vương quốc Đàng Ngoài* (*Histoire du royaume de Tunquin*). Bản dịch Việt ngữ của Hồng Nhuệ, bản Pháp ngữ của Henri Albi, TP Hồ Chí Minh: Ủy ban Đoàn kết Công giáo. 1994 (1651)、第一巻第一六章)、一六六一年に東京在住の日本人商人、和田理左衛門がシャムで作らせたジャンク船が、シャムの大使とシャム国王から東京国王宛の書簡、贈り物の硫黄を載せて東京に来航したことをオランダ史料が記している（永積洋子『朱印船』吉川弘文館、二〇〇一年、三九頁）。これら断片的な事例はいくつか見いだせるものの、東京から送られる船が外交使節を載せているのかどうかわからず、シャムの使節にしても大使の素性や書簡の内容はまったく不明であり、実態ははっきりしない。

（5）以下、この時代の政治変動の概観は八尾隆生「収縮と拡大の交互する時代―一六―一八世紀のベトナム―」（石井米雄編『岩波講座東南アジア史3　東南アジア近世の成立』岩波書店、二〇〇一年)、対中関係の推移は大沢一雄「黎朝中期の明・清との関係」(山本達郎編『ベトナム中国関係史―曲氏の抬頭から清仏戦争まで―』山川出版社、一九七五年)、高平莫氏政権については牛軍凱『王室後裔与叛乱者―越南莫氏家族与中国関係研究―』(広州、世界図書出版、二〇一二年)、広南阮氏の国家観については桃木至朗「広南阮氏と「ベトナム国家」」(『南シナ海世界におけるホイアン(ベトナム)の歴史生態的位置』Ⅰ(平成二年度科研報告書)、一九九五年)、各種の地名政体名に関する考証は拙稿「朱印船貿易・日本町関連書籍所載地図ベトナム部分の表記について」(『資料学研究』一二、二〇一五年)に依る。

(6)　現代ベトナムでトンキンとコーチシナという呼称はフランス植民地時代の地域区分とそれに由来する植民地主義を強く想起させるため、当時口語で使われていたダンゴアイ Đàng Ngoài、ダンチョン Đàng Trong が多く用いられている。

(7)　東京の支配者が対外的に大越を使用した例は確認されていないが、広南阮氏は一七世紀末以降、対外的に安南と大越を併用している(桃木「広南阮氏と「ベトナム国家」」三四―三五頁)。

(8)　『異国来翰認』下(東京大学史料編纂所蔵謄写本)所収。引用史料の出典はもっとも主要なもののみ記す(以下同じ)。また、本節での史料訳文引用は内容に合わせて適宜段落を改めている。

(9)　この「大都統」号は阮氏当主が対日外交で用いた肩書きの一つだがベトナムの官制には存在せず、前述の安南都統使号を強く意識したものである。また、阮氏当主が瑞国公の爵位を所持した事実は確認されないが、これについては蓮田隆志・米谷均「近世日越通交の黎明」(『東南アジア研究』五六(二)、近刊)を参照。

(10)　同じ日付で家康にも書状が送られており、同様に弥七郎が運んだと思われるが、阮潢と弥七郎との関係には触れていない。また、弥七郎以前には、白浜顕貴なる人物が阮潢と日本との間に介在していたが、これについては蓮田・米谷「近世日越通交の黎明」。

(11)　慶長九(一六〇四)年仲秋二六日付阮潢宛徳川家康返書(『異国日記』下所収)。本多正純からの書状は『外蕃通書』に文書名のみあって本文は伝わっていない。また、家康の返書の元になった阮潢からの一六〇四年の書状(『歴朝要紀』一四四所収)には非法を働く商人についての記述はまったくない。藤田は『外蕃通書』に文書名のみあって本文の伝わらない同年付の文書をこれと別に立項しており、あるいはこちらにそのような記述があるのかもしれない。

(12)　岩生『新版　朱印船貿易史の研究』、第七表。一六〇五年に二通(安南(阮氏領)と東埔寨宛)の朱印状を下付されているが、広南以外への渡航が確認されるのはこれ以外にない。一六〇八―一六一二年の五年間には朱印状が確認されないが、朱印状起草者である西笑承兌・閑室元佶の死と重なっており、記録から漏れているだけの可能性もある。

(13) 川島元次郎『朱印船貿易史』巧人社、一九四二年（初版：内外出版、一九二一年）、五七七—五九五頁。

(14)『異国日記』上所収。

(15) 制札では、弥七郎の監督権は日本から交趾国（広南）に渡海した商人に限定されており、定住者は対象外のようである。また、法を犯した者に対する処罰権が阮氏当主（屋形）にあることを言明している。川島『朱印船貿易史』五八七—五九一頁、岩生成一『南洋日本町の研究』岩波書店、一九六六年、四七頁。

(16) 弘定一九（一六一八）年五月四日付本多正純宛て阮福源書簡（『異国日記』上所収）。

(17) 岩生『南洋日本町の研究』二九頁。

(18) 猶子を読み下さず、相続権の有無など義子とは別の擬制血縁関係と解することも可能かもしれないが、管見の限り、近世ベトナムにおいて義子と猶子とを区別した例を筆者は知らない。

(19) なお、この時の手紙は幕閣から「文体慮外」とされて将軍への上覧を差し止められており、文面も伝わっていない。藤井譲治「一七世紀の日本——武家の国家の形成——」朝尾直弘ほか編『岩波講座日本通史　一二』岩波書店、二〇〇〇年、四七頁。

(20) 最初の一通は長崎物右衛門に出された暹羅宛のもので、川島は荒木家の家記を根拠にこれを荒木宗太郎に比定し（川島『朱印船貿易史』一九八頁）、岩生もこれに従っているようだ。岩生は一六一九年にも交趾宛の朱印状を取得したと考えているようだが管見の限りこの記録はなく、ここに挙げた弘定二〇年の金札を根拠としていると思われる。

(21)「王加久戸売」あるいは「王加久」の原音は不明。「アニオー」は男性配偶者あるいはやや年上の男性に対する呼びかけのベトナム語「anh《アイン》 ơi《オーイ》（あなた）」を写したものとされる。しかし、荒木家で代々そう呼んだという家伝の筆法からは、死後にそのように呼んだのであって同時代の呼称ではないとも解せられる。

(22) 大阪府立図書館編『南方渡海古文献図録』、一九四三年所収。

(23) 荒木家に伝わる和解は「両国の乾坤を重んずということ此言葉まことなる哉」とするが（川島『朱印船貿易史』一九九—二〇〇頁）、ベトナム側の対日文書で両国の関係を確固たるものとする徳目としてしばしば「信」が強調されていることから、このような解釈を取った。

(24) 森氏は江戸中期以来の長崎の商家である。眞野正行「長崎の豪商「雪屋」の話」『ながさきの空』三二九、長崎歴史文化協会、二〇〇九年。
(25) 甲斐宗平による写し（長崎歴史文化博物館所蔵）には印が存在しているが、甲斐氏は戦後の人物のようであり、これらの情報は原本には存在しなかったと思われる。
(26) 拙稿「旧例と憑—近世中部ベトナム村落の生存戦略—」新潟大学人文社会・教育科学系附置環東アジア研究センター編『環東アジア地域における社会的結合と災害』、二〇一二年、藤田励夫「安南日越外交文書の古文書学的研究」『古文書研究』八一、二〇一六年。
(27) 永祚一四（一六三二）年六月四日付阮福源書簡（『異国日記』下所収）。この書簡は宛名が記されていないが、「申」「一乞望恩事」という文言を用いた明確な上行文書形式であり、日本国王宛てと思われる。
(28) 滋賀県正眼寺蔵。
(29) 永祚六（一六二四）年五月二十日付鄭梉書簡（『異国日記』上所収）。
(30) 東京大学史料編纂所蔵。
(31) 川島が末吉氏子孫の所蔵と記しているが（川島『朱印船貿易史』四三〇頁）、現所蔵者は非公開。川島は朱印に触れていないが、藤田励夫「安南日越外交文書集成」（『東風西声』九、二〇一三年）掲載の現物図版に朱印が確認され、藤田が印文を解読している。
(32) 岩生『新版　朱印船貿易史の研究』一二七頁。
(33) 鄭王による舶載品買い上げの後に下される文書で、この文書の下付を受けて初めて国王以外と自由に交易ができる。岩生『新版　朱印船貿易史の研究』三四九頁。
(34) 東京大学史料編纂所蔵影写本『大澤文書及所蔵器物図』所収。
(35) 川島『朱印船貿易史』五〇一—五一〇頁。
(36) 『鄭族世譜』（漢喃研究院蔵 VHv1756）。正和本『大越史記全書』巻一八、壬申徳隆四（一六三二）年夏四月—五月条、壬申徳隆五（一六三三）年正月—三月条。NVH本「大越史記本紀続編」巻二一、徳隆四年条。ただし、同壬申徳隆五年正月—二月条では（鄭）檣に作る。
(37) 東京大学史料編纂所蔵影写本『大澤文書及所蔵器物図』所収。
(38) 一六三三年の渡航では、本文で引用した手紙以外に馬鈴と長剣を発注する示（下行文書の一種だが詳細な機能は未解明。

藤田「安南日越外交文書の古文書学的研究」も参照せよ）も出されているが、こちらには義子・養子の類の文言は見られない。

(39) 金永鍵「鎖国後に於ける日本と東京との関係」『日本と印度支那との関係』冨山房、一九四三年、五五―五六頁、永積『朱印船』第一一章。

(40) 阿久根晋「ポルトガル人イエズス会士アントニオ・カルディンの修史活動――『栄光の日本管区におけるイエズス会の闘い』の成立・構成・内容をめぐって――」（『歴史文化社会論講座紀要』一二、二〇一五年）、Rhodes, *Lịch sử Vương quốc Đàng Ngoài*、第二巻第五一章および阿久根晋氏からの私信でのご教示による。

(41) ベトナム側史料にこのことは記されていない。鄭梉は譲位したわけではないが、二年後に真宗が崩御して神宗が重祚するに当たり、その処理を鄭柞に任せている（正和本『全書』己丑（福泰）七年冬十月条）。鄭柞の権力確立と継位までの事情はやや錯綜しており、別稿を期したい。また、Keith W. Taylor, "The Literati Revival in Seventeenth-century Vietnam." *Journal of Southeast Asian Studies*. 18 (1), 1987も参照せよ。

(42) Rhodes, *Lịch sử Vương quốc Đàng Ngoài* では東京 Tunquin とするが、ポルトガル史料には安南 Annam とするものもある。キエントゥオンという称号は史料によって表記に揺れがあり、しかも鄭柞の称号に対応するものが見あたらない。後考を俟ちたい。

(43) モレッリのファーストネーム「フェリーチェ Felice」がイタリア語で「幸福」を意味することと併せて、Phúc Chân［福真］である可能性が高い。

(44) モレッリの遺体はまず内陸の首都東京に運ばれ、次いで一〇〇km以上南方の清華に移送されて埋葬されたという。清華は当時の東京におけるカトリックの中心地の一つだが、同時に黎朝揺籃の地で陪都が置かれ、黎朝皇帝・鄭王の陵墓も造営された要地である。

(45) Hoang Anh Tuan, *Silk for Silver: Dutch-Vietnamese Relations, 1637–1700*. Leiden & Boston: Brill, 2007, p. 68.

(46) 阿久根氏のご教示による。

(47) 片倉穣「ベトナムの養子について――一八世紀以前における養子の実態と養子政策を中心に――」『武庫川女子大学紀要教育学編』一九、一九七一年（同『ベトナム前近代法の基礎的研究――『国朝刑律』とその周辺――』風間書房、一九八七年に再録）。片倉が紹介する異姓養子の中でもっとも驚くべき事例は、一六六二年に、死を悟った黎神宗が異姓養子で皇太子でもある黎維禟を廃して実子を皇太子とするよう遺言した事件である。極めて興味深い事例だが、『欽定越史通鑑綱目』編者が「事状今失考」とコメントするように背景事情がはっきりしない。後究を俟ちたい。

(48) 拙稿「范篤玫――一六世紀ベトナムの新興勢力と中興功臣――」『東アジア――歴史と文化――』二五、二〇一六年。

(49) A四本『大越史記続編』巻一七、辛亥（順平）三（一五五一）年四月条。ただし、阮倦はのちに鄭氏を裏切って莫朝に帰参している。

(50) 拙稿「「華麗なる一族」のつくりかた――近世ベトナムにおける族結合形成の一形態――」關尾史郎編『環東アジア地域の歴史と「情報」』知泉書館、二〇一四年。

(51) 鄧世材は鄭梉の女を娶っているが、同じく鄭梉の女を娶った弟の世材は義子と記されておらず、この「義子」は女壻の意味ではない。また、姉妹と異なり賜姓名が明示されないので、義父子関係の樹立は必ずしも賜姓名を伴わないと考えられる。

(52) 大沢「黎朝中期の明・清との関係」三七一頁。

(53) **Hoang, *Silk for Silver, op. cit.*, pp. 97-98.** この時、彼の官爵は二〇テールの重さの金のプレートに刻まれたという。おそらく別途荒木に下されたような文書も用意されていたのだろう。また、これによって彼の義兄弟となった鄭柞は「永遠の愛の証として」帽子と傘を贈ったという。

(54) 金永鍵「安南国使臣唱和問答録に就いて」『日本と印度支那との関係』冨山房、一九四三年。

(55) 永祚六（一六二四）年五月二〇日付鄭梉書簡（『異国日記』上所収）。国書の現物は残っていないが、その書き出しは「安南国王大元帥統国政清都王」である。『異国日記』上所載の録文は一字下げて書き出し、「大元帥」で改行二字抬頭している。これが原本通りならば、鄭梉の意図は明らかである。

(56) 桃木至朗は阮福源が日本に対して国王を名乗ったか否かについて保留しているが（桃木「広南阮氏と「ベトナム国家」」三八―四〇頁）、一六三五年の茶屋四郎次郎宛て書簡（現物が残っている。藤田「安南日越外交文書集成」原色図版五）にて国王号を使用している。また、『異国日記』などに録文が残る一六三一年に茶屋四郎次郎に託した二通の書簡では国王号を使用するだけでなく、実在しない「永祚一四年」の年号（永祚は一一年まで）を用いていることからも、阮福源が治世の最末期に当たる一六三〇年代に日本向けに安南国王号を使用したことは確実である。

（謝辞）　第三節、とりわけモレッリの事例については阿久根晋氏からの情報提供によるところが大きい。イエズス会年報の該当部分の和訳など私信での多くのご教示、およびそれらの情報を本章に使用することを快諾頂いたご厚意に深く感謝します。

（附記）本章は科学研究費補助金（15H03236、15K02889、16K13278）の研究成果の一部である。

コラム5　日明勘合底簿の手がかりを発見!

橋本　雄

図1　順治元年12月日「精微批文簿冊」俯瞰写真

「やったー!」。思わず声を上げてしまった。二〇一八年三月二一日、台北の中央研究院歴史語言研究所明清檔案工作室で調査をしていた時のこと[(1)]。同所の内閣大庫檔案目録に明清期の「精微批文簿冊」(図1)なる史料を見つけ、この「簿冊」は、ひょっとしたら……と思い、閲覧を申請したのである。

はたして予感は当たった。ひとめ見た瞬間、日明勘合底簿の姿を想像させてくれる、貴重な史料だとわかった。

あらかじめ説明しておくと、勘合とは一般に「割印や割書を突き合わせて照合する」の意。旅行者が自分を証明する手段として携行する書類が勘合料紙で、所司(役所)に置いておく照合用の台帳が勘合底簿である。台帳という性格ゆえ、勘合底簿は勘合料紙よりも作成件数が少なく、残存数も限られているためであろう、これまで、まったく紹介されてこなかった。底簿がいかなる形状・大きさのものだったのか、皆目見当がつかなかったのである。

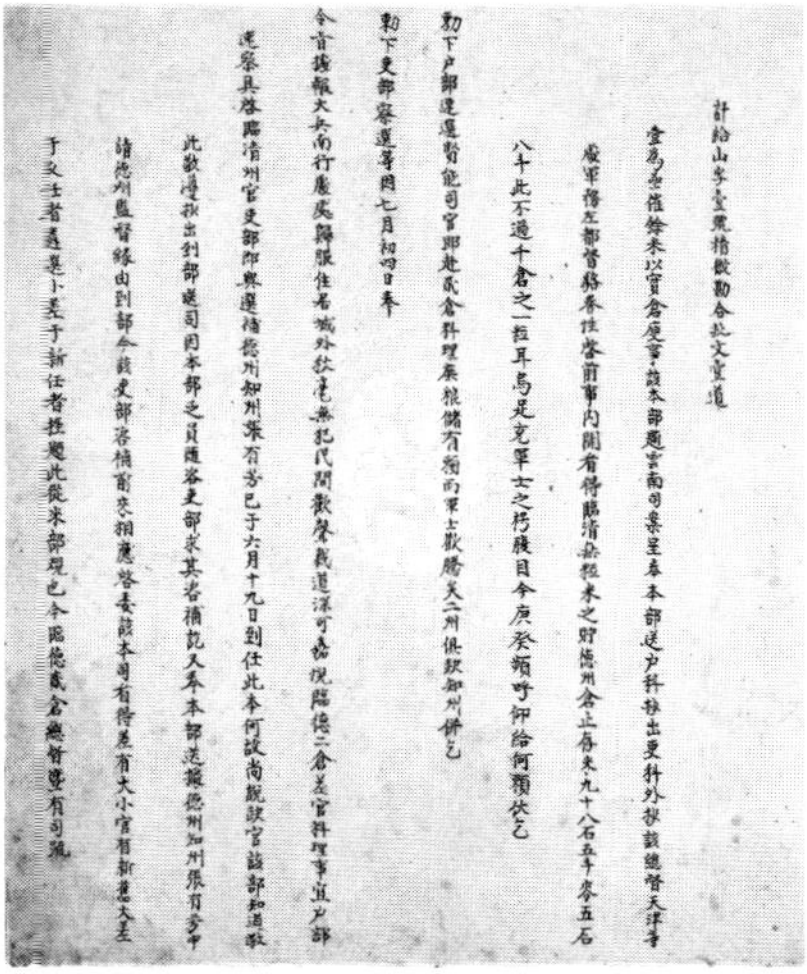

（1丁表）

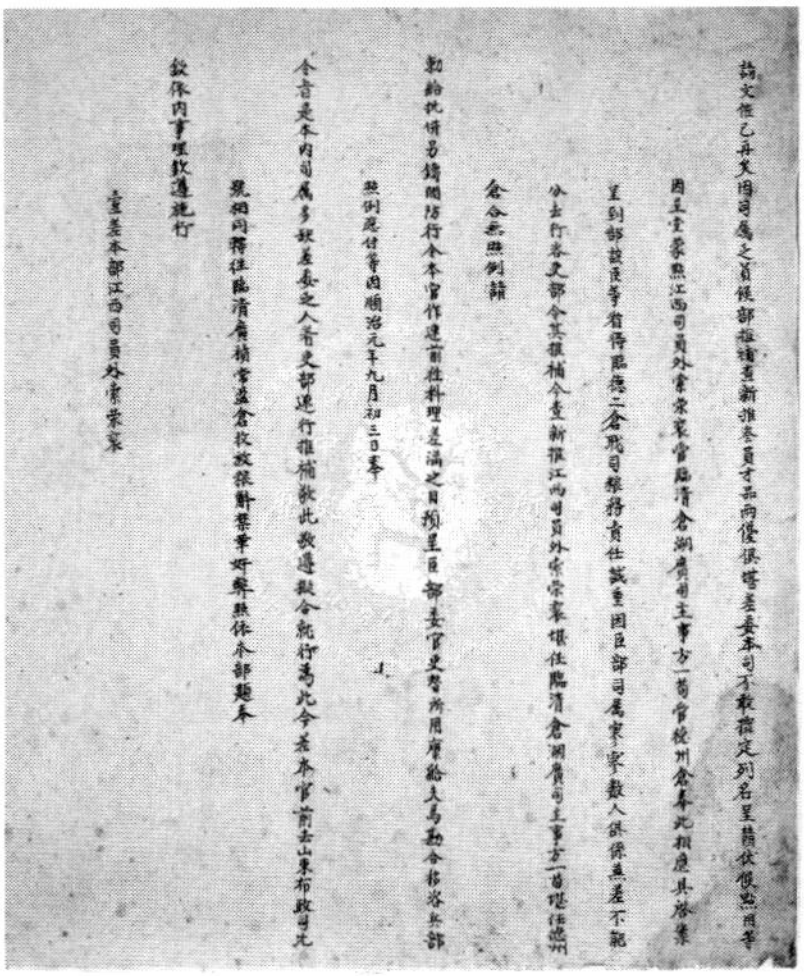

（1丁裏）

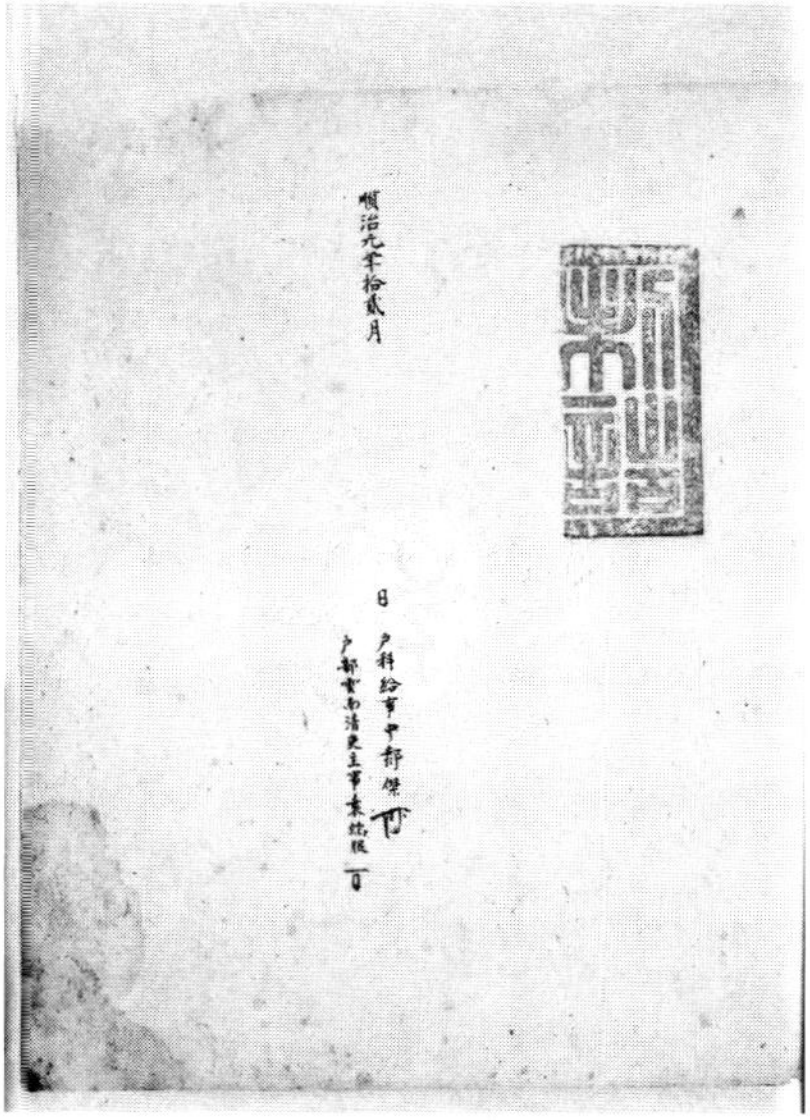

（2丁表）

図2　順治元(1644)年12月日「精微批文簿冊」冒頭文書

注）　図1・図2は同じ簿冊．中央研究院歴史語言研究所蔵．

ここで、図1の「簿冊」を見てほしい。現在、本紙は裏打ちされ、あらためて綴じ直されているが、もともと帳簿の形状であったそうだ。また、平面の図2も見れば、勘合料紙の上の割印と照合するための割印の痕（右半分）が確認できる（図2下の2丁表参照）。残念ながら、この簿冊（勘合底簿）と内容が合致する勘合料紙は現存しないため、同じ様式と機能の文書を図3として示す。図3のような「精微批文勘合（精微批文を書き込んだ勘合（料紙））」（後述）の最上部の割印（左半分）が底簿と照合できる、というわけである。勘合のしくみや様式を考える上で、この「簿冊」がいかに重要な史料であるか、納得していただけるであろう。

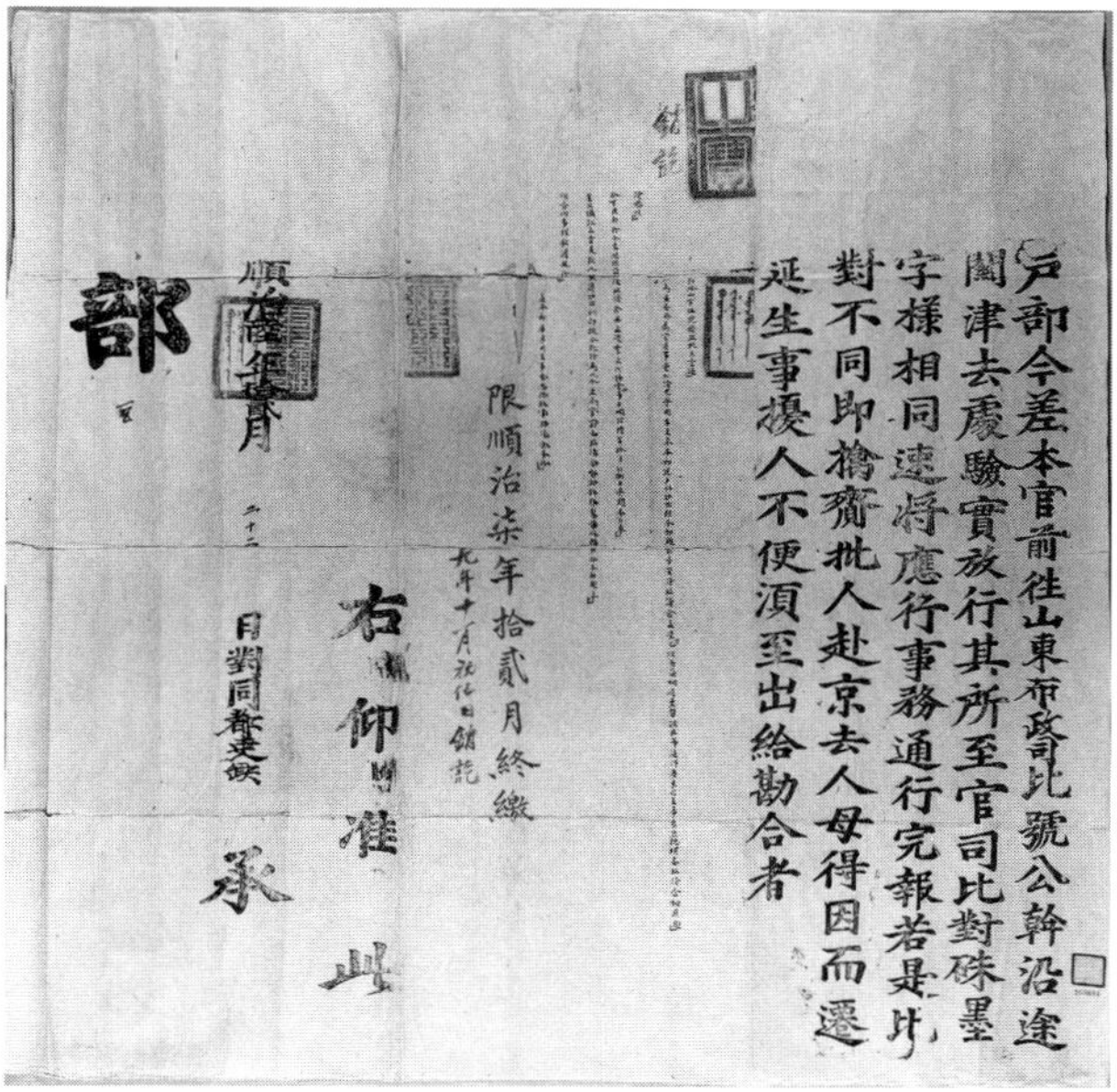
戸部今差本官前往山東布政比號公幹沿途
關津去處驗實放行其所至官司比對硃墨
字様相同速将應行事務通行完報若是比
對不同即擒齎批人赴京去人毋得因而遷
延生事擾人不便須至出給勘合者
限順治柒年拾貳月終繳
右仰准此
順治陸年拾貳月
部

図3　順治6(1649)年12月22日「清代戸部精微批文勘合」
注）　中央研究院歴史語言研究所蔵.

ただし、ここで確認された「簿冊」は、日明勘合の底簿そのものではないので、あくまで日明勘合底簿の手がかりに過ぎない。とはいえ、学史・学界に少なからず裨益するものと考え、ここに速報として簡易的な史料紹介を試みる次第である。

筆者は、現在、図4のような日明勘合料紙の復元案を作成するに至っている。だが、日明勘合の底簿については、『蔭涼軒日録』長享元(一四八七)年一〇月三〇日条に「勘合之大冊」とあるのみで、詳しいことはわかっていない。もっとも、同条によれば、勘合料紙と同じ箱に納められていたというので、底簿の縦の長さは、最大でも勘合料紙の

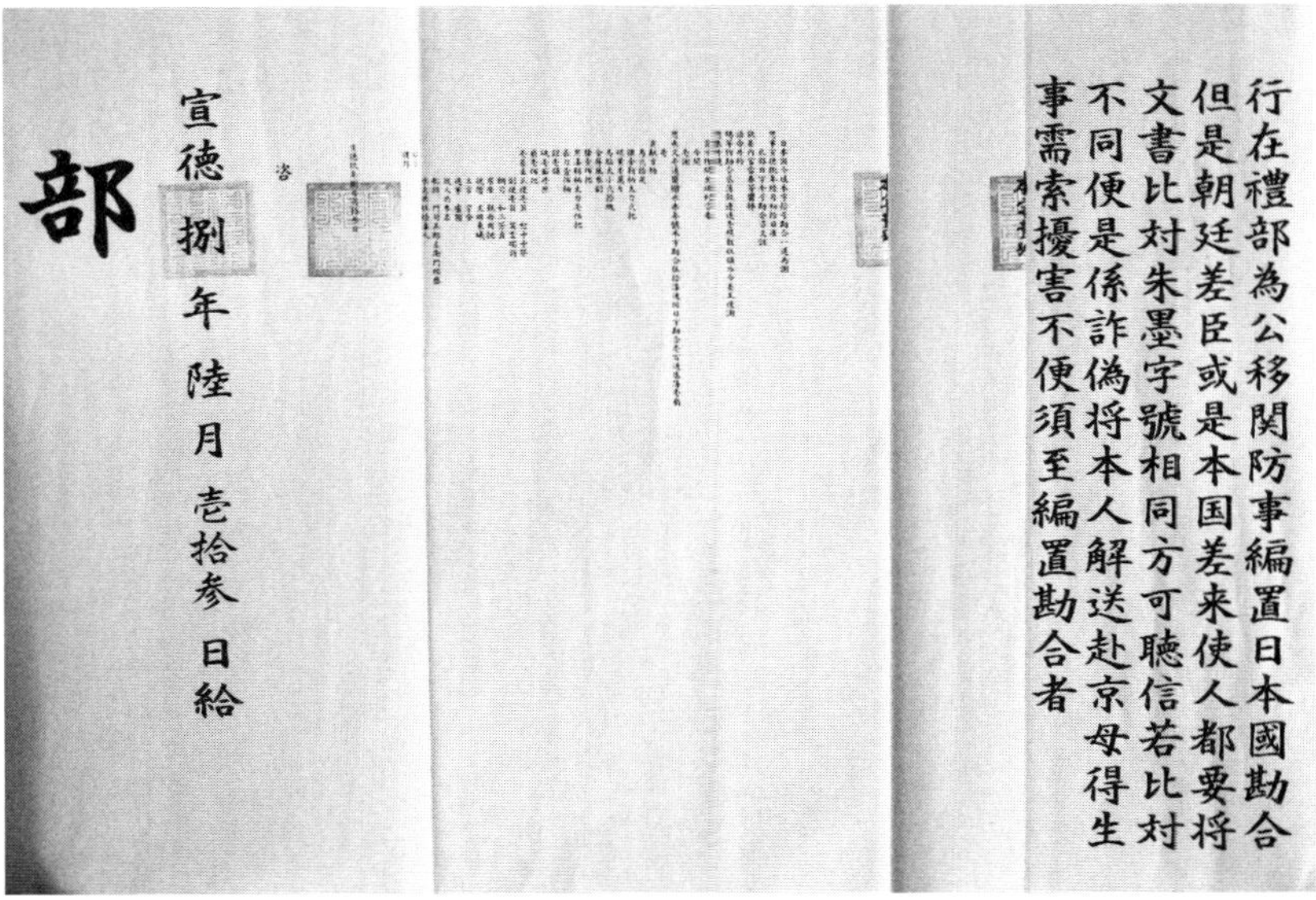
行在禮部為公移関防事編置日本國勘合
但是朝廷差臣或是本国差来使人都要将
文書比対朱墨字號相同方可聴信若比対
不同便是係詐偽将本人解送赴京毋得生
事需索擾害不便須至編置勘合者

宣德捌年陸月壹拾参日給

部

図4　日明勘合想像復元品

縦（遣明使節の運ぶ国書箱の内法からの推定値）と同じ約八〇cm程度か。ただし、それでは帳簿としてあまりに巨大に過ぎる。そこで、以前にEテレ（NHK）の番組で作成した想像復元品では、清代の『冊封琉球全図』（北京・故宮博物院蔵）[2]の大きさなどを参考に、縦五六cm×横五〇cmという大きさで仕様書を作った[3]。

そこに現れたのが、ここで紹介する、「精微批文簿冊」である。調査した「簿冊」（架蔵番号二二四一一〇）は縦四三cm×横三六cmを測り、現状付けられている仮表紙を除き、一二丁を数える。紙質は白く滑らかであり、簀目約二九本／寸、糸目幅約一八mm。一〇〇倍の顕微鏡で観察したところ、他の公文書類にもよく見られる竹紙である可能性が高いと判断された。

当該「簿冊」には、勘合の料紙に書き込まれる「精微批文」（後述）の文面が、一一点、著録されている。その劈頭に位置する一六四四（順治元）年一二月日付「精微批文」には、本文を写した直後の余白部分に、皇帝宝璽『制誥之寶』の割印（印影右半分）を鈐《けん》する[4]。そしてさらにその後ろに「順治元年十二月　日」の発日を記して、

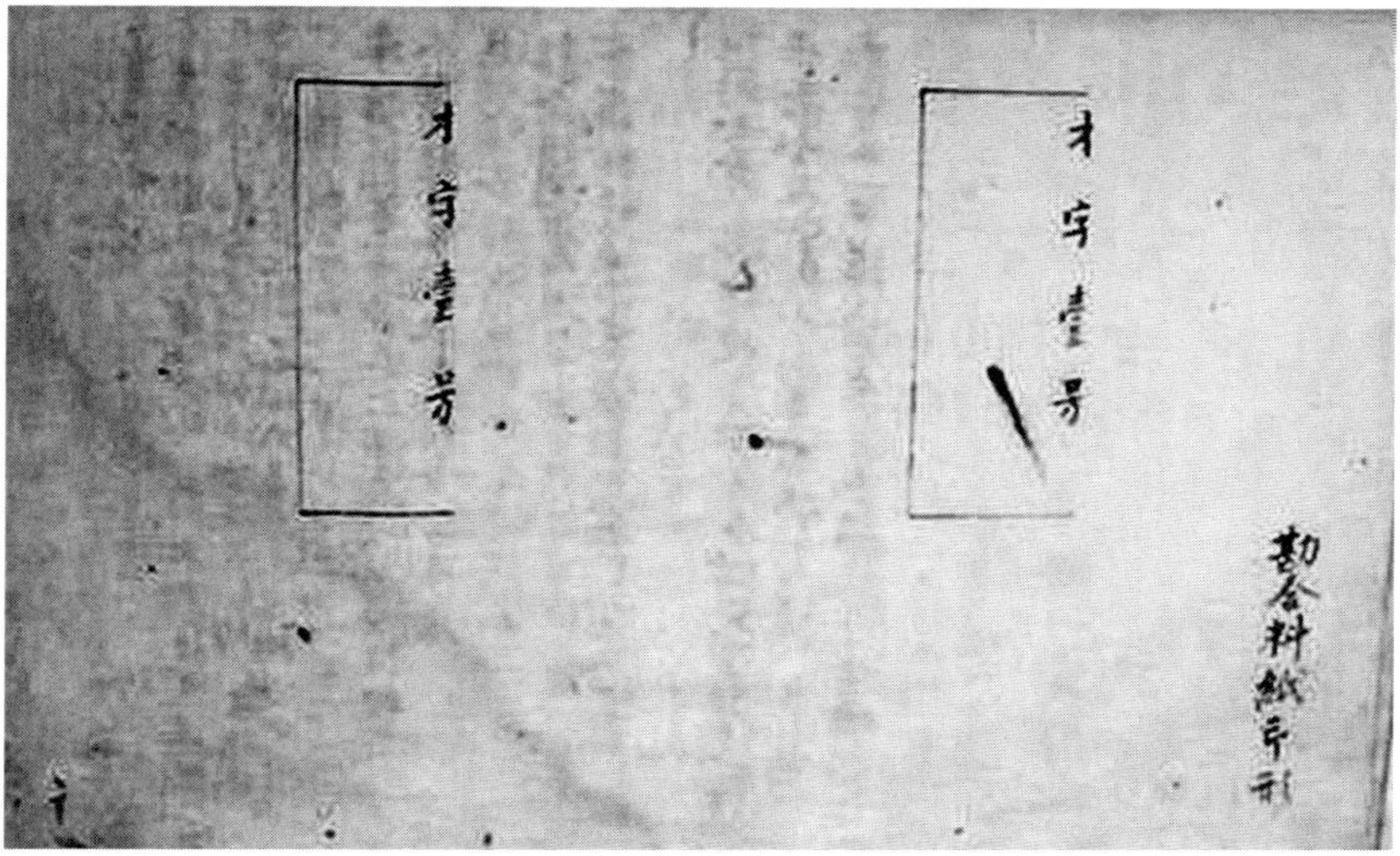

図5　『戊子入明記』の「勘合料紙印形」

注）妙智院蔵.

この精微批文の発行責任者ともいうべき戸科給事中（監察系統）の郝傑の署判が日下《にっか》に据えられる。郝傑は明末の進士で清に従った官僚であり、清朝最初期という時期に鑑みても、明の遺制をたぶんに受け継いだものであろう。

勘合底簿の使い方としては、勘合料紙との間に付けられた割書・割印を照合（勘合）する機能がまず重要である。字義から言っても、常識的に了解される事柄であろう。

この割書・割印は、折った勘合料紙を底簿の帳面上に載せ、「某字幾號」（たとえば日明勘合における「本字壹號」）を両方にまたぐように墨書し、さらにその上に朱方印の『某部之印』などを騎縫（割印）する、というものである。騎縫とは現代の日本で言う緘封印の類いだ。また、図3のように、三箇所に騎縫が視認できるのは、三冊の底簿が存在し、それぞれに対して割書・割印したためである。

こうした事態は、割書・割印の数こそ違え、日明勘合にもおおよそ当てはまる。日本の遣明船が明に携行することになっていた本字勘合は、入港地寧波を擁する杭州の浙江布政使司に一冊、最終的な朝貢先の北京の礼部に一冊、勘合底簿がそれぞれ分置され、遣明使のもつ勘合料紙と適宜照合する仕組みであった。だからこそ、日明勘合（本字幾號勘合）料紙の側には、二箇所に割印・割書が施されたわけである（『戊子入明記』の「勘合料紙印形」（図5）参照）。[5]

そして、なぜ浙江と北京との二箇所で査照が必要かと言えば、その間に不正が行われていないか、チェックする必要があったからだろう。明初の規定によれば、蕃国から明朝へ進貢品を含む上納品がある場合は、それをすべて勘合料紙の上に書き上げる決まりであった（『戊子入明記』所収の礼部文書）。[6]ここから、勘合を用いる主目的が、蕃国から明朝へのモノの動きを把握する点にあったことが窺えよう。

これこそが日明勘合制度の第二のポイントである。つまり、北京の明廷へ送られる物品が、使行の途上で盗み取られたり紛失したりしていないか、検察する手段が勘合だったのである。

そうだとすれば、二箇所に分置された勘合底簿には、その勘合料紙の割書・割印と対応するページに、勘合料紙に書かれた目録類[7]が転写され、横領・窃盗など不正行為への予防、あるいは検査終了後の確認が記録されたと考えるのが自然であろう。

ただし注意すべきは、このように想定した場合、朝貢用の勘合料紙に書かれた内容（進貢品リストなど）が底簿に記録されるのは、勘合が発行された時点ではなく、回繳（返還）されたり通過したりした時点であったとおぼしき点である。じつはこの点こそ、中国国内、とくに戸部の発行した勘合との大きな違いではないかと筆者は考えている。

というのも、明清両代に戸部が発行したある種の勘合（料紙）には、勘合発行の時点で、底簿に書き込むのと同じ文面が書き込まれる決まりだったからである。[8]その一例が、本論冒頭にも紹介した、戸部および内閣の発行にかかる精微批文勘合だと言えよう（図3参照）。[9]この精微批文勘合とは、定型文を木版で刷った戸部作成の勘合料紙の余白に、戸部が文書の受給者個人に転任などの職務命令――精微批文――を書き込むことで成立した、一種の複合文書である。

なお、精微批文は、明代であれば内府、清代であれば内閣が関与して作成されるものだったので、皇帝宝璽の割印が必要であった[10]。

この戸部精微批文勘合には、図3を見ればわかるように、割書・割印が三つ存在する。料紙の上部に見えるのは、皇帝宝璽（『制誥之寶』）の割印であり、残り二つが『戸部之印』のそれである[11]。今回の調査で「発見」した「精微批文簿冊」は、『制誥之寶』の右半分印影を載せるから、内府に保管されたのであろう。それゆえのちに内閣に引き継がれ、現在、台湾に伝来するに至ったと考えられる[12]。

ともあれ、まだ見ぬ日明勘合底簿の姿を垣間見せてくれた、中華民国中央研究院の「精微批文簿冊」。今後も可能な限り調査を続け、その成果を日明勘合論の進展に環流させていきたい。

（1）科学研究費基盤研究（B）15H03236の研究グループの調査。参加者は、松方冬子・橋本・川口洋史・岡本真・木村可奈子・原田亜希子。調査実施の全般につき、中央研究院人文社会科学研究中心の劉序楓教授の御高配にあずかった。記して感謝したい。

（2）同作品は縦五五・五cm×横四九・三cmの画冊である。沖縄県立博物館・美術館編『甦る琉球王国の輝き』展覧会図録、二〇〇八年、作品No. 108。

（3）橋本雄『NHKさかのぼり日本史　外交篇7室町〝日本国王〟と朝貢貿易』NHK出版、二〇一三年、三三―三五頁。復元に際しての仕様のスケッチは、筆者の勤務先サイトにも掲げてある（https://www.let.hokudai.ac.jp/uploads/lab040hashimoto_06.jpg）。明代の朝貢用勘合については、本書第二部第七章も参照のこと。

（4）字号の割書は施されていないが、清初の混乱もあって、文書行政システムが厳密に機能していなかったためであろう。檔案整理担当者の教示によれば、現在のところ本簿冊が唯一の精微批文簿冊であり、今後の整理で増補されることもあるという。なお、皇帝宝璽の騎縫に字号を割書きする例は、これに先立つ明代の誥命などでも広く確認できる（例、大阪歴史博物館蔵の豊臣秀吉宛て万暦帝奉天誥命）。

（5）割書は一見して明瞭と思われるが、文字を囲む規矩が『禮部之印』の印影だというのは伍躍の発案である。伍躍「日明関係における「勘合」――とくにその形状について――」『史林』八四巻一号、二〇〇一年。

(6) この記事の詳細については、橋本雄「日明勘合再考」九州史学研究会編『境界からみた内と外』(岩田書院、二〇〇八年)、三三〇頁以下、参看。

(7) 咨文の場合もあり、日本ではもっぱら別幅と呼ばれた。この点につき、本書第一部第一章など参照。

(8) その例として、塩引発給に関する「開中法」を参照。『万暦大明会典』巻三四―課程三―塩法三条、および黄訓撰『名臣経済録』巻二三―「題塩法議」〈梁材〉参照。勘合の使われ方や作成の段取りなどについては、オラー・チャバ「浙江巡撫朱紈の遣明使節保護・統制策と「信票」の導入」『史学雑誌』一二〇―九、二〇一一年、五〇頁、および同論文注38、参看。

(9) この文書の分析については、橋本雄「清代戸部精微批文勘合小考」湯山賢一編『古文書料紙論叢』勉誠出版、二〇一七年、参照。

(10) 劉錚雲・王健美「尋找大清「精微批文」」『古今論衡』一六号、二〇〇七年、九二頁。

(11) 『戸部之印』の割印の半分(左右)がともに見えてしまうという点は、明代の日明勘合の印影(図5『戊子入明記』「勘合料紙印形」では左側のみ見える)とは明瞭に異なる。官印の印影が完全に詐取される危険を考えなかったのであろうか。明初の一三八二年には、諸司における勘合・底簿の作り方や照合方法について、底簿の冊には印の右側、料紙の側には印の左側が載るように規定している(『明太祖実録』洪武一五年正月甲申条)。なお、明初の勘合制度発足については、檀上寛『明朝専制支配の史的構造』(汲古書院、一九九五年)第一部第二章に詳しい。

(12) 『戸部之印』の方の底簿については、割印が二つあることからみて、二冊作られたに違いない。おそらくは、本庁たる戸部と転任先(その管轄官府)とに分置され、最終的には北京の戸部に回収・返納されたのだろう。もし現存するとすれば北京故宮のどこかであろう。

コラム6　一五―一八世紀ドイツの旅と通行証

山本文彦

神聖ローマ帝国は、一八〇六年のフランツ二世の退位までおよそ一〇〇〇年にわたり、中央ヨーロッパのほとんどの地域を覆っていたが、明確に定められた境界もなく、また単一の言語や国民集団を持つこともなかった。一五世紀後半には「ドイツ国民の神聖ローマ帝国」という呼び名が知られるようになり、帝国の中核地域は、おもに現在のドイツ、オーストリア、ルクセンブルク、ベルギー、オランダに及んだが、ここにおいても明確な国境があったわけではなかった。帝国は、皇帝を頂点とする封建的な政治構造にあり、皇帝と直接封建関係にある帝国直属身分（帝国等族）が支配する三〇〇ほどの領邦が割拠していた。これらの領邦は広さも政治的状況も多様であり、外国諸国と肩を並べる強国へと発展する領邦もあれば、中世以来一貫して変わらずに一九世紀を迎えた領邦もあった。またこの領邦の所領は、必ずしも一つにまとまっていたわけではなく、さまざまな理由から分散する傾向にあった。

こうした錯綜した領域状況にある地域を旅するために、人びとはさまざまな種類の「通行証」を持った。国家による身分証明書であり同時に保護依頼状の機能を持つ現在のパスポートは、主権国家の誕生によって初めて可能であり、一五―一八世紀のドイツはまだそのような状況にはなかった。(1) この当時、パスポートに類似する機能を有したのが「通行証」であるが、中世以来いろいろな種類があった。商取引を行う商人に対する「商品搬出許可証」や「安全通行許可証」、商人以外には「保護証」「通行証」「通関券」あるいは「護衛依頼状」が皇帝あるいは領主などから発給された。

「護衛依頼状」の例として、一三五六年の「金印勅書」を取り上げたいと思う。この勅書は、七名の選帝侯によって皇帝を選挙で選出することを規定した勅書として有名であるが、この金印勅書の第一条が規定しているのは、皇帝選挙の方法ではなく、選挙地までの選帝侯の移動である。安全に移動するための護衛や食料品の価格などの問題が規定されており、選挙地までの道筋に所領を持つ帝国等族の名前を選帝侯別に具体的にあげて、護衛の義務を課している。選挙を行うためにまず重要なのは、選帝侯が安全に選挙地に移動することだったのである。

もう一つの例として、一六世紀ドイツを代表する画家アルブレヒト・デューラーが、一五二〇―二一年にニュルンベルクからネーデルラントに旅した日記を取り上げたいと思う。(2) デューラーのこの旅日記は、本質的には旅中の収支記録であり、交通費、宿泊費、食費、贈答物の価格などが詳細に記録されている。デューラーは出発にあたりバンベルク司教に油彩画や銅版画を贈呈し、司教から「通関券」一通と「紹介状」三通を得ている。ニュルンベルクから船でフランクフルトに向かう道中、この「通関券」が役に立ち、各地の関所を無税で進むことができた。しかしすべての関所で有効であったわけでは必ずしもなく、時々「通関券」を示したが役に立たず税を納めている。この「通関券」の効力とともに目を引くことは、「通関券」を使用する頻度である。一五二〇年七月一二日にニュルンベルクを出発して以来、連日「通関券」を使用しており、フランクフルトに着くまでに二六回使用している。たとえば、七月一八日には一日で五回「通関券」を見せて関所を通過している。「通関券」あるいはこれに類似する何らかの「通行証」を持たない者は、関所で足止めされ税を納めなければならず、この当時の錯綜した領域状況は、人びとの移動や商取引等に大きな影響を及ぼしていた。「通関券」とともにバンベルク司教から手に入れた三通の「紹介状」については、日記の記述を見る限り、一通をブランデンブルク辺境伯に会う際に捧呈し、さらに自分のことを覚えてもらうために銅版画を贈呈したことがわかる。しかし他の二通が誰に対して使われたのかは不明である。

この「紹介状」は、古くから旅に出る者にとって不可欠な準備品の一つであった。デューラーから九〇〇年ほど遡る聖ボニファティウス（六七五年頃―七五四年）は、フランク王国にキリスト教を伝えるために大陸に渡る際、ウィンチェスター司教から「紹介状」を得ている。(3)「きわめて敬虔にして恵み深き諸国の王、すべての大公、いとも尊敬し愛する司教諸卿、ならびに神を畏怖する修道院長、司祭、キリスト教の御名に刻印された息子たち」に宛てた「紹介状」であった。この『紹介状』を見た者は、ボニファティウスに必要な物を与え、道中の安全を確保することが求められた。ボニファティウスは、同様の「紹介状」を教皇グレゴリウス二世やフランク王国宮宰カール・マルテルからも得ている。この「紹介状」を見た者は、ボニファティウスに必要な物を与え、お供を付け、飲食物その他不足する物を与えることが求められた。ボニファティウスが得た「紹介状」は不特定な相手に宛てられ、内容も大枠を定めた幅広いものであり、「身分証明書」「保護証」「通行証」や「護衛依頼状」として機能したと考えられる。他方、デューラーの「紹介状」は特定の相手に宛てられたものであり、旅人は必要に応じて、「紹介状」の宛名の人物から新たな「紹介状」を得ながら旅を続けたのである。デューラーの場合、日記を見る限り途中で新たに「紹介状」を得た形跡はないが、これはデューラーが大変な有名人であったからである。実際、デューラーは各地で歓迎を受け、皆競うように知己になろうとしたことを日記から読み取ることができる。

皇帝選挙のために移動する選帝侯やデューラーのような有名人以外にも、多くの人たちがいろいろな目的で頻繁に移動していた。(4)巡礼者の場合、教会から「巡礼証明書」を交付され、巡礼杖と巡礼者の服装を身にまとい、遠方への巡礼の場合はたいていは数人から数十人規模の巡礼講を組織して巡礼地に向かった。また一七世紀になると、世俗権力や都市から「巡礼証明書」が発行されて身元証明がなされるようになる。この「巡礼証明書」の大半は印刷され、名前などの必要事項を手書きする形式になっており、かなりの数が発行されていたことがわかる。また、サンティアゴやローマのような有名な巡礼地については、早くから巡礼路が整備され、その沿線には巡礼宿も設けられていた。この巡礼宿のような特殊な宿という点では、遍歴職人の職人宿がある。(5) ドイツでは広く職人遍歴が行われており、その遍歴行程もかなり広範囲に及んでいた。職人組合別に職人宿があり、遍歴職人は都市に到着すると、まず職人宿に行き、職種ごとに厳格に定められていた作法や挨拶（合い言葉や歌）が交わされた。職人は識字率が低いため、身元証明にあたっては前述の「紹介状」ではなく、こうした作法や挨拶で確認され、これができない時は同職仲間と認められなかった。その後、遍歴職人の技能やこれまでの遍歴の状況について尋問を受け、当地での職の斡旋を受け、歓迎の酒宴が催された。しかし職が得られない時は、職人宿に一泊し翌朝出発しなければならなかった。

一方、身元証明が書類によって厳格に行われたのが、外交使節や皇帝などの役人である。封建制社会にあっては、封主と封臣の人的関係が決定的に重要であり、そのため中世以来両者が参加する集会が各地で開催されてきた。皇帝は自分の支配領域を巡幸し、各地で集会を開き、その地域の家臣や住民と意見交換や裁判を行うとともに、必要な税などを徴収していた。通信手段があまり発達していない時代において、広い地域を支配するためにはこれが最も効率的であり、そのため皇帝は基本的に一生移動し続ける必要があった。神聖ローマ帝国においては、一五世紀以降、交通の要所にあるいくつかの都市で「帝国議会」と呼ばれる会議が頻繁に開催されるようになると、皇帝は会議開催期間のみ当地に滞在し、それ以外は特定の都市（プラハ、ウィーン、インスブルックなど）に滞在するようになった。この帝国議会は、皇帝と帝国直属身分（帝国等族）が協議する場であるとともに、両者が人的関係を確認する場（狩りやダンスなど）でもあることから、本人が出席する必要があった。しかし一六世紀以降徐々に議題が専門化し始めるとともに、代理人による出席が増え始める傾向を示す。この傾向を決定的なものとしたのが、三〇年戦争（一六一八―四八年）の講和会議であるウェストファリア会議であり、また一六六三年以降常設化した「永久帝国議会」であった。この「永久帝国議会」という名称は、レーゲンスブルクで開催されていた帝国議会が永続的な会期を持つものへと変化したことに由来している。この永続化とともに、帝国議会は使節会議へと変貌した。この使節会議で重要なことは、派遣された使節の身元証明であり、また当該使節が有する権限の確認だった。そのため使節は、領主（帝国等族あるいはフランス王などの他国の君主など）が発行した「身分証明書」および「委任状」を帝国議会に提出しなければならなかった。新たに派遣された使節の確認作業が終了すると、他の使節との顔合わせが行われた後に会議に参加することができた。

一七世紀以降のヨーロッパでは、こうした「身分証明書」と「委任状」を携えた多くの外交使節が行き交い、さまざまな国際会議が開催されたのである。

（1）宮崎揚弘「フランス絶対王政期における旅券の成立」宮崎編『ヨーロッパ世界と旅』法政大学出版局、一九九七年、ジョン・トーピー（藤川隆男監訳）『パスポートの発明』法政大学出版会、二〇〇八年。
（2）前川誠郎訳注『アルブレヒト・デューラーのネーデルラント旅日記』朝日新聞社、一九九六年。
（3）ノルベルト・オーラー（藤代幸一訳）『中世の旅』法政大学出版会、一九八九年。
（4）関哲行『旅する人びと』岩波書店、二〇〇九年。
（5）藤田幸一郎『手工業の名誉と遍歴職人』未来社、一九九四年。

コラム7　植民地の旅券制度
――オランダ領東インドにおける移動の自由と旅券――

吉田　信

外務省の統計によれば、二〇一七（平成二九）年時点で約二九七六万冊の旅券が有効であり、国民の四人に一人が旅券を所持しているとのことである。[1] 海外渡航に不可欠で、生命の次に大切とも言われる旅券。人々が国境を越える時、旅券を携帯することは当たり前すぎて、旅券がそもそもいつ頃からできたのか、旅券を持たないと国外への渡航ができないような移動のシステムがいつどのように築かれてきたのか、疑問に思う人はさほど多くないように思われる。

ヨーロッパを舞台に旅券の成り立ちを解き明かしたジョン・トーピーの研究[2]によれば、人々が移動する際にはかつてさまざまなパスが発行されていたようである。それは、複数の人を対象に発行されたり、移動先の国が入国する人向けに発行したり（たとえば、スイスに行きたいオランダ人に対してスイスがパスを発行する）といった、現在の私たちが当然と思っている旅券からはかけ離れたものだったと指摘されている。

では、そういったパスと私たちの使っている旅券との間には、どのような違いがあるのだろうか。現在、世界各国で用いられている旅券には、共通の特徴がある。まず、旅券がその旅券を所持している人物の国籍を証明するということ。次に、旅券が所持人の身元を保証する身分証明書であること。最後に、旅券が複数ではなく特定の個人に対して発行されるということ。これらの特徴が、現在用いられている近代の旅券の特徴といえるだろう。

NEDERLANDSCH OOST-INDIË.

No. 77

ZEE-PAS

Residentie Batavia.

De Resident van Batavia, achtervolgens de bepalingen vervat in de publikatie van Kommissarissen Generaal van Nederlands Indië van den 28sten Augustus 1818, omtrent de aankomst en het verblijf van personen op Java, en het vertrekken van daar;

Verleent vrijheid aan

om met het schip

te vertrekken naar

En worden mitsdien alle Militaire en Civiele Autoriteiten verzocht gezegde

vrijelijk te laten passeren, zonder eenige hindernissen toetebrengen en daar het noodig zal zijn, alle hulp en assistentie te verleenen, als zijnde met voorkennis van het Gouvernement uit Indië vertrokken.

Gegeven onder het gewoon zegel der Residentie

BATAVIA, den 1847

De Resident voornoemd,

Geregistreerd

De Secretaris bij den Resident

図1　1847年バタフィアにて発給されたゼー・パス

注）CBG（Centrum voor familiegeschiedenis）: Familiearchief Dekker 75 inv. nr. 107

このような特徴を備えた旅券は、いつどのように形成されたのだろうか。先にあげたトーピーによると、フランス革命をきっかけとして一九世紀に進展した国民国家の形成が旅券のあり方に大きな影響を及ぼしたといわれている。国民国家の形成に伴って人為的に区切られた境界（国境）が現れ、国民と外国人との区別が法（国籍法）によって明確に設けられていく。境界を越え入国する外国人、あるいは出国する自国民の管理が治安上重視されていくのである。国家が人々の移動をコントロールし、所持人の身元を確かめるための最適なツールこそ、旅券に他ならなかった。

旅券を通じた移動のシステムが作り上げられていったこの時期は、同時にヨーロッパの国々が海外に植民地を求めていく帝国主義の時代でもあった。ここで一つの疑問が浮かんでくる。すなわち、ヨーロッパの植民地とされた地域では、旅券は使われていたのだろうか。この問いへの答えを、かつてオランダが植民地としたオランダ領東インド（以下、蘭印という）、現在のインドネシアを例に見ていこう。[3]

ヨーロッパのオランダ本国とは異なり、蘭印はさまざまな点で複雑である。まず、支配するオランダ人と支配される側（現地住民）の違いが存在していた。どちらの側に属するかによって、移動に関する規則が異なっていたのである。さらに、蘭印の外へ移動する場合と、蘭印の中を移動する場合で、必要とされるパスが異なっていた。ひとまず、蘭印の外へ移動する際に用いられた旅券の展開を簡単に整理しておこう。

オランダ本国では、一八一五年に旅券が導入されるが、植民地では一九世紀を通じて相当の期間、「ゼー・パス」と呼ばれるパスが蘭印の外へ移動する際に発給されていた（図1）。ちなみに、オランダ語で「ゼー（zee）」は「海」の意味である。このような事情は一九世紀末になると解消していき、本国の旅券とほぼ同じ様式の旅券が植民地でも用いられるようになっていく。

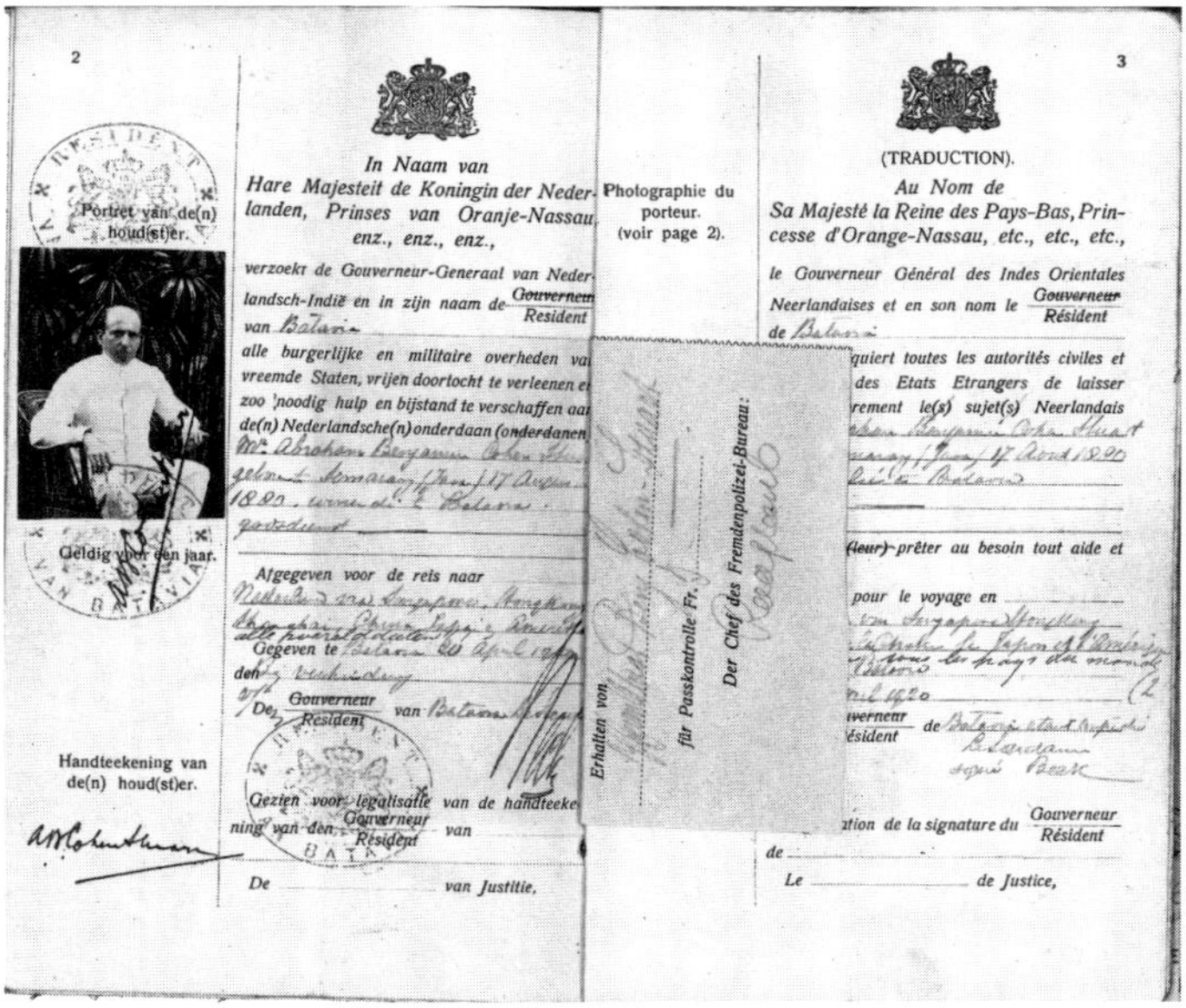

図2　1920年発行の蘭印旅券の身分証明欄

注）CBG（Centrum voor familiegeschiedenis）: Familiearchief Cohen Stuart inv. nr321

植民地の旅券はもとより、旅券の歴史にとって重要な転換点をなしたのが第一次世界大戦である。史上初の総力戦による大戦は、各国で人の移動を厳しく管理する必要性を高めた。国境を越える避難民の管理、自国民の徴兵逃れの防止、敵国のスパイの摘発などを目的に、旅券による身元確認や出入国管理が厳格化されるのである。大戦後の一九二〇年には、旅券に関する国際会議が開催され、旅券の規格が国際的に整えられていった。

こうした動向は、植民地の旅券にも影響を及ぼしていく。それまで、縦長一枚の紙片だった旅券は、冊子型へと切り替わり、所持人の証明写真が貼り付けられるようになる（図2）。査証欄を見ると、所持人がいつどこから出発し、どこへ寄港したのかを正確に辿れるようになっていく（図3）。蘭印で司

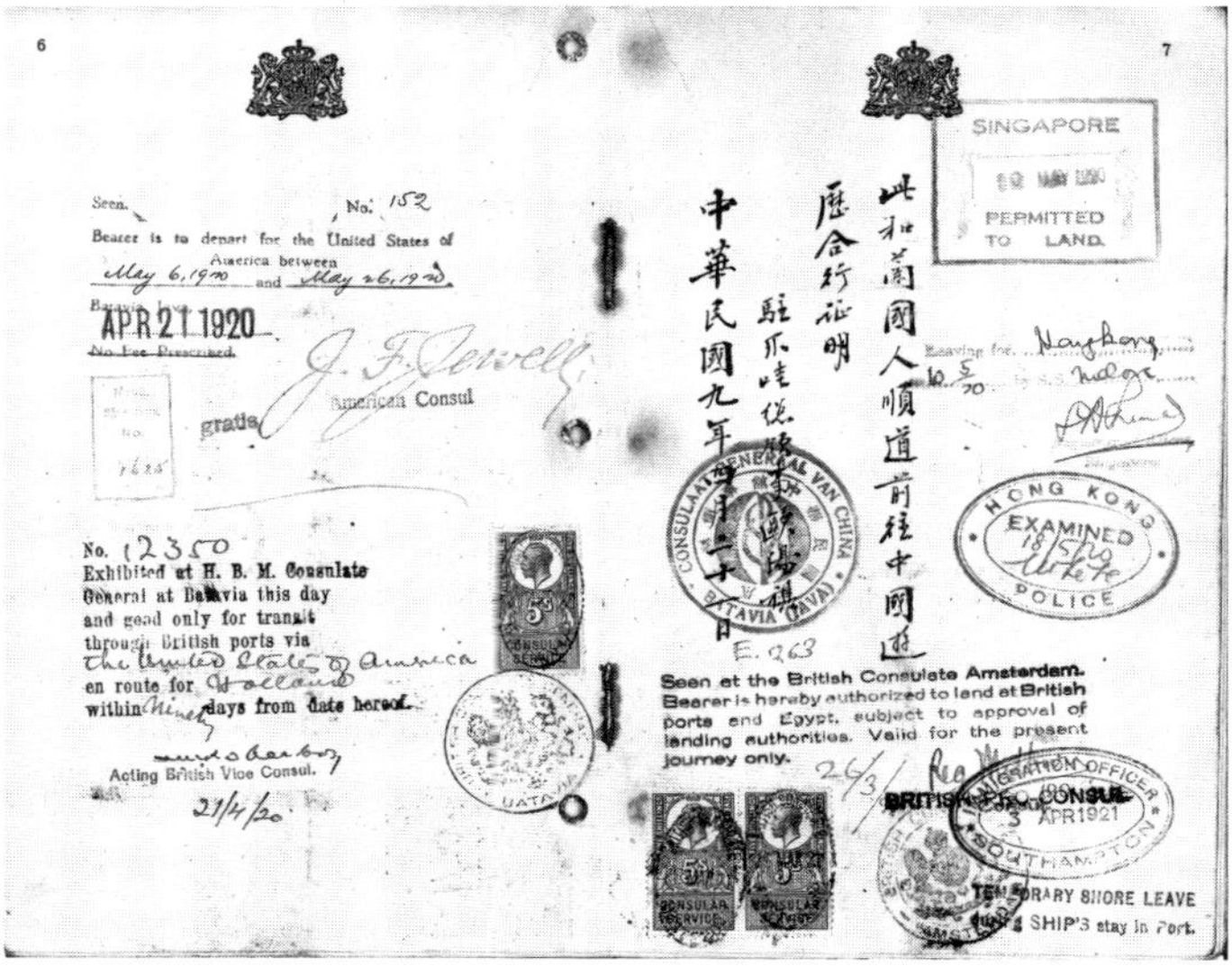

図3　1920年発行の蘭印旅券査証欄

注）CBG（Centrum voor familiegeschiedenis）: Familiearchief Cohen Stuart inv. nr. 321

法官僚として勤務していたこの人物の場合、一九二〇年四月二〇日に旅券を発給されると、翌日に英国、アメリカ、中華民国、そして日本の領事館から査証を受けている。同じ年の五月一〇日に蘭印を発ち、シンガポールを経由して香港（五月一八日）、門司（六月一八日）、ニューヨーク（八月一八日）を経た後にオランダへ帰国したようである。

さらに、オランダ滞在中も一一月からひと月かけてフランス、ベルギー、スイス、ドイツ各地を訪れていたことが確認できる。最終的には、一九二一年四月三日にオランダを出国し英国のサザンプトンに上陸、そこからスエズ行きに乗船、四月一七日スエズから蘭印のバタフィア行き乗船、四月二八日コロンボを経由して帰着したことが査証欄から辿れるのである。

このように、植民地の旅券も国際的な規格化の影響を受け、本国とほぼ同じ様式と機能を備えていくようになる。植民地旅券だけに限るのであれば、このコラムもここで閉じることができるのだが、実はまだ解明されていない謎がいくつか残っている。それが、植民地領内での移動に対して発行されたパスの役割である。

植民地領内での移動に対して発行されたパスは、「内地旅券」と呼ばれていた。もともと植民地の現地住民は、自

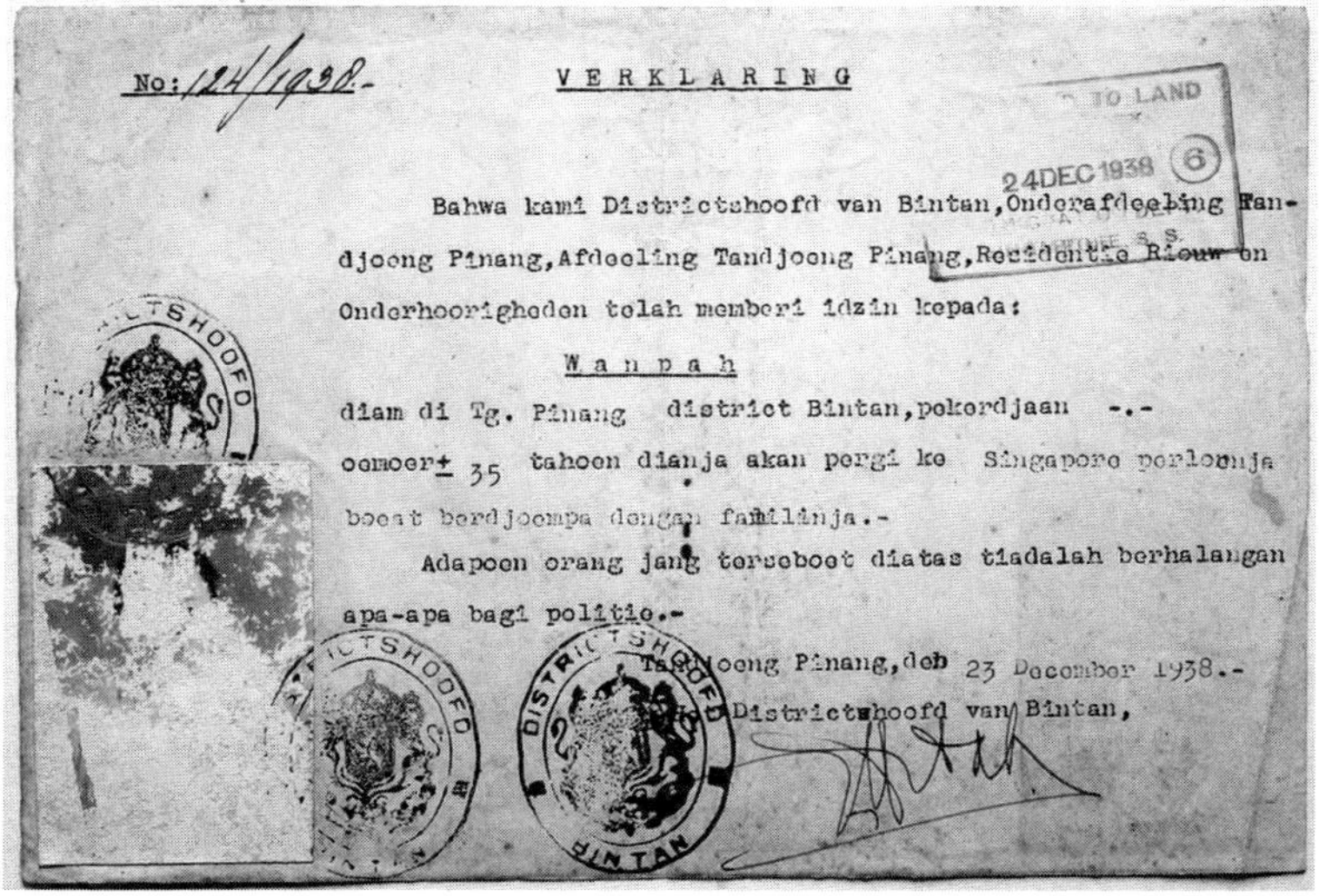
No: 124/1938.-

VERKLARING

TO LAND
24 DEC 1938 (6)

Bahwa kami Districtshoofd van Bintan, Onderafdeeling Tandjoeng Pinang, Afdeeling Tandjoeng Pinang, Residentie Riouw en Onderhoorigheden telah memberi idzin kepada:

Wanpah

diam di Tg. Pinang district Bintan, pekerdjaan -.-

oemoer ± 35 tahoen dianja akan pergi ke Singapore perloeonja boeat berdjoempa dengan famililnja.-

Adapoen orang jang terseboet diatas tiadalah berhalangan apa-apa bagi politie.-

Tandjoeng Pinang, den 23 December 1938.-

De Districtshoofd van Bintan,

DISTRICTSHOOFD BINTAN

図４　1938年ビンタン州発行の証明書

注）EAP（Endangered Archives Programme）: EAP 153/3/12（https:/eap.bl.uk/archive-file/EAP153-3-12）

由な移動を長く制限されており、自らの居住地を離れて移動する場合は地方官庁からの許可を得る必要があった。こうした制約は一九一八年には撤廃され現地住民に対する身分証が発行されるようになる。領内での移動に際して、これを携帯することが企図されたのである。[4]

シンガポールにあるプラナカン博物館を訪ねると、一階の展示室がプラナカン（現地化した華人）の歴史に割り当てられている。そのパネルには蘭印のジャワからシンガポールに定住したプラナカン華人の説明があり、その身分証があわせて展示されている。身分証には、ジャワとシンガポールを頻繁に往来していた査証記録が残っている。さらに謎を深めるのが、簡易な形式で発行された証明書の存在である（図４）。三五歳前後のワンパと呼ばれる女性に対して発行されたこの略式の証明書は、シンガポールに住む家族へ会うためにこの女性が渡航する旨の記載がある。証明書の右上にはシンガポールの上陸印が押されており、実際にこの人物が渡航したことを裏付けている。

正規の旅券ではなく、領内の移動用に発行された身分証による渡航。あるいはそれですらない簡易な証明書による植民地外への渡航の事実。これらは、どう説明できるのだろう。植民地の複雑な住民構成とそれに対応した多様な移動の実態。さらにこれらのパスが果たしていた機能。第二次世界大戦後の脱植民地化の影で消えていった植民地旅券をめぐる問いは、これから探求されるべき課題として私たちに残されている。

（1）外務省「平成二九年旅券統計」（http://www.mofa.go.jp/mofaj/press/release/press4_005678.html）。

（2）ジョン・トーピー（藤川隆男監訳）『パスポートの発明――監視・シティズンシップ・国家――』法政大学出版局、二〇〇八年。

（3）以下、吉田信「オランダ領東インドにおける旅券制度の展開――植民地パスポートの様式と機能をめぐって――」（『国際社会研究』第七号、二〇一八年）による。

（4）植民地に居住するヨーロッパ系住民に対しても移動の自由に対する一定の制約は存在した。だが、その程度は現地住民と比べると緩やかであり、身分証明書も独自のものが発給されていた。

（附記）植民地旅券の収集に際しては、ＪＳＰＳ科研費ＪＰ１８Ｋ１１８２０、ＪＰ１７Ｈ０２２３９、ＪＰ１６Ｈ００７４０、ＪＰ１６Ｈ０３５０１の助成による調査によっている。

あとがき

グローバル・ヒストリーについては種々意見があるが、私なりに考えると、世界史の描き方の一つで、国民国家に頼れない人々（私もそうなるかもしれない）のためのセイフティ・ネットを織り上げることを目的とする。それは、グローバル・エリートの皆さんに、「世界人類はみんな仲間だ」と思ってもらわないと実現できない。その支えになる世界史の語りができたら、それがグローバル・ヒストリーだろう。それは、同時に、シリア難民、ロヒンギャ、世界中の誰がみても「自分たちの歴史だ」と思えるものでなくてはならない。逆に言えば、その二つを達成できなければ、世界史を新しくする意味はない。つまり、まあ、無理でしょう、というくらいの、途方もない目標である。

けれども、かつて「日本史」の構築は、規模は違えども、似たようなことに成功した。もちろん、歴史学だけがそれを成し遂げたわけではない。そう思えば、今は無理だと思われていても、一〇〇年後には現実が追いついて、案外うまく行っているかもしれない。その日まで、まだまだ試行錯誤が続く。私にとって、本書はその第一歩である。

私がこの研究でやりたかったことは、中途半端でもよいから、各国、各時代の専門家が同じ海で知識と経験を交換し合う「交易の時代」を作り出すこと。そこには、一六世紀の南・東シナ海のように、侵略と搾取の危険があるのかもしれないが、出会いと発展の可能性がある。というより、もうそこにしか、歴史学の未来はないような気がして、「朱印船」プロジェクトは出帆した。うまく行けば「進取の気性」、失敗すれば「それみたことか」と言われるだろう。人は、生まれた場所に安住の地を見いだせるならば、海の向こうに船を出すことを思いつかない。この船に乗っている人たちは、今あるものに何かしら欠落や疑問を感じて、呼びかけに応じ、船に乗ってくださったものと思う。航海をともにできたことを喜び、また感謝する。

もう一つは、地道な実証研究、とくに多言語を使った研究の意義を再発見することである。グローバル・ヒストリーをめざす諸潮流は悪くないが、その激流のなかで、せっかく蓄積されてきた地道な実証研究とその方法、さらには翻刻・翻訳・注釈といった地味な作業が評価されず、研究の伝統が失われることは避けたい。それらは、グローバル・ヒストリーを作り上げるためにこそ、なくてはならない資産なのだから。

Tributary system が、実証的には一九世紀の欧米人の生活実感に基づくもので、比較文明史観に対応するものならば、「国書がむすぶ外交」は、日本語史料の実証と、もしかすると我々の生活実感に基づくもので、来るべきグローバル・ヒストリーの一コマたらんとしている。まだグローバル・ヒストリーの語りは完成していないから、何とも言えないが、こういう、南・東シナ海域の、たいして強くも豊かでも神聖でもない人たちの、視点もぜひ取り入れていってほしい、そういう願いがこもっている。現時点では新しい問題群を発掘したにとどまる。蓄積していくべき実証研究の可能性は、まだまだある。

現実の世界がヨーロッパ中心ではなくなっていく二一世紀に、人文学は世界のどこでもなかなかヨーロッパ中心から抜け出せず、苦闘を続けている。そのなかで、私にできることはないだろうか。日本語による歴史学の蓄積、とくに実証研究を、世界中の皆さんのために役立てることはできないのだろうか。

本書は、この問いに対する、私なりの答えである。自分のなかから生まれた考えでなければ、相手にとって価値はない。だが、自分のなかの無意識を文章にするのは難しい。相手のことを知らないと、伝えられないし、伝わらない。しかも、伝えても、たたかれるだけかもしれない。とどのつまり、楽ではないし、うまくいくかどうかもわからない。それでも、面白いことだけは確かだから、やってみるしかないように思っている。まずは、専門が違う人たちと議論をする。それによって、自分が何を考えているのかが見えてくる。それを文章にしてみる。本書が少しなりとも成功しているかどうかは、読者の判断に委ねたい。ぜひ、ご批判とご叱正をお願いします。

◆

本書は、「朱印船のアジア史的研究：一六～一七世紀、日本往来の『国書』と外交使節」（the *Shuinsen* Project）と題する共同研究の成果である。二〇一五年春から科学研究費補助金基盤研究（B）（15H03236）（四年間）と公益財団法人鹿島学術振興財団研究助成（二年間）、二〇一七年秋から公益財団法人　三菱財団人文科学研究助成（一年半）をいただいた。共同研究には、総論・各章の執筆メンバー九名のほか、初年次のみカンボジア史専門の北川香子氏が加わってくださった。活動の内容については、下記のウェブサイトを参照されたい。http://www.hi.u-tokyo.ac.jp/personal/fuyuko/kaken/shuinsen.html

研究会は、三年半ですでに一五回を重ね、メンバーによるメーリングリストへの投稿は、事務連絡も含め現時点で一六五〇号を超える。本書は、濃密な対話と討議の成果である。ベトナム・タイ・韓国・松前・対馬・台湾で現地調査・史料調査を行い、それらの機会にメンバー以外の方々からもご意見を頂戴した。Association for Asian Studies, European Association for Japanese Studies などの学会や、ベトナム国家大学ハノイ校、中華民国（台湾）中央研究院、プリンストン大学、ライデン大学などにおいて、英語での口頭発表も行い、そこでの議論も反映させた。

総論の瑕疵は、もとより松方の責任であるが、朱印船科研研究会で交わした議論や現地調査・史料調査で得られた知見を大いに参考にさせていただいた。また、総論は、科学研究費基盤研究（S）「ユーラシアの近代と新しい世界史叙述」（21222001）、日本学術振興会研究拠点形成事業「新しい世界史／グローバル・ヒストリー共同研究拠点の構築」（ともに研究代表者は羽田正氏）における活動、および二〇一七年ライデン大学地域学研究所客員研究員としての研究（受入教員は、Kiri Paramore 氏）の成果の一部でもある。

校正・索引作成については、大橋明子氏、西澤美穂子氏のご助力を得た。刊行に際しては、東京大学出版会の山本徹氏に大変お世話になった。すべてのご支援に感謝を捧げます。

二〇一八年一〇月吉日　帰港まぢかの朱印船上にて、仲間たちとともに

編者しるす

国書がむすぶ外交

2019年1月31日　初　版

［検印廃止］

編　者　松方冬子《まつかたふゆこ》

発行所　一般財団法人　東京大学出版会

代表者　吉見俊哉

153-0041 東京都目黒区駒場 4-5-29
http://www.utp.or.jp/
電話 03-6407-1069　Fax 03-6407-1991
振替 00160-6-59964

印刷所　株式会社三陽社
製本所　牧製本印刷株式会社

ISBN 978-4-13-020308-1　Printed in Japan

執筆者一覧（執筆順）

松方冬子　東京大学・准教授　1966 年生まれ
『オランダ風説書と近世日本』（東京大学出版会，2007 年）
『別段風説書が語る 19 世紀 ── 翻訳と研究 ──』（編，東京大学出版会，2012 年）
『日蘭関係史をよみとく（上）つなぐ人々』（編，臨川書店，2015 年）

橋本　雄　北海道大学・准教授　1972 年生まれ
『中世日本の国際関係 ── 東アジア通交圏と偽使問題 ──』（吉川弘文館，2005 年）
『中華幻想 ── 唐物と外交の室町時代史 ──』（勉誠出版，2011 年）
『さかのぼり日本史：外交篇［7］室町 “日本国王” と勘合貿易』（NHK 出版，2013 年）

清水有子　明治大学・専任講師　1972 年生まれ
『近世日本とルソン ──「鎖国」形成史再考 ──』（東京堂出版，2012 年）
『秀吉研究の最前線』（共著，日本史史料研究会編，洋泉社，2015 年）
「豊臣政権の神国宣言 ── 伴天連追放令の基本的性格と秀吉の宗教政策を踏まえて ──」（『歴史学研究』958，2017 年）

川口洋史　愛知大学国際問題研究所客員研究員，名古屋外国語大学・金城学院大学非常勤講師　1980 年生まれ
「ラタナコーシン朝四世王モンクット時代シャムにおける文書処理システムと王権 ── カンボジア関係文書を主な史料として ──」（『名古屋大学東洋史研究報告』34，2010 年）
『文書史料が語る近世末期タイ ── ラタナコーシン朝前期の行政文書と政治 ──』（風響社，2013 年）
「ラタナコーシン朝前期における大臣の変遷 ── 官歴を主な手がかりとして ──」（『名古屋大学文学部研究論集（史学）』62，2016 年）

原田亜希子　大阪市立大学都市文化研究センター研究員，慶應義塾大学非常勤講師　1984 年生まれ
「教会国家形成期における首都ローマの行政活動 ── 16 世紀都市評議会議事録を用いて ──」（『イタリア学会誌』62，2012 年）
「16 世紀後半のローマ都市エリート層の変遷」（『史学』84，2015 年）
「近世教会国家における地方統治 ── 16 世紀のボローニャ都市政府 ──」（『都市文化研究』18，2016 年）

木村可奈子　日本学術振興会・特別研究員 PD（名古屋大学）1986 年生まれ
「明の対外政策と冊封国暹羅 ── 万暦朝鮮役における借暹羅兵論を手掛かりに ──」（『東洋学報』92-3，2010 年）
「日本のキリスト教禁制による不審船転送要請と朝鮮の対清・対日関係 ── イエズス会宣教師日本潜入事件とその余波 ──」（『史学雑誌』124-1，2015 年）
「柳得恭手稿本『燕臺再游録』から見た冊封使李鼎元の琉球認識と清・琉球・日本・朝鮮四国の国際関係」（『史林』99-4，2016 年）

岡本　真　東京大学・助教　1980 年生まれ
「17 世紀初頭カンボジア ── 日本往復書簡について ──」（共著，『東南アジア ── 歴史と文化 ──』44，2015 年）
「「堺渡唐船」と戦国期の遣明船派遣」（『史学雑誌』124-4，2015 年）
「天文年間の種子島を経由した遣明船」（『日本史研究』638，2015 年）

古川祐貴　長崎県立対馬歴史民俗資料館・主任学芸員　1985年生まれ

「対馬宗家文書の近現代――「宗家文庫」の伝来過程から――」公益財団法人史学会・九州史学会編『史学会125周年リレーシンポジウム2014　4　過去を伝える，今を遺す――歴史資料，文化遺産，情報資源は誰のものか――』（山川出版社，2015年）
「対馬宗家の対幕府交渉――正徳度信使費用拝借をめぐって――」（荒武賢一朗編『世界とつなぐ起点としての日本列島史』清文堂出版，2016年）
「対馬宗家と朝鮮御用老中」（『日本歴史』831，2017年）

増田えりか

"The Last Siamese Tributary Missions to China, 1851-1854 and the 'Rejected' Value of *Chim Kong*" in Wang Gungwu and Ng Chin-keong eds., *Maritime China in Transition1750-1850,* (Wiesbaden: Harrassowitz Verlag, 2004)
"The Fall of Ayutthaya and Siam's Disrupted Order of Tribute to China, 1767-1787)," *Taiwan Journal of SoutheastAsian Studies,* 4-2, 2007
"Import of Prosperity: Luxurious Items from China to Siam during the Thonburi and Early Rattankosin Periods (1767-1854)," in Eric Tagliacozzo and Wen-Chin Chang eds., *Chinese Circulations: Capital, Commodities and Networks in Southeast Asia,* (Durham, Duke University Press, 2011)

彭　浩　大阪市立大学・准教授　1979年生まれ

『近世日清通商関係史』（東京大学出版会，2015年）
「唐船貿易の統制と売込人」藤田覚編『幕藩制国家の政治構造』（吉川弘文館，2016年）
「長崎貿易における唐船商人の経営形態――「正徳新例」実施以前を中心に――」木村直樹・牧原成征編『十七世紀日本の秩序形成』（吉川弘文館，2018年）

蓮田隆志　立命館アジア太平洋大学・准教授　1974年生まれ

『海域アジア史研究入門』（共編，岩波書店，2008年）
「朱印船貿易・日本町関連書籍所載地図ベトナム部分の表記について」（『資料学研究』12，2015年）
「ベトナム後期黎朝の成立」（『東洋学報』99-2，2017年）

山本文彦　北海道大学・文学研究科・教授　1961年生まれ

『近世ドイツ国制史研究――皇帝・帝国クライス・諸侯――』（北海道大学出版会，1995年）
『神聖ローマ帝国1495-1806』（訳，ピーター・H・ウィルスン著，岩波書店，2005年）
『中世ヨーロッパ社会の内部構造』（訳，オットー・ブルンナー著，知泉書館，2013年）

吉田　信　福岡女子大学・准教授　1969年生まれ

「ある『愛』の肖像――オランダ領東インドの『雑婚』をめぐる諸相――」水井万里子ほか編『世界史のなかの女性たち』（勉誠出版，2015年）
「オランダ領東インドにおける婚姻規定の歴史的変遷――本国婚姻規定との関連において――」水井万里子ほか編『女性から描く社会史』（勉誠出版，2016年）
「オランダ領東インドにおける旅券制度の展開――植民地パスポートの様式と機能をめぐって――」（『国際社会研究』7号，2018年）

索　引

・地名，王朝名，言語名，史料名，文書様式，役所名，紙の種類などを中心に採録した．
・漢語は，原則として日本語のよみにしたがって排列した．
・各論文の表やキャプション，注は対象外とした．
・史料・文書名には，*をつけた．

あ　行

か　行

さ　行

た　行

な　行

は　行

わ　行